Dieses Buch ist allen Mahnern und einsamen Rufern gewidmet, denen das Wohlergehen unserer Gesellschaft am Herzen liegt. Jeder kritische Geist ist einsam und gehört zu einer Minderheit. Die Minderheit von heute kann jedoch die Mehrheit von morgen sein.

Dieses Buch ist auch meiner Frau Marlene gewidmet für ihre kritischen und klugen Ratschläge, die mich in meinem Leben begleitet hat und die mir stets eine gute Ratgeberin war.

Bonn, im März 2019

Michael Ghanem

„Die Gedanken sind frei"

2005-2018 Deutschlands verlorene 13 Jahre

Teil 10 A

.... und Sie schlafen den Schlaf der Gerechten

Bildung in Deutschland- Quo vadis? Analphabetentum – Bildung - Forschung- Eliten

Verlag und Druck: tredition GmbH, Halenreie 40-44, 22359 Hamburg

ISBN

978-3-7482-7759-0   (Paperback)
978-3-7482-7760-6   (Hardcover)
978-3-7482-7761-3   (e-Book)

Dieses Buch ist Band A zum Thema Bildung und Forschung in Deutschland

Band B behandelt die kritische Bewertung der Eliten in Bildung und Forschung und Handlungsoptionen für die Zukunft

Die verwendeten Abbildungen sind bei adobe und Statista lizensiert.

Titelbild: https://de.fotolia.com/Fotolia_67218004

Über den Autor:

Michael Ghanem

https://michael-ghanem.de/

Über den Autor:
Jahrgang 1949, Studium zum Wirtschaftsingenieur, Studium der Volkswirtschaft, Soziologie, Politikwissenschaft, Philosophie und Ethik, arbeitete viele Jahre bei einer internationalen Organisation, davon fünf Jahre weltweit in Wasserprojekten, sowie einer europäischen Organisation und in mehreren internationalen Beratungsunternehmen.
Er ist Autor von mehreren Werken, u.a.
„Ich denke oft.... an die Rue du Docteur Gustave Rioblanc – Versunkene Insel der Toleranz"
„Ansätze zu einer Antifragilitäts-Ökonomie"
„2005-2018 Deutschlands verlorene 13 Jahre Teil 1: Angela Merkel – Eine Zwischenbilanz"
„2005-2018 Deutschlands verlorene 13 Jahre Teil 2: Politisches System – Quo vadis?"
„2005-2018 Deutschlands verlorene 13 Jahre Teil 3:Gesellschaft - Bilanz und Ausblick
„2005-2018 Deutschlands verlorene 13 Jahre Teil 4: Deutsche Wirtschaft- Quo vadis?"
„2005-2018 Deutschlands verlorene 13 Jahre Teil 5: Innere Sicherheit- Quo vadis?"
„2005-2018 Deutschlands verlorene 13 Jahre Teil 6: Justiz- Quo vadis?"
„2005-2018 Deutschlands verlorene 13 Jahre Teil 7: Gesundheit- Quo vadis? Band A, B und C"
„2005-2018 Deutschlands verlorene 13 Jahre Teil 8: Armut, Alter, Pflege: Quo vadis?
„2005-2018 Deutschlands verlorene 13 Jahre Teil 9: Bauen und Vermieten in Deutschland - Nein danke!"
„„Eine Chance für die Demokratie"
„Deutsche Identität – Quo vadis?
„Sprüche und Weisheiten"
„Nichtwähler sind auch Wähler"
„AKK – Nein Danke!

Bonn, im März 2019

Inhaltsverzeichnis

1.Vorwort

Deutschland ist ein Land mit wenig Ressourcen. Allein seine Menschen und deren Können und Wissen bilden den realen Reichtum als Voraussetzung für das Bestehen zwischen den Giganten wie China und den USA. Bildung und Forschung sind daher seine Überlebenschancen. Betrachtet man jedoch die letzten 30 Jahre und besonders die letzten drei 13 Jahre, so muss man befürchten, dass die politische Elite wie Angela Merkel und die CD,U die SPD, die FDP, die Grünen im Bund und im Land gerade diese staatlichen Aufgaben durch hirnsinniges Sparen zerstören.

Der Fachkräftemangel in Deutschland ist nicht heute entstanden, sondern begleitet Deutschland schon seit 40 Jahren. Es ist erstaunlich, dass Handwerk, mittelständische Industrie, Großindustrie und Dienstleistungen bis heute diese Probleme nicht wahrgenommen und adressiert haben. Der Fachkräftemangel hat mehrere Ursachen und stellt eine erhebliche Herausforderung für die Gesellschaft dar. Der Fachkräftemangel hängt dabei auch mit der Problematik der Entwicklung der Gesellschaft zusammen. Nicht nur Schulen, Berufsschulen Fachhochschulen, Universitäten tragen die Schuld daran, sondern insbesondere die Familien, die die Überzeugung haben, dass jedes auch so unfähige Kind unbedingt studieren muss, unabhängig davon ob es dazu geeignet ist oder nicht.

Ein weiterer Gesichtspunkt ist der katastrophale Zustand der Schulen, Berufsschulen, Fachhochschulen, Universitäten. Dieser ist bedingt durch die Gewichtung der Bildung, Berufsbildung, akademischen Bildung bei der Aufstellung der Bundes- und Landeshaushalte. Betrachtet man deren Anteil am Gesamtbudget, so liegt der Anteil mit 4,4% der gesamten Bildungsausgaben nach OSZE Berechnungen unter dem Durchschnitt der EU und erreicht nicht einmal den Durchschnitt der ärmeren Länder. Frankreich liegt mit 5,4 % des BIP erheblich höher als Deutschland.

Es ist von Nöten, dass endlich die politische Elite die Wertigkeit der Bildung und Ausbildung erheblich höher gewichtet und vor allem die notwendigen Mittel zur Verfügung zu stellen. Es kann nicht angehen, dass der desolate Zustand von Schulen sei es bei den Gebäuden, in der Ausstattung, in der Bildung der Lehrer solch ein Ausmaß erreicht hat, dass über 30 % der angegebenen Schulstunden ausfallen. Es kann nicht angehen, dass im Jahre 2019, 35000 Lehrer fehlen. Wenn man das

Durchschnittsalter der Lehrkräfte in Deutschland betrachtet, so muss man Angst haben wie der Bedarf an zusätzlichen Lehrkräften gedeckt werden soll. Das Durchschnittsalter der Lehrer und Professoren in Deutschland ist über 55 Jahre. Dieser Punkt wird im ersten Teil des Buches betrachtet, das den Zustand des deutschen Bildungswesens sowie die Problematik des Fachkräftemangels behandelt. Ein weiterer Teil der ersten Teils beschäftigt sich mit der Forschung. Auch die Forschung wird in Deutschland seit mindestens 30 Jahren und insbesondere in den letzten 13 Jahren mehr als stiefmütterlich behandelt. Überlaufene Universitäten, Explosion von Promotionen, Vernachlässigung der Naturwissenschaften sowie der mathematischen Fächer, eine Schulreform, die sich durch Bachelor und Master Abschlüsse in eine Katastrophe hinein manövriert hat. Zwar erhielten die Universitäten mehr Freiheiten. Aber aus diesen Freiheiten haben sie nicht die notwendigen Konsequenzen gezogen und somit bilden Universitäten an dem jetzigen und zukünftigen Bedarf vorbeit aus. Insbesondere in der Hochtechnologie werden falsche Prioritäten verfolgt und es gibt viel zu wenig Absolventen.

Ein weiteres ernsthaftes Problem stellt die Verleugnung von elitären Schulen oder Fachhochschulen dar, die weltweit einmalig ist. Aufgrund einer falschen Einschätzung der sozialen Bedeutung und eines Fehlverständnisses von Demokratie in der Bildung glauben größte Teile der Bevölkerung, dass Hochschulen, die Eliten ausbilden, nicht die beste Lösung für Kinder sind. Eine weiterere strukturelle Schwäche in Deutschland stellt die Struktur der Finanzierung von Hochschulen und der Forschung dar. Hierzu wird im zweiten Teil des Buches eine kritische Würdigung vorgenommen.

Ein weiterer Gesichtspunkt stellt in Deutschland die mangelhafte Bereitschaft dar, Risikokapital zur Verfügung zu stellen, um insbesondere im Bereich und im Umfeld von Hochschulen die Gründung von Startups zu fördern. In der deutschen Gesellschaft ist die Risikovermeidung Staatsdoktrin Nummer 1. Dabei ist festzuhalten, dass gerade in Deutschland alle bahnbrechenden Forschungsentwicklungen sich mit mit erheblichen Risiken vollzogen haben. Insoweit müsste die Bereitschaft bei vielen Kapitalgebern gegeben sein,Risikokapital bereitzustellen. Dies ist leider jedoch nicht der Fall. Betrachtet man die staatliche Absicherung von Risikokapital, so muss festgestellt werden, dass t während der Kanzlerschaft von Merkel sowohl im Bund als auch im Land viel zu wenig dafür getan wurde.

Ziel dieses Buches ist eine eingehende Beschreibungen des Zustandes und vor allem die Bildungs- und Hochschul Miseren im Jahre 2019 in Deutschland so zu beschreiben, dass ein Durchschnittsbürger mit Durchschnittsbildung die Schärfe und die Dringlichkeit dieser Probleme nachvollzieht und eine Lösung dieser Probleme von den politisch Verantwortlichen einfordert.

Der Autor versichert, dass die Informationen, die diesem Buch zugrunde liegen, nicht aus seinen früheren Tätigkeiten stammen. Er versichert, dass er alle Informationen aus öffentlich zugänglichen Quelle bezogen hat.

2. Der Fachkräftemangel: Überlebensfrage für Deutschland

2.1 Vorbemerkung

Betrachtet man die heutigen Anforderungen der Wirtschaft und der Gesellschaft, so muss festgestellt werden, dass in den nächsten 5 bis 10 Jahren mehrere Millionen Fachkräfte in der Pflege, im Gesundheitsbereich, in den Ingenieurswissenschaften, im Handwerk, im Lehrberuf, bei den Beamten, insbesondere bei Sicherheitsbeamten (innere und äußere Sicherheit), in der Wissenschaft sowie in der Chemieindustrie fehlen werden. Demgegenüber werden mehrere Millionen Arbeitskräfte durch die technische Revolution(wie autonomes Fahren, Digitalisierung und Gentechnologie) freigestellt. Allein im Bereich der Finanzdienstleistungen (Banken und ähnliches) werden nach vorsichtigen Schätzungen des DIW 50 % der Beschäftigten freigestellt werden. Durch die Einführung der Elektrifizierung und des autonomen Fahrens werden im Bereich der Autoindustrie bis zu 40 % der Beschäftigten ihren Arbeitsplatz verlieren (hinzurechnen ist, dass bei einem Verbrennungsmotor 7.000 Einzelteile benötigt werden, wohingegen für einen Elektroantrieb lediglich 400). Im Bereich der Werkzeugmaschinen werden Arbeitnehmer zunehmend durch Robotik ersetzt. In der Chemieindustrie wird der Automatisierungsgrad bis zu 70 % der Arbeitsprozesse betragen.

Das Problem besteht jedoch darin, dass diese Transformation der Arbeitswelt nicht 1:1 gelingen wird. Sei es aus humanen Gründen, aus strukturellen Gründen oder aus soziologischen Gründen. Mit anderen Worten: Die totale Flexibilisierung des Menschen hat und soll ihre Grenzen haben. Es ist daher wichtig, dass Politik und Wirtschaft die Vorbereitung auf diese Transformationen ernsthaft in den Griff bekommen und mittel- und langfristige Transformationskonzepte erstellen, die Verluste zumindest minimieren würden. Nur zu fordern, dass Fachkräfte benötigt werden, reicht nicht aus.

Es stellt sich daher die Frage, wer diese Transformationen bezahlen soll und über welchen Zeitraum sie mit so wenigen Verwerfungen wie möglich vollzogen werden können.

2.2 Der Fachkräftemangel in Deutschland

Der Fachkräftemangel in Deutschland hat verschiedene Ursachen:

- eine gescheiterte Bevölkerungspolitik
- eine nicht vorhandene wirksame Einwanderungspolitik
- eine aus dem letzten Jahrhundert beibehaltene starre Lebensarbeit
- die ausgesprochen familienfeindliche Bewertung der Familie und Kinder durch Wirtschaft und Politik
- die mangelhafte zukünftige Berufsbildergestaltung und deren Anforderungen
- die nicht vorhandene Organisationsentwicklung vieler Unternehmen und Konzerne
- die grundsätzliche Veränderung der Arbeit hinsichtlich Zeitarbeit und Verträgen auf Zeit
- veraltete Berufsbilder sowie deren Organisation (Konzeption der IHK) und Arbeitsorganisationen (Gewerkschaften).

2.3 Migration und Bevölkerungsentwicklung

Merkel verweigert stets die Kenntnisnahme dessen, dass Deutschland ein Einwanderungsland ist und dass die Bevölkerungszunahme nicht mehr allein durch den natürlichen Zuwachs gewährleistet wird[1], denn deutsche Frauen stehen mit einer Gesamtfruchtbarkeitsrate von 1,4 an der untersten Grenze der Fruchtbarkeitsrate Europas, dabei würde mindestens eine Fruchtbarkeit von 1,8 benötigt. Dies bedeutet, dass die deutsche Bevölkerung von 81,1 Millionen im Jahr 2015 auf 76,4 Millionen im Jahr 2050 fallen wird. Diese Verminderungszahl ist lediglich ein Indikator, die wesentliche Aussage jedoch ist die sogenannte Alterspyramide Deutschlands.

---

[1] Deutsche Stiftung Weltbevölkerung (2013): Soziale und demographische Daten weltweit. Deutsche Stiftung Weltbevölkerung, Hannover.

Deutsche Stiftung Weltbevölkerung (2015): Soziale und demographische Daten weltweit. Datenreport 2015 der Stiftung Weltbevölkerung. Deutsche Stiftung Weltbevölkerung, Hannover.

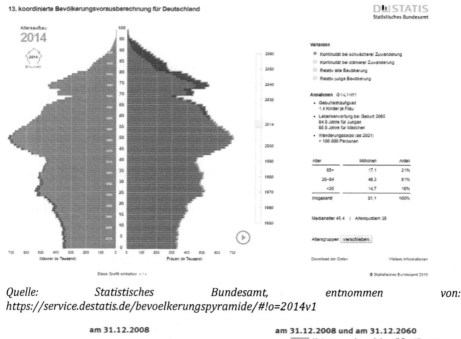

Quelle: Statistisches Bundesamt, entnommen von: https://service.destatis.de/bevoelkerungspyramide/#!o=2014v1

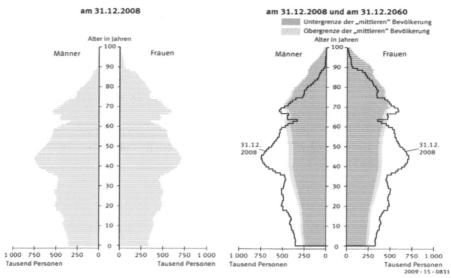

Quelle: Statistisches Bundesamt: Bevölkerung Deutschlands bis 2060, 13. koordinierte Bevölkerungsvorausberechnung. Statistisches Bundesamt, Wiesbaden, S. 15.

Dies zeigt, dass die Alterspyramide Deutschlands in den unteren Jahrgängen zwischen 0-40 Jahren äußerst ungünstig ist. Im Jahr 2060 ergibt sich wiederum abermals eine Minderung der jungen Leute und zwar bis zu einer Gruppe von 45 Jahren. Die beiden oben dargestellten Abbildungen zeigen auf eine erschreckende Weise die Überalterung der deutschen Bevölkerung. Insoweit ist es notwendiger denn je, eine aktive Bevölkerungspolitik zu betreiben, die auf einem vernünftigen Konzept basieren könnte. Dies ist in den letzten 13 Jahren von Angela Merkel tunlichst vermieden worden, denn weder in den Investitionen für Wohnungen für junge Paare, noch für die Steuerung der Wirtschaftspolitik hinsichtlich langfristiger Beschäftigungsräume, die notwendig sind um Familienplanung vornehmen zu können, noch in der Migrationspolitik wurde ein nachhaltiges Konzept dargestellt.

Die Verlogenheit Angela Merkels hinsichtlich des realen Zustands der arbeitenden Klasse (Niedriglohnsektor und Befristung der Tätigkeit selbst bei Akademikern) stellen eines der größten Hindernisse für eine proaktive Bevölkerungspolitik dar. Proaktive Bevölkerungspolitik heißt nichts anderes, als dass die Leute bei ihren Entscheidungen, Kinder zu zeugen, keine Bedenken haben, diese Kinder in einer „vernünftigen" Umgebung aufwachsen zu sehen, die insbesondere in den ersten Jahren weniger Finanzproblematiken mit sich bringt. Zudem hat Angela Merkel versäumt, den Wert der Kinder für die Gesellschaft gleichzustellen, denn es kann nicht sein, dass ein Kind eines Millionärs über steuerliche Anreize der Eltern höhere Anreize anbietet als ein Kind von einem Klein- oder Mittelverdiener. Es ist jedoch zu vermerken, dass die Geburtenrate bei Akademikerinnen um 1,5% gestiegen ist.

Bei einer proaktiven Bevölkerungspolitik muss auch die Gebärfähigkeit der Frauen in Bezug auf ihr Alter beachtet werden. Hierfür soll die nachfolgende Tabelle angeführt werden.

| Bundesland | Alter der Mütter | | | | |
	insgesamt	1. Kind	2. Kind	3. Kind	4. und weiteres Kind
Durchschnittliches Alter der Mutter bei der Geburt des Kindes 2015 (biologische Geburtenfolge) nach Bundesländern, berechnet auf der Basis der Zahl der Lebendgeborenen.					
Baden-Württemberg	31,4	30,1	32,2	33,5	34,6
Bayern	31,4	30,1	32,3	33,7	34,9
Berlin	31,3	30,2	32,1	32,9	33,9
Brandenburg	30,6	28,9	31,7	33,1	33,8
Bremen	30,5	29,2	31,0	32,3	33,4
Hamburg	31,9	30,9	32,8	33,4	34,7
Hessen	31,2	29,9	32,0	33,2	34,5
Mecklenburg-Vorpommern	29,9	28,2	31,0	32,5	33,4
Niedersachsen	30,8	29,3	31,5	32,7	34,0
Nordrhein-Westfalen	30,8	29,5	31,5	32,6	33,7
Rheinland-Pfalz	30,7	29,2	31,5	32,6	34,1
Saarland	30,4	29,1	31,3	32,4	33,7
Sachsen	30,5	28,9	31,6	33,0	34,0
Sachsen-Anhalt	29,8	28,1	30,8	32,2	33,1
Schleswig-Holstein	30,9	29,3	31,8	32,8	34,1
Thüringen	30,1	28,3	31,2	32,6	33,5
Deutschland	31,0	29,6	31,8	33,0	34,0

Quelle:
https://www.destatis.de/DE/ZahlenFakten/GesellschaftStaat/Bevoelkerung/Geburten/Ta
bellen/GeburtenMutterAlterBundeslaender.html

Nach dem DIW und verschiedenen Wirtschaftsinstituten bedarf Deutschland einer qualifizierten Einwanderung von ca. 40.000 Einwanderern pro Jahr. Dies ist mit dem Prinzip verbunden, eine Verjüngung der Alterspyramide und Verhinderung starker Rückgänge der Bevölkerung im Jahr 2050-2060 insgesamt zu verhindern. Um jedoch so eine geregelte Einwanderung durchführen zu können, muss endlich ein Konzept, dass möglicherweise an das kanadische oder australische Einwanderungssystem angelehnt sein kann, geschaffen werden. Dies soll jedoch mit einer qualifizierten Auswahl der Einwanderer verbunden sein, die nach dem langfristigen Bedarf Deutschland ausgerichtet sind. Der Kampf um die besten Köpfe der Welt ist jedoch voll entbrannt und daher werden diese Einwanderer Deutschland Geld kosten. Kostengünstige qualifizierte Einwanderungen gibt es nicht.

Zudem muss in dem Konzept die sogenannte Absorptionsfähigkeit der deutschen Gesellschaft von fremden Kulturen berücksichtigt werden, das heißt der Anteil von Minderung der Integrationsreibungspunkte gegenüber der einheimischen Bevölkerung. Dies wird jedoch auch nicht kostengünstig sein und muss durch eine langfristige Kommunikationspolitik mit der Bevölkerung möglich gemacht werden.

Der Versuch Deutschlands, in der Informationstechnologie gut ausgebildete Einwanderer zu gewinnen, ist kläglich gescheitert, denn das Angebot, das Deutschland dieser Zielgruppe gemacht hat, war schlicht einfach unterdurchschnittlich. Das zu schaffende Konzept der Einwanderung muss unbedingt den Gesichtspunkt der Planungssicherheit für die Einwanderer enthalten, das heißt die Erteilung einer unbefristeten Aufenthaltserlaubnis oder besser nach einer kurzen Zeit das Anbieten der deutschen Staatsbürgerschaft. Damit ist jedoch die Problematik der Zwei-Staaten-Angehörigkeit verbunden. Daher ist es wichtig, dass die Auswahl der Einwanderer von Ländern kommt, die den Verzicht der ersten Staatsangehörigkeit ermöglichen.

Ein weiterer Gesichtspunkt ist, dass die Auswahl der Einwanderer das Gleichgewicht zwischen Moslems und Juden nicht beeinträchtigt. Die dritte Hauptkomponente ist, dass die Anzahl der auszusuchenden Einwanderer nicht einseitig (wie in Deutschland mit der Türkei) aus einem Land in das andere kommen, um die Einflussnahme von politischen Führern des Landes zu verhindern oder zu vermindern.

Nach dem DIW und verschiedenen Wirtschaftsinstituten bedarf Deutschland einer qualifizierten Einwanderung von ca. 40.000 Einwanderern pro Jahr. Dies ist mit dem Prinzip verbunden, eine Verjüngung der Alterspyramide und Verhinderung starker Rückgänge der Bevölkerung im Jahr 2050-2060 insgesamt zu verhindern. Um jedoch so eine geregelte Einwanderung durchführen zu können, muss endlich ein Konzept, dass möglicherweise an das kanadische oder australische Einwanderungssystem angelehnt sein kann, geschaffen werden. Dies soll jedoch mit einer qualifizierten Auswahl der Einwanderer verbunden sein, die nach dem langfristigen Bedarf Deutschland ausgerichtet sind. Der Kampf um die besten Köpfe der Welt ist jedoch voll entbrannt und daher werden diese Einwanderer Deutschland Geld kosten. Kostengünstige qualifizierte Einwanderungen gibt es nicht.

Zudem muss in dem Konzept die sogenannte Absorptionsfähigkeit der deutschen Gesellschaft von fremden Kulturen berücksichtigt werden, das heißt der Anteil von Minderung der Integrationsreibungspunkte gegenüber der einheimischen Bevölkerung. Dies wird jedoch auch nicht kostengünstig sein und muss durch eine langfristige Kommunikationspolitik mit der Bevölkerung möglich gemacht werden.

Der Versuch Deutschlands, in der Informationstechnologie gut ausgebildete Einwanderer zu gewinnen, ist kläglich gescheitert, denn das Angebot, das Deutschland dieser Zielgruppe gemacht hat, war schlicht einfach unterdurchschnittlich. Das zu schaffende Konzept der Einwanderung muss unbedingt den Gesichtspunkt der Planungssicherheit für die Einwanderer enthalten, das heißt die Erteilung einer unbefristeten Aufenthaltserlaubnis oder besser nach einer kurzen Zeit das Anbieten der deutschen Staatsbürgerschaft. Damit ist jedoch die Problematik der Zwei-Staaten-Angehörigkeit verbunden. Daher ist es wichtig, dass die Auswahl der Einwanderer von Ländern kommt, die den Verzicht der ersten Staatsangehörigkeit ermöglichen.

Ein weiterer Gesichtspunkt ist, dass die Auswahl der Einwanderer das Gleichgewicht zwischen Moslems und Juden nicht beeinträchtigt. Die dritte Hauptkomponente ist, dass die Anzahl der auszusuchenden Einwanderer nicht einseitig (wie in Deutschland mit der Türkei) aus einem Land in das andere kommen, um die Einflussnahme von politischen Führern des Landes zu verhindern oder zu vermindern.

2.4 Die gescheiterte Bevölkerungspolitik

In den letzten 30 Jahren und insbesondere in den letzten 13 Jahren wurde weder eine reale Bevölkerungspolitik konzipiert noch durchgeführt. In Deutschland wurde, gemäß der Aussage des ersten Bundeskanzlers Adenauer „die Leute wissen, wie man Kinder bekommt", verfahren. Entwicklungen der Frauen hinsichtlich ihrer Ausbildung, Entwicklungen im Berufsleben und Entwicklungen in der Gleichberechtigung wurden nicht ernsthaft bedacht. Hierzu kommt erschwerend, dass außer Acht gelassen wird, dass die Gebärfähigkeit einer Frau altersbedingt abnimmt, da dies einfach als ein Faktum der Gesellschaftsentwicklung festgestellt wird. Diese Problematik wurde von Gesellschaftskritikern bereits in den 80-er Jahren sehr oft reklamiert. Die Beteiligten (Wirtschaft, politische Klassen, Kirchen, Arbeitsorganisationen) und die Frauen selbst (insbesondere Frauenbewegungen) haben dies jedoch nie ernsthaft in Betracht gezogen. Es ist daher wichtig, dass zukünftige Konzepte in der

Bevölkerungspolitik die Gebärfähigkeit als den wichtigsten Teil erachtet, um die Abnahme der Bevölkerung zumindest zu mindern.

2.5 Eine nicht vorhandene Einwanderungspolitik

Bis heute hat Deutschland kein Einwanderungsgesetz, dabei kamen die ersten Einwanderer schon Anfang der 50er Jahre. Was man verächtlich unter dem Begriff „Gastarbeiter" ins Land geholt hat, hat in erheblichem Maße dazu beigetragen, die Weiterentwicklung Deutschlands, sei es im Autobahnbau, im Brückenbau , im Wohnungsbau (inklusive Sozialwohnungsbau), im Bereich der Wissenschaft und im Bereich des Gesundheitswesens voranzutreiben. Die Generation der Gastarbeiter und ihre Nachkommen tragen, nach einschlägigen Rechnungen, mit mindestens 20 % zum jährlichen BIP bei. Diese Generation hat auch dazu beigetragen, dass sich die sozialen Aufwendungen in Grenzen gehalten haben. Das hat auch dazu geführt, dass Unternehmen sich über die letzte Dekade hinweg einen Wettbewerbsvorteil gegenüber ihren Wettbewerbern erarbeitet haben und es ist bis heute nicht verständlich, dass insbesondere große Teile der CDU Deutschland nicht als Einwanderungsland ansieht. Es ist für die heutige Wirtschaft und die zukünftige Entwicklung eine unabdingbare Voraussetzung, dass eine geregelte Einwanderungspolitik zustande kommt. Dies setzt wiederum voraus, dass es moderne Einwanderungsgesetze gibt, so wie es die Kanadier oder die Australier vormachen.

Der Kampf „um die besten Köpfe" hat schon längst begonnen. Weltweit werben andere Länder mit sehr attraktiven Konditionen um jeden gut ausgebildeten Einwanderer. Die so genannte Blaue Karte für IT-Fachleute in Deutschland war und ist ein misslungener Versuch, der an kleinen Befindlichkeiten so mancher Politiker gescheitert ist. Eine erstklassige IT-Fachkraft ist heute weltweit nicht unter einem Jahreseinkommen von 130.000 bis 150.000 US Dollar zu bekommen. Neben der Schwierigkeit, die die deutsche Sprache für ausländische Fachkräfte darstellt, stellt sich Deutschland durch viele Restriktionen als ein Land dar, in dem Fachkräfte nicht willkommen sind. Gegen dieses Bild Deutschlands im Ausland und die reale Willkommenskultur für gewollte und benötige Fachkräfte muss endlich eine nachhaltiges Konzept erstellt, umgesetzt und mit erheblichen Finanzmitteln ausgestattet werden. Zu der Finanzierung dieser Programme muss die deutsche Wirtschaft in erheblichem Maße beitragen.

Eine weitere Problematik in diesem Bereich ist die fachliche Anerkennung der Eignung von Fachkräften. Dies ist insbesondere für die Bereiche Technik und Gesundheit (Ärzte) relevant. Hier gilt es, überkommene Ansichten und Traditionen über Bord zu werfen, um endlich eine gewisse Flexibilität zu erreichen, damit die betroffenen Wirtschaftsbereiche eine reale Chance zur Weiterentwicklung erhalten. Zu diesem Problem der Migration gesellt sich gleichzeitig das Problem, dass sehr viele gut ausgebildete Deutsche in die USA, nach Kanada, Australien, Brasilien, England oder in die nordischen Länder auswandern. Diese Auswanderung muss mit aller Macht bekämpft werden und die Ursachen für eine Auswanderung, die in der Verwaltung, mangelnder Risikobereitschaft der Gesellschaft, der Banken, der Regierung und Organisationen, rechtlichen Hürden und der mangelnden Bereitschaft der Gesellschaft, das Scheitern zu erlauben, begründet sind, zu beseitigen.

2.6 Eine aus dem letzten Jahrhundert beibehaltene starre Lebensarbeitszeit

Mit der technischen Revolution (Digitalisierung, autonomes Fahren oder Gentechnologie) werden ab dem Jahr 2025 verschiedene Arbeitsformen entstehen. Dadurch werden jetzige Arbeitsformen, wie der 8-Stunden-Tag und feste Monatsgehälter zum Teil verschwinden. Demgegenüber wird die sogenannte Projektarbeit zunehmen. Die Projektarbeit ist gekennzeichnet durch das Erbringen einer konkreten Leistung über einen definierten Zeitraum. Dies bedeutet, dass jemand nach Beendigung der Projektarbeit erst einmal arbeitslos ist. Gleichzeitig muss parallel für Nachfolgeprojekte akquiriert werden. Damit stellt sich die Frage, ob diese Form der Arbeit überhaupt jedem zugänglich ist. Damit verbunden ist, dass die Zahl der sogenannten strukturellen Arbeitslosigkeit zumindest zeitweise zunehmen wird. Um das jedoch in Grenzen zu halten, besteht die Notwendigkeit eines bedingungslosen Grundeinkommens, verknüpft mit der Verpflichtung, Ausbildung und Weiterbildung im gleichen Bereich oder ähnlich gelagerten Bereichen zu absolvieren. Um dies jedoch realisieren zu können, müssen die wirtschaftlichen und politischen Eliten das Verständnis haben, dass sich mit der technischen Revolution eine grundlegende Transformation der deutschen Gesellschaft vollzieht. Der Autor ist sehr pessimistisch im Hinblick auf die Einsicht bei den politischen Klassen. Mit der traditionellen Bekämpfung der Arbeitslosigkeit wird diese Problematik nicht gelöst. Mit Zunahme der

Flexibilisierung wird sich auch die Treue der Arbeitnehmer zu ihren Unternehmen verändern, da diese nicht auf Dauer an ihre Arbeitgeber gebunden sind. Das bedeutet, dass die gewünschte Flexibilität der Wirtschaft und Unternehmen auch eine Flexibilität der Fachkräfte mit sich ziehen wird. Ist dies jedoch nicht der Fall, so werden mit Sicherheit viele Unternehmen ein erhebliches Problem zur Bewältigung von Aufträgen haben. Umso wichtiger ist es, dass diese Unternehmen ihre Fachkräfte durch gezielte Strategien langfristig an sich binden.

2.7 Die ausgesprochen familienfeindliche Behandlung von Familien und Kindern durch Wirtschaft und Politik

In Deutschland stellt die Familienpolitik ein Konglomerat von Einzelmaßnahmen dar die teilweise ohne Sinn und Verstand nebeneinander gelegt werden und die letztendlich die Übersicht und Kontrolle sehr schwer macht. Es ist kein allgemeines Ziel ausformuliert. Welche Ziele verfolgt die Familienpolitik, welche Vorgaben haben die Familien, welche Rechte und Pflichten haben die Familien., mit welchen genau definierten Organen werden die Familien betreut und ggf. überwacht, nach welchen Methoden werden diese Organe zur Familienbetreuung und – Überwachung kontrolliert, haben diese Organe die nötigen Mittel, (die Jugendämter usw.) haben diese Organe die ausreichend qualifizierten Mitarbeiter, wie sieht es aus mit der steuerlichen Bewertung der Familie und er Kinder?

Allein an der letzten Frage stellt sich ein Problem der Gerechtigkeit dar und zwar, warum die Kinder von Millionären bevorzugt sind gegenüber Kindern aus armen Familien, denn die Möglichkeit von steuerlichen Vorteilen für Kinder aus vermögenden Elternhäusern besteht, Kinder von ärmeren Eltern müssen sich hingegen mit dem sog. Kindergeld begnügen. Warum erhalten reiche Eltern noch Kindergeld? Warum werden die Aufwendungen zur Kinderbetreuung und Kindergeld den Vermögenden gewährt und nicht mit diesen Mitteln die Kinder aus unteren und mittleren Schichten gefördert?

Die Kinder- und Familiengesetzgebung sind für durchschnittlich ausgebildete Personen äußerst schwierig zu verstehen, und es gibt sehr viele Grauzonen, die zu Fehlverhalten führen können. In diesem Bereich ist eine Schwarz-Weiß Klarstellung vonnöten. Zudem stellt das Scheidungsrecht und die Zuordnung der Kindererziehung die Gesellschaft vor erhebliche Schwierigkeiten. Dies ist verbunden mit späteren Kosten für die Gesellschaft. Es ist daher vonnöten, alles daran zu setzen, dass Scheidungen zum Wohl der Kinder und trotz gegenteiliger Meinung von sog. Fachleuten erschwert werden müssen. Das Benutzen von Kindern in Scheidungsverfahren für persönliche Abrechnungen der Elternteile, auch wenn diese so subtil sind, müssen mit strafrechtlich geahndet werden. Dass der Staat alle die Verwerfungen nicht lösen kann, ist dem Autor klar. Aber das Wohl der Kinder und die Schutzfunktion des Staates müssten Priorität haben vor dem Recht der Erwachsenen.

2.8 Die mangelnde Gestaltung zukünftiger Ausbildungsberufe

Wirtschaft und Politik und insbesondere die Bildungspolitik haben in den letzten Jahren in erheblichem Maße versagt hinsichtlich einer engen Zusammenarbeit bei der Gestaltung und Festlegung von neuen Berufsbildern. Unter dem Vorwand, dass Bildung Ländersache ist, sind in Deutschland einige Berufsbilder entstanden, die den zukünftigen Anforderungen nicht entsprechen, insbesondere unter Qualitätsaspekten. Unter dem Vorwand der Freiheit der Wissenschaft haben die Universitäten in Deutschland eine akademische Elite aufgebaut, die zum großen Teil nicht den Anforderungen zukünftiger Berufe entsprechen. Das stolze Bild der berufsbildenden Schulen im Dualen System hat in den letzten 13 Jahren stark gelitten und dies vor allem durch das Versagen der IHK'en, die nicht in der Lage sind, Berufsbilder zeitnah und dem Bedarf entsprechend zu formulieren. Die Prüfungen der IHKen für die einzelnen Ausbildungsberufe haben an Qualität und Quantität sehr stark nachgelassen und müssen revidiert werden. Es wird immer noch viel in Berufen ausgebildet, die es längst nicht mehr gibt oder die in der nahen Zukunft verschwinden werden.

Neben den Berufsbildenden Schulen haben die Grundschulen und Hauptschulen in eklatantem Ausmaß versagt. Und in den verschiedenen Bundesländern werden verschiedene Qualitäten an Schülern produziert. Die Qualität der Schulabgänger hat sich insbesondere in den Stadtstaaten, in NRW, in Teilen der östlichen Länder, in Rheinland Pfalz, im Saarland verschlechtert. Dies kann angesichts der Herausforderungen, die kurz-, mittel und langfristig Deutschland erreichen werden, nicht mehr hingenommen werden. Sei es der Lehrermangel in wichtigen Fächern, sei es die mangelhafte Qualität der Lehrer, sei es die nicht ausreichend durchgeführte Grunderziehung der Kinder durch die Familie. Dies trifft in erheblichem Maß Kinder aus Migrationsumfeldern. Es bleibt zu hoffen, dass letztendlich die Wirtschaft ihre Forderungen an die Qualität der Ausbildung gegenüber der Politik in erheblichem Masse verdeutlicht und diese Forderungen durchsetzt.

2.9 Die nicht vorhandene Organisationsentwicklung vieler Unternehmen und Konzerne

Die Organisationsentwicklung ist eine kontinuierliche Aufgabe für jedes Unternehmen, sei es ein kleines, mittleres oder großes. Die kontinuierliche Organisationsentwicklung, sei sie durch den Markt, durch die Produktentwicklung, oder durch die organische Entwicklung getrieben, ist stets mit Kosten verbunden. Diese Kosten müssen jedoch im Interesse der Langlebigkeit des Unternehmens aufgebracht werden. Betrachtet man jedoch, dass in den meisten Unternehmen, insbesondere bei den Nicht- Familienunternehmen, diese langfristigen Ziele nicht verfolgt werden, so darf man sich nicht darüber wundern, dass Organisationsentwicklung bei vielen Vorständen mit Organisationsumbrüchen verwechselt werden. Organisations- Umbrüche und Reorganisationen sind keinesfalls Organisationsentwicklungen, denn diese werden häufig kurzfristig ohne Rücksicht auf Verluste durchgeführt und sind in den meisten Fällen verbunden mit einem Ausbluten des Unternehmens, welches durch den Abgang von tragenden Mitarbeitern des Unternehmens verursacht wird, die deren Säule darstellen. In diesem Zusammenhang werden aber keine Berufsbilder für die Organisationsentwicklung formuliert, die auf die Bewältigung zukünftiger Aufgaben ausgerichtet sind, sondern lediglich der kurzfristigen Gewinnsteigerung folgen müssen.

2.10 Betroffene Wirtschaftszweige

Folgende Wirtschaftszweige sind akut von dem prognostizierten Fachkräftemangel für den Zeitraum 2018 bis 2030 betroffen.

2.10.1 Der Pflegebereich

Bereits heute fehlen ca. 200.000 Fachkräfte in der Altenpflege und es ist damit zu rechnen, dass bis 2030 bei einem pessimistischen Szenario bis zu 600.000 Fachkräfte benötigt werden. Der zu erwartende Mangel ist heute schon bekannt, es fehlt jedoch der politische Wille, konzeptionell den gesamten Pflegebereich umzugestalten und mit den nötigen Mitteln auszustatten.

2.10.2 Gesundheitswesen

Bedenkt man dass das Durchschnittsalter der niedergelassenen Ärzte heute bei ca. 55 Jahren liegt, ist ein Ärztemangel in erheblichem Ausmaß zu erwarten. D.h. über 50% der Ärzte werden spätestens 2030 ersetzt werden müssen. Im Krankenhausbereich und in ambulanten Gesundheitsberufen fehlen bereits heute über 150.000 Stellen und das Durchschnittsalter liegt bei über 50 Jahren. Der Kollaps des Gesundheitswesens ist vorprogrammiert und die politische Elite versucht dies totzuschweigen.

2.10.3 Polizei des Bundes und der Länder

Das Durchschnittsalter der Polizisten liegt bei über 50 Jahren. Daraus ergibt sich, dass 40% der Beamten bis in 2030 ersetzt werden müssen. Auch hier werden die Probleme von der Politik und von der Presse totgeschwiegen.

2.10.4 Justiz

Bereits heute fehlen 2.000 Richter. Die Anzahl fehlender Staatsanwälte und sonstigen Mitarbeitern in der Justiz beträgt Tausende von Stellen. Das Durchschnittsalter liegt teilweise über 55 Jahren. Daraus ergibt sich, dass 60% der vorhandenen Beschäftigten bis 2030 ersetzt werden müssen.

2.10.5 Äußere Sicherheit

Auch hier fehlen bereits heute mindestens 20.-30.000 Soldaten vor dem Hintergrund der geopolitischen Herausforderungen. 35% der Bundeswehrangehörigen sind älter als 50 Jahre und werden in den nächsten Jahren mit Erreichen der Altersgrenze von 55 Jahren ausscheiden. Dies stellt die Bundeswehr vor die Herausforderung, das notwendige Personal mit der erforderlichen Qualifikation zu rekrutieren.

2.10.6 Öffentliche Verwaltung

Auch in der Öffentlichen Verwaltung und bei den Beamten ist ein Durchschnittsalter von über 50 Jahren festzustellen, d.h. 60% des vorhandenen Personals muss in den nächsten 13 Jahren ersetzt werden. Auch hier hat die Politik versagt und keine Vorsorge getroffen.

2.10.7 Mittlere und kleine Unternehmen

Sowohl in Baden-Württemberg als Stammland des Mittelstands als auch durchgängig in der Bundesrepublik stellt sich die Herausforderung der Suche nach einem Unternehmensnachfolger. Es muss davon ausgegangen werden, dass bei mindestens 35% aller Unternehmen kein physischer Erbe vorhanden ist, der bereit ist sind die Nachfolge zu übernehmen. Es muss daher befürchtet werden, dass ein Teil dieser Unternehmen entweder an Finanzinvestoren oder ausländische Investoren verkauft oder schlichtweg aufgelöst werden. Der Verlust für Deutschland und seine Wirtschaftskraft ist heute nicht mit realen Zahlen zu beziffern. Der Starrsinn der Politik, diese Problematik möglicherweise durch die Vereinfachung der Gründung von Stiftungen zu mindern ist nicht zu verantworten.

2.11 Ausbildung

2.11.1 Vorbemerkung

Auch hier werden in den Schulen, Gymnasien und Hochschulen mit dem Ausscheiden der Lehrkörper erhebliche Lücken entstehen. Es ist damit zu rechnen, dass bis zu 65% der Lehrkräfte in Deutschland bis 2030 zu ersetzen sein werden. Die Ausbildung von Lehrkräften, sei es in Schulen, Gymnasien oder Hochschulen, bedarf eines gewissen Vorlaufs. Angesichts der bisherigen sinnlosen Sparpolitik wurden notwendige Maßnahmen nicht rechtzeitig eingeleitet. Daher steuert das Land auf eine Bildungskatastrophe zu.

2.11.2 Zahlen und Fakten

Es ist festzustellen, dass das Durchschnittsalter der Erstabsolventen gesunken ist, von 24,4 Jahre auf 23,8 Jahre innerhalb von zwei Jahren. Die Altersverteilung sieht aus wie folgt:

Bachelorabschluss	23,8 Jahre
Fachhochschulabschluss	26,2 Jahre
Lehramtsabschluss	24,7 Jahre
Sonstige universitäre Abschlüsse	26,6 Jahre.

Vgl. Statistisches Bundesamt, Hochschulen auf einen Blick, Ausgabe 2016

Abweichungen zwischen verschiedenen Fächern

Die Ausbildung spielt eine entscheidende Rolle dabei, die Versorgung der Wirtschaft und des gesamten Landes mit Fachkräften sicherzustellen. Umso wichtiger ist es, dass die Ausbildung nicht nur technisches Wissen vermittelt, sondern auch Methoden und Verhaltensweisen, die maßgebend für den Erfolg in einer beruflichen Laufbahn sind. Es ist in den letzten fünfzehn Jahren jedoch eine besorgniserregende Diskrepanz zwischen der Anzahl der Studierenden und der Anzahl derjenigen, die sich eine Berufsausbildung aussuchten, zu beobachten. Dabei ist zu vermerken, dass die Akademiker in Deutschland auf eine maximale Nachfrage von 20 bis 25% aller Tätigkeiten treffen. Zu vermerken ist aber im Gegensatz dazu auch, dass in der letzten Zeit die Anzahl derjenigen, die ein Studium beginnen wollten, fast 70% der Jugendlichen darstellte und dass kaum 20% eine andere betriebliche Berufsausbildung anstrebten. Es gibt zu viele Akademiker für zu wenig Stellen. Insoweit ist mit einer Proletarisierung des Standes der Akademiker zu rechnen. Die nachfolgenden Ausführungen stellen die Zahlen genau zusammen, sowohl hinsichtlich der Studierenden als auch der Auszubildenden in Betrieben.

2.11.3 Anzahl der Studierenden und ihre Entwicklung

Fächergruppe	Studienjahr und Anzahl		
	2015/2016	2016/2017	2017/2018
Geisteswissenschaften	106.391	108.798	109.383
Sport	7144	7094	7501
Rechts-, Wirtschafts- und Sozialwissenschaften	310.001	314.677	316.784
Mathematik, Naturwissenschaften	103.542	107.136	108.797
Humanmedizin/Gesundheitswissenschaften	37.678	38.525	39.153
Agrar-, Forst- und Ernährungswissenschaften, Veterinärmedizin	18.913	18.542	18.625
Ingenieurswissenschaften	243.466	243.732	239.869
Kunst, Kunstwissenschaft	26.310	26.189	26.513
Sonstige Fächer und ungeklärt	2955	2779	4082
Insgesamt	856.400	867.472	870.707

Vgl. D STATIS Statistisches Bundesamt 30.3.2018

Die 20 am stärksten besetzten Studienfächer

Studierende insgesamt	Rang	Anteile an allen Studierenden, in %	Anteil der männlichen Studierenden, in %	Anteil der weiblichen Studierenden. In %
Betriebswirtschaftslehre	1	8,4	51,8	48,2
Maschinenbau/-wesen	2	4,5	90,2	9,8
Rechtswissenschaft	3	4,1	45,9	54,1
Medizin (Allgemein-Medizin)	4	3,4	39,2	60,8
Wirtschaftswissenschaften	5	3,4	55,9	44,1
Informatik	6	3,3	85,7	14,3
Germanistik/Deutsch	7	3,2	23,4	76,6
Elektrotechnik/Elektronik	8	2,6	90,7	9,3
Erziehungswissenschaft (Pädagogik)	9	2,4	22,3	77,7
Mathematik	10	2,4	51,5	48,5
Psychologie	11	2,2	24,6	75,4
Biologie	13	2,0	36,4	63,6
Wirtschaftsingenieurswesen mit ingenieurswissenschaftlichem Schwerpunkt	13	2,0	79,5	20,5
Bauingenieurswesen/Ingenieurbau	14	2,0	73,0	27,0
Anglistik/Englisch	15	1,9	28,2	71,8
Wirtschaftsinformatik	16	1,8	80,5	19,5
Physik	17	1,7	76,8	23,2
Wirtschaftsingenieurwesen mit wirtschaftswissenschaftlichem Schwerpunkt	18	1,7	60,4	39,6
Intern. Betriebswirtschaft/Management	20	1,6	44,3	55,7
20 am stärksten besetzen Studienfächer		56,2	-	-
Studierende insgesamt	-	100,0	52,6	47,4

Vgl.: http://www.bpb.de/nachschlagen/zahlen-und-fakten/soziale-situation-in-deutschland/61669/studierende

2.11.4 Dauer des Studiums

Die mittlere Fachstudiendauer (Median) sah 2014/2015 wie folgt aus:

Bachelorabschluss	6,7 Semester
Fachhochschulabschluss	7,3 Semester
Lehramtsabschluss	8,4 Semester
Sonstige universitäre Abschlüsse	13,6 Semester.

Für den Bereich der Masterabschlüsse wurde die mittlere Gesamtstudiendauer für das Erststudium im Jahr 2014/2015 wie folgt ermittelt:

Masterabschluss	7,2 Semester
Fachhochschulabschluss	7,6 Semester
Lehramtsabschluss	9,8 Semester
Sonstige universitäre Abschlüsse	13,5 Semester

Es ist festzuhalten, dass nur 40% aller Hochschulabschlüsse innerhalb der Regelstudienzeit erreicht wurden.

Während das Fach Volkswirtschaftslehre einen überschaubaren Zugang an Studierenden hat, studieren circa zehnmal so viele das Fach Betriebswirtschaftslehre mit der Begründung einer besseren Arbeitsplatzperspektive. Diese Unverhältnismäßigkeit lässt sich aber nicht allein damit erklären, denn gut ausgebildete Volkswirte finden reichlich Arbeitsangebote, ob in der Forschung, in Ministerien, Banken oder Unternehmen. Eine mögliche Erklärung ist die Verschlechterung des Images der Volkswirte im Zusammenhang mit der Finanzkrise. Denn kaum ein Ökonom hatte diese Krise vorhergesehen. Zeitweise wirkten sie sprachlos. Danach brach der Streit über den Wert der makroökonomischen Theorien aus.

BWLer müssen vor allem konkret büffeln. Angeblich sind die Jobchancen gut, jedoch sind Enttäuschungen vorprogrammiert.

2.11.5 Anzahl der Auszubildenden und ihre Entwicklung

Auszubildende nach Ausbildungsberufen 2016 (Top 20)			
Ausbildungsberuf	Rang	Anzahl	%
Insgesamt		1321197	100
Zusammen bis 20		719643	54,5
Kaufmann/Kauffrau für Büromanagement	1	71898	5,4
Kraftfahrzeugmechatroniker/in	2	63174	4,8
Kaufmann/Kauffrau im Einzelhandel	3	58704	4,4
Industriekaufmann/-kauffrau	4	49317	3,7
Industriemechaniker/in	5	44754	3,4
Verkäufer/in	6	41619	3,2
Medizinische(r) Fachangestellter(r)	7	38584	2,9
Kaufmann/Kauffrau im Groß- und Außenhandel	8	37584	2,8
Elektroniker/in	9	36885	2,8
Anlagenmechaniker/in für Sanitär-, Heizungs- und Klimatechnik	10	32400	2,5
Zahnmedizinische(r) Fachangestellte(r)	11	31377	2,4
Fachinformatiker/in	13	30078	2,3
Bankkaufmann/-kauffrau	13	28998	2,2
Mechatroniker/in	14	26367	2,0
Fachkraft für Lagerlogistik	15	24732	1,9
Friseur/in	16	22182	1,7
Elektroniker/in für Betriebstechnik	17	21429	1,6
Hotelfachmann/-fachfrau	18	20553	1,6
Zerspanungsmechaniker/in	19	20113	1,5
Koch/Köchin	20	19059	1,4

Vgl. AZUBI-Report 2016: Employour GmbH – part of Medienfabrik embrace

Folgende Berufe wurden 2018 als die besten Ausbildungsberufe ermittelt:

Die Mädchen haben folgende Ausbildungsberufe gewählt:

- Kauffrau für Büromanagement,
- Kauffrau im Einzelhandel,
- Medizinische Fachangestellte,
- Verkäuferin und
- Zahnmedizinische Angestellte.

Die Jungen haben folgende Ausbildungsberufe gewählt:

- Kraftfahrzeugmechatroniker,
- Kaufmann im Einzelhandel,
- Elektroniker,
- Industriemechaniker und
- Fachinformatiker.
- Die bestbezahlten Ausbildungsberufe sind:
- Fluglotse / Fluglotsin,
- Binnenschiffer/in,
- Schiffmechaniker/in,
- Kaufmann/-frau für Versicherungen und Finanzen,
- Bankkaufmann/-frau,
- Beton- und Stahlbauer/in,
- Lacklaborant/in,
- Mechatroniker/in,
- Industriemechaniker/in,
- Technische/r Systemplaner/in,
- Physiklaborant/in,
- Polizeivollzugsbeamter/in,
- Fachinformatiker/in,
- Stuckateur/in und
- Verwaltungsangestellte/r.

Folgende 17 Berufe wurden als ausgesprochene Zukunftsberufe ausgewiesen:

Im technischen Bereich:

- Elektroniker/in für die Betriebstechnik,
- Mechatroniker/in und

- Technische/r Systemplaner/in.
- In der IT-Branche:
- Fachinformatiker/in,
- Informatikkaufmann/-frau und
- Mathematisch-technische/r Softwareentwickler/in.
- Im kaufmännischen Bereich:
- Industriekaufmann/-frau,
- Kaufmann/-frau für Büromanagement und
- Kaufmann/-frau im Groß- und Außenhandel.

In der Chemie:

- Chemielaborant/in,
- Lebensmitteltechniker/in und
- Pharmakant/in.

Im medizinischen Bereich:

- Altenpfleger/in,
- Zahntechniker/in,
- Augenoptiker/in,
- Hörakustiker/in und
- Gesundheits- und Krankenpfleger/in.

Trotz zunehmender Beschäftigung geht die Zahl der Auszubildenden zurück. Dies ist eine Feststellung, die seit Jahren bekannt ist und der trotzdem seit Jahren nicht entgegen gewirkt wird. Laut dem Bundesinstitut für Berufsbildung BIBB wurden 2016 ein Drittel der neuen Ausbildungsverträge in lediglich 10 Berufen abgeschlossen.

Während die Zahlen der Beschäftigten zwischen 1999 und 2015 um 13,1% gestiegen sind, ging im gleichen Zeitraum die Zahl der Auszubildenden um 6,7% zurück. Dadurch sinkt die Ausbildungsquote 2015 auf 5,1 Auszubildende auf 100 Beschäftigte. Die Entkopplung von Beschäftigtenzuwachs und Ausbildungszuwachs hat mehrere Ursachen. Zuerst ist die Beteiligung der Betriebe an der Ausbildung rückläufig. Gleichzeitig möchte immer weniger Jugendliche eine berufliche Ausbildung durchführen. Besonders deutlich ist der Rückgang der Ausbildungsquote bei Kleinbetrieben mit höchstens fünf Mitarbeitern. Für sie ist es finanziell sehr schwer, die Ausbildung zu stemmen.

Der DIHK, der Deutsche Industrie- und Handelskammertag, betont, dass der Rückgang der AZUBI-Zahlen nicht darauf zurückzuführen sei, dass die Betriebe keine ausreichende Zahl an Ausbildungsplätzen zur Verfügung stellen würden. Es sei vielmehr so, dass die sinkende Bewerberzahl aufgrund des demographischen Wandels zustande käme und dass weniger Schulabgänger sich für einen Beruf entschieden, sondern stattdessen lieber für ein Studium.

Insbesondere sind folgende Branchen davon betroffen: Bäcker, Installateure, KFZ-Betriebe, Uhrmacher und die Bauwirtschaft. Es ist daher notwendig dass der Staat eine Ausbildungsgarantie für die kleinsten und kleinen Betriebe in Form von finanziellen Zusagen gibt. Es gibt auch Wirtschaftsbereiche wie die Gastronomie oder das Lebensmittelhandwerk, die so unattraktiv sind, dass eine große Zahl von Arbeitsplätzen unbesetzt bleibt. Hinzu kommt, dass die höchste Zahl der Ausbildungs-Abbrecher ausgerechnet in diesen Bereichen zu verzeichnen ist.

Die Stellungnahme des Deutschen Institutes für Wirtschaftsforschung (DIW) vom 10.3.17 lautet wie folgt:

- Das Sinken des Interesses junger Frauen an der dualen Berufsausbildung ist mit Sorge zu betrachten.
- Die Quote der jungen Erwachsenen ohne abgeschlossene Berufsausbildung ist mit 13,4% immer noch zu hoch, sie ist sogar im Vergleich zum Vorjahr leicht gestiegen. In absoluten Zahlen betrifft dies immerhin 1,95 Millionen Menschen im Alter von 20 bis 34 Jahren.
- Es ist zwar zu begrüßen, dass die Bildungsintegration die hohe Zahl der Geflüchteten mit einbezieht. Fest steht jedoch, dass, da 70% der Geflüchteten unter 30 Jahre alt sind, noch eine erhebliche Herausforderung für die Zukunft besteht
- Die fortschreitende Digitalisierung ist für die berufliche Bildung eine sehr große Herausforderung, denn es fehlt noch an zukunftsorientierten Berufsbildern.

2.11.6 Anzahl der Studienabbrecher

Die Zahl der Studienabbrecher hat ein alarmierendes Ausmaß erreicht. Bis zu 40% der Studierenden brechen heute ihr Studium ab. Die OECD mahnt diesen Missstand seit 2014 an. Jedoch muss festgestellt werden, dass seitens der Politik bis heute nichts dagegen Wirksames getan wurde.

Dieses Phänomen betrifft insbesondere die mathematisch-naturwissenschaftlichen Studiengänge mit einer Abbrecherquote von 39% an den Universitäten und 42% an den Fachhochschulen. Knapp die Hälfte der Studierenden verlassen in den ersten beiden Semestern die Universitäten oder Hochschulen, weitere 29% sind es im dritten oder vierten Semester. Die überwiegende Zahl der Studienabbrecher findet eine schnelle Bildungs- oder Berufsalternative. Ein halbes Jahr nach dem Abschied von der Universität oder Hochschule finden 43% eine andere Berufsausbildung, 31% werden allerdings nie erwerbstätig.

Nach Aussage des Bundesforschungsministeriums sind de facto drei Gründe für den Studienabbruch maßgeblich:

- Die Leistungsprobleme: Ein Fünftel der Studienabbrecher fühlt sich den Anforderungen des Studiengangs nicht gewachsen. Entweder können sie die Fülle des Lernstoffs nicht verarbeiten oder dem Druck nicht standhalten. Rund 30% der Befragten sind aufgrund der Überforderung gescheitert. Hier zeigen sich die Probleme des Bologna-Prozesses für die Bachelorabschlüsse. Während bei herkömmlichen Studiengängen lediglich 17% der Abbrecher die Leistung als Hauptgrund für den Abbruch angeben, so sind bei Bachelorstudiengängen 25%.
- Das zweite Problem ist die Finanzierung des Studiums. Knapp hinter dem Grund der Überforderung, d.h. mit 19%, stellt die Finanzierung des Studiums ein erhebliches Problem dar. Damit sind nicht nur die rein finanziellen Engpässe gemeint, sondern die Herausforderung, Studium, Nebenjob und Hauptjob unter einen Hut zu bekommen.
- Der dritte Grund ist die mangelnde Motivation. 18% der Ex-Studierenden geben diese als Ursache für den Abbruch an. Die Studienabbrecher merken, dass sie sich nicht mehr mit ihrer Studienrichtung identifizieren können oder mit den daraus resultierenden Berufsmöglichkeiten unzufrieden sind. Sehr häufig sind falsche Erwartungen an das Studienfach mit entscheidend.
- Andere Gründe für den Studienabbruch sind schlechte Studienbedingungen, eine berufliche Neuorientierung, familiäre Probleme und, nicht zu vergessen, Krankheiten.

Immerhin 15% der Studienabbrecher bleiben entweder Langzeitarbeitslose oder sie schlagen sich mit mehreren Tätigkeiten durch. Dies ist ein realer Verlust für die Gesellschaft, der sehr oft durch eine bessere Vorbereitung und Aufklärung hätte vermieden werden können. Diese 10 bis 15% heute junger Leute sind die zukünftigen Armen im Alter.

Zur dualen Berufsausbildung ist festzuhalten, dass 2016 146 000 oder 25% der Auszubildenden diese Form der Lehre abgebrochen haben oder dafür ungeeignet waren. Die bedeutendsten Gründe für diese Abbrüche stellen die soziale Schicht bzw. der familiäre Hintergrund und das Versagen der Schulen in Hinblick auf die Vorbereitung auf das Berufsleben dar. Die Hauptprobleme nach Ansicht der Betriebe sind folgende:

- Das soziale Verhalten. Viele dieser AZUBIS bringen keine grundsätzlichen Verhaltensregeln wie Pünktlichkeit, Kommunikation und Lernbereitschaft mit, d.h. die Mängel beziehen sich eher auf das Verhalten als auf die Leistung.
- Das Wissen und die Fähigkeiten. Es fehlen Kenntnisse, die Grund- und Hauptschule im Hinblick auf die Sprache und die Grundrechenarten hätten vermitteln sollen.
- Der dritte Punkt betrifft Kinder mit Migrationshintergrund, die von zuhause aus nicht die notwendigen Grundlagen der deutschen Sprache beherrschen sowie vom Standard abweichende Verhaltensweisen mitbringen.

Es ist festzustellen, dass mit einer Abbruchsquote zwischen 13 und 15% ein Proletariat entsteht und damit ein Grundbestand an Arbeitslosigkeit geschaffen wird. Dabei ist es notwendiger denn je, jedem Jugendlichen eine duale Berufsausbildung anzubieten und vor allem abzuschließen.

Abschließend sollte vermerkt werden, dass der Kampf um Ausbildungsplätze sich in den nächsten Jahren verschärfen wird, wenn die zahlreichen Studienabbrecher als Mitbewerber für die Hauptschulabsolventen auftreten werden.

2.12 Gründe für den Fachkräftemangel

Die Gründe sind nicht einzeln zu benennen, vielmehr sind diese vielfältig und miteinander verknüpft. Folgende wesentlichen Gründe sind maßgebend für den Fachkräftemangel.

2.12.1 Mangelhafte Erziehung

Wenn man sich detailliert mit Unternehmen, Handwerkern und der Verwaltung über die Problematik von Auszubildenden und Studenten austauscht, so kommt eine wesentliche und wiederholte Kritik zustande, nämlich die mangelhafte soziale Vorbereitung der Kinder und Jugendlichen hinsichtlich des Verhaltens und grundlegender moralischer Kriterien. Dieser Niedergang bei der Qualität der Erziehung durch die Eltern führt dazu, dass Schulen, Betriebe und Universität sich immer mehr gezwungen sehen, soziale Defizite auszumerzen. Hier haben die Gesellschaft, der Staat und die Politik insoweit versagt, als sie dies nicht mit der nötigen Deutlichkeit und Schärfe von den Eltern fordert.

Dies betrifft auch gleichzeitig die Unkontrollierbarkeit einer Mediengesellschaft. Unter dem Vorwand der Freiheit des Internets und der Medien werden Kinder und Heranwachsende manipuliert. Diese Frage muss sich die deutsche Gesellschaft stellen, inwieweit sie bereit ist diese Untätigkeit der Politik hinzunehmen. Es kann nicht angehen, dass viele Eltern die Erziehung der Kinder dem Fernsehen oder dem Internet überlassen, damit sie selbst sich einen gewissen materiellen Wohlstand erarbeiten. Nach dem Motto, ich möchte ein schönes Leben und der Staat wird schon meine Kinder erziehen. Angesichts der zu erwartenden technischen Revolutionen, insbesondere im Hinblick auf die zu erwartende Informationsgesellschaft, ist es notwendiger denn je, im Verhalten von Kindern und Heranwachsenden Selbstdisziplin und Mitmenschlichkeit sowie das Prinzip der Verantwortung zu verankern.

2.12.2 Versagen der Schulen

Schulen stellen nun einmal ein wesentliches Erziehungselement für Kinder und Heranwachsende dar, sie ersetzen jedoch nicht die Grunderziehung, die die Kinder in ihren jungen Jahren zuhause erhalten müssen. Schulen dienen zur Vertiefung des sozialen Verhaltens, das von zuhause mitgebracht werden muss.

Schulen müssen jedoch auch die Grundelemente der Kommunikation vermitteln denn diese Fähigkeit ist nicht ausreichend vorhanden. Insoweit müssen Schulen sich konzentrieren auf wesentliche Fächer, die für eine Informationsgesellschaft notwendiger denn je sind: Sprache, Mathematik, Sport, Geschichte, Grundzüge der Politik und der Wirtschaft und ggfs. Naturwissenschaften.

Die Landschaft des deutschen Schulsystems muss jedoch unbedingt bundeseinheitlich gestaltet werden. Die Qualifikationsmerkmale, die Lehrinhalte und die Benotung müssen bundesweit einheitlich sein. Notwendige Werkzeuge wie analytisches und vernetztes Denken, Kreativität, Selbstdisziplin und soziales Verhalten müssen maßgebende Kriterien für die Bewertung der Schüler werden

Abschlussprüfungen wie z.B. das Abitur müssen bundesweit den gleichen Inhalt haben und gleich benotet werden. Es kann nicht angehen, dass Abiturnoten nach Gusto und Möglichkeiten von Landesfürsten abhängig sind. Die Wirtschaft, sei es über eine reformierte IHK, sei es über die Beeinflussung der Politik, muss frühzeitig Berufsbilder und zukünftige Berufsbilder festlegen. Diese Berufsbilder müssen ein Leben lang veränderbar sein und an die jeweiligen Erfordernisse angepasst werden. Die Schulen müssen die notwenigen Mittel erhalten, damit die Ausfälle von Lehrern und Lehrstunden minimiert werden. Schulen müssen gegebenenfalls untereinander in ein Ranking gestellt werden und wenn es notwendig ist, müssen elitäre Schulen aufgebaut werden, die auch für sozial schwächere Schüler über Stipendien oder sonstige staatliche Hilfe zugänglich sind.

2.12.3 Die Über-Akademisierung

Betrachtet man die Anzahl der Abiturienten und Hochschulzugängen und – Abgängen, so sind folgende Entwicklungen zu beobachten:

während die gesamte Wirtschaftsstruktur Deutschlands lediglich 20-25% Akademiker pro Gesamtheit der Schulabgänger benötigt, können zurzeit bis zu 70% der Schulabgänger einen Hochschulabschluss vorweisen. Dies wird eine Schwemme von Akademikern zur Folge haben und gleichzeitig werden benötigte Fachkräfte wie Techniker, Programmierer, Elektrotechniker, Fachkräfte in der Pflege, in der Justiz, Polizisten, Handwerker, Soldaten lediglich durch 20-30% der Schulabgänger abgedeckt. Dieses Ungleichgewicht ist nicht nur gefährlich, sondern auch auf Dauer schädlich für das natürliche und organische Wachstum unserer Wirtschaft.

mit dem erhöhten Zugang an die Universitäten ist auch ein Massenbetrieb in der Lehre und Forschung verbunden, was zu bis zu 35% Studienabbrechern führt, die keine abgeschlossene Qualifikation haben.

Dieser Teil der Bevölkerung sind die realen Verlierer einer propagierten Akademisierung, die ohne Verstand und Augenmaß verfolgt wurde.

ein weiterer Gesichtspunkt ist die Inflation von Promotionen. Der größte Teil der Universitäten ist verkommen zu Promotionsfabriken. Wenn der Doktortitel sich zwischen Wissenschaft, Prestige und Betrug befindet, so muss man sich fragen, welchen Wert die Promotion noch hat. Viele Promotionen, insbesondere in Jura, Volkswirtschaft, Betriebswirtschaft, haben keine reale Grundlage für zukünftige Forschung in diesen Bereichen. Man muss sich fragen, welchen Wert diese Doktoren haben gemessen an den Aufwendungen, die sie produziert haben. Sind diese Doktoranden überhaupt für die Gesellschaft, Politik und Wirtschaft brauchbar? Der Autor ist sehr skeptisch im Hinblick auf die Qualifikation und auf die Vergleichbarkeit im internationalen Vergleich. Im Übrigen ist das Tragen von Titeln außer bei der Medizin in der ganzen Welt auf 3-4 Länder in Europa begrenzt.

2.13 Katastrophale Konsequenzen für die Gesellschaft

Bei gründlicher Betrachtung all dieser Punkte stellt man fest, dass das Bildungswesen in den letzten 30 Jahren versagt hat. Insbesondere in den letzten 5 Jahren, in denen wir eine relative wirtschaftliche Stabilität und Wachstum hatten, hat die Politik nicht die Kraft gefunden, reale und durchgreifende Reformen durchzuführen. Denn die zu erwartenden Probleme der zunehmenden Alterung der Bevölkerung sind schon seit langem bekannt. Die Weigerung der CDU, dem Land eine konkurrenzfähige Einwanderungspolitik zu geben, hat diesen Mangel nur noch verschärft. Folgende direkte Konsequenzen werden eintreten:

- In der Pflege müssen die Alten und Kranken sich auf eine ernsthafte Verschlechterung und ihrer Situation und auf die Steigerung der Kosten gefasst machen.
- In den Schulen müssen die Eltern sich auf einen erhöhten Ausfall der Schulstunden und die Verschlechterung der Ausbildung ihrer Kinder einstellen.
- Hinsichtlich der Inneren Sicherheit müssen die Bürger häufiger private Sicherungsdienste in Anspruch nehmen. Die Höhe der Schäden, seien es persönliche oder wirtschaftliche, könnte durchaus steigen.
- Die Gerichtsverfahren werden mit großer Wahrscheinlichkeit langwieriger und teurer als heute sein.

- Hinsichtlich des Handwerks müssen sich die Kunden auf erhebliche Kostensteigerung und auch auf eine Verschlechterung der Arbeitsqualität einstellen.
- Im Gesundheitswesen müssen sich die Patienten auf längere Wartezeiten sowie die Erhöhung der Gesundheitskosten und damit verbundener Versicherungskosten einstellen.
- Unternehmen werden zunehmend Schwierigkeiten haben zu gleichen Kosten Qualität und Termine einzuhalten.

Die oben genannten Konsequenzen stellen nach Ansicht des Autors die wesentlichen Folgen dar. Selbstverständlich kann es auch weitere Konsequenzen geben.

2.14 Mögliche Lösungsansätze

Um diese o.g. Konsequenzen aus der Fehlentwicklung abzumildern, müssen nach Ansicht des Autors folgende Maßnahmen durchgeführt werden:

- Die politische Ebene muss dazu gezwungen werden, endlich ein Konzept zu einer echten Bevölkerungspolitik zu entwerfen und die Umsetzung in einem Ministerium für Bevölkerungspolitik zu bündeln, in dem die gesamten Zuwendungen für die Familie, alle Anforderungen an die Bildung und berufliche Entwicklung für Frauen koordiniert und gesteuert werden.
- Es ist ein Migrationskonzept für benötigte Arbeitskräfte mit einer Willkommenskultur ins Leben zu rufen.
- Eine Umschichtung der Bildungspolitik und Aufwertung der nicht-akademischen Berufsbilder, ggf. durch Werbekampagnen, muss durchgeführt werden.
- Die Attraktivität von dienstleistenden Berufen, in der Inneren Sicherheit, in der Justiz, in der Pflege und in der Bildung muss erhöht werden.
- Durch Vereinfachung von Stiftungen sind die Möglichkeiten der Unternehmensnachfolge zu erleichtern und ggf. mit steuerlichen Vorteilen zu versehen.
- Die notwendigen Finanzmittel sind zur Verfügung zu stellen ohne nach neoliberalen Gesichtspunkten zu sparen.

3. Analphabetismus

3.1 Analphabetismus

Als **Analphabetismus** bezeichnet man kulturell, bildungs- oder psychisch bedingte individuelle Defizite im Lesen oder Schreiben bis hin zu völligem Unvermögen in diesen Disziplinen. Ist dagegen eine ganze Sprach- oder Kulturgemeinschaft betroffen, was im Laufe des 20. Jahrhunderts sehr selten geworden ist, spricht man von Schriftlosigkeit, Mündlichkeitskultur bzw. Oralität. Das Fehlen einer in einer Kulturverankerten Lese- bzw. Schreibfähigkeit[1] wird als Illiteralität bezeichnet.

2003 galten weltweit 862 Millionen Menschen als Analphabeten. In Deutschland waren 2011 nach einer Studie der Universität Hamburg ca. 4 % bzw. 2 Millionen der Erwachsenen totale sowie mehr als 14 % bzw. 7,5 Millionen funktionale Analphabeten.[23]

Funktionaler Analphabetismus oder Illettrismus: der Schreiber kann sich nicht so ausdrücken, wie es im sozialen Kontext als angemessen empfunden wird

Der Gegensatz zum **Analphabeten**, dem Nicht-Lesen-Könnenden, ist der

Der Prozess vom Analphabetismus bis zur Lesefähigkeit wird Alphabetisierung genannt. Die Analphabetenrate ist der Anteil der erwachsenen Bevölkerung, der nicht lesen und schreiben kann. Der Gegenwert ist der Alphabetisierungsgrad.

Für Analphabetismus gibt es mehrere Definitionen:

Primärer Analphabetismus liegt vor, wenn ein Mensch weder schreiben noch lesen kann und beides auch nie gelernt hat (siehe auch Schriftspracherwerb). In Entwicklungsländern und Schwellenländernist die Analphabetismus-Quote höher als in Industriestaaten.

Sekundärer Analphabetismus ist ein Begriff, der seit den 1970er-Jahren in Fällen verwendet wird, bei denen die Fähigkeiten zum schriftlichen Umgang mit Sprache wieder verlernt wurden. Als eine der Ursachen hierfür gilt, dass Schrift- und Printmedien an Bedeutung verloren haben (Telefon und Bildschirmmedien haben zugenommen).

Semi-Analphabetismus liegt vor, wenn Menschen zwar lesen, aber nicht schreiben können.

Als **funktionaler Analphabetismus** oder **Illettrismus** wird die Unfähigkeit bezeichnet, die Schrift im Alltag so zu gebrauchen, wie es im sozialen Kontext als selbstverständlich angesehen wird. Funktionale Analphabeten sind Menschen, die zwar Buchstaben erkennen und durchaus in der Lage sind, ihren Namen und ein paar Wörter zu schreiben, die jedoch den Sinn eines etwas längeren Textes entweder gar nicht verstehen oder nicht schnell und mühelos genug verstehen, um praktischen Nutzen davon zu haben. Eine feste Grenze zwischen „verstehen" und „nicht verstehen" existiert dabei nicht. Auch in vielen Industrieländern gibt es sogenannte funktionale Analphabeten, obwohl diese den Besuch eines allgemein zugänglichen Bildungssystems vorweisen können, die dort mehr oder minder mangelhaft erlernten Fähigkeiten aber zwischenzeitlich wieder teilweise oder vollständig verlernt haben.

Analphabetismus und Behinderung

Analphabetismus kann durch eine Behinderung, vor allem durch eine geistige Behinderung oder längerfristige bzw. chronische Krankheit verursacht oder mit dem als Lernbehinderung bezeichneten Komplex verbunden sein. Er gilt in Deutschland der geltenden Rechtsprechung nach dennoch nicht als Form der Behinderung,[4] wenngleich der Analphabetismus nach aktuellen Untersuchungen nachweislich zu einer erheblichen Behinderung der persönlichen und sozialen Integration des einzelnen Menschen führt.

Die Aussichtslosigkeit, als Analphabet auf dem Arbeitsmarkt eine Arbeit zu finden, die ein Einkommen oberhalb der unten genannten Bezugsgröße ermöglicht, gilt rechtlich nicht als Behinderung.

Sozialrecht

Da als erwerbsunfähig gemäß § 44 Abs. 2 Satz 1 SGB VI nur solche Versicherte gelten, die wegen Krankheit oder Behinderung auf nicht absehbare Zeit außerstande sind, eine Erwerbstätigkeit in gewisser Regelmäßigkeit auszuüben oder Arbeitsentgelt oder Arbeitseinkommen zu erzielen, das ein Siebtel der monatlichen Bezugsgröße übersteigt, und da dabei die jeweilige Arbeitsmarktlage nicht berücksichtigt werden darf (vgl. § 44 Abs. 2 Satz 2 Nr. 2 SGB VI), haben Analphabeten, die keine (mehr als nur geringfügige) Arbeit finden, keinen Anspruch auf eine Erwerbsunfähigkeitsrente.

Staatsangehörigkeitsrecht

Im Jahr 2007 gab es eine Bundesratsinitiative des Hamburger Senats, einheitliche Standards hinsichtlich der Sprachkenntnisse bei Einbürgerungsverfahren in Deutschland zu setzen; der damalige CDU-Bürgerschaftsabgeordnete Alexander-Martin Sardina thematisierte die Problematik der Einbürgerung von Analphabetinnen und Analphabeten daraufhin im Landesparlament.[5] Laut einem Urteil des Verwaltungsgerichtshofs Baden-Württemberg in Mannheim vom Februar 2009 hat ein ausländischer Analphabet in Deutschland keinen Anspruch darauf, eingebürgert zu werden. Eine soziale, politische und gesellschaftliche Integration setze die Möglichkeit voraus, hiesige Medien zu verstehen und mit der deutschen Bevölkerung zu kommunizieren. Für eine ausreichende Integration sei zu verlangen, *dass er schriftliche Erklärungen, die in seinem Namen abgegeben werden, zumindest ihrem wesentlichen Inhalt nach selbstständig auf Richtigkeit überprüfen könne.[6]*

Analphabetismus nach Ländern

Deutschland

Die „Leo. Level-One Studie" ermittelte einen Wert von 7,5 Millionen (etwa 14 Prozent) funktionalen Analphabeten unter den Personen im erwerbsfähigen Alter in Deutschland.[7] Auf Basis dieser Daten errechnete der Neuköllner Verein „Lesen + Schreiben e.V.", dass 316.000 Menschen in Berlin nicht richtig lesen und schreiben können. Der Volkshochschulverband schätzt für Berlin eine Dunkelziffer von 164.000.[8]

Frankreich

In Frankreich erschien am 28. November 2013 eine Studie vom Institut national de la statistique et des études économiques (INSEE). Demnach sind rund 11 Prozent aller Franzosen Analphabeten. In der Region Île-de-France haben zwei Drittel dieser Menschen ihre Schulzeit nicht in Frankreich verbracht; es sind Einwanderer.[910]

Italien

In Italien betrug 1861 (zur Zeit der Staatsgründung) die Analphabetismus-Quote (Analfabetismo) 78 Prozent (Sardinien, Sizilien und Kalabrien um 90 %; Piemont und Lombardei um 60 %). Laut einem Zensus („censimento generale") im Jahr 1951 waren die Quoten wie folgt: Piemont 3 %, Valle d'Aosta 3 %, Ligurien 4 %, Lombardei 2 %, Veneto 7 %, Trentino-Alto Adige 1 %, Friuli Venezia Giulia 4 %, Emilia-Romagna 8 %, Toscana 11 %, Marche 13 %, Umbrien 14 %, Lazio 10 %, Abruzzo e Molise 19 %, Campania 23 %, Puglia 24 %, Basilicata 29 %, Kalabrien 32 %, Sizilien 24 % und Sardinien 22 %.[11]

Seite „Analphabetismus". In: Wikipedia, Die freie Enzyklopädie. Bearbeitungsstand: 6. März 2019, 11:12 UTC.
URL: https://de.wikipedia.org/w/index.php?title=Analphabetismus&oldid=186308042 (Abgerufen: 14. März 2019, 10:04 UTC)

3.2 Bundesverband Alphabetisierung und Grundbildung

*Der **Bundesverband Alphabetisierung und Grundbildung e. V.** ist ein gemeinnütziger deutscher Verein, der Analphabeten im Erwachsenenalter dabei hilft, Lesen und Schreiben zu lernen, und durch Öffentlichkeitsarbeit versucht, der Forderung der Vereinten Nationen nach Grundbildung (im Rahmen der UN-Alphabetisierungsdekade 2003–2012) im deutschsprachigen Raum Nachdruck zu verleihen.*

Er wurde 2006 als „Ort im Land der Ideen" ausgezeichnet. Sitz des Vereins ist Münster (Westf.). Seit 2018 unterhält der Verein ein Hauptstadtbüro in Berlin.[1]

Profil

Der Bundesverband Alphabetisierung und Grundbildung ist eine bundesweite Fach-, Service- und Lobbyeinrichtung. 500 Personen oder Institutionen sind Mitglied in dem als gemeinnützig anerkannten Verband. Die Vereinsarbeit wird durch Mitgliedsbeiträge, Spenden sowie Verkaufserlöse finanziert.

Geschichte

1984 Gründung des Vereins als Schreibwerkstatt für neue Leser und Schreiber e. V.

1997 Zusammenschluss mit der Bundesarbeitsgemeinschaft Alphabetisierung e. V. zum Bundesverband Alphabetisierung e. V.

2006 Umbenennung zum Bundesverband Alphabetisierung und Grundbildung e. V.

Die damalige Bundesministerin für Bildung und Forschung, Annette Schavan, hat Ende 2011 gemeinsam mit dem damaligen Präsidenten der Kultusministerkonferenz, Bernd Althusmann, die „Nationale Strategie für Alphabetisierung und Grundbildung Erwachsener in Deutschland" ins Leben gerufen.[2] Aktiv an der Umsetzung der nationalen Strategie beteiligt sich, neben anderen Partnern, auch der Bundesverband Alphabetisierung und Grundbildung. Im Jahr 2016 verkündete Bundesbildungsministerin Johanna Wanka die Überführung der „Nationalen Strategie" in eine „Nationale Dekade für Alphabetisierung und Grundbildung Erwachsener in Deutschland 2016–2026" (Kurzbezeichnung: AlphaDekade 2016–2026).[3] Der Bund beabsichtigt im Zeitraum von 10 Jahren mindestens 180 Millionen Euro für die spürbare Reduzierung des funktionalen Analphabetismus in Deutschland zu investieren.[4] Innerhalb der AlphaDekade ist der Bundesverband Alphabetisierung und Grundbildung e. V. gemeinsam mit anderen gesellschaftlichen Akteuren Partner von Bund und Ländern.

Ziele

Auf seiner Homepage gibt der Bundesverband folgende Ziele an:

- Förderung des Lesens und Schreibens von Erwachsenen
- Optimierung des bestehenden Kursangebots für Lese- und Schreibunkundige
- Motivierung der Betroffenen zur Nutzung von Lernangeboten
- Unterstützung der Personen und Institutionen, die in der Alphabetisierungs- und Grundbildungsarbeit tätig sind
- Lobbyarbeit und Beratung für Lese- und Schreibunkundige
- Information der Öffentlichkeit über Ursachen, Hintergründe und Auswirkungen von funktionalem Analphabetismus
- Stärkung und Aktivierung von Betroffenen

Seite „Bundesverband Alphabetisierung und Grundbildung". In: Wikipedia, Die freie Enzyklopädie. Bearbeitungsstand: 11. Februar 2019, 16:40 UTC.

3.3 Wie viel Analphabeten gibt es in Deutschland?

Genauer: Knapp fünf Millionen können nur einzelne, kurze Sätze lesen und schreiben, weitere zwei Millionen kommen über einzelne Wörter nicht hinaus, und etwa **300 000 Menschen** *scheitern selbst daran. Sie alle gelten zumindest als funktionale* **Analphabeten**.

https://www.spektrum.de/news/warum-gibt-es...analphabeten-in-deutschland/1371326

Was ist ein funktionaler Analphabet?

In Deutschland gelten etwa 7,5 Millionen Erwachsene als sogenannte **funktionale Analphabeten**. *Das heißt, sie können zwar Buchstaben, Wörter und einzelne Sätze lesen und schreiben, haben jedoch Mühe, einen längeren zusammenhängenden Text zu verstehen.*

Kann nicht lesen und schreiben?

Dann **kann** *es selbstständig Texte* **lesen und schreiben**. *Doch 7,5 Millionen Menschen in Deutschland* **können** *genau das* **nicht** *– obwohl sie bereits erwachsen sind. Sie gelten als funktionale Analphabeten. Das bedeutet, dass ihre Lese- und Schreibfähigkeiten weit unter dem in unserem gesellschaftlichen Alltag liegt.*

Wie nennt man Leute die nicht lesen und schreiben können?

Dann gibt es wiederum Menschen, die zwar lesen, aber nur ganz schlechtschreiben können. Und wieder andere Analphabeten können nur ganz schlechtlesen, schreiben können sie überhaupt nicht. Man nennt sie auch **"funktionale Analphabeten"**.

Wie viele Menschen in Deutschland können nicht richtig lesen und schreiben?

Genauer: Knapp **fünf Millionen** *können nur einzelne, kurze Sätze lesen und schreiben, weitere zwei Millionen kommen über einzelne Wörter nicht hinaus, und etwa 300 000 Menschen scheitern selbst daran. Sie alle gelten zumindest als funktionale Analphabeten.16.10.2015*

Wie viel Analphabeten gibt es weltweit?

Analphabetismus in Deutschland. **In Deutschland** *leben etwas mehr als 80 Millionen Menschen. Darunter rund 7,5 Millionen Erwachsene zwischen 18 und 64 Jahren, die als „funktionale* **Analphabeten"** *kaum lesen und schreiben können. Doch für Betroffene* **gibt** *es Hilfe.*

Wie viele funktionale Analphabeten gibt es in Deutschland?

*2003 galten weltweit 862 Millionen Menschen als **Analphabeten**. In **Deutschland**waren 2011 nach einer Studie der Universität Hamburg ca. 4 % bzw. 2 Millionen der Erwachsenen totale sowie mehr als 14 % bzw. 7,5 Millionen **funktionale Analphabeten**.*

Was ist Legasthenie eine Behinderung?

***Legasthenie** oder Dyskalkulie ist keine Krankheit oder **Behinderung**! Vorausschickend, eine **Legasthenie** oder eine Dyskalkulie ist weder eine Krankheit noch eine **Behinderung**, sie wird vielmehr durch eine differente Wahrnehmung eines Menschen hervorgerufen.*

Was ist Legasthenie bei Kindern?

*Die Lese- und Rechtschreibstörung oder **Legasthenie** (von lateinisch legere ,lesen' und altgriechisch ἀσθένεια asthéneia, deutsch ,Schwäche', also ,Leseschwäche'), auch Lese-Rechtschreib-Störung, Lese-Rechtschreib-Schwäche, Lese-Rechtschreib-Schwierigkeiten oder abgekürzt LRS genannt, ist die massive und lang andauernde ...*

Lese- und Rechtschreibstörung

Die Lese- und Rechtschreibstörung oder Legasthenie (von lateinisch legere ,lesen' und altgriechisch ἀσθένεια asthéneia, deutsch ,Schwäche', also ,Leseschwäche')[1], auch Lese-Rechtschreib-Störung, Lese-Rechtschreib-Schwäche, Lese-Rechtschreib-Schwierigkeiten oder abgekürzt LRS genannt, ist die massive und lang andauernde Störung des Erwerbs der Schriftsprache (geschriebenen Sprache).

Menschen mit einer Lese- und Rechtschreibstörung haben Probleme mit der Umsetzung der gesprochenen in geschriebene Sprache und umgekehrt. Als Ursache werden eine genetische Disposition, Probleme bei der auditiven und visuellen Wahrnehmungsverarbeitung, bei der Verarbeitung von Sprache und vor allem bei der phonologischen Bewusstheit angenommen. Die Störung tritt isoliert und erwartungswidrig auf, das heißt, die schriftsprachlichen Probleme entstehen, ohne dass es eine plausible Erklärung wie generelle Minderbegabung oder unzureichende Beschulung gibt.

Der Bundesverband Legasthenie und Dyskalkulie geht davon aus, dass in Deutschland 4 Prozent der Schüler von einer Legasthenie betroffen sind. Bei frühzeitiger Erkennung können die Probleme meist kompensiert werden; je später eine Therapie einsetzt, desto geringer sind in der Regel die erzielbaren Effekte.

Erscheinungsbild

Nach ICD-10, der Internationalen Klassifikation der Krankheiten und verwandter Gesundheitsprobleme durch die Weltgesundheitsorganisation WHO, wird unterschieden zwischen

- *Lese- und Rechtschreibstörung (F81.0),*

- *isolierter Rechtschreibstörung (F81.1),*
- *Rechenstörung (F81.2) und*
- *einer kombinierten Störung schulischer Fertigkeiten (F81.3; Beeinträchtigung des Lesens, Schreibens und Rechnens).*

Neuere Forschungsarbeiten weisen darauf hin, dass auch die Lesestörung isoliert auftreten kann und sich zudem von der isolierten Rechtschreibstörung unterscheidet, da die Störungsbilder mit jeweils unterschiedlichen Problemen im Arbeitsgedächtnis, einem Teilbereich des Gehirns, einhergehen. Die Störungen können zwar auch in Kombination auftreten, hängen aber demnach nicht zusammen.[234] Anders als in der ICD-10 finden sich im DSM-5 aus diesem Grund getrennte Kategorien für Störung des Lesens, des Schreibens, der mathematischen Kompetenzen sowie aller Kombinationen dieser Lernstörungen.

Zu Beginn des Schriftspracherwerbs können Probleme beim Aufsagen des Alphabets, der Benennung von Buchstaben oder dem Bilden von Reimen auftreten. Später zeigen sich Leseprobleme, die folgende Formen annehmen können:[5]

- *Auslassen, Verdrehen oder Hinzufügen von Wörtern oder Wortteilen*
- *niedrige Lesegeschwindigkeit*
- *Ersetzen von Buchstaben, Silben und Wörtern*
- *Startschwierigkeiten beim Vorlesen, langes Zögern oder Verlieren der Zeile im Text*
- *Vertauschen von Wörtern im Satz oder von Buchstaben in den Wörtern*
- *Schwierigkeiten bei Doppellauten*

Ebenso können Probleme im Leseverständnis auftreten, die sich folgendermaßen äußern:

- *Unfähigkeit, Gelesenes wiederzugeben, aus Gelesenem Schlüsse zu ziehen oder Zusammenhänge zu sehen*
- *Gebrauch allgemeinen Wissens anstelle der Textinformationen beim Beantworten von Fragen*

Diese Lese- und Rechtschreibfehler sind nicht nur typisch für Kinder mit einer Lese- und Rechtschreibstörung. Alle Kinder, die das Lesen und Schreiben erlernen, machen anfänglich die gleichen Fehler in verschieden starkem Ausmaß. Bei den meisten Kindern nehmen die Probleme jedoch sehr rasch ab und verschwinden schließlich weitgehend. Kinder mit Legasthenie machen die Fehler wesentlich häufiger und die Probleme bleiben über lange Zeit stabil. Auffällig ist besonders, dass die Fehler kaum Konstanz erkennen lassen: Weder ist es möglich, stabile Fehlerprofile zu ermitteln, noch gibt es eine bestimmte Systematik der Fehler. Ein und dasselbe Wort wird immer wieder unterschiedlich falsch geschrieben.

Auch wenn eine Legasthenie nicht anhand der Fehlertypen diagnostiziert werden kann, so hat sich doch unter therapeutischen Gesichtspunkten eine Unterteilung der Fehler in die folgenden Fehlerarten als hilfreich erwiesen:[6]

- Phonemfehler als Verstöße gegen die lautgetreue Schreibung (Verstöße gegen die Buchstaben-Laut-Zuordnungsregeln, Probleme bei der Wortdurchgliederung: Auslassungen, Verdrehungen, Hinzufügungen)
- Regelfehler als Verstöße gegen die regelhaften Abweichungen von der lautgetreuen Schreibung (Ableitungsfehler, Groß-/Kleinschreibungsfehler)
- Speicherfehler oder Merkfehler als Verstöße gegen die regelhaften Abweichungen
- Restfehler

Ursache

Zur Entstehung einer Lese- und Rechtschreibstörung können vielfältige Ursachen beitragen, wobei in aller Regel verschiedene Faktoren zusammenwirken. Andererseits führen einzelne Einflüsse, wie etwa eine genetische Disposition nicht zwangsläufig zur Herausbildung einer Lernstörung, sondern können durch präventive Maßnahmen im Vorschulalter und weitere intensive Betreuung während der gesamten Schul- und Ausbildungszeit kompensiert werden.

Derzeit werden unter anderem die folgenden Ursachen diskutiert:

1. *Genetik: Da in Familien häufig mehrere Familienmitglieder von LRS betroffen sind, wird in jüngerer Zeit verstärkt eine genetische Komponente diskutiert. Da die Konkordanz für die Lese- und Rechtschreibstörung bei eineiigen Zwillingen 68 %, bei zweieiigen Zwillingen hingegen nur 38 % beträgt, ist ein substantieller genetischer Einfluss nicht von der Hand zu weisen.[7] Man vermutet eine polygenetische Ursache mit Bezug zu den Chromosomen 2, 3, 6, 18 und vor allem 15. Ein deutsch-schwedisches Forscherteam hat 2006 auf dem 6. Chromosom ein Gen mit der Bezeichnung DCDC2 identifiziert (GeneID 51473), das mit Legasthenie anscheinend deutlich korreliert ist. Es wird angenommen, dass dieses Gen bei der Entwicklung des Gehirns und dabei insbesondere bei der Migration der Nervenzellen im fetalen Gehirn eine Rolle spielt.[8] Daneben werden aber auch noch verschiedene andere Gene bzw. Genvarianten als Ursache der Legasthenie diskutiert, sodass derzeit nicht von einer monogenetischen Ursache ausgegangen werden kann.*

2. *Neurologie: Bereits Neugeborene aus Risikofamilien zeigen abweichende Hirnstrommuster bei der Darbietung sprachlicher und nicht-sprachlicher akustischer Stimuli.[910] Auch bei Schülern und Erwachsenen mit Legasthenie konnten mit Hilfe von bildgebenden Verfahren beim Lesen Abweichungen der Aktivierungsmuster in der Großhirnrinde nachgewiesen werden. Diese betreffen vorwiegend die sprachverarbeitenden Zentren im Schläfen- und Stirnlappen der linken Hirnhälfte, in der im Vergleich zu nicht-legasthenen Personen andere Aktivierungszentren und -lokalisationen zu finden sind. Man beobachtete auch, dass die zuständigen Hirnzentren nicht ausreichend synchron arbeiten oder nicht ausreichend vernetzt sind. Weiterhin liegen Hinweise auf ein Defizit in der Verarbeitung schneller Folgen von Stimuli vor, das auf eine weniger effiziente Erregungsweiterleitung in der Seh- und Hörbahn zurückzuführen ist.*

3. *Wahrnehmungs- und Blickfunktionsstörungen: Störungen der auditiven und/oder visuellen Wahrnehmungen sowie Störungen der Blicksteuerung können zu einer Lese- und Rechtschreibstörung und Dyskalkulie beitragen, auch wenn periphere Hör- und Sehprobleme Ausschlusskriterien einer LRS-Diagnose sind. Die Blicksprünge (Sakkaden) von Kindern mit LRS sind oft zeitlich unpräziser als diejenigen gleichaltriger Kinder, und bis zu 60 % der legasthenischen Kinder haben Probleme, ihren Blick bewusst präzise so zu steuern, wie es beim Lesen von Text nötig ist (siehe auch Punkt 2. Neurologie).[11121314]*

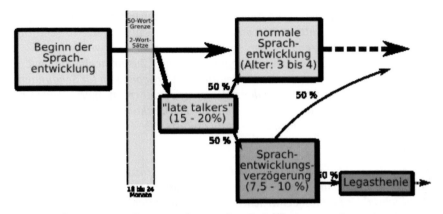

Zusammenhang Legasthenie und Sprachentwicklungsverzögerung

4. Risikofaktor Sprachentwicklungsverzögerung: Kinder durchschreiten meistens mit zirka 18 bis 24 Monaten die 50-Wort-Grenze und beginnen Zweiwortsätze zu verwenden.[15] 13 bis 20 % der Kinder verfügen jedoch auch im Alter von 24 Monaten noch nicht über 50 Wörter. Diese Kinder bezeichnet man als „late talkers", zu Deutsch „Spätsprecher".[16] Etwa die Hälfte der „late talkers" holt den Entwicklungsrückstand bis zu einem Alter von drei bis vier Jahren wieder auf (sog. „late bloomers" zu Deutsch „Spätzünder"), bei der anderen Hälfte manifestiert sich eine Sprachentwicklungsstörung. Bei etwa 50 % der Kinder mit einer Sprachentwicklungsverzögerung tritt wiederum in der Folge eine Lese- und Rechtschreibstörung auf.[17] Man kann also sagen, dass ungefähr ein Viertel der Kinder, die im Alter von 24 Monaten noch keine 50 Wörter verwenden können und noch nicht in Zweiwortsätzen sprechen, später eine Lese- und Rechtschreibstörung entwickeln.

5. Phonologische Informationsverarbeitung: Die phonologische Bewusstheit ist der wichtigste Einzelprädiktor(= Merkmal mit Vorhersagekraft) der Leseentwicklung,[18] und es konnte ein enger Zusammenhang zwischen ihr und der Rechtschreibleistung nachgewiesen werden.[181920] Etwa zwei Drittel der Kinder, die später eine Lese-Rechtschreib-Störung entwickeln, können bereits im Vorschulalter oder zum Zeitpunkt der Einschulung anhand von Schwächen der phonologischen Bewusstheit erkannt werden.[2122]

6. Häusliche Lesesozialisation: Kinder aus schwächeren sozialen Schichten haben ein erhöhtes Risiko für das Auftreten einer Lese-Rechtschreib-Schwäche.[23] Ungünstige sozioökonomische Verhältnisse führen aber nicht zwangsläufig zu Schwierigkeiten im Lesen und Schreiben. Ein weiterer, aber noch nicht ausreichend erforschter Faktor ist auch der häusliche Fernsehkonsum. Es ist noch unklar, inwiefern das Fernsehen als Ursache für die schwächeren Sprach- und Leseleistungen der „Vielseher" betrachtet werden

kann. Ebenso plausibel ist die Annahme, dass Kinder mit sprachlichen Defiziten lediglich das „leichtere" Medium Fernsehen als Freizeitbeschäftigung bevorzugen. Während der Konsum von Erwachsenen- und Unterhaltungssendungen durchgängig negative Zusammenhänge mit den Sprach- und Leseleistungen der Kinder aufweist, ergeben sich für Sendungen mit pädagogischer Intention tendenziell positive Korrelationen. Andererseits erbringen Kinder mit besonders hohem Fernsehkonsum in der Regel die schwächsten Leistungen in Sprach- und Lesetests.[24][25]

Diagnostik

Besteht ein Verdacht auf eine Lese- und Rechtschreibstörung, so müssen zunächst organische Ursachen wie das Vorliegen einer Schwerhörigkeit oder Fehlsichtigkeit (Sinnesbeeinträchtigungen) ausgeschlossen werden. Hierzu muss das Kind von entsprechenden Fachärzten untersucht werden. Mit den Eltern sollten ungünstige Rahmenbedingungen abgeklärt werden, wie das Vorliegen seelischer und psychischer Belastungen beispielsweise aufgrund einer Trennung der Eltern, unangemessener Leistungsdruck, die häusliche Arbeits- und Wohnsituation, der Fernsehkonsum usw. Unter Umständen können bereits an dieser Stelle Ursachen für die Leistungsproblematik identifiziert und behoben werden.

Kann keine Ursache der Schwierigkeiten gefunden werden, sollte als Nächstes sowohl der Leistungsstand des Kindes als auch das Leistungsprofil erfasst werden. Hierzu gibt es eine ganze Reihe standardisierter Verfahren und Verfahren, die auf die Analyse freier Texte angewendet werden können[26], mit denen die Leistung des Kindes sehr genau beurteilt werden kann.[27]

Zur Abgrenzung zwischen allgemeinen Problemen im schriftsprachlichen Bereich und der Teilleistungsstörung Legasthenie wird entsprechend der 2015 neu geregelten Fassung der Leitlinien[28] neben der Leistung in Lese- und Rechtschreibtests außerdem die Leistung in einem Intelligenztest herangezogen. Eine Legasthenie wird dann diagnostiziert, wenn bei schwacher schriftsprachlicher Leistung eine deutlich höhere Intelligenzleistung vorliegt. Die Leistung in der Schriftsprache muss dabei mindestens eine Standardabweichung unter der Klassen- oder Altersnorm liegen. Die Leistungen des Kindes müssen also zu den 15,8 % schwächsten Leistungen der Bezugsgruppe gehören. Das Testergebnis des Intelligenztests muss um 1,5 Standardabweichungen höher liegen als die Leistung im Schriftsprachtest. Das genaue Verrechnungsfahren bleibt dabei unspezifiziert. Es kann sich also um eine einfache Diskrepanz handeln oder mittels des Regressionsansatzes vorgegangen werden. Eine weniger strenge Diskrepanz von einer Standardabweichung kann angewandt werden, wenn es weitere Evidenz aus klinischen Untersuchungen gibt, z. B. zusätzliche Informationen der Lehrkräfte und Eltern, eine ausführliche Anamnese oder weitere diagnostische Informationen.

Diese Diskrepanzkriterien sind jedoch Gegenstand kontroverser Debatten,[29] da allgemein leseschwache Kinder sich in ihren Fehlprofilen nicht von Kindern mit

LRS unterscheiden und beide Gruppen unabhängig von der Intelligenz gleichermaßen von Fördermaßnahmen profitieren (siehe auch Kritik am Legastheniekonstrukt).[30] Dementsprechend haben in der Neuregelung der Leitlinien Fachgesellschaften wie die DGPs Sondervoten gegen das Diskrepanzkriterium vorgebracht und die Diskrepanz konnte nur mit einer knappen Mehrheit von 59 % Zustimmung beschlossen werden. Das sehr einflussreiche DSM-5 (S. 73) verzichtet generell auf dieses Diskrepanzkriterium und schließt lediglich den Bereich kognitiver Minderbegabung aus, es sei denn die Lese-Rechtschreibfähigkeiten liegen in diesem Fall sehr deutlich unterhalb der anderen schulischen Leistungen. Als Folge gibt es zumindest im englischen Sprachraum keine Unterscheidung zwischen einer allgemeinen Lese-Rechtschreib-Schwäche und einer Lese-Rechtschreibstörung (Legasthenie). Stattdessen werden ohne Unterscheidung alle Kinder mit Schriftsprachproblemen unter der diagnostischen Kategorie „Specific Learning Disorder" (=Lernstörung) mit den Unterkategorien 315.00 „With impairment in reading" und 315.2 „With impairment in written expression" zusammengefasst. Im Unterschied zu den Leitlinien wird dafür der leistungsschwache Bereich für die Schriftsprachleistung dort erheblich enger gefasst und auf die schwächsten 7 % eingegrenzt.

Die Forschungskriterien nach ICD-10, die etwa auch im Multiaxialen Klassifikationsschema[31] nach ICD-10 enthalten sind, beinhalten eine deutlich strengere Fassung dieser Diskrepanzkriterien. Sowohl die Diskrepanz zwischen dem Ergebnis in einem Intelligenzdiagnostikum und einem Schulleistungstest (Lesen, Schreiben, Rechnen; ipsativer Bezug) als auch die Diskrepanz zwischen dem Ergebnis in einem Schulleistungstest und der Leistung, die für ein entsprechendes Alter eigentlich zu erwarten wäre (soziale Bezugsnorm) beträgt 2 Standardabweichungen. Die Berechnung[32] der erforderlichen IQ-Diskrepanz einserseits und der Bezugsgruppendiskrepanz andererseits erfolgt idealerweise unter Zuhilfenahme der z-Transformation anhand von T-Werten und IQ-Punkten.

Prävention und Therapie

Die Lese- und Rechtschreibstörung kann sehr effektiv behandelt oder die Lernsituation kann verbessert werden, wenn sie frühzeitig erkannt wird. Am erfolgreichsten sind präventive Maßnahmen vor dem eigentlichen Schriftspracherwerb oder im ersten Schuljahr[33]. Diese präventiven Maßnahmen basieren auf der Diagnose und Förderung der phonologischen Bewusstheit. Idealerweise sollten potentielle Schwierigkeiten erkannt und angegangen werden, bevor Probleme im Schriftspracherwerb überhaupt in Erscheinung treten.

Bleiben bei einem Kind dauerhafte Probleme in der Schriftsprache bestehen, so empfiehlt es sich, so frühzeitig wie möglich mit der Förderung zu beginnen. Interventionsmaßnahmen entfalten ihre größte Wirkung in den beiden ersten Grundschuljahren, danach chronifizieren die Probleme sehr rasch.[34] Es gibt zahlreiche effektive Verfahren, die je nach Alter des Kindes und der *individuellen Symptomatik zu Verbesserungen der Lese- und/oder Rechtschreibleistung führen können. Eine wirksame Förderung muss direkt am Lese- und Schreibprozess ansetzen.[35] Dabei haben sich jene Förderprogramme am wirksamsten erwiesen, die Methoden zur Sicherung der Graphem-Phonem-Zuordnung, zur Untergliederung von Wörtern in kleinere Einheiten (Silben, Morpheme) und das wiederholte Lesen dieser Wortteile trainieren[36]. Meist wird aber kein durchschnittliches Schriftsprachniveau erreicht und bei einem Teil der Kinder bestehen die Probleme trotz intensiver, langjähriger Förderung fort. In diesen Fällen hat die Entlastung des betroffenen Schülers vom schulischen Notendruck Priorität (siehe „Legasthenie, Gesellschaft und Schule"). Da eine Legasthenie häufig von einer massiven Sekundärproblematik wie z. B. Schulangst begleitet wird, ist oftmals eine Ergänzung durch zusätzliche psychologische Interventionen nötig. Die Behandlung von Begleitstörungen beinhaltet unter anderem:*

- *Abbau von leistungsbezogenen Ängsten und Aufbau von Lernmotivation, Übungen zur Konzentration und Entspannung, die Erarbeitung von Selbsthilfemethoden, Techniken der Fehlerkontrolle und Selbstbestätigung*

- *Einübung von Bewältigungsstrategien: Verarbeiten von Fehlererfahrung und Versagenserlebnissen*

- *Behandlung spezifischer psychopathologischer Symptome wie z. B. Schulangst, Einnässen oder dissoziale Entwicklung.*

Aufgrund der Vielzahl an Ansätzen sei an dieser Stelle auf eine Übersicht evidenzbasierter Ansätze des Kultusministeriums Österreich[37] verwiesen. Gemäß den Empfehlungen des Bundesverbands Legasthenie und von Suchodoletz[38] sind folgende Ansätze eher kritisch zu betrachten:

- *Funktionstraining*
- *Training zur Verbesserung der Raum-Lage-Labilität*
- *Training der visuomotorischen Koordination (nicht zu verwechseln mit Blicktraining)*
- *Training der Koordination der Hemisphären (Edu-Kinestetik)*
- *psychomotorisches Training*
- *kybernetische Methode*
- *taktil-kinästhetische Methode*

Schule und Recht

Die korrekte Beherrschung der Schriftsprache gilt in der heutigen Gesellschaft als Merkmal für Bildung und Intelligenz. Kinder und Jugendliche mit LRS waren als dumm oder faul stigmatisiert, lange Zeit wurde ihnen eine höhere Schulbildung versagt.

Die Notwendigkeit, die Berücksichtigung der LRS in der Schule rechtlich zu regeln, wurde 1985 zuerst von Schleswig-Holstein erkannt, das als eines der ersten

Bundesländer den sogenannten Legasthenieerlass in Kraft setzte, in welchem Schülern mit diagnostizierter Lese-Rechtschreib-Störung weitreichende Rechte eingeräumt wurden, darunter Zeitzuschläge von bis zu 50 % und Notenschutz bei schriftlichen Arbeiten. Die Kultusministerkonferenz (KMK) hat 2003 „Grundsätze zur Förderung von Schülerinnen und Schülern mit besonderen Schwierigkeiten im Lesen und Rechtschreiben oder im Rechnen" beschlossen und diese 2007 überarbeitet.[39] Heute verfügt jedes Bundesland über eigene Rechtsvorschriften dazu, wie mit schriftsprachlichen Problemen in der Schule umzugehen ist. Diese Vorschriften variieren von Bundesland zu Bundesland sehr stark, sodass es notwendig ist, sich in die betreffenden Vorschriften gezielt einzuarbeiten.

Hinsichtlich der Möglichkeiten der Berücksichtigung der Lese- und Rechtschreibstörung in schulischen Prüfungen wird rechtlich üblicherweise zwischen dem Nachteilsausgleich und der Nichtbewertung der Rechtschreibung, dem sogenannten Notenschutz, differenziert. Der Nachteilsausgleich, insbesondere in der Form der Zeitverlängerung bei Prüfungen, ist rechtlich weitgehend anerkannt.[40] Demgegenüber ist die Nichtbewertung der Rechtschreibleistung rechtlich sehr umstritten.[41] In allen Bundesländern ist vorgesehen, dass mit einer Bemerkung im Zeugnis darauf hingewiesen wird, wenn die Rechtschreibung nicht bewertet wurde. Der Bayerische VGH hat mit Urteilen vom 28. Mai 2014 diese Bemerkungen in Bayern für unzulässig erklärt; den Vermerken fehle eine gesetzliche Grundlage.[42] Dieses Urteil wurde vom Bundesverwaltungsgericht in Leipzig am 29. Juli 2015 revidiert. Es sei zulässig, darauf hinzuweisen, dass die Rechtschreibung nicht gewertet wurde, jedoch nicht, dass der Schüler Legastheniker sei.[43] Eine gesetzliche Grundlage im Schulgesetz für einen Hinweis auf die Nichtbewertung einzelner Aspekte gebe es tatsächlich nicht, andererseits gebe es aber auch keine ausreichende gesetzliche Grundlage für die Nichtbewertung einzelner Leistungsaspekte (der sogenannte Notenschutz). Ein ministerieller Erlass sei dafür nicht ausreichend. Fehle es für den Notenschutz an einer gesetzlichen Grundlage, gelte dies auch für seine Folge, die entsprechende Bemerkung im Zeugnis. Beide seien rechtswidrig. Der Schüler könne aber nicht verlangen, dass die rechtswidrig zustande gekommene Note bestehen bleibt und nur der Vermerk getilgt wird, der die Abweichung von den sonst geltenden Leistungsanforderungen dokumentiert. Es bestehe auch aus dem verfassungsrechtlichen Verbot, behinderte Menschen wegen ihrer Behinderung zu benachteiligen, kein Anspruch auf Notenschutz ohne dessen Dokumentation im Zeugnis. Gegen das Urteil des Bundesverwaltungsgerichts sind beim Bundesverfassungsgericht drei Verfassungsbeschwerden anhängig (Az.: 1 BvR 2577/15, 2578/15 und 2579/15).

Das Bundesverfassungsgericht hat mit Beschluss vom 9. Juni 2016, Az.: 1 BvR 2453/12[44] der Verfassungsbeschwerde gegen den Beschluss des OVG Lüneburg vom 20. September 2012 - 2 LA 234/11 (unveröffentlicht) stattgegeben. Bei dem Beschluss des OVG Lüneburg handelt es sich um das Hauptsacheverfahren nach einem Eilverfahren aus dem Jahr 2008[45]. Das Bundesverfassungsgericht führt in Rn.

21 seines Beschlusses aus, dass die Frage von grundsätzlicher Bedeutung ist, inwieweit ein Schüler mit Legasthenie einen Anspruch auf Nichtbewertung der Rechtschreibung hat. Die Frage betreffe den Umfang des Anspruchs auf behinderungsbezogenen Nachteilsausgleichs, der sich sowohl aus dem Grundsatz der Chancengleichheit als auch dem Benachteiligungsverbot gem. Art. 3 Abs. 3 S. 2 GG ergebe. Das BVerfG weist in Rn. 22 darauf hin, dass bei der Anwendung von Regelungen, die den Lehrkräften einen Spielraum bei der Bewertung der Rechtschreibung geben, geprüft werden muss, ob bei den Abwertungen die Behinderung ausreichend berücksichtigt wurde.

Zusätzlich zum Nachteilsausgleich und dem Notenschutz regeln viele Ländererlasse spezielle pädagogische Maßnahmen in den Schulen, beispielsweise gezielte, individuelle Förderung als Ergänzung zum normalen Unterricht und die Orientierung des Förderangebots am jeweiligen Entwicklungsstand und Leistungsprofil der Betroffenen.

Zusätzlich zum Schulrecht, das die Berücksichtigung der Legasthenie in der Schule regelt, ist auch das Sozialrecht relevant, das sowohl schulische Regelungen beeinflussen kann, als auch die Möglichkeiten und Voraussetzungen einer außerschulischen Förderung und deren Bezahlung regelt. Neben der schulischen Förderung oder wenn die schulischen Fördermöglichkeiten ausgeschöpft sind, besteht die Möglichkeit, die Bezahlung einer außerschulischen Legastehnietherapie gemäß § 35a Sozialgesetzbuch (SGB) Achtes Buch (VIII) – Kinder- und Jugendhilfe – beim örtlich zuständigen Jugendamt zu beantragen. Dies ist, je nach Bundesland, an verschiedene Voraussetzungen (seitens des Schülers und auch der Therapiekraft) geknüpft.

Kritik

Zielinski (1998, S. 108)[46] sah in der Diskrepanzdefiniton ein messtechnisches Kunstprodukt ohne klare Konturen, dessen Brauchbarkeit darüber hinaus stark in Frage stünde. Shaywitz et al. (1996; S. 212)[47]bemängelten, dass die Diskrepanzdefinition eher administrative Anforderungen erfülle, für viele aber ein willkürliches Ausschlusskriterium für Fördermaßnahmen darstelle. Die Kritikpunkte im Einzelnen:[48]

1. Fehlende Unterschiede in der Informationsverarbeitung: Kinder mit allgemein schwachen Leistungen und Kinder, die eine Diskrepanz zwischen IQ und Sprachleistungen aufweisen, unterscheiden sich auf Ebene der Worterkennung nicht voneinander, weder in Bezug auf phonologische, noch auf orthografische Operationen. Sie entwickeln sich auf dieser Ebene zudem mit der gleichen Geschwindigkeit.

2. Fehlende neuroanatomische Unterschiede: Schwache Leser mit und ohne Legasthenie-Attest zeigen keine hirnmorphologischen Unterschiede und keine

Unterschiede in Aktivierungsmustern bei der Verarbeitung schriftlichen Materials.

3. *Gleiche therapeutische Herangehensweisen: Kinder mit und ohne Legasthenie profitieren in identischem Ausmaß von den gleichen Fördermaßnahmen (siehe z. B. auch Weber et al. 2002).[49]*

4. *Lediglich schwache Hinweise auf verschiedene Ursachen: Schwache Leser mit und ohne Legasthenie weisen eine hohe Erblichkeit der Schwierigkeiten auf. Die Erblichkeit ist bei Legasthenikern in der Tendenz höher. Es handelt sich aber eher um einen quantitativen, weniger um einen qualitativen Unterschied.*

5. *Fehlerprofile: Kinder mit Problemen beim Lesen und Schreiben machen die gleichen Rechtschreibfehler[50], weisen eine ähnlich hohe Fehlerrate auf, entwickeln sich gleich langsam und unterscheiden sich nicht in den Fehlerprofilen.[51]*

Hilfsmittel für Schüler mit einer Lese- und Rechtschreibstörung

Jeder Schüler mit LRS hat verschiedene Stärken und Schwächen, auf die man mit besonderen Hilfsmitteln und Technologien reagieren kann. Dabei gibt es keine universell anwendbare Lösung für alle Probleme, aber eine behutsame Auswahl der richtigen Ausrüstung und passenden Software wird es jedem Betroffenen leichter ermöglichen, Kompensationsstrategien zu entwickeln, um dadurch auf die Dauer selbständig arbeiten zu können.

Maßnahmen zur Unterstützung der Schüler:

1. *Unterstützung, Beratung, Hilfe und Annahme der Situation von Eltern, Schule und Fachleuten zum Erkennen und zur Bestimmung des eigenen (anderen) Lernstils des Schülers. Hier müssen Eltern, Schule, Schulpsychologen, Schul- und Fachärzte zunächst einmal zusammenarbeiten, um zu erkennen, wo das Problem liegt. Ohne vorhergehende Anamnese kann Hilfe ins Leere greifen.*

2. *Lernstrategien, die die Schwächen auf der einen Seite durch Stärken auf der anderen Seite ausgleichen.*

3. *Ein multisensorisches Umfeld, in dem möglichst alle Sinnesorgane wie Hören, Sehen, haptische Erfahrungen (Fühlen, Greifen), und daneben Gedächtnis, Konzentration, sprachliche Fähigkeiten im Zuhören, Antworten und Gespräch gefördert werden. Hilfsmittel: Umgang mit entsprechenden Computerprogrammen, Hörbücher, Vorlesen, und Lernprogramme, die reichhaltig angeboten werden für lr-schwache Schüler.*

4. *Später kann man größere Programme mit automatischer Fehlerkorrektur einsetzen oder sogar ein Vorlese-Programm benutzen, bei dem der Computer das Lesen übernimmt. Der Bundesverband Legasthenie und Dyskalkulie arbeitet auf seiner Website zum Beispiel mit dem „ReadSpeaker", und es gibt einen*

„Reading Pen", der auch für die Fremdsprachen interessant ist. Zu einigen Schulbüchern gibt es passende Software, die für legasthene Schüler eine Hilfe darstellt. Manchmal reicht auch eine mit dem Scanner erstellte Textvergrößerung oder eine bestimmte „Farbfolie für Legastheniker", die das Lesen viel angenehmer macht.

5. *Eine unterstützende Aufgabe der Betreuer ist es, die jeweils notwendigen Technologien bereitzustellen und den Schüler damit vertraut zu machen. Natürlich wird es auch weiterhin wichtig sein, die Schulen und Lehrer um Unterstützung zu bitten, damit Legastheniker ihre besonderen Hilfsmittel, wie etwa einen Laptop, besondere Arbeitsanleitungen oder ein Aufnahmegerät, auch im Klassenraum benutzen können. Je nach Verständnis und Kompetenz der Lehrkräfte kann so Erfolg erzielt werden.*

6. *Das Kind so annehmen, wie es ist, und strukturierte Hilfestellungen (Tagesablauf und Lernstruktur) bieten.*

Des Weiteren sind Hörhilfen im Einsatz, die mit einem Mikrofon des Lehrers verbunden sind und die Stimme des Lehrers verstärken, nicht aber Umgebungsgeräusche im Klassenzimmer. Diese Hörhilfen dienen dazu, die Hörwahrnehmung und das Lesevermögen zu bessern.[52]

Seite „Lese- und Rechtschreibstörung". In: Wikipedia, Die freie Enzyklopädie. Bearbeitungsstand: 11. März 2019, 12:05 UTC. URL: https://de.wikipedia.org/w/index.php?title=Lese-_und_Rechtschreibst%C3%B6rung&oldid=186474457 (Abgerufen: 14. März 2019, 12:06 UTC)

Wie entsteht eine Legasthenie?

*Verdacht auf **Legasthenie** besteht, wenn Kinder trotz normaler Intelligenz eine Lern-, Lese- oder Rechtschreibschwäche haben, ohne dass die Sinnesorgane beeinträchtigt sind. Als Entwicklungsstörung wurde **Legasthenie** 1890 zum ersten Mal beschrieben. ... **Legasthenie** wird als Leseschwäche ohne offensichtliche Ursache definiert.*

Was ist das Legasthenie?

Definition der Weltgesundheitsorganisation (WHO): Legasthenie bzw. Lese- und Rechtschreibstörung bezeichnet eine umschriebene Störung im Erlernen der Schriftsprache, die nicht durch eine allgemeine Beeinträchtigung der geistigen Entwicklungs-, Milieu- oder Unterrichtsbedingungen erklärt werden kann.25.10.2016

https://www.iflw.de/blog/lrs-legasthenie-leserechtschreibschwaeche/was-ist-legasthenie/

Was ist ein Dyskalkulie?

Rechenschwäche (Dyskalkulie) ist ein Lernversagen im Grundlagenbereich der Mathematik. Menschen mit Rechenschwäche haben keine hinreichende Vorstellung der Zahlen als Symbole für Menge/Anzahl und vom Rechnen als Mengenhandlung entwickelt.

Was ist der Unterschied zwischen Legasthenie und LRS?

Unterschied zwischen Legasthenie und **LRS.** Die **Legasthenie** ist also eine genbedingte (vererbte) Problematik im Bereich Lesen und Schreiben. ... Die Lese-Rechtschreibschwäche **(LRS)** hingegen ist eine erworbene Schwäche.

Was ist eine isolierte Rechtschreibstörung?

Nach dem internationalen Klassifikationsschema ICD-10 der Weltgesundheitsorganisation (WHO) ist eine umschriebene Lese-und**Rechtschreibstörung** vorhanden, wenn anhaltende und eindeutige Schwächen im Bereich der Lese- und Rechtschreibung nicht auf das Entwicklungsalter, eine unterdurchschnittliche Intelligenz, fehlende ...

Was ist ein Dyslektiker?

Unter **Dyslexie** (von altgriechisch δυς dys, deutsch ‚schlecht', ‚schwer', ‚miss'- hier = Missverstehen, λέξις léxis ‚Sprache', ‚Redeweise', ‚Stil' hier = Redeweise schlechte/falsche Wiedergabe/Redeweise) versteht man eine sogenannte Werkzeugstörung, bei der trotz normalen Seh- und Hörvermögens die Fähigkeit eingeschränkt ist, Wörter oder Texte zu lesen und zu verstehen. Der Begriff **Alexie** (von griech. α- a- ‚nicht'-, ‚un'-) bezeichnet das völlige Unvermögen zu lesen.

Beschreibung

Während im englischen Sprachraum der Begriff Dyslexie bzw. dyslexia weit verbreitet ist und sich als Developmental Dyslexia insbesondere auch auf die Lese-Rechtschreibstörung bezieht (Legasthenie, ICD-10 F81.0 „Umschriebene Entwicklungsstörungen schulischer Fertigkeiten"), wird Dyslexie im Deutschen vorwiegend auf erworbene Formen von schriftsprachlichen Problemen bezogen, die z. B. bei Hirnschädigungen aufgrund von Unfällen oder Tumoren auftreten können (ICD-10 R48.0).

Erworbene Dyslexie und Entwicklungsdyslexie

Erworbene Dyslexie tritt bei Kindern und Jugendlichen auf, die durch mangelndes Lese- und Schreibtraining eine unzureichende synaptische Verschaltung der einzelnen Sprachzentren aufweisen. Zunehmend betroffen hiervon sind Heranwachsende in den USA, aber auch in den europäischen Industrienationen.

Die Entwicklungsdyslexie gehört wie die erworbene Dyslexie und der Analphabetismus zu den Auffälligkeiten der kindlichen Schriftsprache.[1]

Zu den möglichen Merkmalen der Entwicklungsdyslexie zählen: fehlende Lesegenauigkeit, niedrige Lesegeschwindigkeit, Probleme beim Behalten gelesener Wörter, keine ganzheitliche Erfassung hoch vertrauter Wörter, mangelndes Leseverständnis, Auslassen/ Ersetzen/ Hinzufügen von Wörtern oder Worteilen und Ersetzen von Wörtern oder Worteilen durch ein semantisch-ähnliches Wort. Außerdem können sich Schwierigkeiten beim Abschreiben von Texten, eine unleserliche Schrift, Einfügungen/ Auslassungen/ Ersetzung von Buchstaben oder Silben, fehlerhafte Segmentierung von Wörtern und Grammatik- und Interpunktionsfehler zeigen.[2]

Die Defizite der Entwicklungsdyslexie treffen, im Unterschied zu erworbenen Dyslexien, auf ein unvollständig ausgebildetes System der Schriftsprache. Denn das orthografische Lexikon ist noch unzureichend entwickelt und die Verbindungen zum phonologischen Lexikon und semantischen System noch nicht gefestigt.[3]

Dyslexien können auch durch Hirnschädigungen (z. B. beim Schlaganfall oder nach Schädel-Hirn-Trauma) ausgelöst werden. Zu den weiteren Ursachen zählen Hirn- oder Hirnhautentzündungen (Enzephalitis, Meningitis), Hypoxien (Sauerstoffmangel), Hirntumore, Angiome und Epilepsie.[4] Manche dieser Menschen lesen Wörter, die so nicht dastehen (z. B. „Katze" statt „Hund"), als Paralexie bezeichnet, andere lesen nur mühsam buchstabierend. Die totale Unfähigkeit zu lesen wird als Alexie bezeichnet. Sie ist oft mit Aphasie oder Agraphie verbunden. Dyslexien werden unter anderem von Logopäden, Sprachheilpädagogen und Klinischen Linguisten behandelt.

Formen

Es gibt zwei verschiedene Formen von zentralen erworbenen Dyslexien, die Oberflächendyslexie und die Tiefendyslexie.

Die Tiefendyslexie tritt meist im Zusammenhang mit einer Globalen Aphasie oder Broca-Aphasie auf. Den Betroffenen gelingt es hierbei oft das Lexikon anzusteuern, weswegen sowohl reguläre Wörter, als auch irreguläre Wörter meist ohne Schwierigkeiten gelesen werden können. Pseudowörter (frei erfundene Wörter) können meist nicht gelesen werden. Als Störungsort werden hier die perisylvische Region und die Stammganglien angenommen.

Vor allem die Wernicke-Aphasie und die Amnestische Aphasie gelten als Auslöser einer Oberflächendyslexie. Hierbei haben die Betroffenen meist Probleme das Lexikon anzusteuern, weswegen die Betroffenen die Schriftsprache oft einzellautlich verarbeiten. Dadurch kommt es häufig zu Schwierigkeiten beim Lesen von irregulären Wörtern. Die Lokalisation wird hier bei den hinteren Mediaästen und der Wernicke-Region vermutet.

Bei beiden Formen kann es zu Nullreaktionen, phonologischen Paralexien und semantischen Paralexien kommen.

Auch innerhalb der Klassifikationen der Subtypen, zeigt sich ein großes Spektrum an individuellen Symptomen.

Neglektdyslexie

Als Neglektdyslexie bezeichnet man die Lesestörung von Patienten, die eine Raum- oder Körperhälfte aufgrund eines Neglektsyndroms, verursacht durch eine Hirnläsion, vernachlässigen. Der Patient nimmt die der Hirnläsion gegenüberliegende Seite seiner Umgebung bzw. des eigenen Körpers nicht oder nur schlecht wahr oder missachtet sie.

Charakterisiert ist die Neglektdyslexie durch Auslassungen von Wörtern, Silben oder ganzen Zeilen sowie Ersetzungen (Substitutionen) gelesener Wörter. Während die Auslassungen bevorzugt in der kontraläsionalen Texthälfte auftreten, treten Substitutionen insgesamt zwar seltener, aber in beiden Texthälften etwa gleich häufig auf. Aufgrund der zahlreichen Auslassungen (ca. 30–50 % Auslassungen in einem Text), entgeht diesen Patienten oft der Sinn des Gelesenen. Dies hat zur Folge, dass ihnen das Lesen keine Freude mehr bereitet und sie es aufgeben. Die Neglektdyslexie zeigt sich auch beim Lesen von Zahlen.[6]

Die auffälligsten Neglektsymptome bilden sich meist innerhalb weniger Wochen zurück, jedoch bleiben viele betroffene PatientInnen in Alltagsfunktionen (z. B. Ankleiden, Essen, Transfer vom Bett zum Rollstuhl, Navigation mit dem Rollstuhl, Lesen und Schreiben) erheblich beeinträchtigt.[7]

Diagnostik

Die Diagnostik einer Dyslexie besteht aus einem normbezogenen und einem modellorientierten Teil. Mit der normbezogenen Diagnostik, welche das Ziel hat, durchschnittliche von unterdurchschnittlichen Leistungen abzugrenzen, wird begonnen. Hierbei werden häufig folgende Aufgaben herangezogen: leises/lautes Lesen, Wort-Bild-Zuordnungsaufgaben sowie Schreiben nach Diktat. Im deutschsprachigen Raum stehen eine Reihe von Schriftsprachtests zur Verfügung, zu denen Normen verschiedener Alters- bzw. Klassenstufen vorliegen. Die Auswertung erfolgt anhand einer Bestimmung der korrekten oder fehlerhaften Antworten bzw. eines Vergleichs mit den Normdaten. Auf diese folgt die modellorientierte Diagnostik, wenn sich entweder Auffälligkeiten bei der normbezogenen Diagnostik zeigen, oder der Verdacht besteht, dass vermutete Auffälligkeiten nicht aufgedeckt wurden, oder der Therapeut nach Abschluss der Therapie überprüfen will, ob sich strukturelle Veränderungen beim Lesen und/oder Schreiben ergeben haben.

Bei der Wahl eines Diagnostikverfahrens sollte auf die aktuelle Rechtschreibregelung geachtet werden, da dies bei den Lesetests in Bezug auf die Darbietung relevant ist.[8]

Modellorientierte Diagnostik

Mittels der modellorientierten Diagnostik können eine individuelle und differenzierte Planung von Therapiezielen durchgeführt und Erfolge oder Lernplateaus erkannt werden, wodurch der Therapieerfolg überprüft wird. Bisher vorliegende Testbatterien wurden ausschließlich für erworbene Dyslexien und Dysgraphien entwickelt und beinhalten eine ausführliche Aufgaben- und Stimulussammlung, um die einzelnen Komponenten des Lesens und Schreibens zu kontrollieren. Durch die differenzierte und statistisch zuverlässige modellorientierte Diagnostik ist eine inhaltsreiche Fehleranalyse erreichbar, jedoch erfordert die Durchführung einen hohen Zeitaufwand. Für die Diagnostik wird das Zwei-Wege-Modell des Lesens und Schreibens herangezogen.[9]

LEMO (Lexikon modellorientiert) ist ein modellorientiertes Diagnostikverfahren und dient zur Untersuchung der Schriftsprache. Mit diesem Modell, welches als einziges auch zur Untersuchung von kindlichen Dyslexien und Dysgraphien herangezogen wird, können zielgerichtet einzelne Routen und Bestandteile des Zwei-Wege-Modells kontrolliert werden.[10] Eine Herausforderung stellt die Auswertung bei der Diagnostik von kindlichen Dyslexien aufgrund der altersbedingt noch nicht vollständig entwickelten Komponenten dar.[11]

Lese-Rechtschreib-Schwäche

In der herkömmlichen Definition liegt eine Lese-Rechtschreib-Schwäche vor, wenn das Leseverständnis des Patienten deutlich unter Durchschnitt von Personen mit vergleichbarem IQ liegt. Seit den 1990er Jahren wurde die Praktikabilität dieser Diagnose aber angezweifelt; eine Reihe von Studien fand keine IQ-abhängigen Unterschiede zwischen Kindern mit schriftsprachlichen Problemen.[12] Es ist daher umstritten, ob Developmental Dyslexia überhaupt eine objektiv diagnostizierbare Störung darstellt. In The Dyslexia Debate (2014) vertreten die Autoren die These, Dyslexia sei eine „sinnleere, pseudo-medizinische" Diagnose, die vor allem eine soziale Funktion innehat.[13] Da keine einheitliche Definition der Diagnose allgemein akzeptiert ist, klaffen auch die Schätzungen zur Prävalenz auseinander; vermutlich kombiniert die Diagnose „Lese-Rechtschreib-Schwäche" bzw. Developmental Dyslexia eine Reihe von unterschiedlichen Ätiologien; zudem ist es möglich, dass verschiedene Schriftsprachen bzw. Orthographien unterschiedliche Auswirkungen auf die Prävalenz von Legasthenie haben.[14]

Die besondere Häufung von Dyslexie in bestimmten Familien lässt vermuten, dass diese Störung zumindest teilweise erblich bedingt ist. Neuere Studien unterstützen diese These: Sie zeigen, dass eine bestimmte Region auf Chromosom 6 mit einer Prädisposition für Dyslexie in Zusammenhang steht. Auf dem besagten Chromosomenabschnitt befindet sich ein Gen mit der Bezeichnung DCDC2. Bei Untersuchungen von 153 Familien, bei denen Dyslexie vorkommt, konnte immer dieselbe Deletion (eine bestimmte Chromosomenmutation) im DCDC2-Gen nachgewiesen werden. Die genaue Funktion des Gens ist noch unklar, allerdings gibt es experimentelle Hinweise, dass es eine wichtige Rolle bei der Entwicklung bestimmter Neuronen im Gehirn spielt.[15] Schumacher und Kollegen[16] fanden weitere zwingende Belege für die entscheidende Rolle des DCDC2-Gens bei der Entwicklung einer Dyslexie. Sie konnten bestimmte genetische Variationen, sogenannte Single Nucleotide Polymorphism (SNP), in diesem Gen nachweisen, die den Träger empfänglich für die Störung machen. Hierbei scheinen unterschiedliche SNP-Marker für unterschiedlich schwere Ausprägungen der Dyslexie verantwortlich zu sein.

Eine mögliche Therapieform ist nach Ansicht der Universität Haifa ein Lesetraining unter Zeitdruck, um die beteiligten Gehirnvorgänge zu synchronisieren.[17][18]

- *Syndrome mit Alexie: Angularis-Syndrom, Gerstmann-Syndrom, Bálint-Syndrom*
- *ähnliche Störungen (R47-R48): Akalkulie, Agrafie, Aphasie, Agnosie*
- *Entwicklungsstörungen schulischer Fertigkeiten (F81-F82): Legasthenie, Dyskalkulie, Dyspraxie, Dyslalie*
- *sekundärer Analphabetismus, Illetrismus (funktionaler Analphabetismus) als Leseschwäche mit nichtmedizinischen Ursachen*
- *Lesbarkeit als Kriterium des Schreibstils*

Seite „Dyslexie". In: Wikipedia, Die freie Enzyklopädie. Bearbeitungsstand: 11. März 2019, 23:35 UTC.
URL: https://de.wikipedia.org/w/index.php?title=Dyslexie&oldid=186495348 (Abgerufen: 14. März 2019, 12:07 UTC)

Dyskalkulie

*Mit **Dyskalkulie** oder Rechenschwäche wird eine Störung im Erlernen rechnerischer Fertigkeiten bezeichnet. Sie ist das mathematische Gegenstück zur Legasthenie. Obwohl **Dyskalkulie** keine **Krankheit** im eigentlichen Sinne ist, wurde sie dennoch in die internationale Klassifikation der **Krankheiten** der WHO aufgenommen.*

***Rechenschwäche** (Dyskalkulie) ist ein Lernversagen im Grundlagenbereich der Mathematik. Menschen mit **Rechenschwäche** haben keine hinreichende Vorstellung der Zahlen als Symbole für Menge/Anzahl und vom Rechnen als Mengenhandlung entwickelt.*

***Deutschland** hat etwa 80 Millionen Einwohner. Rund 7,5 Millionen Erwachsene können als „**funktionale Analphabeten**" kaum lesen und schreiben.*

Bildung und Arbeitsmarkt

- *57 % der funktionalen Analphabeten in Deutschland sind erwerbstätig.*
- *1,3 % der Gesamtbevölkerung ist erwerbsunfähig. 26,6 % davon sind funktionale Analphabeten – ein Wert, der deutlich über der Analphabetismus-Quote der Bevölkerung von 14,5 % liegt.*

- Knapp 5 % der Bevölkerung zwischen 18 und 64 Jahren sind Frühverrentete. Mit 19

% ist der Anteil funktionaler Analphabeten hier ebenfalls höher als im Schnitt der Bevölkerung.

- 16- bis 29-Jährige, die ein allgemeinbildendes Programm des Sekundarbereichs II abgeschlossen haben, verfügen über eine deutlich höhere Lesekompetenz als Gleichaltrige, die ein berufsbildendes Programm abgeschlossen haben.
- Dies spiegelt sich nicht in den Lohnunterschieden wider: In Deutschland erhält ein Durchschnittsverdiener mit einer Lesekompetenz der Kompetenzstufe 2 ungefähr das gleiche Gehalt wie ein niedrig bezahlter Erwerbstätiger mit Kompetenzstufe 4/5.

Interessantes

- Die leo.-Studie räumt mit dem 5000 Jahre alten Vorurteil auf, die Jugend von heute sei schlechter gebildet als ihre Vorgängergenerationen: In jüngeren Kohorten sind seltener und weniger massive Literalisierungsschwächen zu finden als in den älteren. Die Zahlen zeigen zudem, dass Männer deutlich schlechter lesen als Frauen.
- Manche Berufsgruppen haben einen höheren Anteil leseschwacher Personen als andere: Jeder vierte Koch, Maler oder Lkw-Fahrer ist funktionaler Analphabet. Unter den Hilfsarbeitern auf dem Bau ist es sogar jeder Zweite.

Nationale Dekade für Alphabetisierung und Grundbildung

Rund 7,5 Millionen Menschen in Deutschland können nicht richtig lesen und schreiben. Sie gelten als funktionale Analphabeten. Bund und Länder unterstützen sie während der Dekade für Alphabetisierung mit passenden Angeboten.

Besser lesen und schreiben macht stolz© BMBF

Die Gutenachtgeschichte für die Kinder, die Speisekarte im Restaurant, der Brief von der Bank oder der Beipackzettel eines Medikaments – alltägliche Dinge wie diese sind für mehr als sieben Millionen Deutsche eine große Hürde. Denn sie können nicht richtig lesen und schreiben.

Mit vielfältigen Maßnahmen unterstützt das Bundesbildungsministerium Menschen dabei, Lesen und Schreiben zu lernen.© Thinkstock

Rund 7,5 Millionen Menschen in Deutschland sind sogenannte funktionale Analphabeten. Sie können zwar einzelne Sätze lesen oder schreiben, nicht jedoch zusammenhängende, auch kürzere Texte wie zum Beispiel eine schriftliche Arbeitsanweisung verstehen. Für etwa 14 Prozent der erwerbsfähigen Deutschen trifft das zu. Das hat die Studie "Level-One Survey (leo)" der Universität Hamburg im Jahr 2011 gezeigt.

Gesellschaftliche Teilhabe

2,3 Millionen Menschen zwischen 18 und 64 Jahren gelten der Studie zufolge als vollständige Analphabeten. Sie können ihren Namen und einzelne Worte schreiben. Ganze Sätze aber können sie weder lesen noch verstehen. Die Teilhabe am gesellschaftlichen Leben ist für sie besonders schwierig. Aus Angst und Scham, sich als Analphabeten offenbaren zu müssen, trauen sich nur wenige, aktiv Hilfe zu suchen.

Dabei ist es nur ein kleiner Schritt, der so viel verändern kann. Damit mehr Menschen diesen Schritt wagen, unterstützt das Bundesministerium für Bildung und Forschung zahlreiche Programme, die es Analphabeten leichter machen, Lesen und Schreiben zu lernen.

Nationale Dekade der Alphabetisierung und Grundbildung

Bund und Länder wollen im Zeitraum von 2016 bis 2026 die Lese- und Schreibfähigkeiten von Erwachsenen in Deutschland deutlich verbessern. Sie haben deshalb eine Nationale Dekade für Alphabetisierung und Grundbildung (AlphaDekade) ausgerufen. Erwachsene sollen mehr Angebote als bisher bekommen, die sie dabei unterstützen, besser Lesen und Schreiben zu lernen. Das Bundesbildungsministerium fördert die AlphaDekade mit bis zu 180 Millionen Euro.

Die Maßnahmen des Bundesbildungsministeriums gelten insbesondere arbeitsmarktnahen Themen und Zielgruppen. Ziel ist es zum Beispiel, Grundbildung in den Kontext von betrieblichen Weiterbildungsangeboten einzubauen.

Informationskampagne "Mein Schlüssel zur Welt"

Die Informationskampagne „Mein Schlüssel zur Welt" informiert über funktionalen Analphabetismus und trägt dazu bei, das Thema zu enttabuisieren. Mit TV-, Radio- und Hörfunkspots sollen betroffene Menschen motiviert werden, den Schritt in die Weiterbildung zu gehen.

Erfolgsgeschichten

Analphabetismus in Deutschland: Mehr als sieben Millionen Erwachsene können kaum lesen und schreiben

In Deutschland leben etwas mehr als 80 Millionen Menschen. Darunter rund 7,5 Millionen Erwachsene zwischen 18 und 64 Jahren, die als „funktionale Analphabeten" kaum lesen und schreiben können. Doch für Betroffene gibt es Hilfe.

Weltweit können nach Angaben der UNESCO rund 780 Millionen Menschen nicht oder kaum lesen und schreiben. Betroffen sind nicht nur arme Länder oder solche, in denen Krieg und Bürgerkrieg einen geregelten Schulbetrieb über Jahre unmöglich machen. Auch in Deutschland sind viele Menschen „funktionale Analphabeten". Das heißt: Sie können so schlecht lesen und schreiben, dass sie im Alltag auf fremde Hilfe angewiesen sind.

Von den insgesamt gut 80 Millionen hier lebenden Menschen sind einer Studie der Universität Hamburg zufolge rund 7,5 Millionen Erwachsene zwischen 18 und 64 Jahren von Analphabetismus betroffen. 7,5 Millionen – das sind ungefähr so viele Menschen, wie die vier größten deutschen Städte Berlin, Hamburg, München und Köln zusammen an Einwohnern haben. Eine erschreckend hohe Zahl. Doch für all jene, die den Entschluss fassen, Lesen und Schreiben doch noch zu lernen, gibt es zahlreiche Angebote. Dass es sich lohnt, davon Gebrauch zu machen, zeigen viele Beispiele. So wie das von Tim-Thilo Fellmer.

Eigentlich hatte sich der kleine Tim-Thilo auf die Schule gefreut. Schreiben würde er dort lernen. Lesen würde er bald können. Ganz neue Welten würden sich ihm eröffnen. So dachte er sich das jedenfalls. Doch schon bald musste er feststellen, dass er irgendwie den Anschluss verpasste an die Mitschüler um ihn herum. „Damit habe ich mich unheimlich schlecht gefühlt", sagt Fellmer. „Wenn man da immer mehr oder weniger der Letzte ist und nicht kann, was die anderen schon können, dann ist das ein Gefühl von Überforderung, auch von Traurigkeit, die einen da immer begleitet, und auch von Angst."

Zwar blieb den Lehrern Tim-Thilos Schwäche nicht verborgen. Aber wirklich helfen konnten sie ihm in der Klasse mit 30 Kindern auch nicht. Nachdem er bereits die erste Klasse wiederholen musste, wurde ihm im zweiten Schuljahr die Diagnose „Lese-Rechtschreib-Schwäche" (Legasthenie) gestellt. Doch diese Diagnose war falsch, weiß Fellmer heute. Legasthenie ist eine angeborene Lese- und Rechtschreibschwäche. Sie ist vererbbar und hat ihre Ursache im Gehirn. Betroffene können gezielt gefördert werden. Legastheniker bleiben sie zwar trotzdem ihr Leben lang, ihrem Schul- und Berufserfolg muss dies jedoch nicht im Wege stehen.

Strategien der Verschleierung von Analphabetismus

Gezielt fördern müsste man auch Nicht-Legastheniker, die schlecht lesen und schreiben können. Aber eben anders als Legastheniker. Denn im Gegensatz zur Legasthenie hat Analphabetismus keine medizinische Ursache. Er entsteht vielmehr durch ungünstige Lebensumstände, zum Beispiel häufige Umzüge in der Grundschulzeit oder psychische und familiäre Probleme. Doch viel zu oft bleibt Analphabetismus unentdeckt oder wird falsch interpretiert.

ANALPHABETISMUS
WELTWEIT

Die UNESCO zeigt, dass die
Anzahl der erwachsenen
Analphabeten beständig hoch
bleibt. In vielen Ländern ist es
immer noch ein Privileg, lesen
und schreiben zu können.

Das liegt auch daran, dass Analphabeten nicht selten enorme Fähigkeiten darin entwickeln, ihre Schwäche zu verbergen. Das beginnt schon in der Schule, wo sie im Schriftlichen tricksen und im Mündlichen versuchen zu glänzen. Auch im Beruf bleibt oft lange unentdeckt, wenn die Kollegin oder der Kollege nicht lesen und schreiben kann. So wie bei der Fahrgastbetreuerin Tina F., die das Streckennetz und den Fahrplan der Berliner S-Bahn auswendig lernte, damit sie Fahrgästen, die von ihr die kürzeste Verbindung oder die Abfahrtszeiten bestimmter Züge wissen wollten, Auskunft geben konnte.

Für so etwas braucht man natürlich Hilfe. Ein Analphabet, der seine Schwäche verbergen will, benötigt deshalb immer „Komplizen", die ihn in entscheidenden Situationen unterstützen. Beim Ausfüllen von Formularen etwa, beim Lesen einer Gebrauchsanleitung oder eben beim Auswendiglernen des S-Bahn-Fahrplans, wie im Fall von Tina F.

Funktionaler Analphabetismus in Deutschland

60,3 % Männer

58,8 % haben Deutsch als Erstsprache

19,3 % haben keinen Schulabschluss

Weitere 47,7 % haben untere Bildungsabschlüsse

(Grotlüschen & Riekmann, 2012)

Funktionaler Analphabetismus in Deutschland

Altersstruktur

Anteil	Funktionaler Analphabetismus				Fehlerhaftes Schreiben		Anteil an der Stichprobe
Alpha-Level	$\alpha 1$	$\alpha 2$	$\alpha 3$	Summe $\alpha 1 - \alpha 3$	$\alpha 4$	$> \alpha 4$	
18-29 Jahre	15,8%	15,9%	21,7%	19,9%	23,5%	23,4%	22,9%
30-39 Jahre	20,7%	21,6%	20,1%	20,6%	19,8%	20,0%	20,0%
40-49 Jahre	27,0%	30,0%	25,8%	27,0%	24,8%	28,0%	27,0%
50-64 Jahre	37,2%	32,4%	32,4%	32,6%	31,9%	28,7%	30,1%
Summe	100,7%	99,9%	100,0%	100,0%	100,0%	100,1%	

(Grotlüschen & Riekmann, 2012)

Funktionaler Analphabetismus in Deutschland

Beruflicher Status

Anteil	Funktionaler Analphabetismus				Fehlerhaftes Schreiben		Anteil an der Stichprobe
Alpha-Level	$\alpha 1$	$\alpha 2$	$\alpha 3$	Summe $\alpha 1 - \alpha 3$	$\alpha 4$	$> \alpha 4$	
Erwerbstätig	55,5%	54,2%	58,0%	56,9%	64,5%	69,5%	66,4%
Arbeitslos	19,1%	21,5%	14,6%	16,7%	8,9%	4,8%	7,6%
Erwerbsunfähig	2,7%	2,3%	2,3%	2,3%	1,5%	0,9%	1,3%
Hausfrau/-mann, Elternzeit	17,9%	10,7%	9,4%	10,1%	8,2%	7,9%	8,3%
Rentner	5,2%	6,3%	6,4%	6,3%	6,2%	3,8%	4,8%
In Ausbildung	0,4%	4,0%	7,9%	6,5%	9,9%	11,6%	10,4%
Sonstiges	0,0%	0,8%	1,4%	1,2%	0,8%	1,4%	1,2%
Summe	100,8%	99,8%	100%	100%	100%	99,9%	

(Grotlüschen & Riekmann, 2012)

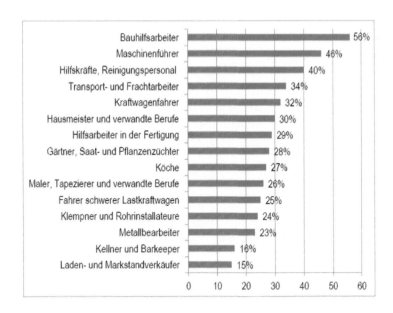

Bauhilfsarbeiter	56%
Maschinenführer	46%
Hilfskräfte, Reinigungspersonal	40%
Transport- und Frachtarbeiter	34%
Kraftwagenfahrer	32%
Hausmeister und verwandte Berufe	30%
Hilfsarbeiter in der Fertigung	29%
Gärtner, Saat- und Pflanzenzüchter	28%
Köche	27%
Maler, Tapezierer und verwandte Berufe	26%
Fahrer schwerer Lastkraftwagen	25%
Klempner und Rohrinstallateure	24%
Metallbearbeiter	23%
Kellner und Barkeeper	16%
Laden- und Markstandverkäufer	15%

Schlussfolgerungen für funktionalen Analphabetismus

- *Zumindest für einige funktionale Analphabeten könnten diese Faktoren zur Entstehung der Schriftsprach- probleme beitragen*
- *Trainingsprogramme für Menschen mit Schriftsprach- problemen sollten dies berücksichtigen*
- *Bausteine entwickeln, die spezifisch auf das Training dieser Fähigkeiten abzielen, z.B. grundlegende Wahrnehmungsfähigkeiten*
- *Dadurch kann evtl. die Effektivität der Lese- und Schreibtrainings gesteigert werden*

Zahlen und Fakten

Die vom BMBF geförderte leo.-Level-One-Studie der Universität Hamburg hat aufgezeigt: In Deutschland leben fast zweimal mehr Menschen mit Lese- und Schreibschwierigkeiten als bislang angenommen.

71

7,5 Millionen Menschen

oder 14,5 Prozent der erwerbsfähigen
Bevölkerung können in Deutschland
nicht oder nur unzureichend lesen
und schreiben.

7,5 Millionen Menschen oder 14,5 Prozent der erwerbsfähigen Bevölkerung können in Deutschland nicht oder nur unzureichend lesen und schreiben. Bei weiteren 13 Millionen Menschen oder 25,9 Prozent der erwerbsfähigen Bevölkerung tritt fehlerhaftes Schreiben selbst bei gebräuchlichen Wörtern auf.

Über **60%**

aller funktionalen Analphabeten sind
Männer, rund 40 Prozent sind Frauen.

BMBF: Mehr Männer als Frauen

Die Verteilung nach Geschlechtern zeigt: Funktionaler Analphabetismus ist in Deutschland überwiegend männlich geprägt. Über 60 Prozent aller funktionalen Analphabeten sind Männer, rund 40 Prozent sind Frauen. Im globalen Maßstab ist es genau umgekehrt: Zwei Drittel der weltweiten Analphabetinnen und Analphabeten sind Frauen und Mädchen.

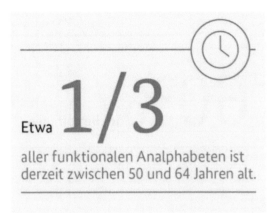

BMBF: mehr Ältere als Jüngere

Etwa ein Drittel aller funktionalen Analphabeten ist derzeit zwischen 50 und 64 Jahren alt. Lediglich ein Fünftel gehört zur Altersgruppe der 18- bis 29-Jährigen.

BMBF: Mehr Bildungsferne als Bildungsnähe

Die Bildungsbiografie spielt beim funktionalen Analphabetismus eine große Rolle. Mehr als die Hälfte aller Betroffenen besitzt keinen oder nur einen niedrigen Schulabschluss. Oft konnten schon die Eltern nicht richtig lesen und schreiben. Gleichwohl sind auch Personen mit höherer Bildung in der Gruppe der funktionalen Analphabeten signifikant vertreten.

60% der Betroffenen

gehen einem Beruf nach, arbeitslos sind knapp 17 Prozent.

BMBF: Mehr Erwerbstätige als Arbeitslose

Erwerbstätigkeit ist unter funktionalen Analphabeten weit verbreitet. Gut 60 Prozent aller Betroffenen geht einem Beruf nach, arbeitslos sind knapp 17 Prozent. Der berufliche Status sagt also wenig über die Lese- und Schreibkompetenz eines Erwachsenen aus.

3.4 Das Analphabetentum

Betrachtet man den Bereich des Analphabetismus, so muss zunächst festgestellt werden, dass der Begriff Analphabetismus heißt, dass Defizite beim Lesen und Schreiben, sei es physisch oder sozial, vorhanden sind. Dies kann bis zum Unvermögen, diese Fähigkeiten zu lernen, führen. Es wird daher zwischen dem sogenannten primären Analphabetismus, der vorliegt, wenn Menschen weder lesen noch schreiben können und dies noch nie erlernt haben, und dem sekundären Analphabetismus, bei dem Menschen den Umgang mit der schriftlichen Sprache wieder verlernt haben, unterschieden. Für den sekundären Analphabetismus ist eine Ursache, dass die Printmedien an Bedeutung verlieren und Telefon, Fernsehen und sonstige Medien zunehmen. Der primäre Analphabetismus ist sehr oft in Entwicklungsländern höher verbreitet als in entwickelten Ländern.

Eine weitere Möglichkeit des Analphabetismus ist der Semi-Analphabetismus, der vorliegt, wenn Menschen zwar lesen, aber nicht schreiben können, sowie der funktionale Analphabetismus, bei dem die Unfähigkeit, die Schrift im Alltag so zu gebrauchen, wie sie in sozialen Kontexten nötig wäre, vorliegt. Funktionale Analphabeten sind Menschen, die zwar die Buchstaben erkennen, die sogar in der Lage sind ihren Namen und ein paar Wörtern zu schreiben, jedoch längere Sätze und Texte nicht verstehen können.

In Deutschland sind zurzeit rund 7,5 Millionen Bürger von 6-64 Jahren als Analphabeten zu bezeichnen. Dieser Analphabetismus ist vor allem als funktionaler Analphabetismus anzusehen, jedoch sind ca. 2,5 Millionen Bürger Analphabeten im engeren Sinne, das heißt sie können nur einzelne Wörter schreiben und lesen.

In den letzten Jahren hätten zwar 180 Millionen Euro ausgegeben werden sollen, um dies zu bekämpfen, jedoch ist der größte Teil der Projekte an der Bürokratie, der mangelnden politischen Willensbildung, an fehlenden Erkenntnissen der Brisanz dieses Problems und Ähnlichem gescheitert. Brisanz kommt hinzu, wenn man bedenkt, dass der größte Teil dieser Leute in ihrem Berufsleben und in ihrem Umfeld mit ernsthaften Problemen konfrontiert sind und versuchen, sich durch Tricks durchs Leben „durchzuwurschteln". Diese Leute haben kaum Chancen, eine wirtschaftliche und soziale Verbesserung ihrer Lebenssituation zu erreichen und enden sehr oft in der Altersarmut. Es ist daher unverständlich, dass in einem entwickelten Land, gerade in Jahren von wirtschaftlicher Stabilität, diese Problematik nicht in der vollen Reichweite erkannt wird und so zumindest angegangen werden könnte. Aus wirtschaftlicher Sicht ist dieser Teil der Bevölkerung eine verpasste Chance zur Vermehrung des Wohlstandes in Deutschland. Daher darf die Frage gestellt werden, was Merkel als Regierungschefin in den letzten 13 Jahren zu dieser Problematik erarbeitet hat.

4. Bildung

4.1 Bildungssytem in Deutschland

Das **Bildungssystem in Deutschland** ist fünfstufig. Die fünf Stufen sind die Primarstufe, die Sekundarstufe I und Sekundarstufe II, der tertiäre und der quartäre Bereich, zu dem vorwiegend die Weiterbildungsangebote gehören, beispielsweise beruflicher Anbieter oder der Volkshochschule. Insofern begleitet das Bildungssystem den Menschen lebenslang. Dem Bildungssystem wird bisher der Vorschulbereich nicht zugerechnet, wenn auch einige Ländergesetze dies bereits geändert haben. Nach dem Kindergarten/der Vorschulzeit beginnt der Bildungsweg mit der obligatorischen Grundschule.

Da wegen der Kulturhoheit der Länder die Zuständigkeit für das Schul- und Hochschulwesen in Deutschland bei den Ländern liegt, können Teile des Bildungssystems unterschiedlich gestaltet und benannt sein. Das Bildungssystem folgt jedoch einem bundesweit gültigen Grundgerüst, und es werden zunehmend gemeinsame Bildungsstandards etabliert. Bei Schulleistungsuntersuchungen bzw. Bildungsstudien schneidet Deutschland im weltweiten Vergleich häufig nur mittelmäßig oder sogar unterdurchschnittlich ab, wobei einzelne Länder wie Sachsen und Bayern deutlich besser abschneiden als der Rest Deutschlands.

Geschichte

Die Anfänge des deutschen Bildungswesens liegen im frühen Mittelalter. Eine institutionalisierte Form der Ausbildung oblag für viele Jahrhunderte der Kirche. Sie unterhielt zur Bildung des Klerikernachwuchses meist Dom-, Stifts- oder Klosterschulen sowie Lateinschulen, in denen Söhne, vorwiegend des Adels, später auch der bürgerlichen Oberschicht, unterrichtet wurden. Neben dieser theologisch orientierten Ausbildung gab es eine zweite Gruppe innerhalb des Adels, die Ritterschaft, die ein eigenes Erziehungswesen ausbildete. In ihm wurden das Kriegshandwerk und die Bewirtschaftung und Führung der Güter in den Vordergrund gestellt.[1] Ab etwa 1100 wurde von den Zünften eine handwerkliche Lehre bei einem Meister gewährleistet, die als Frühform der heutigen Berufsbildung gilt. Die meisten Jungen wurden jedoch ausschließlich von ihren Eltern zu Hause unterrichtet. Auch das Hochschulwesen hat im Mittelalter seine Wurzeln. So wurde die erste Universität auf dem heutigen deutschen Staatsgebiet, die Universität Heidelberg, 1386 gegründet.

Die breitere Entwicklung des allgemeinbildenden Schulsystems setzte erst im Spätmittelalter und mit der Reformation ein. So entstanden in den Städten neben den größeren Dom- und Klosterschulen an städtischen Pfarrkirchen Gemeindeschulen, Schreibschulen in Verantwortung der Kommunen, private sogenannte Winkelschulen für bürgerliche Söhne sowie Schulen, die kaufmännische

Kenntnisse, z. B. der Kameralistik, vermittelten. Spezielle Standesschulen kamen auf, etwa als Ritterakademien, dem Vorläufer der sich später ausbildenden Realschule.

Erst ab dem 18. Jahrhundert erfassten die Schulen zunehmend alle Kinder in Stadt und Land, wobei gewerbliche Sonntagsschulen und Gewerbeschulen hinzukamen. Auch eine schulische Grundausbildung von Mädchen erlangte zunehmend an Bedeutung. Wichtigster Meilenstein in dieser Entwicklung war die Einführung der allgemeinen Schulpflicht. Nach einigen kleineren Territorien wurde sie zwar für ganz Preußen im Generallandschulreglement 1763 gesetzlich eingeführt, aber nur langsam in den Volksschulen durchgesetzt.

In den deutschen Universitäten und in den höheren Schulen wurden etwa seit 1800 neuhumanistische Bildungsreformen eingeleitet, etwa die preußische Bildungsreform. Auch die ersten Technischen Hochschulen (Technische Universität Braunschweig 1745, Universität Karlsruhe, RWTH Aachen) wurden gegründet. Der Zugang zur Universität setzte eine Abiturprüfung voraus (definitiv seit 1834 in Preußen), mehrere Typen des Gymnasiums wurden 1900 als gleichberechtigt für alle Studien anerkannt: Humanistisches Gymnasium, Realgymnasium, Oberrealschule. Für Mädchen war das Erlangen der Hochschulreife erst ab 1893 mit der Gründung des ersten Mädchengymnasiums in Karlsruhe möglich, den uneingeschränkten Zugang zum universitären Studium erhielten sie aber erst 1919.

Die Weimarer Republik führte 1920 die obligatorische vierklassige Grundschule innerhalb der Volksschule ein. Weitergehende Forderungen der Reichsschulkonferenz blieben unerfüllt. Der Anteil humanistischer Gymnasien ging zurück, dafür traten die modernen Fremdsprachen und Naturwissenschaften in den höheren Schulen stärker hervor. Diese Form des Bildungssystems blieb im „Dritten Reich" trotz ideologischer Einflussnahme bis 1945 weitgehend erhalten. Das Abitur, nach acht Gymnasialjahren, wurde 1937 eingeführt, um einer „Überbildung" entgegenzutreten. Auch wurden Spezialschulen (Napola) zur Formung einer NS-Elite gegründet.

1949 bestätigte das Grundgesetz für die Bundesrepublik Deutschland (GG) den Bundesländern im Kulturföderalismus die Bildungshoheit („Kulturhoheit der Länder"), die sie bereits in der Weimarer Republik innehatten. Sie führten auch die Schularten und die Schuldauer wieder ein (achtklassige Volksschule, neunklassiges Gymnasium). Zu Anfang (Düsseldorfer Abkommen (1955)) waren sie vorsichtig bemüht, das regional noch sehr unterschiedliche Schulsystem einheitlicher zu gestalten und langsam auszubauen. Das Hamburger Abkommen 1964 setzte aber einen gemeinsamen Rahmen, u. a. durch die Einführung der Hauptschule. Dagegen wurde das Bildungssystem der DDR von 1949 bis 1990 – den Änderungen im Bildungssystem der SBZ folgend – strikt zentralistisch und auf der ideologischen Grundlage des Marxismus-Leninismus geregelt. Mit dem Schulgesetz von 1959 war die zunächst achtklassige Einheitsschule obligatorisch, an die sich die vierjährige Erweiterte Oberschule anstelle des Gymnasiums anschloss. Die *ganztägige Betreuung in Schulhorten ermöglichte immer mehr Müttern die Berufstätigkeit.*

Einschneidend stellte der Sputnik-Schock 1957 das Bildungswesen aller westlichen Staaten in Frage[2] – in Deutschland sprach Georg Picht 1964 von einer angeblichen „Bildungskatastrophe" und einem Modernisierungsdefizit in inhaltlicher und sozialer Hinsicht. Andere wie Ralf Dahrendorf kritisierten die fehlende Erziehung zu demokratischen Bürgern. Für die zweite industrielle Revolution galten mehr und besser qualifizierte Absolventen als zwingend erforderlich. Intensive Reformdiskussionen ließen unter anderem den Deutschen Bildungsrat entstehen, dessen Strukturplan für das deutsche Bildungs- und Erziehungswesen maßgebend wurde. Die Bund-Länder-Kommission für Bildungsplanung und Forschungsförderung legte 1973 den ersten Bildungsgesamtplan vor, auf dessen Grundlage der Auf- und Ausbau des Bildungswesens stattfinden sollte. Er ging aber schon bei der Verabschiedung im parteipolitischen Streit vor allem um die Gesamtschule unter, in den 1980er Jahren stagnierten die bildungspolitischen Bemühungen auch wegen der Kosten. Bei der Integration der neuen ostdeutschen Bundesländer nach 1990 wurden die westdeutschen Strukturen mit geringen Abweichungen auf den Osten übertragen.

Erst Ende der 1990er Jahre rückte das Thema Bildung wieder in den Vordergrund, was vor allem auf schlechte Ergebnisse in internationalen Vergleichsstudien (beispielsweise PISA) zurückzuführen ist.[3] Auch trat zunehmend Fachkräftemangel auf. Mit Blick auf erfolgreichere Länder wie z. B. Finnland wurden zahlreiche Änderungen (vorschulische Bildung, gemeinsames Lernen aller Schüler, mehr individuelle Förderung, selbstständige Schule, Abschaffung einer eigenständigen Hauptschule) vorgeschlagen, die das Thema der Bildung wieder in den Vordergrund der Politik rückten. Besonders das schlechte schulische Abschneiden vieler Kinder mit Migrationshintergrund bot dazu Anlass. Auch im Blick auf den internationalen Vergleich sowie das DDR-Bildungssystem setzten sich das Abitur nach zwölf Schuljahren (achtjähriges Gymnasium „G8") und das Zentralabitur weitgehend durch. Das Bemühen um Qualitätssicherung z. B. durch Vergleichsarbeiten und Schulevaluation wurde mit hohem Kostenaufwand umgesetzt, die Bundesländer gründeten ein Institut zur Qualitätsentwicklung im Bildungswesen (IQB).

Struktur

Das Bildungssystem in Deutschland ist vertikal in vier bzw. fünf Stufen gegliedert; die ersten drei davon bilden das Deutsche Schulsystem:

- *Primarbereich – umfasst die ersten vier Schuljahre in der Grundschule (oder bereits in der Förderschule). In einigen Ländern gibt es auch eine sechsjährige Grundschule oder eine schulartunabhängige Orientierungsstufe in der 5. und 6. Klasse, die bereits zur Sekundarstufe I zählen.*

- *Sekundarbereich I – führt zum Haupt- oder Realschulabschluss oder zur Versetzung in die gymnasiale Oberstufe und ist in Haupt-, Realschule und Gymnasium gegliedert oder in einer Gesamtschuleintegriert.*
- *Sekundarbereich II – beginnt nach dem Sekundarbereich I als gymnasiale Oberstufe oder als berufsbildende Schule. Im verkürzten Gymnasium (G8) gilt die 10. Klasse bereits als Teil der Sekundarstufe II.*
- *Tertiärbereich – beginnt nach dem Erwerb der Hochschulzugangsberechtigung und ist an Hochschulen, Berufsakademien, Fachakademien angesiedelt bzw. nach einer entsprechenden Berufsausbildungund mehrjähriger Berufserfahrung an Fachschulen.*
- *Quartärbereich – umfasst alle Formen der privaten und beruflichen Weiterbildung, die vom Deutschen Bildungsrat als Fortsetzung oder Wiederaufnahme organisierten Lernens definiert wurden.*

Primarbereich

Der Primarbereich umfasst in Deutschland die Grundschule. In den meisten Bundesländern besuchen sie die Kinder ab dem sechsten Lebensjahr (wenn ein Kind vor dem 30. Juni das siebte Lebensjahr begonnen hat und nicht zurückgestellt wird). In der Regel umfasst die Grundschule vier Schuljahre, in Berlin und Brandenburg sechs. Auch hier gibt es einige Gymnasien mit fünften Klassen und Schulversuche mit sogenannten Schnellläuferklassen.

In der Grundschule sollen die Schüler zunächst noch ohne Notendruck ihre Leistungsfähigkeit entwickeln. Aus diesem Grund werden in den ersten beiden Schuljahren, teilweise auch länger, keine Noten, sondern Verbalbeurteilungen vergeben. Die Versetzung in die nächste Jahrgangsstufe stellt den Regelfall dar, da Lerndefizite durch Fördermaßnahmen und nicht durch Wiederholung des ganzen Schuljahres kompensiert werden sollen. Daneben ist die Grundschule die erste pflichtmäßige Sozialisationsinstanz außerhalb der Familie. Der Unterricht konzentriert sich auf Deutsch und Mathematik und wird durch weitere Lernbereiche ergänzt wie Sachkunde, Musik und Religionsunterricht. Das Klassenlehrerprinzip steht im Vordergrund, sodass jeder Lehrer im Prinzip alles unterrichten kann.

Die Grundschule trägt häufig zu Innovationen in der Pädagogik bei. Der pädagogische Schwerpunkt zeigt sich bereits in der Ausbildung der Lehrer, da Lehramtsstudiengänge für den Primarbereich einen deutlich höheren Anteil Pädagogik enthalten als andere Lehrämter (mit Ausnahme der Förderschule bzw. Sonderschule). Neue Konzepte, die in den Grundschulen praktiziert werden, sind etwa der frühbeginnende Fremdsprachenunterricht, die stärkere Förderung der Entwicklung von Lernmethoden gegenüber fachlichem Wissen oder neue Formen im Lernprozess wie Freiarbeit, Projektunterricht oder offener Unterricht.

Die Grundschule unterliegt heute aufgrund gesellschaftlicher Veränderungen einem beschleunigten Wandel, der sich in Form von voller Halbtagsschule oder jahrgangsübergreifendem Unterricht niederschlägt. Auch die Heterogenität der Klassen nimmt zu.

Sekundarbereich I

Die Sekundarstufe I umfasst die Orientierungsstufe und die sogenannte Mittelstufe der Oberschule bzw. weiterführenden Schule, im Detail Hauptschule, Realschule und Sekundarbereich I des Gymnasiums und der Gesamtschule. Die Sekundarstufe I endet dabei mit dem Hauptschulabschluss oder der mittleren Reife. Letztere berechtigt – versehen mit entsprechendem Qualifikationsvermerk – zum Eintritt in die gymnasiale Oberstufe.

Zu den Problemen dieser Stufe gehört der richtige Zeitpunkt, zu dem ein Schüler einer Schulform zugeteilt werden kann. In zahlreichen Studien versuchte man nachzuweisen, dass eine Aufteilung der Schüler nach der vierten Klasse in unterschiedliche Schulformen entwicklungspsychologisch fehlerhaft ist und zu einer nicht korrigierbaren Benachteiligung für den späteren Lebensweg führt.[4] Da viele Schüler in der Pubertät Leistungssprünge nach oben und unten aufweisen, kann es hier zu Fehleinschätzungen kommen. Die Zahl der Wechsel zwischen Schulformen und der Wiederholungen ("Sitzenbleiber") ist in Deutschland erheblich. Da dies sowohl ein pädagogisches als auch ein finanzielles Problem ist, bemüht sich die Schulverwaltung um eine Senkung dieser Zahlen und eine Steigerung möglichst zutreffender Prognosen der Schullaufbahn durch die Lehrer.

Hauptschule

Die Hauptschule entwickelte sich aus der Oberstufe der Volksschule und erhielt 1964 im Rahmen des Hamburger Abkommens ihren Namen. Sie sollte von Anfang an auf eine Berufsausbildung vorbereiten und ist so deutlich praxis- und methodenorientierter als andere Sekundarschulen. Die Hauptschulen weisen, sofern es sie in einem bestimmten Bundesland noch gibt, nach wie vor praktischen Leistungen einen hohen Stellenwert zu. Die Hauptschule, die als Gegengewicht zu einer zu „verkopften" und damit die Hauptschul-Klientel angeblich überfordernden Bildung gedacht war und die der überwiegenden Zahl von Schülern angeblich angemessen sein und Realschulen und Gymnasien entlasten sollte, konnte ihrer Aufgabe nicht gerecht werden. Kritiker sprechen inzwischen mit zunehmender Akzeptanz bei den betroffenen Eltern und der aufnehmenden Wirtschaft von einer „Restschule", in der nur noch wenige Schüler eingeschult werden, diese aber überproportional oft aus sozial schwächeren Milieus stammen und teilweise die deutsche Sprache nicht als Muttersprache haben. Hierbei ist jedoch anzumerken, dass die Hauptschülerquote in ländlich geprägten Regionen deutlich höher ist als in Städten und in Bayern, wo der Elternwille anders als in anderen Bundesländern nicht maßgeblich ist, eine Übergangsquote von ca. 30 % hat. In Norddeutschland sind die entsprechenden Werte deutlich geringer, weil dort die Eltern über die ab Klasse 5 (bzw. in Berlin ab Klasse 7) zu besuchende Schule ihrer Kinder entscheiden.

Nach der Aufnahme der ostdeutschen Bundesländer in die Bundesrepublik Deutschland am 3. Oktober 1990 entschieden sich diese gegen die Einrichtung der Institution Hauptschule. Auch aufgrund dieser Entwicklung zog die Kultusministerkonferenz 1993 die Konsequenz und akzeptierte auch Sekundarschulen unterschiedlicher Bezeichnungen, die die Bildungsgänge von Haupt- und Realschule verbinden. Die Hauptschule weiterführen wollen derzeit Bayern, Baden-Württemberg, Berlin, Hessen, Niedersachsen und Nordrhein-Westfalen.[5] Die Mehrheit der Bundesländer hat die Hauptschule entweder gar nicht erst eingeführt (dies betrifft die ostdeutschen Beitrittsländer) oder (dies betrifft die Länder der „alten" Bundesrepublik) die Hauptschulen mit den Realschulen zusammengefasst bzw. diese Maßnahme beschlossen (Hamburg, Schleswig-Holstein und Rheinland-Pfalz).

Realschule

Die Realschule wurde in Anlehnung an die preußische Mittelschule konzipiert, als Mittelstück zwischen Gymnasium und Volksschule mit einer „erweiterten Allgemeinbildung". Die Schüler rekrutierten sich zu Beginn meist aus einer aufstiegsorientierten bürgerlichen Mitte.

Die Schulform soll der Nachfrage nach höher qualifizierten Schulabgängern, die für anspruchsvollere Berufsausbildungen gesucht werden, gerecht werden und hat sich bisher erfolgreich gegen ihr Aufgehen in anderen Schulen durchgesetzt. Ihr Erfolg begründet sich dabei einerseits in der Berücksichtigung des zunehmenden Wandels hin zur Dienstleistungsgesellschaft im Curriculum und andererseits in den zahlreichen Möglichkeiten, die ein Realschulabschluss (Mittlere Reife) bietet, die heute vielen als Maßstab für eine grundlegende Schulbildung gilt. Dieser Abschluss öffnet den Zugang zu vielen Ausbildungsberufen, aber auch zu Fachoberschulen mit Fachabitur sowie Beruflichen und Fachgymnasien, in denen die allgemeine Hochschulreife erworben werden kann. Insgesamt steht die Realschule in der Mitte des Bildungswesens – sie ist zwar einerseits stark berufsorientiert, lässt andererseits aber den Weg zum Hochschulstudium offen. Zunehmend lässt sich jedoch in einigen Bundesländern ein Zusammenwachsen mit der Hauptschule feststellen, die als erweiterte Hauptschule inzwischen auch zur mittleren Reife führen kann, wenn sie nicht bereits ganz abgeschafft wurde.

Gymnasium

Seit dem Düsseldorfer Abkommen im Jahre 1955 werden alle Schulen, die zur allgemeinen Hochschulreife führen, als Gymnasium bezeichnet. Das Gymnasium umfasst beide Sekundarbereiche und prüft kontinuierlich den Leistungsstand der Schüler, welche bei schwachen Leistungen in andere Bildungsgänge verwiesen werden können – ist also eine selektive Schule. Erst seit jüngster Zeit kann etwa in

Bayern über die Berufsoberschule die allgemeine Hochschulreife außerhalb von Gymnasien erworben werden.

Seit 1990 besuchen mehr Schüler der Sekundarstufe I in Deutschland das Gymnasium als eine Realschule oder Hauptschule. Das Gymnasium hat die Aufgabe eine vertiefte allgemeine Bildung zu vermitteln und ein grundlegender Bestandteil des Gymnasiums ist das Erlernen von zwei Fremdsprachen. Das Gymnasium stellt den schnellsten Weg zum Abitur dar und ermöglicht den direkten Zugang zu allen Arten von Berufsausbildungen, Fachhochschul- oder Hochschulstudien.

Gemeinschaftsschule

Die Gemeinschaftsschule ist die am meisten diskutierte Schulform in Deutschland. Ihr Konzept beruht auf der Forderung nach mehr Chancengleichheit im Bildungswesen und möchte deshalb vor allem der frühen Bildungslaufbahnentscheidung, der mangelhaften Förderung der Einzelnen entsprechend ihren Neigungen und Interessen, dem nicht-bedarfsgerechten und eng gefassten Fächerangebot anderer Schulformen sowie den vorgeworfenen sozialen Selektionstendenzen im Bildungswesen entgegenwirken. Die Kritik der Gemeinschaftschulgegner bezieht sich hauptsächlich auf den Vorwurf, dass die Schüler in dieser Schulform nicht, ihrem Leistungsvermögen entsprechend, individuell gefördert werden können, da dort leistungsstarke und leistungsschwache Schüler zusammen unterrichtet werden. Der Position der Gemeinshaftschulgegner, dass gute Schüler von schlechteren „nach unten gezogen werden", steht die Tatsache gegenüber, dass im internationalen Vergleich Länder mit Gesamtschulsystemen wie einige skandinavische Länder und insbesondere Finnland besonders gut abschneiden.[6] Dies könnte nicht nur daran liegen, dass möglicherweise die lernschwächeren Schüler von Gemeinschaftsschulen profitieren, sondern auch die leistungsstärksten Schüler in Finnland besser abschneiden als die vergleichbaren Schüler in Deutschland. Dies könnte jedoch auch auf die, im internationalen Vergleich sehr gute, Betreuungsrelation zwischen Lehrern und Schülern in Finnland zurückzuführen sein. Zu erwähnen ist auch, dass die finnische Gesamtschule ihre Schüler nicht in unterschiedliche Leistungsgruppen einteilt. Auch die USA verfügen über ein Gesamtschulsystem und erzielen damit nur geringe Erfolge.

Generell lassen sich die Gesamtschulen in zwei Typen unterscheiden: Einerseits die integrierten Gesamtschulen, die alle Bildungsgänge in einer Schule enthalten, und die kooperativen Gesamtschulen, die zwar alle Bildungsgänge in einer Schule zusammenfassen, innerhalb dieser jedoch differenzieren.

Die erste Gesamtschule wurde 1968 in West-Berlin als Versuchsschule gegründet. Heute existieren bundesweit über 800 integrierte Gesamtschulen. In manchen finanzschwächeren Kommunen sind Gesamtschulen willkommen, da sie aufgrund der Verschmelzung und Auflösung anderer Schulformen zu Gunsten einer großen mehrzügigen Einrichtung Geld einsparen. Da in Deutschland die Gesamtschulen neben dem herkömmlichen gegliederten Schulsystem existieren, sind sie mit dem Problem konfrontiert, mit Gymnasien und Realschulen zu konkurrieren. Vor allem die besseren Grundschulabgänger (bzw. deren Eltern) ziehen Realschulen und Gymnasien den Gesamtschulen vor. Dadurch entsteht eine Verzerrung des Leistungsvermögens nach unten – dies wird auch als Creaming-Effekt bezeichnet.

Sekundarbereich II

Die Sekundarstufe II umfasst die sogenannte Oberstufe. Das Berufsbildungssystem, bestehend aus dem dualen System von Berufsausbildung und Berufsschule, Berufsvorbereitungsjahr, Berufsfachschule, Fachoberschule und beruflichem Gymnasium sowie der gymnasialen Oberstufe, zählen zum Sekundarbereich II. Viele Abiturienten streben eine Berufsausbildung an und durchlaufen diese Sekundarbereich II im Grunde zweifach.

Gymnasiale Oberstufe

Die gymnasiale Oberstufe beginnt mit der elften (im achtjährigen Gymnasium (G8) mit der zehnten) Klasse und umfasst drei Jahre: eine einjährige Einführungsphase und eine zweijährige Qualifikationsphase. In Sachsen und Thüringen, wo das Gymnasium generell nur bis zur Klassenstufe 12 geht, besteht die Sekundarstufe II/Oberstufe nur aus der elften und zwölften Klasse. Es gibt mit Ausnahme der beruflichen Gymnasien keine Einführungsphase. Die gymnasiale Oberstufe ist geprägt von einem Kurssystem, in welchem Schüler ihre bevorzugten Fächer wählen und Schwerpunkte setzen können, wobei dieses gezielt auf eine akademische Ausbildung vorbereiten soll. Für die Oberstufe der Gesamtschulen gelten die gleichen Bestimmungen wie an anderen Schulen mit Sekundarstufe II, die zum Abitur führen.

Fast alle Bundesländer reformieren ihr Oberstufensystem zurzeit in Richtung einer stärkeren Grundbildung und weniger Spezialisierung. Deutsch, Mathematik und Englisch bzw. eine weitergeführte Fremdsprache werden vielfach wieder zu nicht abwählbaren Kern- und obligatorischen Prüfungsfächern.

Seit einiger Zeit gibt es daneben Ansätze zur Umgestaltung der Oberstufe mit einer punktuell stärkeren Berücksichtigung von Kompetenzen für das Berufsleben und Neuerungen im didaktisch-methodischen Bereich. Dies liegt unter anderem an der seit längerem zu verzeichnenden Tendenz, dass Abiturienten vermehrt Berufsausbildungen oder ein Fachhochschulstudium anstreben.

Sehr umstritten ist die Abiturientenquote. Während Bayern die Zahl der Abiturienten recht klein bei 34,3 % eines Geburtsjahrgangs hält (davon 22,2 % allgemeine Hochschulreife und 12,1 % Fachhochschulreife im Jahr 2005), führen andere Bundesländer über die Hälfte eines Jahrgangs zu einer Hochschul- oder Fachhochschulreife. Nordrhein-Westfalen erreicht inzwischen mit 53,4 % den Spitzenwert (davon 32 % allgemeine Hochschulreife und 21,4 % Fachhochschulreife

2005, Zahlen nach Statistischem Bundesamt). Verglichen mit anderen Staaten, die kein gegliedertes Schulsystem haben, sind diese Werte noch gering und stellen nach Ansicht mancher die Zukunftsfähigkeit der deutschen Wirtschaft und Gesellschaft infrage.

Berufsbildende Schule

In Deutschland werden neun Formen der Berufsbildenden Schulen unterschieden, die jeweils spezifische Aufgaben erfüllen: das Berufsvorbereitungsjahr, Berufsgrundschuljahr, die eigentliche Berufsschule, Berufsfachschule, Berufsaufbauschule, Fachoberschule und das Berufliche Gymnasium sowie die Kollegschulen.

Aufgrund der Teilzeitschulpflicht, die in Deutschland bis zum Ende des 18. Lebensjahres bestand, müssen alle Jugendliche bis dahin eine Schule besuchen. Deshalb wurde für diejenigen Schüler, die nach dem Hauptschulabschluss keine Ausbildung begonnen haben, das sogenannte Berufsgrundschuljahr (BGJ) eingerichtet, in welchem sie Grundqualifikationen eines Berufsfeldes erwerben können. Wurde der Hauptschulabschluss nicht erreicht, so kann die Berufsreife im Berufsvorbereitungsjahr (BVJ) erworben werden. Die klassische Berufsschule ist ein Teil der dualen Ausbildung und bietet eine fachtheoretische und allgemeinbildende Begleitung der Ausbildung in einem anerkannten Ausbildungsberuf im Ausbildungsbetrieb. Daneben gibt es die Berufsfachschule, in der sowohl Ausbildungen des dualen Systems als auch sogenannte reine schulische Berufsausbildungen absolviert werden können. Neben oder auch nach der Berufsausbildung kann die Berufsaufbauschule besucht werden, um die mittlere Reife zu erwerben, die den Übergang zur Fachoberschule (FOS) oder zum beruflichen Gymnasium erlaubt.

Der Besuch der Fachoberschule (FOS) setzt einen mittleren Bildungsabschluss voraus und führt nach einem zweijährigen Vollzeitschulunterricht zur Fachhochschulreife. In einigen Ländern gibt es die Möglichkeit, durch den Besuch der FOS13 die fachgebundene Hochschulreife bzw. die allgemeine Hochschulreife zu erhalten. Analog zu der FOS gibt es in mehreren Bundesländern auch Berufsoberschulen(BOS), welche je nach gewünschtem Abschluss und Dauer des Schulbesuches alle Arten der Hochschulzugangsberechtigungen verleihen. Der Besuch der BOS setzt die mittlere Reife wie auch eine abgeschlossene Berufsausbildung voraus, welche auch den Schwerpunkt im späteren Besuch der BOS festlegt. FOS und BOS sind in Bayern zur Beruflichen Oberschule Bayern (BOB) zusammengefasst.

Innerhalb der Berufsschulen nimmt das berufliche Gymnasium eine Sonderstellung ein. Es handelt sich dabei um eine gymnasiale Oberstufe mit beruflichen Schwerpunkten, nach denen sich die Schule dann zum Beispiel Technisches Gymnasium, Wirtschaftsgymnasium, Ernährungswissenschaftliches

Gymnasium, Biotechnologisches Gymnasium nennt. Diese führt, wie alle gymnasialen Oberstufen, zur allgemeinen Hochschulreife.

An Berufskollegs bzw. Kollegschulen wird – ähnlich wie in der gymnasialen Oberstufe mit beruflichem Schwerpunkt – die berufliche Bildung gleichwertig zur allgemeinen Bildung vermittelt. Kollegschulen gibt es für den technischen, den wirtschaftlichen und den sozialen Bereich. Kollegschulen führen zu einem beruflichen Abschluss (zwischen Facharbeiter und Techniker) und zur allgemeinen Hochschulreife.

Duale Ausbildung

Das System der dualen Berufsausbildung ist nur in sehr wenigen Staaten anzutreffen, obgleich es sich bewährt hat. Es ist gekennzeichnet durch die Aufteilung der Ausbildung auf mehrere Lernorte, die sich in der Trägerschaft von Berufsschule und Ausbildungsbetrieb befinden, hinzu können aber auch überbetriebliche Lerneinrichtungen besucht werden. Die Berufsschule übernimmt dabei die fachtheoretische und allgemeine Bildung. Sie bietet somit Unterricht in Fächern mit konkretem beruflichem Bezug, aber auch in berufsübergreifenden Fächern oder in Fächern zur politischen und allgemeinen Bildung an. Das genaue Fächerangebot ist jedoch vom jeweiligen Lehrplan abhängig, der aufgrund des Kulturföderalismus von den Ländern erlassen wird. Dieser muss sich jedoch an einem Rahmenlehrplan orientieren, der von der Kultusministerkonferenz verabschiedet wird. Demgegenüber steht die Ausbildung im Betrieb bzw. am Arbeitsplatz, die sich auf die fachpraktische Bildung erstreckt. Diese wird über die Ausbildungsordnung geregelt, die dem Betrieb jedoch freie Wahl der Zeitplanung, Lernort- und Methodenwahl zugesteht. Teilweise gibt es jedoch auch inner- und überbetriebliche zusätzliche Schulungsangebote.

Tertiärbereich

Der tertiäre Bereich des deutschen Bildungssystems besteht hauptsächlich aus rund 400 Hochschulen, die sich mehrheitlich in staatlicher Trägerschaft befinden, ansonsten in kirchlicher oder privater Trägerschaft. 2007 waren von 391 Hochschulen 124 Universitäten, Theologische und Pädagogische Hochschulen, an denen etwa 69 % aller Studierenden in Deutschland ausgebildet werden. Weitere 215 der Hochschulen sind Fachhochschulen, an denen etwa 29 % ausgebildet werden. Weitere 52 Hochschulen sind Kunsthochschulen, an denen etwa 2 % ausgebildet werden.[7] Das Hochschulwesen liegt im Verantwortungsbereich der Länder. Das Hochschulrahmengesetz des Bundes sollte 2008 auslaufen.

Die wesentliche Aufgabe der Hochschulen besteht in der Forschung, der Wissenschaft, der Lehre, der Vermittlung von Wissen und Kompetenzen im Studium und der Weiterbildung sowie dem Verleihen akademischer Grade. Hierzu sind die Hochschulen in verschiedene Fakultäten oder Fachbereiche differenziert, die verwandte Wissenschaften in sich vereinigen. Hinzu kommen zahlreiche Verwaltungs- und Serviceeinrichtungen an jeder einzelnen Hochschule.

Zum tertiären Bereich zählen in Deutschland außerdem Berufsakademien und Fachschulen bzw. Fachakademien, die außerhalb des Hochschulbereichs liegen. Bei den Berufsakademien findet die Hälfte der Studienzeit in Unternehmen statt. An der Fachschule können spezielle Fortbildungen, die etwa zum Techniker oder Meister führen, besucht werden.

Derzeit studieren in Deutschland 2,8 Millionen Studenten[8]. Voraussetzung für die Aufnahme eines Studiums ist die Hochschulzugangsberechtigung, in der Regel das Abitur bzw. Fachabitur. Zusätzlich ist seit Mitte der 1990er Jahre auch der Zugang zu einer Hochschule mit einer abgeschlossenen Berufsausbildung möglich. Weitere Zulassungsbedingungen sind von Studiengang zu Studiengang sehr verschieden. Der Staat zahlt unter bestimmten Bedingungen einen Zuschuss zum Lebensunterhalt nach dem BAföG. Daneben gibt es für besonders leistungsfähige und engagierte Studierende Stipendien diverser Stiftungen.

Der Aufbau des Studiums selbst wird gemäß den Landeshochschulgesetzen durch Studienordnungen und Prüfungsordnungen ger egelt, welche von den Hochschulen autonom festgelegt werden. Auch die Studienabschlüsse, die erworben werden können, hängen vom Studiengang ab. Zu den wichtigsten gehören der Magister, das Diplom, das Staatsexamen, der Bachelor sowie die Abschlüsse des postgradualen Studiums, etwa der Master und der Doktor. Der Zugang zu einer Professur hängt nicht mehr von einer Habilitation ab. Durch den Bologna-Prozess verschwinden derzeit viele Magister- und Diplomstudiengänge zugunsten einer Stufung in Bachelor- und Masterstudiengänge. Bei den Studiengängen mit Staatsexamina wie den Lehrämtern, Jura oder der Medizin ist die Entwicklung noch unabsehbar.

Die universitäre Lehre gilt als verbesserungswürdig.[9] Ein krasses Beispiel zeigt die Juristenausbildung, die stark durch universitätsfremde Repetitoren gestützt wird. Das Bachelorstudium ist durch eine starke Verschulung geprägt, offensichtlich um schulische Defizite konzentriert aufzuholen. Damit sollte die Studienabbrecher- quote gesenkt werden, was offenbar bisher noch nicht gelungen ist.[10]

Die Finanzierung der Hochschulen wird zunehmend zum Kernproblem. Der finanzschwache Staat möchte, dass die Hochschulen hohe Drittmittel einwerben bei anderen staatlichen Finanztöpfen, der Industrie oder Stiftungen. Zu den Geldgebern gehören auch halbstaatliche Institutionen wie die Deutsche Forschungsgemeinschaft. Die Finanzierung verschiebt sich von einer staatlichen Grundfinanzierung auf eine schwankende Projektfinanzierung, bei deren Ausschreibung nach Meinung von Kritikern oft propagandistischer oder modischer Etikettenschwindel betrieben wird.

Die Ausstattung der meisten Hochschulen mit Personal und Räumen liegt weit unter dem Bedarf, so dass der Studienbetrieb vor allem in den Massenuniversitäten recht unpersönlich und mit nur schlechter Betreuung abläuft. Die aktuelle Diskussion kreist um Studiengebühren mit einer stärkeren Eigenbeteiligung der Studenten oder eine verstärkte Förderung durch den Bund wie durch die Exzellenzinitiative. Die Föderalismusreform der Großen Koalition hat 2006 die Rechte der Bundesländer im Hochschulbereich noch gestärkt. Es bleibt unentschieden, ob viele gute Hochschulen oder wenige Spitzenuniversitäten der bessere Weg sind. Viele befürchten eine fehlende Konzentration der Mittel auf weltweit konkurrenzfähige Spitzenforschung durch die föderale Struktur. Politisch brisant ist das Süd-Nord-Gefälle in der Bewertung von Hochschulen als Spitzenleister. Die Spitzenforschung droht sich zurzeit im Süden zu konzentrieren.[11] Außerdem gehen Spitzenforscher lieber z. B. an die Max-Planck-Institute, wo sie von der Massenlehre weitgehend entlastet sind. Ein anderer Teil wandert ins Ausland ab (z. B. USA, Schweiz), wo bessere Bedingungen gegeben sind (Braindrain). Dem steht eine konstante Rückwanderung von Wissenschaftlern gegenüber.

In Deutschland absolvieren nur etwa 30 % eines Jahrgangs ein Hochschulstudium.[12] Obwohl dieser Wert langsam ansteigt, erscheint er vielen zu gering, um im Wettbewerb von Wissenschaft, Forschung und Entwicklung in Hochtechnologieländern mitzuhalten. Sie fordern eine massive Erhöhung der Studienanfängerquote, die durch mehr Abiturienten bzw. eine höhere Quote von Studienanfängern unter diesen und die Öffnung der Hochschulen für Berufstätige ohne Abitur zu erreichen wäre. Zudem könnten weniger Abbrecher die Absolventenquote steigern. Dem halten andere entgegen, eine Steigerung durch gering qualifizierte Studenten erzeuge keine höhere Qualität. Außerdem sei die Finanzierung der Hochschulen schon jetzt auf einem finanzpolitisch begründeten Minimum angekommen. Der Vergleich mit anderen Ländern berücksichtigt nicht, dass viele Abschlüsse der Berufsbildung anderswo über ein Studium erreicht werden (zum Beispiel Krankenschwester in Schweden).

Quartärbereich

Der quartäre Bildungsbereich umfasst alle Formen der Weiterbildung, welche vom Deutschen Bildungsrat definiert wurde als Fortsetzung oder Wiederaufnahme organisierten Lernens nach Abschluss einer unterschiedlich ausgedehnten ersten Bildungsphase.[13] In Deutschland wird er als eigene Stufe betrachtet, während die OECD ihn dem tertiären Bereich zurechnet. Der anteilsmäßig bedeutendste Teil der Weiterbildung ist das informelle Lernen, welcher jedoch schwer zu fassen ist. Ihm gegenüber steht die formale Weiterbildung, welche sich in berufliche, allgemeine und politische Weiterbildung untergliedert. Im Bereich der beruflichen Weiterbildung ist oft auch vom lebenslangen Lernen die Rede. Die üblichen Orte des Weiterbildungssektors sind die Bibliotheken, Volkshochschulen, Bildungszentren der Kirchen, Gewerkschaften und Kammern, private und betriebliche Bildungseinrichtungen, Hochschulen und Abendgymnasien. Ein neuer Trend ist das E-Learning, welcher besonders im Bereich der Weiterbildung immer populärer wird. Generell gewinnt die Weiterbildung in jüngster Zeit stark an Bedeutung, da, um mit dem heutigen gesellschaftlichen Wandel Schritt halten zu können, ein ständiges Fortbilden notwendig ist.

Berufliche Fortbildung

Nach dem Berufsbildungsgesetz[14] zielt eine Fortbildung auf jene Qualifikationen, die bereits in einem Ausbildungsberuf erworben wurden. Sie sollen erhalten, erweitert, der technischen Entwicklung angepasst oder so ausgebaut werden, dass ein beruflicher Aufstieg möglich wird. Dabei unterscheidet man:

- Erhaltungsfortbildung
- Erweiterungsfortbildung
- Anpassungsfortbildung
- Aufstiegsfortbildung

Je nach Fortbildungsart können die erworbenen Qualifikationen durch Prüfungen nachgewiesen werden, welche die zuständigen Stellen durchführen. Einige Fortbildungen sind dabei durch bundesweit gültige Rechtsverordnungen geregelt. Als berufliche Aufstiegsfortbildung bezeichnet man dabei zum Beispiel:

- die Meister- bzw. Fachwirtqualifikation und dem gleichgestellte
- die Qualifikation zum Geprüften Betriebswirt

Die berufliche Fortbildung findet zum Teil während der Arbeitszeit, zum Teil in der Freizeit statt. Die Arbeitgeber und Arbeitnehmer teilen sich manchmal auch die Kosten. Eine Fortbildung kann aber auch durch öffentliche Mittel und Zuschüsse gefördert werden, abhängig von der Fortbildung und der persönlichen Situation, wenn beispielsweise bei veränderter persönlicher Eignung oder verändertem Arbeitsmarkt eine bessere individuelle Wettbewerbssituation erreicht werden kann.

Sonderbereiche

Neben dem System aus Regelschulen in öffentlicher (staatlicher, kommunaler oder gemeinsamer staatlicher/kommunaler) Trägerschaft gibt es ein System aus weiteren Schulen und Bildungseinrichtungen, die teils in öffentlicher und teils in privater (freier) Trägerschaft geführt werden.

Zweiter Bildungsweg

Beim Zweiten Bildungsweg ermöglichen besondere Institute und Abendschulen die Weiterbildung Erwachsener und können bis zur Hochschulreife führen. Sie bieten die Möglichkeit, fehlende Abschlüsse nachzuholen, zum Beispiel nach dem erfolgreichen Abschluss der Hauptschule einen Realschulabschluss neben der eigentlichen Berufsausbildung zu machen, um später weitere Aufstiegsmöglichkeiten zu haben.

Sonderschule/Förderschule

Für Schüler, die aufgrund einer Behinderung eine geringe Aussicht auf Erfolg im allgemeinbildenden Schulsystem haben, existieren Sonderschulen, die heute meist als Förderschulen bezeichnet werden, um den Charakter der Förderung hervorzuheben und das Stigma der Aussonderung zu vermeiden. Bereits 1778 wurde eine Anstalt für Taubstumme in Leipzig eingerichtet und um 1900 gab es erste Vorläufer der Förderschulen.

In Deutschland existieren verschiedene Typen von Sonderschulen, die jedoch nicht in jedem Bundesland alle vertreten sind und teilweise unterschiedlich bezeichnet werden:

- *Allgemeine Förderschule (vormals: Schule für Lernbehinderte) – führt zu einem besonderen Abschluss, der teilweise nicht als Hauptschulabschluss anerkannt wird.*
- *Schule für Erziehungsschwierige (vormals Schule für Verhaltensgestörte bzw. Schule für Erziehungshilfe) – oft an Jugendhilfeeinrichtungen und Kinderheime angegliedert, führt meist zum Hauptschul- oder Realschulabschluss.*
- *Schule zur individuellen Lebensbewältigung/Schule zur ganzheitlichen Entwicklung (vormals Schule für geistig Behinderte) – soll wesentliche Fertigkeiten zum möglichst selbständigen Leben vermitteln.*
  - *Schule für Schwerhörige.*
  - *Schule für Gehörlose (vormals: Schule für Hörgeschädigte/Taube) – soll Kommunikationsfähigkeit fördern und auf weiterführende Schulen vorbereiten.*
- *Sprachheilschule – Ziel ist die Wiedereingliederung in das Regelschulsystem.*
- *Schule für Blinde und Sehbehinderte – soll auf weiterführende Schulen vorbereiten.*
- *Schule für Körperbehinderte – führt zu einem Abschluss der sich nach dem Grad der Behinderung richtet.*
- *Schule für Kranke – soll Schüler in stationärer medizinischer Behandlung auf dem Laufenden halten.*
- *Berufssonderschule – besonders für geistig Behinderte, bildet in der Regel in Hilfsberufen aus (zum Beispiel Küchenhilfe, Gärtnergehilfe und ähnliches).*

Die Sonderschule/Förderschule als solches ist nicht unumstritten, zumal es seit den 1970er Jahren positive Erfahrungen mit der integrativen Beschulung behinderter und nicht-behinderter Schüler in Regelschulen gibt. Aufgrund dieser positiven Erfahrungen nimmt die Zahl von Integrationsschulen stetig zu. In Baden-Württemberg führen die Sonderschulen zu den Abschlüssen der Regelschulen, soweit dies nach der Art der Behinderung möglich ist. Die Regelschulen sollen behinderte Schüler aufnehmen, falls dies möglich ist.

Privatschulen

Privatschulen haben im deutschen Bildungswesen eine geringere Bedeutung als in anderen Staaten. Durch Art. 7 GG hat der Staat die Aufsicht über das ganze Schulwesen. Zwar garantiert dieser Artikel auch das Recht auf die Gründung von privaten Schulen, jedoch unter Auflagen für die staatliche Anerkennung. Falls Privatschulen zu vergleichbaren Schulabschlüssen führen, werden sie als Ersatzschulen anerkannt, und es werden die Kosten für Lehrpersonal, Unterhalt und Verwaltung zu einem großen Teil vom Staat bezuschusst, so dass durch die Erhebung eines sozialverträglichen Schulgelds das Sonderungsverbot erfüllt werden kann. Privatschulen werden meist aus weltanschaulichen oder pädagogischen Beweggründen eingerichtet. Derzeit sind über eine halbe Million Schüler in 2.500 privaten allgemeinbildenden und berufsbildenden Schulen untergebracht, von denen sich ein großer Teil in kirchlicher Trägerschaft befindet, darunter viele Schulen für Erziehungshilfe, weil diese oft an Kinderheime angegliedert sind. Diesen folgen die Waldorfschulen und Landerziehungsheime sowie weitere freie Schulen, wie Montessorischulen, Jenaplan-Schulen, andere reformpädagogische Schulen oder Alternativschulen. Trotz ihrer quantitativen Randstellung im Bildungssystem haben Privatschulen teilweise eine Vorreiterfunktion inne, da sie neue Konzepte praktizieren, die im öffentlichen Schulsystem später einzogen. Besonders reformpädagogische Ansätze fanden im öffentlichen Schulwesen Anwendung, nachdem sie an Privatschulen zu Erfolgen geführt hatten.

Nachhilfe

Der Nachhilfesektor umfasst alle außerschulischen fachlichen Unterstützungen für Lernende, die die schulischen Leistungen verbessern sollen. Während dies in der Primarstufe meist noch innerfamiliär und besonders zur Vorbereitung von Klassenarbeiten geschieht, nimmt die Verbreitung von bezahlter Nachhilfe mit dem erreichen höherer Klassenstufen zu. Der Nachhilfesektor ist bislang kaum erforscht, jedoch hat Michael Behr in einer 1990 veröffentlichten Studie festgestellt, dass etwa die Hälfte aller Schüler in ihrer Schulzeit zumindest einmal bezahlte Nachhilfe in Anspruch genommen hat. Hierbei ist eine steigende Tendenz feststellbar, was auf eine Motivverschiebung bei der Inanspruchnahme von Nachhilfe zurückzuführen ist. Während früher Nachhilfe vor allem solche Leistungsdefizite ausgleichen sollten, die die Versetzung akut gefährdeten, wird sie heute zunehmend auch gegeben, um den allgemeinen Notenschnitt anzuheben.

Der Bereich der Nachhilfe wird zunehmend ökonomisch erschlossen, so gibt es zurzeit über 3.000 private Nachhilfeinstitute, die ihre Dienstleistungen auch Studierenden anbieten. In den letzten Jahren kristallisiert sich ein weiterer Nachhilfezweig heraus, der internetgestützt vor allem von Schulbuchverlagen und Lernsoftwareentwicklern erschlossen wird.

Akteure im Bildungswesen

In Deutschland sind drei Gruppen von Akteuren im Bildungswesen aktiv. Die Schüler als die wichtigste Gruppe haben aufgrund ihres Alters und Status nur am Rande Einfluss.

1. *Der Staat tritt in Form von Bund, Ländern, Kommunen und Gremien des kooperativen Föderalismus (Kultusministerkonferenz KMK, Gemeinsamen Wissenschaftskonferenz GWK) in Aktion.*

2. *Einige staatliche Gremien zur Politikberatung wie der Wissenschaftsrat oder bis 1975 der Bildungsrat wirken mit.*

3. *Auf nichtstaatlicher Ebene existieren vor allem Interessenvertretungen verschiedener Beteiligter am Bildungswesen: die Hochschulen (Hochschulrektorenkonferenz HRK); die Interessenverbände der Wirtschaft und des Handwerks (Institut der deutschen Wirtschaft), die Lehrerfachverbände und -gewerkschaften (Gewerkschaft Erziehung und Wissenschaft (GEW), Deutscher Lehrerverband) und weitere Organisationen freier Schulen und anderer Bildungsträger (Bundesverband Deutscher Privatschulen, Bund freier Waldorfschulen, Bundesverband der freien Alternativschulen BFAS, Deutsches Institut für Erwachsenenbildung).*

Aufgrund der Länderhoheit im Schulwesen muss der Bund sich bei bildungspolitischen Fragen auf seine Rahmenkompetenzen beschränken, die vor allem im Hochschulbereich und in der Berufsausbildung liegen. Für die inneren Schulangelegenheiten sind ausschließlich die Länder zuständig. Diese gestalten das Schulwesen und führen die Schulaufsicht durch. Sie finanzieren das Schulwesen, erlassen Gesetze und Verordnungen oder genehmigen Schulbücher. Die Aufgabe der Gemeinden sind die äußeren Schulangelegenheiten, die sich vor allem auf die Verwaltung der Gebäude und die Sachausstattung erstrecken. Um eine gewisse Einheitlichkeit des Bildungswesens zu erreichen, sind die Gremien des kooperativen Föderalismus notwendig, besonders die KMK. Die BLK hingegen war ursprünglich als Planungsgremium konzipiert, hat sich jedoch mehr zu einem Gremium der punktuellen Innovations- und Forschungsförderung entwickelt.

Die nichtstaatlichen Akteure und Beratungsgremien haben keinen direkten Einfluss auf das Bildungssystem, sondern wirken vor allem beratend. So entwerfen sie Konzepte und Empfehlungen oder stellen Forderungen an die Bildungspolitik, wirken in der Bildungsforschung mit oder führen Studien durch. Diese haben einen enormen Einfluss auf die Bildungspolitik, welcher sich jedoch nur schwer erfassen lässt.

Rechtliche Bedingungen

Das Schulsystem liegt laut Art. 7 GG im Verantwortungsbereich des Staates. Aufgrund der Kulturhoheit der Länder sind diese auch für die Durchführung, Aufsicht und Gestaltung des Schulwesens zuständig, was über die Schulgesetze und Schulordnungen sowie Lehrpläne und Curricula der Länder geschieht. Für die gymnasiale Oberstufe können zusätzliche Gesetze existieren. Vor allem der Bereich der Berufsbildung wird auch durch Bundesgesetze und Regelungen geregelt, etwa das Berufsbildungsgesetz (BBiG) und Ausbildungsrahmenpläne. Im Bereich der Hochschulen existieren das Hochschulrahmengesetz, zahlreiche Landesgesetze und hochschulinterne Regelungen. Der Bereich der Weiterbildung ist wenig reglementiert.

Lehrer

Alle Lehrer müssen im heutigen Deutschland eine wissenschaftliche, didaktisch-methodische und fachpraktische Ausbildung an einer Wissenschaftlichen Hochschule absolvieren. Bis in die 1960er Jahre war die Volksschullehrerausbildung sogenannten „Pädagogischen Fachinstituten" zugeordnet und eher praxisorientiert. Die aus ihnen erwachsenen Pädagogischen Hochschulen wurden zunehmend wissenschaftlich orientiert und 1972 zu Wissenschaftlichen Hochschulen, die durch Zuerkennung des uneingeschränkten Promotions- und Habilitationsrechts den Universitäten heute statusmäßig gleichgestellt sind. Sie wurden entweder in die ortsnahen Universitäten eingegliedert oder (wie in Baden-Württemberg) als selbstständige Wissenschaftliche Hochschulen weitergeführt.

Die insgesamt fünf- bis siebenjährige Lehrerausbildung, die im internationalen Vergleich einen hohen Anteil an Pädagogik und Didaktik aufweist, findet in zwei Phasen oder in phasenintegrierter Form statt. Bei der phasengetrennten Ausbildung muss zunächst eine wissenschaftliche Grundausbildung an einer Hochschule absolviert werden, bevor das Referendariat begonnen werden kann. Bei der phasenintegrierten Lehrerbildung (z. B. der Pädagogischen Hochschulen) werden das theoretische Studium bereits begleitende Praktika an Schulen verlangt. Diese sollen der besseren Verbindung von Theorie und Praxis sowie der Selbstfindung für die Eignung für den späteren Lehrberuf dienen, bevor das Referendariat folgt. Im Hochschulstudium wird neben zwei oder mehr Fachwissenschaften ein erziehungswissenschaftlichesStudium absolviert, das je nach angestrebter Schulform einen unterschiedlich großen Umfang hat. Zurzeit gibt es hier die Studiengänge des Lehramtes an:

- Gymnasien – berechtigt zum Unterrichten an Gymnasien, Real- und Hauptschulen.
- Realschulen – berechtigt zum Unterrichten an Gymnasien bis zum Ende der Mittelstufe, Real- und Hauptschulen.

- *Grund- und Hauptschulen – berechtigt zum Unterrichten an Grund- und Hauptschulen.*
- *berufsbildenden Schulen – berechtigt zum Unterrichten an allen Arten von Berufsschulen und beruflichen Gymnasien.*
- *Sonderschulen – berechtigt zum Unterrichten an Grund-, Haupt- und Sonderschulen sowie integrierten Gesamtschulen mit sonderpädagogischem Anteil.*

In einigen Bundesländern gibt es die Stufenlehrerausbildung und dementsprechend die Studiengänge:

- *Primarstufe (Grundschulen)*
- *Sekundarstufe I (alle Schulen bis Klasse 10)*
- *Sekundarstufe II (alle Schulen ab Klasse 10)*

Die wissenschaftliche Ausbildung an der Hochschule endet mit dem Ersten Staatsexamen, einer Prüfung, in der vor allem das fachbezogene wie pädagogisch-didaktische theoretische Grundlagenwissen geprüft wird. In der zweiten Phase findet eine stärker schulbezogene, praktisch orientierte Ausbildung statt, die von eigenen Unterrichtsversuchen begleitet und im Studienseminar reflektiert wird. Zu Beginn dieser Zeit steht die Hospitation im Vordergrund. Die Eignung des Referendars zum praktischen Unterrichten wird durch das Zweite Staatsexamen nachgewiesen.

Derzeit wird die Lehrerausbildung wegen der Vorgaben der Bologna-Erklärung in allen Bundesländern reformiert. Das Lehramtsstudium soll gestuft in eine Bachelor- und Master-Phase umgestaltet werden. Langfristig sollen die Abschlüsse Bachelor of Education und Master of Education eingeführt werden, wobei letzterer in einigen Bundesländern (z. B. Berlin) heute schon das Staatsexamen ersetzt.

Der Wechsel in ein anderes Bundesland kann Lehrern Probleme bereiten, da teilweise die Ausbildung wechselseitig nicht anerkannt wird.

Durch die Bundesbesoldungsordnung sind außerdem noch Fachlehrer ohne Studium und mit Fachhochschulstudium vorgesehen. Diese haben aber kein Lehramtsstudium bzw. eine entsprechende Ausbildung absolviert, sondern sollen der Praxis entstammen (Ingenieure und Handwerks- bzw. Industriemeister) und werden ausschließlich an Berufsschulen eingesetzt.

In Baden-Württemberg gibt es noch Fachlehrer für musisch-technische Fächer, die kein wissenschaftliches Studium absolvieren, sondern an sogenannten „Pädagogischen Fachseminaren" (PFI) ausgebildet werden und an allen Schularten eingesetzt werden. Bei ihrer Qualifikation und ihrem kürzeren Studium steht das praktische Können, die „Eigenrealisierung", im Vordergrund. Sie werden geringer honoriert als ihre wissenschaftlich ausgebildeten Kollegen und mit einem höheren Deputat eingesetzt. Zudem gibt es noch Landwirtschaftliche Lehrer und Berater, die ein Fachhochschulstudium, das für den gehobenen Landwirtschaftsdienst dienlich ist, nachweisen müssen und an Landwirtschaftsschulen eingesetzt werden.

Ausbilder

In der Ausbildung von Lehrlingen sind in der Regel Ausbildungsleiter, Ausbildungsmeister oder hauptberufliche Ausbilder tätig. Nach dem Berufsbildungsgesetz (BBiG) müssen diese fachlich geeignet sein, was durch eine abgeschlossene Ausbildung in diesem Beruf hinreichend gegeben ist. Zusätzlich wird eine persönliche Eignung verlangt, die sich auf Fähigkeiten im Bereich von Methodik, Didaktik, Recht usw. erstreckt und die durch eine Prüfung gemäß der Ausbildereignungsverordnung (AEVO) nachgewiesen werden kann. Im Handwerk wird die Ausbildereignung hingegen durch eine abgelegte Meisterprüfung nachgewiesen. Neben diesem qualifizierten Personal tragen auch viele andere Angestellte eines Betriebes zur Ausbildung eines Lehrlings bei; diese sind jedoch nicht speziell dafür geschult und haben keine Prüfung darüber abgelegt. Derzeit zeichnet sich ein Trend ab, wonach sich die Tätigkeit des Ausbilders vom Vormachen und Kontrollieren weg bewegt, hin zu einer mehr beratenden Tätigkeit für den Auszubildenden.

Kritik

Das deutsche Bildungssystem ist häufig Gegenstand politischer Debatten, wobei sich grob zwei Richtungen unterscheiden lassen, aus welchen die Kritik kommt.

Einerseits sind dies die Kritiker des Bildungssystems an sich. Sie fordern die Abschaffung der zu frühen äußeren Differenzierung (in Haupt-, Realschule, Gymnasium und Sonderschule) und die Integration, bis hin zur Inklusion aller Schüler in einer Gemeinschaftsschule. Sie argumentieren mit der internationalen Vorherrschaft dieser Schulform, die auch in den Staaten, die bei PISA-Studien bestens abschneiden, besteht. Weiterhin fordern viele weitergehendere Überarbeitungen und Kürzungen der Lehrpläne bis zur Abschaffung, mehr pädagogische Freiheit für Lehrer, eine bessere pädagogische Ausbildung in der Lehrerbildung, Reduktion der Inhalte und mehr Toleranz in Bezug auf die Verschiedenartigkeit der Schüler.

Die andere Richtung übt Kritik an der Schule als Institution, macht diese verantwortlich für die Mängel im Bildungssystem und das mittelmäßige Abschneiden in internationalen Vergleichsstudien. Diese fordern im Gegenteil eine Forcierung der Separation, größere Pflichtanteile der Lehrpläne, weniger pädagogische und mehr fachliche Ausbildung für Lehrkräfte.

Die gegenwärtige Entwicklung ist zwiespältig. Die allgemeine Tendenz zu mehr Leistungsanforderungen wird in den Vergleichsarbeiten und Bildungsstandards deutlich. Zudem befürchten Kritiker, dass durch eine Reihe von Maßnahmen (Abschaffung der Lernmittelfreiheit, Abschaffung der Grundschulbezirke, Abkopplung des Gymnasiums von Realschule und Hauptschule,

Einführung von Studiengebühren, der Masterstudiengang als „neue Bildungsschwelle" und die massive Zunahme von Kinderarmut in Deutschland) in einigen Ländern die Bildungsbenachteiligung noch erhöht wird.

Außerdem steht der mangelnde Erfolg der Wissensvermittlung in der Kritik. 40 % der Schüler der neunten Jahrgangsstufe machen in den naturwissenschaftlichen Fächern und in Mathematik nach einem Jahr keine messbaren Fortschritte, so die Pisa-Forscher einer Sonderstudie.[15]

Seite „Bildungssystem in Deutschland". In: Wikipedia, Die freie Enzyklopädie. Bearbeitungsstand: 10. Dezember 2018, 17:44 UTC. URL: https://de.wikipedia.org/w/index.php?title=Bildungssystem_in_Deutschland&oldid=183585038 (Abgerufen: 14. März 2019, 13:22 UTC)

4.2 Zahlen und Fakten : Bildung/Berufsbildung/Studium

Öffentliche Bildungsausgaben in Deutschland bis 2017

	Bildungsausgaben in Milliarden Euro
2005	*86,7*
2006	*89,2*
2007	*92,4*
2008	*93,7*
2009	*99,9*
2010	*106,2*
2011	*110*
2012	*112,1*
2013 (vorl. Ist)	*116,9*
2014 (vorl. Ist)	*121,6*
2015 (vorl. Ist)	*124*
2016 (Vorl. Ist)	*128,4*
2017 (Soll)	*134,8*

Vgl. Statista (2018)

Öffentliche Ausgaben zur Förderung von Schülern und Studierenden bis 2016

	Schüler	Studenten
2016	3,7	2,9
2015	3,6	2,6
2014	3,6	2,5
2013	3,7	2,3
2012	3,9	2

Öffentliche Bildungsausgaben in Deutschland nach Gebietskörperschaften bis 2017

	Gemeinden und Zweckverbände	Länder	Bund
1995	16,2	56,4	3,3
2000	16,7	59,6	3
2005	18	64,4	4,3
2006	18,7	65,9	4,6
2007	19,1	66,1	7,2
2008	20,4	68,2	5,1
2009	21,8	71,9	6,2
2010	23,4	75	7,8
2011	23,2	77,7	9,1
2012	23,6	80,6	7,9
2013 (vorl. Ist)	25,1	83,7	8,1
2014 (vorl. Ist)	26,8	86,7	8,1
2015 (vorl. Ist)	26,7	88,5	8,8
2016 (vorl. Ist)	28	90,6	9,8
2017 (Soll)	29,1	94,5	11,1

Vgl. Statista (2018)

Ausgaben für Jugendarbeit und Jugendverbandsarbeit in Deutschland bis 2017

	Gemeinden und Zweckverbände	Länder	Bund
1995	0,9	0,7	0,2
2000	1,1	0,5	0,2
2001	1,1	0,5	0,1
2002	1	0,5	0,1
2003	1	0,3	0,1
2004	1	0,2	0,2
2005	1	0,3	0,2
2006	1	0,3	0,2
2007	1	0,3	0,2
2008	1,3	0,3	0,2
2009	1,1	0,3	0,2
2010	1,3	0,3	0,2
2011	1,2	0,3	0,3
2012	1,3	0,3	0,3
2013 (vorl. Ist)	1,3	0,3	0,4
2014 (vorl. Ist)	1,4	0,3	0,3
2015 (vorl. Ist)	1,4	0,3	0,3
2016 (vorl. Ist)	1,4	0,3	0,3
2017 (Soll)	1,5	0,4	0,5

Vgl. Statista (2018)

Verteilung der öffentlichen Bildungsausgaben in Deutschland nach Bereichen 2014

	Anteil	
Schulen	50,8	in %
Hochschulen	22,9	in %
Kindertageseinrichtungen	18,3	in %
Bildungsförderung	5	in %
Jugendarbeit und Jugendverbandsarbeit	1,6	in %
Sonstiges Bildungswesen	1,2	in %

Vgl. Statista (2018)

Ausgaben nach dem BAföG bis 2017

	Ausgaben in Tausend Euro
2017	2.939.538
2016	2.869.785
2015	2.971.667
2014	3.142.077
2013	3.240.623
2012	3.277.975
2011	3.180.046
2010	2.873.065
2009	2.702.569
2008	2.331.918
2007	2.188.065
2006	2.256.143
2005	2.280.477

Vgl. Statista (2018)

Bildungsausgaben je Schüler/in in Deutschland nach Ausgabearten 2015

	Ausgaben	
Personalausgaben	5.600	in €
Laufender Sachaufwand	900	in €
Investitionsausgaben	400	in €
Insgesamt	6.900	in €

Vgl. Statista (2018)

Ausgaben je Schüler/-in an öffentlichen Schulen in Deutschland bis 2015

	Ausgaben je Schüler/-in	
2005	4.900	in €
2008	5.200	in €
2010	6.000	in €
2011	6.200	in €
2012	6.300	in €
2013	6.500	in €
2014	6.700	in €
2015	6.900	in €

Vgl. Statista (2018)

Bildungsausgaben je Schüler/in in Deutschland nach Schularten 2015

	Ausgaben je Schüler/in	
Haupt- schulen	8.900	in €
Schulen mit mehreren Bildungs- gängen	8.000	in €
Integrierte Gesamt- schulen	8.000	in €
Gymnasien	7.900	in €
Realschulen	6.400	in €
Grundschulen	6.000	in €

Vgl. Statista (2018)

Bildungsausgaben je Schüler für öffentliche Schulen nach Bundesländern 2015

	Allgemeinbildende Schulen	Berufliche Schulen	Alle Schularten	
Berlin	9.700	5.900	8.900	in €
Hamburg	9.700	5.300	8.600	in €
Thüringen	8.700	6.700	8.300	in €
Bayern	8.700	5.000	7.800	in €
Sachsen-Anhalt	8.000	4.700	7.400	in €
Sachsen	7.400	5.200	7.000	in €
Hessen	7.500	5.000	6.900	in €
Mecklenburg-Vorpommern	7.500	4.100	6.900	in €
Deutschland	7.500	4.700	6.900	in €
Baden-Württemberg	7.300	5.400	6.800	in €
Brandenburg	7.200	4.500	6.800	in €
Bremen	7.900	4.200	6.800	in €
Niedersachsen	7.400	4.400	6.700	in €
Saarland	7.300	4.200	6.400	in €
Rheinland-Pfalz	6.900	4.300	6.300	in €
Schleswig-Holstein	6.700	4.500	6.200	in €
Nordrhein-Westfalen	6.600	4.000	6.000	in €

Vgl. Statista (2018)

Durchschnittlicher monatlicher BAföG-Förderbetrag pro Schüler bis 2017

	BAföG-Betrag pro Monat in Euro
2017	456
2016	435
2015	421
2014	418
2013	410
2012	401
2011	385
2010	357
2009	346
2008	321
2007	301
2006	301
2005	304

Vgl. Statista (2018)

Öffentliche Ausgaben für Hochschulen nach Körperschaftsgruppen bis 2017

	Länder	Bund
2005	16,6	1,8
2006	17,5	1,9
2007	17,2	2,1
2008	17,8	2,4
2009	18,7	2,8
2010	19,3	3,2
2011	20	3,8
2012	20,7	4
2013 (vorl. Ist)	21,8	4,9
2014 (vorl. Ist)	23	5
2015 (vorl. Ist)	23,6	5
2016 (vol. Ist)	24,4	5,5
2017 (Soll)	24,7	5,7

Vgl. Statista (2018)

Ausgaben der Hochschulen in Deutschland nach Fächergruppen 2016

	Ausgaben in Tausend Euro
Humanmedizin/ Gesundheitswissenschaften	16.701.976
Zentrale Einrichtungen (ohne Hochschulkliniken)	8.460.680
Zentrale Einrichtungen der Hochschulkliniken (nur Humanmedizin)	7.653.621
Ingenieurwissenschaften	5.583.106
Mathematik, Naturwissenschaften	4.317.303
Rechts-, Wirtschafts- und Sozialwissenschaften	4.089.371
Hochschule insgesamt (ohne Hochschulkliniken)	1.922.403
Geisteswissenschaften	1.627.924
Kunst, Kunstwissenschaft	820.209
Agrar-, Forst- und Ernährungswissenschaften, Veterinärmedizin	739.185
Sport	197.754

Vgl. Statista (2018)

Ausgaben für ein Studium an Universitäten in Deutschland nach Fächergruppen 2015

	Bachelorabschluss	Masterabschluss	
Humanmedizin / Gesundheitswissenschaften*	91.600	66.100	in €
Agrar-, Forst- und Ernährungswissenschaften	47.100	33.400	in €
Mathematik und Naturwissenschaften	41.600	29.200	in €
Insgesamt	30.700	20.800	in €
Ingenieurwissenschaften	29.000	18.000	in €
Geisteswissenschaften	19.800	14.200	in €
Rechts-, Wirtschafts- und Sozialwissenschaften	17.200	11.500	in €

Vgl. Statista (2018)

Ausgaben für ein Studium in Deutschland nach Abschlussart und Hochschulart 2015

	Universität	Fachhochschule	
Universitärer Abschluss*/ Fachhochschulabschluss	52.600	20.300	in €
Bachelorabschluss	30.700	15.200	in €
Masterabschluss	20.800	9.100	in €

Vgl. Statista (2018)

Laufende Ausgaben je Studierenden an Hochschulen nach Bundesländern 2015

	Universität	Fachhochschule	
Deutschland	8.400	4.050	in €
Saarland	11.890	1.940	in €
Niedersachsen	10.970	5.650	in €
Hamburg	10.640	2.140	in €
Thüringen	10.020	5.280	in €
Baden-Württemberg	9.990	5.370	in €
Bayern	9.840	4.820	in €
Mecklenburg-Vorpommern	9.700	5.050	in €
Sachsen-Anhalt	9.640	5.460	in €
Schleswig-Holstein	9.340	4.310	in €
Berlin	8.180	3.230	in €
Hessen	7.260	3.980	in €
Sachsen	7.170	5.910	in €
Brandenburg	7.020	5.000	in €
Rheinland-Pfalz	6.900	4.660	in €
Nordrhein-Westfalen	6.650	2.570	in €
Bremen	6.490	2.640	in €

Vgl. Statista (2018)

Laufende Ausgaben je Studierenden an deutschen Hochschulen nach Fächergruppen 2015

	Ausgaben je Studierenden	
Humanmedizin / Gesundheitswissenschaften*	19.930	in €
Mathematik, Naturwissenschaften	11.370	in €
Insgesamt	7.000	in €
Ingenieurwissenschaften	6.310	in €
Geisteswissenschaften	5.530	in €
Rechts, Wirtschafts- und Sozialwissenschaften	3.900	in €

Vgl. Statista (2018)

Laufende Ausgaben je Studierenden an Hochschulen nach Bundesländern 2014

	Laufende Ausgaben je Studierenden	
Thüringen	8.200	in €
Niedersachsen	7.900	in €
Baden-Württemberg	7.500	in €
Sachsen	7.300	in €
Hamburg	7.200	in €
Sachsen-Anhalt	7.200	in €
Saarland	7.200	in €
Bayern	6.800	in €
Mecklenburg-Vorpommern	6.600	in €
Berlin	6.600	in €
Brandenburg	6.600	in €
Deutschland	6.500	in €
Hessen	6.300	in €
Bremen	6.200	in €
Schleswig-Holstein	6.200	in €
Rheinland-Pfalz	5.400	in €
Nordrhein-Westfalen	5.300	in €

Vgl. Statista (2018)

Laufende Ausgaben je Studierenden an Universitäten nach Fächergruppen 2014

	Ausgaben je Studierenden
Humanmedizin/ Gesundheitswissenschaften	31.000
Mathematik, Naturwissenschaften	11.500
Durchschnitt	8.500
Ingenieurwissenschaften	7.500
Geisteswissenschaften	5.200
Rechts, Wirtschafts- und Sozialwissenschaften	4.700

Vgl. Statista (2018)

103

Laufende Ausgaben je Professor nach Fächergruppen und Hochschularten 2016

	Universitäten	Fachhochschulen
Humanmedizin/ Gesundheits- wissenschaften***	1.044,94	111,23
Sport	881,27	12,76
Agrar-, Forst- und Ernährungswissenschaften, Veterinärmedizin	893,46	299,04
Ingenieur- wissenschaften	801,03	258,56
Durchschnitt	667,76	220,14
Mathematik, Natur- wissenschaften	657,11	220,11
Rechts-, Wirtschafts- und Sozialwissenschaften	513,77	171,23
Geisteswissenschaften	470,75	257,25
Kunst-/ Kunstwissenschaften	428,09	207,25

Vgl. Statista (2018)

Laufende Ausgaben je Professor an Hochschulen nach Bundesländern 2016

	Universitäten	Fachhochschulen	Kunsthochschulen	Hochschulen insgesamt
Baden-Württemberg	652,13	218,48	245,17	391,99
Bayern	669,11	224,98	337,8	442,79
Berlin	565,66	154,46	283,75	365,69
Brandenburg	507,73	236,21	-	409,33
Bremen	384,05	209,27	262,94	311,36
Hamburg	598,74	166,13	411,8	428,44
Hessen	584,43	272,12	312,3	444,01
Mecklenburg-Vorpommern	479,74	229,46	337,26	363,59
Niedersachsen	658,5	281,24	281,04	490,07
Nordrhein-Westfalen	647,29	192,59	228,7	423,61
Rheinland-Pfalz	461,37	224,74	-	352,33
Saarland	599,96	161,9	225,45	388,59
Sachsen	572,29	241,04	267,07	417,44
Sachsen-Anhalt	538,34	274,7	354,91	415,41
Schleswig-Holstein	518,29	242,17	279,77	374,41
Thüringen	564,24	220,74	260,66	413,25
Deutschland	606,87	220,14	274,91	415,94

Vgl. Statista (2018)

Drittmittel je Professor an deutschen Hochschulen nach Fächergruppen 2016

	Universitäten	Fachhochschulen
Humanmedizin/ Gesundheits- wissenschaften***	557,24	28,94
Ingenieur- wissenschaften	560,23	40,05
Mathematik, Naturwissenschaften	322,86	45,92
Durchschnitt	300,82	32,4
Agrar-, Forst- und Ernährungswissenschaften, Veterinärmedizin	313,93	45,28
Sport	211,59	3,24
Geisteswissenschaften	124,02	22,11
Rechts-, Wirtschafts- und Sozialwissenschaften	121,2	21,56
Kunst-/ Kunstwissenschaften	105,54	14,15

Vgl. Statista (2018)

Drittmittel je Professor an deutschen Hochschulen nach Bundesländern 2016

	Universitäten	Fachhochschulen	Kunsthochschulen	Hochschulen insgesamt
Baden-Württemberg	312,89	30,47	5,7	141,22
Bayern	261,71	30,06	21,09	141,17
Berlin	311,46	19,34	23,03	159,43
Brandenburg	156,38	58,14	-	120,78
Bremen	378,37	93,93	28,62	246,93
Hamburg	193,19	19,46	13,94	120
Hessen	224,48	18,78	26,77	131,47
Mecklenburg-Vorpommern	178,77	34,37	12,17	108,8
Niedersachsen	248,52	30,65	18,38	150,76
Nordrhein-Westfalen	261,58	35,94	18,46	148,83
Rheinland-Pfalz	163,49	33,55	-	103,62
Saarland	252,45	47,74	1,91	144,51
Sachsen	378,99	47,08	18,66	218,33
Sachsen-Anhalt	167,6	41,25	21,18	106
Schleswig-Holstein	178,03	27,52	19,42	97,75
Thüringen	223,44	25,94	19,15	134,59
Deutschland	258	31,99	17,42	144,03

Vgl. Statista (2018)

Ausgaben für Studenten-BAföG in Deutschland bis 2017

	Ausgaben in Tausend Euro
2017	2.181.049
2016	2.099.110
2015	2.157.625
2014	2.280.748
2013	2.349.400
2012	2.364.963
2011	2.269.706
2010	2.019.078
2009	1.875.731
2008	1.590.638
2007	1.490.718
2006	1.538.770
2005	1.554.602

Vgl. Statista (2018)

Bildungsstand - Bevölkerung in Deutschland nach Schulabschluss 2016

	Anteile	
Noch in schulischer Ausbildung	3,6	in %
Ohne allgemeinen Schulabschluss*	4	in %
Hauptschulabschluss, Volksschulabschluss	31,4	in %
Abschluss der polytechnischen Oberschule	6,7	in %
Realschulabschluss oder gleichwertig	22,7	in %
Fachhochschul- oder Hochschulreife	30,8	in %
Ohne Angabe zur Art des Abschlusses	0,2	in %
Ohne Angaben zur allgemeinen Schulbildung	0,6	in %

Vgl. Statista (2018)

Bildungsstand - Bevölkerung nach Migrationshintergrund und Schulabschluss 2016

	Ohne Migrationshinter-grund	Mit Migrationshinter-grund	
Noch in schulischer Ausbildung	3,1	5,7	in %
Ohne allgemeinen Schulabschluss*	1,7	12,7	in %
Hauptschulabschluss, Volksschulabschluss	32,3	27,7	in %
Abschluss der polytech- nischen Oberschule	8,3	0,7	in %
Realschulabschluss oder gleichwertig	23,4	19,9	in %
Fachhochschul- oder Hochschulreife	30,4	32,1	in %
Ohne Angabe zur Art des Abschlusses	0,2	0,3	in %
Ohne Angaben zur allgemeinen Schulbildung	0,6	0,9	in %

Vgl. Statista (2018)

Bildungsstand - Bevölkerung nach Migrationshintergrund und Schulabschluss 2016

	Ohne Migrationshintergrund	Mit Migrationshintergrund
Noch in schulischer Ausbildung	1.770	833
Ohne allgemeinen Schulabschluss*	976	1.857
Hauptschulabschluss, Volksschulabschluss	18.401	4.047
Abschluss der polytech- nischen Oberschule	4.721	95
Realschulabschluss oder gleichwertig	13.322	2.902
Fachhochschul- oder Hochschulreife	17.304	4.688
Ohne Angabe zur Art des Abschlusses	102	50
Ohne Angaben zur allgemeinen Schulbildung	293	117

Vgl. Statista (2018)

Bildungsstand - Schulabschlüsse von Deutschen und Ausländern 2016

	Deutsche	Ausländer	
Noch in schulischer Ausbildung	3,7	3,5	in %
Ohne allgemeinen Schulabschluss*	2,2	17,8	in %
Hauptschulabschluss, Volksschulabschluss	31,8	28,2	in %
Abschluss der polytech- nischen Oberschule	7,5	0,4	in %
Realschulabschluss oder gleichwertig	23,5	16	in %
Fachhochschul- oder Hochschulreife	30,6	32,5	in %
Ohne Angabe zur Art des Abschlusses	0,2	0,4	in %
Ohne Angaben zur allgemeinen Schulbildung	0,5	1,2	in %

Vgl. Statista (2018)

Bildungsstand - Bevölkerung in Deutschland nach Alter und Schulabschluss 2016

	Noch in schuli- scher Aus- bildung	Ohne Abschluss	Haupt- /Volks- schule	Polytec- hnische Oberschule	Realschule oder ver- gleichbar	Fach- oder Hochschul- reife	
15 bis 19 Jahre	58,7	3,4	8,5	-	19,1	10,1	in %
20 bis 24 Jahre	2,7	3,5	14,6	-	27,2	51,4	in %
25 bis 29 Jahre	0,4	3,5	16,9	-	28,5	50,1	in %
30 bis 34 Jahre	0,2	4,1	18,6	-	30	46,5	in %
35 bis 39 Jahre	0,1	4,2	20,6	-	31,4	43,1	in %
40 bis 44 Jahre	-	4,8	22,6	7	28	36,9	in %
45 bis 49 Jahre	-	3,9	23,7	11,7	26,6	33,6	in %
50 bis 54 Jahre	-	4	27,2	13,8	24,5	29,9	in %
55 bis 59 Jahre	-	3,9	32,1	14,4	21,9	27,2	in %
60 bis 64 Jahre	-	3,6	37,5	14,9	18	25,4	in %
65 Jahre und mehr	-	4,2	57,6	6,2	13,9	16,6	in %
Insgesamt	3,6	4	31,4	6,7	22,7	30,8	in %

Bildungsstand - Bevölkerung in Deutschland nach beruflichem Bildungsabschluss 2016

	Anteile	
Ohne beruflichen Bildungsabschluss	26	in %
Lehre/ Berufsausbildung im dualen System	47,2	in %
Fachschulabschluss***	7,8	in %
Fachschulabschluss (DDR)	1	in %
Bachelor	1,9	in %
Master	1,2	in %
Diplom****	12,8	in %
Promotion	1,2	in %
Ohne Angabe zur Art des Abschlusses/ zum beruflichen Bildungsabschluss	0,9	in %

Vgl. Statista (2018)

Bildungsstand - Bevölkerung nach Migrationshintergrund und Berufsbildung 2016

	Ohne Migrationshinter-grund	Mit Migrationshinter-grund	
Ohne beruflichen Bildungsabschluss	20,7	46,6	in %
Lehre/ Berufsausbildung im dualen System	51,4	31,1	in %
Fachschulabschluss***	8,6	4,7	in %
Fachschulabschluss (DDR)	1,2	0,1	in %
Bachelor	1,6	3	in %
Master	0,9	2,2	in %
Diplom****	13,5	10,1	in %
Promotion	1,2	0,9	in %
Ohne Angabe zur Art des Abschlusses/ zum beruflichen Bildungsabschluss	0,9	1,3	in %

Vgl. Statista (2018)

Bildungsstand - Bevölkerung nach Migrationshintergrund und Berufsbildung 2016

	Ohne Migrationshinter-grund	Mit Migrationshinter-grund
Ohne beruflichen Bildungsabschluss	11.797	6.794
Lehre/ Berufsausbildung im dualen System	29.237	4.535
Fachschulabschluss***	4.869	689
Fachschulabschluss (DDR)	674	11
Bachelor	898	437
Master	518	321
Diplom****	7.659	1.475
Promotion	693	136
Ohne Angabe zur Art des Abschlusses/ zum beruflichen Bildungsabschluss	544	191

Vgl. Statista (2018)

Bildungsstand - Berufliche Bildungsabschlüsse von Deutschen und Ausländern 2016

	Deutsche	Ausländer	
Ohne beruflichen Bildungsabschluss	22,8	51,5	in %
Lehre/ Berufsausbildung im dualen System	49,9	25,6	in %
Fachschulabschluss***	8,3	3,5	in %
Fachschulabschluss (DDR)	1,1	-	in %
Bachelor	1,6	3,8	in %
Master	0,9	3,1	in %
Diplom****	13,2	9,8	in %
Promotion	1,2	1	in %
Ohne Angabe zur Art des Abschlusses/ zum beruflichen Bildungsabschluss	1	1,7	in %

Bildungsstand - Bevölkerung nach Alter und beruflichem Bildungsabschluss 2016

In %	Ohne beruf- lichen Bil- dungs- ab- schluss	Lehre/ Berufsausb. im dualen System	Fach- schul- abschluss-	Fach- schul- ab- schluss (DDR)	Ba- chelor	Master	Diplom	Pro- motion
15 bis 19 Jahre	97,4	1,9	0,2	-	-	-	-	-
20 bis 24 Jahre	58,6	31,3	4	-	4,2	0,3	0,9	-
25 bis 29 Jahre	23,5	44,2	8,3	-	10	6,3	6,7	0
30 bis 34 Jahre	16,8	45,6	8,9	-	5,7	4,6	16,3	1,5
35 bis 39 Jahre	16,9	47,6	8,8	-	2,6	2,1	19,4	1,9
40 bis 44 Jahre	16,8	51,3	8,8	0,2	1,2	1,1	18,2	1,6
45 bis 49 Jahre	14,6	54,1	9,7	1	0,7	0,5	17,2	1,5
50 bis 54 Jahre	14,6	55,2	10,2	1,4	0,4	0,3	15,7	1,5
55 bis 59 Jahre	15,3	55	9,8	1,6	0,3	0,2	15,6	1,4
60 bis 64 Jahre	15,4	55,1	8,7	1,7	0,2	0,2	16,6	1,4
65 Jahre und mehr	25,3	51,5	6,8	1,9	0,1	0,1	11,1	1,2
Insgesamt	26	47,2	7,8	1	1,9	1,2	12,8	1,2

Vgl. Statista (2018)

4.3 Zustand der Bildung in Deutschland

Wenn man versucht die Bildung in Deutschland objektiv zu beobachten und zu analysieren, kommt man nicht umher, das Gesamtprinzip des Förderalsystems erheblich in Frage zu stellen. Dies liegt insbesondere in den Anforderungen von Schule, Berufsschule und Universität begründet. Fest steht jedoch, dass die gesamte Bildung seit Jahren an erheblichen Finanzierungsdefiziten leidet und zukunftsorientierte Konzepte fehlen.

Die Gesamtausgaben für Bildung betragen nicht einmal 4,4 Prozent des BIP und liegen laut einer Untersuchung des OECD erheblich unter dem europäischen Durchschnitt. Frankreichs Wert ist mit 6,7 Prozent erheblich höher als der deutsche, obwohl das Schulsystem in Frankreich bei weitem nicht ideal ist. Wenn man diese Länder jedoch mit Spitzenländern wie etwa Taiwan oder China vergleicht, so muss festgestellt werden, dass die Ausgaben für Bildung in Hongkong 14,7 Prozent des BIPs darstellen. Selbst die Ausgaben in den USA, wo das öffentliche Schulsystem erheblich schlechter ist, sind gemessen am BIP mit 8,7 Prozent fast zweimal so hoch wie in Deutschland.

Betrachtet man jedoch die real geleisteten Stunden von allen Lehrern im Vergleich zu den ausgefallenen Stunden im Unterricht, so hat Deutschland eine Spitzenposition. Durchschnittlich fallen fast ein Viertel der vorgesehenen Stunden dem Ausfall zum Opfer. In keinem anderem Land als in Deutschland sind Burn Out und berufsbedingte Krankheiten so hoch wie in Deutschland. In Fächern wie Sprachen, Mathematik, Sport, Kunst, Informationstechnik, Naturwissenschaften, Geschichte oder Sozialkunde belegt Deutschland im Vergleich zum OECD das letzte Drittel.

Vergleicht man Deutschland mit Spitzenländern wie Finnland oder Taiwan, so muss festgestellt werden, dass der Abstand noch viel erheblicher ist als zuvor angenommen. Deutschland hat elitäre Bildung als Tabuthema deklariert und schadet somit Industrie und Wirtschaft.

Betrachtet man die Bundeszuschüsse für Bildung sowie die schwachsinnigen Verfassungsverbote wie das Gebot Verbote, das heißt das Verbot des Bundes und der Länder bei der Bildung zu helfen, so muss die Frage gestellt werden, ob Deutschland sich den Luxus der politischen Elite noch leisten kann. Bei der Wiedervereinigung wurden erhebliche strategische Fehler gemacht, so dass die Fragestellung der Strukturen des Föderalsystems im Bereich der Bildungspolitik nach Kassenlage und

Standort vertrieben wurden. Befindet sich ein Student, Schüler oder Berufsschüler in einem reichen Land, so kann er davon ausgehen, dass seine Bildung in erheblichem Maße besser ist als bei demjenigen, der sich in einem schwächeren Land befindet. Dies verstößt eindeutig gegen den Grundsatz der Chancengleichheit. Die Hauptschuldigen sind nicht nur die Parteien, sondern auch die Wähler der Parteien. Sie fordern keine Rechenschaft, gerade beim wertvollsten Gut, das ein Wähler hat, ein: seine Kinder.

Betrachtet man die baulichen sowie technischen Infrastrukturen der Schule, so ist der Vergleich mit Entwicklungsländern noch zulässig. Dies scheint in der Politik, bei SPD, CDU, CSU, FDP, Grünen oder Linken ein fremdes Thema zu sein.
Wenn Dächer und Fenster undicht sind, die Toiletten und die Stromversorgung marode und die Organisation der Schule ähnlich wie vor 70 Jahren, wenn die Anzahl der Lehrer in keinem Verhältnis steht, wenn Kernfachbereiche stiefmütterlich behandelt werden, wenn Schulen noch für die verhaltene Erziehung von Kindern zuhause versagt, wenn Werte nicht mehr weitergegeben werden, wenn Religion, Philosophie und Sozialkunde stiefmütterlich behandelt werden, wenn Sport für Frauen nur weil sie Moslem sind vom Sport befreit werden können, dann ist es an der Zeit für Veränderungen.
Wenn Geschichte sich lediglich auf ein Zahlenwerk reduziert, wenn Kunst und Musik nur mittelmäßig gelehrt wird, wenn an der Universität die Anzahl der Studenten inflationär zunimmt ohne jeweilige Steuerung auf handwerkliche Berufe und wenn Berufsbilder der letzten Jahrhunderte geprägt und nicht erneuert werden.

Wenn unfähige Bildungsverwaltungen in Ministerien sich als unantastbar betrachten, wenn Bildungspolitiker als Politiker der dritten und vierten Klasse betrachet werden, wenn Gesellschaftsordnungen und Wirtschaftsordnungen gelehrt werden, die keine Zukunft mehr haben, so darf man sich nicht wundern, wenn sich langsam aber sicher autokratische politische Bewegungen diesen Themen annehmen.

Betrachet man die Bevölkerungsentwicklung, so ist festzustellen, dass in den Grundschulen, weiterführenden Schulen, Berufsschulen und Universitäten ein zunehmender Anteil an Kinder mit Migrationshintergrund zu verzeichnen sind. Diese Kinder haben zum größten Teil mit erheblichen Schwierigkeiten wie der deutschen Sprache, dem Sozialverhalten, der Gesellschaftsordnung, der Kultur, dem Rechtssystem und dem politischen System zu kämpfen und müssen dies neu erlernen.

Gleichzeitig erhalten sie zuhause andere Einflüsse, die teilweise konträre Werte vermitteln und auf der sozialen Schicht oder den **Auslegungen von Religionen** beruhen. Dazu zählen Manipulationsversuche der Ursprungsländer ihrer Eltern (Türkei). Wenn man sich dieses Problem ansieht und die mangelhafte Steuerung von Kindern mit diesen Problemen in deutschen Klassen (in Berlin beträgt der Wert teilweise sogar 80 Prozent), so darf man sich nicht wundern, wenn das gesamte Niveau wegen dieser Probleme stark nachlässt.

Dies kann sich Deutschland und bei seiner Stellung als hochindustrialisiertes Land jedoch nicht leisten.

Es ist daher vonnöten, dass nationale Rahmen (bewusst nicht auf föderaler Ebene) durchgezogen werden müssen. Es ist ein Widerspruch der politischen Parteien zu behaupten, dass dies aufgrund der Verfassung schwierig ist. Die Länderparlamente sind nichts anderes als die Bundespolitik. Problematisch ist jedoch das Verhalten des Wählers, da dieser endlich lernen muss, dass seine Interessen berücksichtigt werden müssen. Man muss unbedingt die politischen Persönlichkeiten und Parteien konsequent sanktionieren.

4.4 Deutschland im internationalen Vergleich

Festzuhalten ist, dass Deutschland hinsichtlich seines Budgets sehr schlecht abschneidet. Sei es durch die OECD-Statistik oder die UNO-Bewertungen. Dabei geht es nicht nur um die Fähigkeit der Kinder in fachlichen Bereichen wie Mathematik, Naturwissenschaft und Sprachen, sondern auch um die Gewinnung sozialer Kompetenzen, Allgemeinbildung, Geschichtsverständnis und analytischem Denken. Diese Unzulänglichkeiten sind seit Jahren durch eine fehlgeleitete Schulpolitik der CDU, CSU, SPD, FDP oder Grünen präsent.

Insbesondere die unterschiedlichen Gewichtungen und Bewertungen des Föderalsystems stellen einen erheblichen Nachteil für die Bildungspolitik in Deutschland und in Bezug auf die Verpflichtung der Gesellschaft dar, den Kindern eine Chancengleichheit zu geben. Fest steht, dass die deutsche Schulpolitik in Europa mittelmäßig ist und sich laut OECD im letzten

Drittel befindet. Es ist festzuhalten, dass sogar die Bildung in den 50er, 60er und 70er Jahren besser war als die Bildung in den 80er, 90er und zu Beginn des 21. Jahrhunderts. Die Ausbildung der Lehrer hat sehr stark nachgelassen.

Kinder mit Migrationshintergrund wurden nicht berücksichtigt und stellen eine große Gefahr für die Verschlechterung des Bildungsniveaus dar. Zudem wurden die Noten aus Angst vor der Bewertung durch die OECD künstlich verbessert und das Abitur einfacher gemacht.

Die Studentenzahlen haben inflationär zugenommen, so dass das reale Niveau bei objektiver Prüfung nicht den Anforderungen standhalten kann. Dieser inflationäre Run an die Unis, die Verschlechterung des Niveaus und die Herabsetzungen der Qualität der Hochschulen werden dazu führen, dass sehr viele Hochschulabsolventen nicht in der Lage sind, die anschließenden beruflichen Anforderungen zu erfüllen.

Zudem verfehlen die Universitäten die Herausforderungen der privaten Wirtschaft, sodass die akademische Elite schlicht an dem Bedarf vorbeigebildet wird.

Es geht außerdem um die Problematik der praxisnahen Ausbildung in dem dualen System, beispielsweiese für handwerkliche Berufe. Hier können viele Lehrlinge nicht die Forderungen der Sprache, des Rechnens und der sozialen Befähigung mitbringen. Dies ist neben den Schulen vor allem den gescheiterten Familien oder Familien mit Migrationshintergrund anzulasten. Für die Kinder darf nicht der Eindruck entstehen, dass bereits ihr ausländischer Name einen Makel darstellt. Dies ist jedoch bereits der Fall. Frankreich hat diese Fehler gemacht und Kinder aus dem Bonlieu wegen ihrer Namen oder der Herkunft stigmatisiert. Das Ergebnis ist die Zunahme der Radikalisierung dieser Gruppen, verbunden mit einer Zunahme von Kriminalität und der Anfälligkeit für Terrorismus.

Festzuhalten ist jedoch, dass der reale Bedarf der deutschen Industrie heute und für die nächsten 15 Jahre mit maximal 20-25% an Hochschulabsolventen circa 50% technisch/handwerklich oder naturwissenschaftlich ausgebildete Fachkräfte beträgt. Derzeit ist jedoch das Gegenteil der Fall, da 75% der Absolventen eine akademische Ausbildung haben und maximal 20% eine handwerklich/technische oder naturwissenschaftliche Fachkräfteausbildung.

Diese Missverhältnisse werden dazu führen, dass ein Teil der bereits ausgebildeten Akademiker eine Zusatzausbildung erhalten muss. Hier stellt sich die Frage, wer die Kosten dafür trägt. Er herrscht ohnehin ein Fachkräftemangel, der zur Zeit in Deutschland in fast allen Bereichen der Wirtschaft bemerkbar ist und letztendlich auch ausländische Fachkräfte anweist in Deutschland zu arbeiten. Die Bildung in Deutschland müsste mit höchster Priorität angegangen werden, damit Deutschland international nicht zurückfällt.

4.5 Föderalismus: Fluch oder Segen

Eigentlich ist Föderalismus ein Segen, denn er entflechtet die Macht eines Nationalstaates. Diese gut gemeinten Strukturen in Deutschland erweisen sich jedoch zunehmend als ein erhebliches Problem und haben sich zu einem Fluch entwickelt.

Angesichts der sehr schnellen Entwicklungen in der ganzen Welt (Digitalisierung, technische Revolution und Internet) stellt der Föderalismus in seinen bisherigen Entscheidungsprozessen einen erheblichen Nachteil dar. Dank der Mobilität von Wissen, Fachkräften und des Kapitals sind notwendige Entscheidungen für Deutschland ganz einheitlich und sehr schnell zu treffen. Das Land kann sich nicht mehr erlauben eine Bildung mit verschiedenen Qualitäten zu haben. Vielmehr muss Bildung zentralistisch durchgeführt werden, damit ein Primat der Politik, im Sinne einer Chancengleichheit für alle Kinder unabhängig von ihrem Wohnort erfolgen kann.

Es kann nicht angehen, dass schwächere Länder wegen ihrer Finanzkraft schlechtere Bildungschancen für ihre Kinder bereithalten als reiche.

Es kann nicht angehen, dass Universitäten sich in einem einzigen Land den Luxus erlauben, verschiedene Strukturen und Anerkennungsverfahren für Universitäten durchzusetzen.

Wünsche der politischen Elite in den Ländern und kleinfürstentümliches Denken der Landesregierungen sind ein Luxus, den sich Deutschland im Rahmen des weltweiten Wettbewerbes nicht leisten kann. Da ein Oligopol der Parteien, nämlich CDU, CSU, FDP, Grüne und Linke und AfD vorhanden ist, ist es für den Wähler relativ einfach die Parteien zu sanktionieren. Da nun einmal Parteien die Grundlage der Parteidemokratie sind, sind die Parteien bei jeder Wahl zu sanktionieren, sodass sie endlich verstehen, dass die heutige Art der Demokratie, die sich an Personen und Parteien orientiert, nicht mehr zu verantworten ist.

4.6 Bildung nach Kassenlage

Wenn man alle Haushalte der Länder und des Bundes anschaut und den Anteil des Budgets für Bildung, so muss festgestellt werden, dass der Anteil ärmerer Länder in Relation zum Gesamtbudget maximal 2,5% beträgt. Bei den reichen Ländern sind es maximal 5%. Dies bedeutet, dass manche reiche Länder zweimal mehr ausgeben als manche ärmere Länder. Betrachtet man dann die fehlenden ausgefallenen Schulstunden, so sind die ausgefallenen Stunden in den Ländern wie Berlin, Bremen und Saarland erheblich höher als in Ländern wie Bayern, Baden-Württemberg oder Hessen. Betrachtet man die unbesetzten leeren Stellen, so muss festgestellt werden, dass die ärmeren Länder kaum in der Lage sind die gleiche Besoldung wie die reichen Länder vorzunehmen. Darunter leidet in erheblichem Maße die Qualität der Schulen und damit die Qualifikation der Schüler.

Dies hat direkt und unmittelbar Auswirkungen auf die jeweilige Wirtschaftsentwicklung des Landes, da schlechter ausgebildete Schüler und Studenten mit erheblichen Aufwendungen verbessert werden müssen. Diese Aufwendungen werden jedoch seit den 60ern oder 70er Jahren nicht mehr von Unternehmen und Organisationen ohne Weiteres übernommen und somit ist die Qualität der Arbeit davon betroffen. Wenn dies der Fall ist, so werden diese Unternehmen und Organisationen einen erhöhten Aufwand für die Qualitätssicherung haben. Dies steigert letztendlich die Unattraktivität der Industrie- und Wirtschaftsstandorte.

4.7 Mangelhafte Lehre der deutschen Sprache

Wie in allen Ländern in Westeuropa nimmt die Qualität und Beherrschung der Muttersprache erheblich ab. Dies hat verschiedene Gründe. Ein wesentlicher Aspekt besteht darin, dass Eltern weniger Zeit haben für die Erziehung der Kinder. Darüber hinaus können viele Eltern selbst nicht gut genug lesen und sind somit nicht sonderlich gut gebildet. Der Medienkonsum hat enorm zugenommen und beeinflusst die Qualität der Sprache. Schulen geben ihr nicht die nötige Gewichtung in der Benotung. Darüber hinaus ist ebenso wichtig, dass bei vielen oder zunehmenden Teilen der Schüler und Studenten, bei denen die Muttersprache nicht deutsch, sondern eine andere Sprache ist zuhause letztendlich die Sprache der Herkunftsländer zu Lasten der deutschen Sprache gesprochen und gepflegt wird.

Es ist daher notwendig, dass Schulen die Gewichtung wieder auf die deutsche Sprache legen und dies insbesondere in KiTa und Grundschulen vorantreiben. Ohne Sprachkenntnisse ist die Vermittlung von Naturwissenschaften oder Mathematik kaum möglich. Die Kommunikation zwischen Schülern nimmt ab, die Aggressivität nimmt jedoch aufgrund des Mangels der Kommunikationsfähigkeit zu. Letztendlich wird Kommunitarismus und Einsamkeit gefördert.

Die deutsche Sprache ist – von außen betrachtet – eine relativ schwierige Sprache. Es ist daher nötig, dass Sprachwissenschaftler, Philologen, Literaturwissenschaftler, Linguisten und Kommunikationswissenschaftler sich dieser Problematik annehmen und versuchen die Sprache in Wort und Schrift zu vereinfachen. Die Attraktivität der deutschen Sprache muss wieder zunehmen. Da das Kulturgut eines Landes ohne seine Sprache nicht möglich ist und die Kultur sich als wesentlichen Teil des Exports darstellt – es geht nicht nur um Produkte, sondern um Ideen und Wissen – ist die Vereinfachung der deutschen Sprache wichtig, um sie im Ausland anzuwenden.

Ein anderer Grund ist dass alle Gesellschaften sich derzeit in eine Informationsgesellschaft transformieren. Da eine Informationsgesellschaft nunmal auf Sprache basiert, ist es unabwendbar eine Sprachreform zu erlangen, die Wort und Schrift vereinfacht und die letztendlich den Bestand der deutschen Identität gewährt.

4.8 Fehlende Konzeption der schulischen Ausbildung

Trotz Sonntagsreden der Politiker von allen Parteien fehlt eine zukunftsorientierte Schulkonzeption, sei es hinsichtlich der Bildungsziele, der Bildungsmethoden, der Bildungswerkzeuge und hinsichtlich der technischen Infrastruktur. Es fehlt eine gesamtheitliche Konzeption, die die politischen Parteien verfolgen. Die Rolle der Bildung wird bewusst oder unbewusst heruntergespielt und erfährt weder in Medien, in Zeitungen oder dem öffentlichen Diskurs genügend Beachtung.

Unternehmen wünschen sich perfekt ausgebildete Mitarbeiter, investieren jedoch nichts in die Weiterbildung der Mitarbeiter. Die Politik beklagt sich zwar über den Fachkräftemangel, doch es werden keine notwendigen Investitionen getätigt hieran etwas zu ändern. Der Zustand der Schulen wird einfach hingenommen und dies führt dazu, dass die gesamte Gesellschaft nichts für die Zukunft der nächsten Generation tut.

Es ist daher vonnöten, dass die Diskussion über Bildung in Deutschland nicht nur in kleinen Fachkreisen besprochen wird, sondern eine breite Diskussion voranschreitet, bei der über das System der Dezentralisation bis hin zum einheitlichen Abitur gesprochen wird. Die bundesstaatliche Ordnung für Bildung ist zwar kurz nach dem Krieg bei der Gründung der alten Bundesrepublik Deutschland noch verständlich, jedoch ist dies nach heutigen Gesichtspunkten nicht mehr zu verantworten. Das föderative System stößt an seine Grenzen, spätestens beim Egoismus der kleinen Fürsten. Dabei ist die Zukunft der jungen Generation wichtiger als das Ego dieser kleinen Fürsten.

Bei der Konzeption für Bildung in Deutschland muss unbedingt die Rolle der zukünftigen Technikrevolution berücksichtigt werden. Das Ziel ist nicht Köpfe voller Wissen auszubilden, sondern mit den notwendigen Werkzeuge auszustatten, die analytisches und vernetztes Denken vorantreiben. Das Streben nach einem Überfluss an Wissen ist eine Ansicht, die bereits im Mittelalter verworfen wurde. Hier ist auf Michel de Montaigne hinzuweisen.

Das heutige Abitur, die deutschen Bachelor- und Masterprüfungen erfüllen in keiner Weise die notwendigen Anforderungen für den Berufseinstieg. Es kann nicht angehen, dass Schüler die Grundschule mit 9 bzw. 10 Jahren beenden ohne nicht richtig lesen, schreiben und rechnen zu können. Dies wird sich auf das gesamte spätere Leben übertragen.

Es kann nicht angehen, dass Handwerker und kleine Unternehmen ein bis zwei Jahre Bildung nachholen müssen, damit die Lehrlinge richtig mit Zahlen umgehen können.

Es kann nicht angehen, dass Studenten trotz vier Jahren Studium nicht in der Lage sind, strukturiert zu denken. Es kann nicht sein, dass Erstsemestler sich mit 200 bis 300 Kommilitonen in einem Saal befinden, um lediglich abzuschreiben was der Dozent diktiert. Es kann nicht angehen, dass promovierte Ökonomen nicht in der Lage sind richtig vernetzt zu denken (also was es bedeutet, wenn eine ökonomische Entscheidung für die Gesellschaft und Politik fällt).

Es kann nicht angehen, dass aus Akademikern Schmalspurakademiker ohne gute Allgemeinbildung geworden sind. Es kann nicht angehen, dass unsere Elite und jungen Forscher außer in ihren Gebieten nicht lebenstüchtig sind.

Deutschland ist nunmal eine Parteidemokratie und die Versäumnisse der letzten Jahrzehnte werden ein bitteres Erwachen produzieren. Es ist daher vonnöten direkt und ohne Ansehen der Person, die Partei, die das verursacht hat, zu sanktionieren. Vor jeder Wahl hat der Wähler sich das Bildungskonzept einer jeden Partei anzusehen und entsprechend seine Wahlentscheidung zu treffen.

4.9 Überforderte Lehrer versus unfähige Kultusministerien

Wenn man die verschiedenen Lehrer aus den verschiedenen Bundesländern betrachet, so gewinnt man den Eindruck, dass der größte Teil damit überfordert ist, die Anforderungen an den Schulen zu meistern. Ein wesentliches Problem ist eindeutig der hohe bürokratische Aufwand. Hinzu kommt das fehlende Sozialverhalten, das zuhause nicht erlernt wurde, das verantwortungslose Verhalten gegenüber Eltern und Lehrern, die Gewalt und das Mobbing im Internet, das tagtäglich erfahren wird.

Darüber hinaus stellen die nichtabgestimmten Lehrpläne und Lehrinhalte, die von Verwaltungsbeamten und Kultusministerien ohne Sinn und Verstand hergestellt werden, ein großes Problem dar. Hinzu kommt die Unfähigkeit der Verwaltungen, den Lehrerbedarf und das Lehrerangebot in Einklang zu bringen sowie die fehlerhaften Statistiken, die im Jahre 2018 dazu geführt haben, dass eine Stiftung herausgefunden hat, dass die Kultusministerien in Deutschland sich verrechnet und zwei Millionen Kinder vergessen haben.

Die zunehmende Anzahl von Burn-Out-Patienten und psychologischen Krankheiten bei Lehrern stellt ein höchst alarmierendes Zeichen dar. Darüber hinaus fehlen bereits fast 35.000 Lehrer. Hinzu kommt, dass das Durchschnittsalter der Lehrer bei 53 Jahren liegt und dass die Weiterbildung aufgrund der Sparpolitik erheblich nachgelassen hat. Es kann nicht angehen, dass Ganztagsschulen nur noch Ausnahmen in Deutschland sind. Dabei gelten in fast allen Ländern Ganztagsschulen mit Verpflegung.

Es kann nicht angehen, dass über drei Millionen Kinder ohne Frühstück zur Schule gehen und dass dies nicht als Skandal proklamiert wird. Es kann nicht angehen, dass Studieren sogar heute mit Studiengeld belegt wird. Es kann nicht angehen, dass die Arbeitsmöglichkeiten von Studenten immer noch eingeschränkt sind. Es ist daher an der Zeit einen realen Kassensturz durch alle Länder hinweg zu machen, um die notwendigen Sanktionierungen in den Parteien herbeizuführen.

4.10 Mangelhafte mathematische und naturwissenschaftliche Ausbildung

Im Vergleich zu anderen Ländern in der EU sind die Fächer Mathematik und Naturwissenschaften in Deutschland unterrepräsentiert. Es geht nicht nur um die Anzahl der Stunden, sondern vor allem um die Lehrinhalte und die Frage mit welchem Alter Kinder mathematische Zusammenhänge erkennen und lernen können. Man sollte sich fragen, ob eine rein theoretische Bildung nur per Tafel sinnvoll und die richtige didaktische Methode ist.

Festzuhalten ist, dass in Ländern wie Finnland, Singapur und Taiwan erheblich jüngere Schüler an diese Fächer herangeführt werden und diese intensiver bearbeiten. In den USA, England, Kanada und Australien gilt eine ähnliche Vorhergehensweise bei den sogenannten elitären Schulen. Festzuhalten ist aber auch, dass Deutschland bis Mitte der 1970er Jahre weltweit führend in diesen Bereichen war.

Man muss sich daher fragen, warum der Niedergang der Bildung sich gerade in diesen Bereichen so schnell vollzogen hat? Was kann man tun, damit die deutschen Schüler in diesen Bereichen sich erheblich verbesssern?

Tatsache ist aber auch, dass Spitzeninstitute aus Deutschland im Bereich Naturwissenschaften noch einen Weltruf genießen. Dieser Weltruf darf nicht untergraben werden wegen kurzfristigen und unqualifizierten politischen Entscheidungen. Die Anzahl der Stunden für die naturwissenschaftlichen Fächer und Mathematik liegt in Deutschland durchschnittlich 3-4 Std unter vergleichbaren Ländern in der OECD. Dieses Merkmal ist kein ausschlaggebendes Kriterium für die Qualität der Bildung, zeigt jedoch den politischen Willen.

Festzuhalten ist aber auch, dass der Lehrerberuf hinsichtlich der Fächer Mathematik und Naturwissenschaften nicht attraktiv genug ist. Zudem stellt sich die Frage, ob die Didaktik für diese beiden Fächer in Deutschland den modernen Anforderungen entspricht. Es ist daher nötig, dass in einer Nachholaktion Bildungspläne von der Grundschule bis zum Abitur neu justiert und die Anzahl der Stunden in diesen Fächern erheblich erhöht werden müssen.

4.11 Abitur à la carte

Hinsichtlich der Bewertung des deutschen Abiturs muss man leider feststellen, dass Deutschland sich beim Ranking in Europa im letzten Drittel befindet. Dies ist bedingt durch das Föderalsystem, das de facto nicht die Gleichwertigkeit der Noten und Prüfungen aus Sicht der führenden Pädagogen hat. Hinzu kommt, dass die Möglichkeit Fächer abzuwählen einen erheblichen Nachteil für spätere deutsche Studenten im Ausland darstellt. Zudem ist durch ein Sondergutachten der OECD bekannt geworden, dass manche Bundesländer in Deutschland bessere Noten für die Abiturienten vergeben als diese tatsächlich verdienen. Diese optischen Verbesserungen der Leistungen stellen ein gravierendes Problem für die Glaubwürdigkeit der Bildung dar. Es ist unverständlich, dass Eltern und Schüler, die eigentlich eher an der besseren Qualifikation ihrer Kinder interessiert sein sollten, sich bessere Noten wünschen ohne darüber nachzudenken, dass spätestens im weiteren Werdegang ihrer Kinder, diese mit erheblichen Problemen in Studium oder Beruf konfrontiert werden.

Als Beispiel ist hier das Abitur in Berlin zu nennen, das erheblich schlechter angesehen wird als das in Bremen. Dieses wird wiederum schlechter bewertet als das in Niedersachsen, das wiederum schlechter bewertet wird als in NRW. Das Abitur in NRW erfährt eine schlechtere Bewertung als in Hessen, das wiederum schlechter bewertet wird als in Baden-Württemberg. Bayern verfolgt die strengsten Vorgaben bezüglich des Abiturs. Konkret gesagt ist ein Durschnittsabitur in Berlin mit der Note 1 in Bayern eine 3 (vgl. Kultusministerbewertungen der Abiturienten). Wenn dies der Fall ist, stellt sich die Frage warum in Berlin, Bremen und NRW unter anderem ein Bonus an die Schüler gegeben wird, damit das Bundesland im Ranking besser abschneidet als die anderen. Hier ist nicht zu verantworten, dass die Politiker mit der Zukunft der Schüler spielen. Übrigens gibt es keinen nachvollziehbaren Grund, warum es in

Deutschland kein nationales Abitur gibt, das am gleichen Tag in allen Schulen mit dem gleichen Thema durchgeführt wird. Darüber hinaus sollte die Bewertung der Klausuren stets von anderen Bundesländern durchgeführt werden.

4.12 Mangelhafte Geschichtsausbildung und Konzequenzen daraus

Es ist nicht nachvollziehbar, dass gerade in Deutschland die Geschichte nur mangelhaft gelehrt wird. Enorm wichtig sind hierbei nicht nur die 12 Jahre des Hitler-Regimes, sondern alle Epochen seit der Römerzeit bis hin zur Wiedervereinigung. Wenn man diese Inhalte in den Geschichtsunterricht aufnehmen würde, würden Schüler erheblich dazu lernen und eher in der Lage sein, politische Entwicklungen zu verstehen.

An folgenden Beispiel zeigt sich warum die deutschen Schüler von der Grundschule bis zum Abitur regelrecht ein falsches Bild ihres Landes haben. Der Antisemitismus fing in Deutschland bereits im Mittelalter durch die Kirche an, wo den Juden Sonderabgaben und Steuern auferlegt wurden (die jüdischen Regale). Im Gegenzug haben sich die Fürsten dazu verpflichtet, für den Schutz der Juden zu sorgen. Luther hat sich zeitweise als antisemitisch geoutet.

Festzuhalten ist aber auch, dass bereits Kaiser Karl V. im 16. Jahrhundert das erste jüdische Ghetto in Frankfurt gebaut hat (die jüdische Gasse) und dass erst im 19. Jahrhundert Freiheiten für Juden erlangt wurden und zwar im Rahmen des Hambacher Festes und der Revolution in der Paulus Kirche (1836, 1848). Hier ist auch festzuhalten, dass Heinrich Heine und Jaques Offenbach aufgrund ihrer politischen Einsichten und weil sie Juden waren nach Paris immigriert sind. Erst Wilhelm II. hat ca. 1890-1893 im Reichstag eine judenfreunliche Fraktion gebildet, was ihm den Vorwurf einbrachte, vom jüdischen Kapital gekauft worden zu sein. Es darf auch nicht vergessen werden, dass gerade Wilhelm II. mehr als Bismarck für die soziale Gesetzgebung getan hat. Er hat sowohl die Kinderarbeit unter 14 verboten und dass schwangere Frauen bis zur Niederkunft arbeiten. Er hat den Mutterschutz erlaubt und 10 Jahre damit verbracht, einen Vielvölkerstaat zu integrieren (allerdings mit mäßigem Erfolg, da er es lediglich geschafft, dass Katholiken und Evangeliken sich nicht mehr bekriegen. Er wollte nachweislich nicht in den Krieg einziehen und wurde durch Stahlbarone und angebliche Helden wie Hindenburg und Ludendorff dazu getrieben, vgl. „Die Schlafwandler" von Christopher Clark).

Bedenkt man gleichzeitig, dass Ostdeutschland 50 Jahre lang in einer Diktatur gelebt hat (erst die Nazidiktatur und dann die kommunistische Diktatur), so darf man sich nicht mehr nach dem demokratischen Verständnis der heutigen Bevölkerung aus Deutschland fragen. Auch Westdeutschland hat sehr lange gebraucht, um ein Verständnis für Demokratie zu entwickeln und selbst heute gibt es noch erhebliche Probleme.

Bedenkt man gleichzeitig, dass gerade Deutschland mit dem Hambacher Fest und den gescheiterten Revolutionen ein symbolischer Leuchtturm der Demokratie und Menschenrechte in Zentraleuropa war, so wird deutlich wieviel Schaden durch die wilhelminischen Zeit mit Bismarck und der Verpreußung Deutschlands diesem Land angetan wurde. Bedenkt man die Untätigkeit in Ostdeutschland von der CDU während der letzten 30 Jahre im Hinblick auf politische und geschichtliche Entwicklungen, so darf man sich nicht wundern, dass in Ostdeutschland ein erheblicher Teil der Bevölkerung zumindest antidemokratisch ist und sich nach einer starken Führung sehnt, die die Probleme vermeintlich schnell lösen würde.

Diese grob dskizzierten Beispiele zeigen abermals warum es nötig ist, dass die Geschichte stärker gelehrt werden muss – und das nicht durch das Auswendiglernen von Zahlen, sondern um die Zusammenhänge politisch, historisch, gesellschaftlich und sozial besser zu verstehen. Es werden sehr viele Mythen gebildet, die schlicht jeder Grundlage entbehren. Hierzu zählen die Dolchstoßlegende, die fälschliche Annahme, dass die Inflation Hitler an die Macht gebracht hat und der Mythos, dass der Revanchismus bereits während des 1. Weltkrieges propagiert wurde. Es wird auch vergessen, dass gerade während der Kriegsjahre bereits 1914 Mangelerscheinungen in der Bevölkerung sichtbar waren durch die Kriegswirtschaft. Es ist auch ein Mythos, dass Deutschland durch Verrat den Krieg verloren hat, denn das Militär hat bis Juni 1918 propagieren lassen, dass der Krieg noch zu gewinnen sei, obwohl sie bereits im September 1917 wussten, dass er verloren war.

Alle diese Mythen hätten keinen Bestand, wenn größere Teile der jüngeren Generation mit den Zusammenhängen – die nicht einfach zu akzeptieren sind – konfrontiert werden würden.

4.13 Probleme bei der dualen Ausbildung

Betrachet man die duale Ausbildung in Deutschland, so muss man feststellen, dass deren Qualität in den letzten 13 Jahren aufgrund von Spardiktaten in der Schulbildung erheblich nachgelassen hat. Die Grundschüler weisen erhebliche Mängel in der deutschen Sprache oder in Mathematik auf. Dies ist durch den Migrationshintergrund von einem Großteil der Schüler sowie durch die soziale Herkunft bedingt. Diese kommen aus sogenannten sozialen Brennpunkten und haben oft eine mangelhafte Erziehung der Eltern genossen.

Darüber hinaus sind die Lehrer sowohl in Schule und Berufsschule schlecht ausgebildet. Kleine Unternehmen beklagen zunehmend die mangelhaften Sozialkompetenzen der Lehrlinge, die fehlerhaften Deutschkenntnisse und die mangelhafte Arbeitseinstellung. Die Zahl der Ausbildungsabbrecher hat sich in den letzten 13 Jahen vervierfacht. Diese Zahlen sind alarmierend für die deutsche Wirtschaft und sie fordern eine Rückkehr zu härteren Qualifikationen und zu Entzerrungen der sozialen Brennpunkte.

Zudem zeichnet sich ein Trend zwischen Nord und Süd ab, indem sich die schlechten und unqualifizierten Lehrlinge in Berlin, Bremen, dem Ruhrgebiet, dem Saarland, Rheinland-Pfalz, Niedersachsen, Ostdeutschland, Sachsen, Mecklenburg-Vorpommern und Brandenburg abzeichnen. Demgegenüber hat sich die Qualifikation in Baden-Württemberg, Hessen und Bayern erheblich verbessert.

Es kommt hinzu, dass bei großen Teilen der Lehrlinge Alkohol- und Drogenprobleme zunehmend sichtbar sind und erstaunlicherweise auch ein stetiger Konsum an Psychopharmaka. Dies war vor 15 Jahren noch nicht der Fall. Hinzu kommen die negativen Auswirkungen des Internets, die mit Gewalt und Mobbing verbunden sind. Wenn das nicht ausreicht, kommen Auseinandersetzungen innerhalb der Kulturkreise zwischen der türkischen Kommunität, der deutsch-russisch-stämmigen Kommunität, rechtsorientierten Gruppen sowie Kinder von Flüchtlingsfamilien und afrikanischer Herkunft hinzu. Diese ethnischen Probleme vergiften das Klima der Schule zunehmend und verhindern eine Verbesserung der Noten – gerade bei Schülern aus sozialschwachen Gesellschaftsschichten. Es ist daher nötig, dass die Kultusministerien mehr Investitionen tätigen, um bessere Zustände erreichen zu können.

4.14 Sanierungsfall Berufschulen

Wenn man die Berufsschule genauer anschaut, so muss festgestellt werden, dass ihr Zustand sich in den letzten Jahren erheblich verschlechtert hat. Vor allem die Qualifikation der Lehrer ist sehr oft mangelhaft, da diese häufig eine andere Bildung erlernt haben und letztlich Quereinsteiger sind. Hinzu kommt, dass die Schüler maximal zwei Tage pro Woche in der Schule sind und die restliche Zeit in ihren Betrieben. Hier kommt es darauf an, ob der „Betriebsmeister oder Bildungsbeauftragte" schlicht und einfach die Zeit hat, die Lehrlinge richtig einzuweisen und zu kontrollieren.

In vielen Betrieben werden Lehrlinge als billige Hilfskräfte eingesetzt. Dies beeinflusst in der Praxis sehr stark die Qualifikation der angehenden Facharbeiter. Zudem beklagen sich jedoch viele ausgesprochen seriöse Handwerksbetriebe und kleine Unternehmen über die Sozialkompetenzen der Lehrlinge und über die Mängel der Sprachkenntnisse, insbesondere bei Lehrlingen mit Migrationshintergrund, die aus sozialschwachen Milieus stammen. Viele Verhaltensmuster wie Pünktlichkeit, Sauberkeit, Höflichkeit, Genauigkeit und Integration werden oft nicht bekannt und werden teilweise sogar abgelehnt. In vielen Handwerksbetrieben sind die angehenden Lehrlinge nicht in der Lage die Grundrechenarten zu kennen. Viele sind sogar sogenannte strukturelle Analphabeten. Dies bedeutet, dass sie zwar einzelne Wörter verstehen, aber Sätze nicht einschätzen können.

In der Berufsschule fallen in den letzten fünf Jahren häufig Unterrichtsstunden weg, wodurch erhebliche Wissenslücken bei den Lehrlingen entstehen. Problematisch kommt auch noch hinzu, dass die Diskrepanz zwischen Angeboten, Ausbildungsplätzen und Betrieben und die Nachfrage danach sich stets vergrößert, da immer mehr Schüler das Abitur und ein anschließendes Studium anstreben.

Dieser Akademisierungswahn könnte für die deutsche Industrie, das Handwerk und sonstige Dienstleistungen von erheblichem Nachteil sein. Das Berufsbild des Handwerkers oder das der arbeitenden Personen hat sich in den letzten 13 Jahren stets verschlechtert. Dies ist weder gerecht noch von Nutzen für die deutsche Volkswirtschaft. Es ist daher notwendig, dass eine starke Aufwertung bei denjenigen stattfindet, die keine Akademiker sind. Angesichts eines zunehmenden akademischen Proletariats, das zudem noch falsch ausgebildet ist, muss man sich fragen, ob dass Versagen der Politik in den Medien nicht ein erheblich hoher Preis für die Gesellschaft ist.

Der Fachkräftemangel ist nach Meinungen von Ökonomen, Philosophen und Soziologen die größte Herausforderung für die deutsche Gesellschaft in den nächsten zehn Jahren. Es ist daher nötig, dass ein Teil dieses akademischen Proletariats umgebildet werden muss zu „vernünftigen Handwerkern". Ob beim Bau oder bei der Stahlindustrie, der Elektronik, im IT-Bereich, der Pflege (Alters- und Krankenpflege), Autoindustrie, Chemie, bei der Polizei, bei Justizangestellten: die Nachfrage nach ausgebildeten Lehrlingen, die nicht Akademiker sind, nimmt von Tag zu Tag zu. Man ist sogar soweit, dass manche Krankenhäuser Operationen ablehnen, da sie keine Krankenschwestern mehr finden.

4.15 Rassismus und Rechtsradikalismus in der Schule

Wer glaubt, dass Schulen, Berufsschulen, Grundschulen oder Gymnasien von Rassismus und Rechtsradikalismus verschont bleiben, der irrt sich. Untersuchungen der Bertelsmannstiftung, der OECDs, vieler Soziologen, Politologen, Philosophen und Ethiker zeigen, dass selbst in der Grundschule bereits Rassismus vorhanden ist oder mit anderen Worten gesagt, dass „die Angst vor dem schwarzen Mann" geschürt wird. Es ist erstaunlich, dass in manchen Schulen Begriffe wie Kulturkampf bereits das Verhalten prägen. Insbesondere Mädchen aus Kulturkreisen, die eine gewisse Auslegung des Islams erleben und die aus sogenannten Parallelgesellschaften stammen, prägen die Diskussionen, da diese Mädchen sich nicht wie normale Mädchen anziehen dürfen, nicht mit Jungen reden dürfen, keinen Sport (und schon gar nicht schwimmen) dürfen. In bestimmten Schulen in Berlin, im Ruhrgebiet, in Bremen und bestimmten Brennpunkten benehmen sich Jungen aus diesen Kulturkreisen analog zu der Gesellschaft in ihren Herkunftsländern.

Insoweit spiegelt sich in den Schulen, sei es in Grundschulen, in Gymnasien, Realschulen und Hauptschulen eine Art von Kulturkampf wider, der in der Gesellschaft unterschwellig vorherrscht. Da in manchen Schulen kein deutsch, sondern türkisch, arabisch oder russisch gesprochen wird, werden die deutschen Schüler häufig unterdrückt oder beschimpft und gezwungen eine „Migrationssprache" (also gebrochenes deutsch) zu sprechen. Zudem werden diese Minderheiten gezwungen analog das Verhalten der Mehrheit anzunehmen. Damit transformiert sich die Rolle der Frauen in eine traditionelle altmodische Rolle. Lehrer und Lehrerinnen sind weder in der Lage noch willens gegen diese Phänomene anzugehen, geschweige denn Einhalt zu gebieten. Insbesondere Lehrerinnen werden häufig von männlichen Schülern nicht ernst genommen, da Jungen grundsätzlich keine Anordnungen von Frauen erhalten sollen.

Dass dies in Deutschland möglich ist, zeigt das Versagen der politischen Elite und der Medien, die dieses Problem im öffentlichen Diskurs nicht ansprechen.

Es ist außerdem äußerst gefährlich, dass der Durchdringungsgrad von den Rattenfängern von früher sich auch auf die Schule überträgt. Es ist nicht zu verantworten, dass rechtsradikale Organisationen versuchen, Kinder und Schüler mit allen möglichen Versprechen und mit dem Schutz der Gemeinschaft (analog die Hitlerjugend) sowie Pfadfindergeist eine Gegenposition aufzubauen, um gegen dieses „muslimische Rad" anzukämpfen, damit die deutsche Rasse rein bleibt. Der Autor hat nicht für möglich gehalten, dass diese Grundgedanken ohne Strafen und Repressionen heute an Schüler weitergegeben werden können und dass die „Vereine und politischen Parteien" ihre Werbung ungestraft durchführen können. Somit wäre die Schule ein Ort der Auseinandersetzungen eines Kulturkampfes. Gestandene Lehrerinnen sind dem Autor mit solchen Wörtern begegnet: „Oft denke ich, die haben gewonnen und wir haben verloren. In Wirklichkeit haben jedoch die Kinder verloren."

4.16 Mangelhafte Ausstattung

Die Schulen und Berufsschulen sind in einem katastrophalen Zustand, da die Toiletten, Dächer, Böden, Tische, Tafeln, Elektronik und sonstige Ausstattung marode und veraltet sind. Die Verwaltung der Schulen haben nicht die nötigen Mittel, um den heutigen Anforderungen gerecht zu werden. Netzwerke und Wifi sind mehr als Mangelware, die Organisation der Schule ist veraltet und auf dem Stand von vor 30 Jahren. Es gibt keine adäquaten Arbeitsplätze für die Lehrer und den Schülern mangelt es an Schließfächern, um nicht jeden Tag den schweren Schulranzen tragen zu müssen (denn schwere Schulranzen fördern Missbildungen und spätere gesundheitliche Probleme). Darüber hinaus sind die Turnhallen in einem desolaten Zustand.

Mit anderen Worten: Der Zustand der Schulen hängt von der Kassenlage des jeweiligen Bundeslandes ab. Dies kann und darf keine Dauerlösung sein. In den letzten Jahren ist die politische Elite durch hirnloses Sparen negativ aufgefallen. Die Schulkantinen sind in einem maroden Zustand, Mittagessen wird auch nur in wenigen Schulen in Deutschland vergeben. Die Schüler werden bei den Hausaufgaben nur teilweise überwacht, die Parkplätze vor der Schule reichen oft nicht aus und stellen ein Unfallrisiko für Eltern und Schüler dar. Auch die Pausenhöfe sind in einem desolaten Zustand.

Der Skandal ist jedoch, dass die Eltern dies ohne zu widersprechen, zulassen. Es ist nicht nachzuvollziehen, dass Eltern ihren Kindern dies zumuten, auch wenn die Kinder sich über diesen Zustand nicht beschweren. Es ist daher vonnöten alle Schulen zu sanieren und auf den neuesten Stand der Erfordernisse zu bringen. Die Finanzierung ist hierfür durchaus gegeben, angesichts der Milliardäre und Millionäre sowie Konzerne, die keine Steuern bezahlen. Auch gute Konzerne brauchen gut ausgebildete Arbeitskräfte und von daher sollten sie sich an der Finanzierung der Bildung beteiligen.

4.17 Digitale Bildung als Lösung?

Viele IT-Konzerne propagieren seit Neuestem die Lösung, dass die digitale Bildung eine kostengünstigere Lösungsalternative darstellt. Diese Meinung teilt der Autor jedoch nicht, da die angeblichen IT-Konzerne diese Anwendungen verkaufen. Es ist daher noch nicht nachgewiesen, dass IT und die digitale Bildung eine bessere Bildung als die traditionelle darstellt. Durch die digitale Bildung verlernen Kinder wichtige Grundlagen und Methoden der Mathematik, da der Rechner diese Aufgaben für sie übernimmt. Sie verlernen es, Bücher zu lesen und die Phantasie auszubilden. Durch die automatisierte Funktion eines Rechners schauen die Kinder sich nicht mehr die Rechenwege an, sondern erhalten direkt Lösungen. Zudem vereinsamen die Schüler durch das digitale Lernen und damit verlieren sie den Aufbau von sozialen Bindungen.

Auch die Aussagen, dass digitale Bildung das Lernen und Denken fördert, ist nicht stimmig, da die Kinder durch etwaige Programme einen fertigen Text erhalten. Zudem fördert die digitale Bildung auch die digitale Abhängigkeit der Kinder von Bildschirmen und somit die Abhängigkeit und Sucht der digitalen Welt. Mit dem Verlust der Fähigkeit sich der realen Welt zu stellen, verlieren die Kinder das Lernen.

Medienkompetenzen erlangt man nicht durch digitale Bildung, da diese mit dem Verständnis, dem Wert und dem Schutz von Informationen zusammenhängen. Ebenso zählt ein gewisses Maß an Selbstreflexion dazu, das keine Art von digitaler Bildung zustande bringen kann. Zudem bildet der Markt der digitalen Bildung einen gigantischen Markt, unabhängig von der Qualität der Didaktik und Methodik. Es geht vielmehr darum, die Kinder mit einfachen Programmen zu versorgen. Damit erreicht man jedoch nicht die Förderung des kritischen Verstandes der Kinder, sondern vielmehr einen blinden Glauben an die Technologien. Ein Fazit zu diesem Bereich: Bevor man über digitale Bildung redet, sollte man erst einmal die Voraussetzung für eine Informationsgesellschaft schaffen und vor allem die Kinder vorbereiten. Insoweit teilt der Autor die Meinung von Gerald Lempke und Ingo Leitner, dass die digitale Bildung eine Lüge ist.

4.18 Lehrerausbildung: quo vadis?

Wenn man die Ausbildung der Lehrer oder der Studenten zum Lehramt betrachtet, muss man feststellen, dass in Deutschland hinsichtlich des Studiumaufbaus, der Studienfächer, der Praktika, der Bewertungen der Studenten und ihrer pädagogischen Fähigkeiten überweigend die alten Vorgehensweisen angewandt werden. Der Lehrer wird sehr oft so ausgebildet, dass er Frontunterricht macht, der Einsatz von modernen Methoden lässt sehr zu wünschen übrig, die Bewertung der Lehrer während ihres Berufslebens sowie die Chancen zum Weiterkommen sind erheblich eingeschränkt. Die Lehrer werden auch nicht darauf vorbereitet, dass ein Teil der Schüler von zu Hause aus nicht die nötige Erziehung erhält. Dies macht einen Teil der Schwierigkeiten zwischen Lehrer und Schüler aus. Der Lehrer erhält nicht die notwendige behördliche Unterstützung, die er braucht, um den heutigen Schüler am besten zu begleiten. Der Lehrer ist nicht vorbereitet auf die Praxis, das Verhalten der Schüler, die Nutzung von Handys und digitalen Medien im Unterricht.

Angesicht von irrsinnigen Sparmassnahmen in der Bildung, angesicht des desolaten Zustands der Schulen, angesicht der desolaten Bereitstellung von Hilfsmitteln, angesicht der katastrophalen Ergebnisse der Sparjahre (die neoliberale Wirtschaftspolitik von der CDU/CSU, SPD, FDP, und Grünen) die den Beruf der Lehrer unattraktiv gemacht haben und ausscheidende Lehrer und Lehrerinnen nicht ersetzt wurden, sehen sich neue Lehrkräfte vor unüberwindbaren Schwierigkeiten, den Schülern den Lehrstoff, das Verhalten sowie die notwendigen Werkzeuge beizubringen.

Die Ausbildung der Lehrer muss von Grund auf überdacht und so konzipiert werden, dass der Ausfall von Lehrern durch psychische Überforderungen erheblich reduziert wird, denn wenn jeder dritte Lehrer seit Jahren wegen psychisch oder psychosomatisch bedingter Krankheiten ausfällt, oftmals bedingt durch das Verhalten der Vorgesetzten und von manchen Schülern, wird der Beruf des Lehrers trotz Anstrengungen nicht attraktiver. Angesicht des zunehmenden Fachkraftkräfte Mangels in Deutschland und der Alterung der Bevölkerung muss befürchtet werden, dass die Bildung in Deutschland schlechter und schlechter wird, wenn der Beruf des Lehrers nicht attraktiver gemacht wird und er nicht mit den nötigen Werkzeugen ausgestattet wird.

Es ist wichtig, dass die Schulen nicht mehr nach dem Prinzip der Wissensmaximierung arbeitet, sondern nach dem Prinzip, den Kindern Werkzeuge und Methoden beizubringen und ihnen aufzuzeigen, wie die Informationen selbst zu gewinnen sind. Angesicht der Tatsache, dass Deutschland auf dem Weg zu einer Informationsgesellschaft ist und Methodenwissen und Informationsgewinnung eine immer wichtigere Rolle spielen, müssen die Pädagogik und die Ausbildung der Lehrer entsprechend angepasst werden. Parallel zu dieser Anforderung an eine neue Ausbildung der Lehrer muss jedoch auch der notwendige politische Druck auf die Eltern stattfinden, ihre Beitrag zu leisten indem sie ihren Sprösslingen die notwendigen Verhaltensgrundlagen von Kind an beizubringen haben. Die Schule kann den Beitrag, den die Eltern leisten müssen, nicht kompensieren. Dieses Prinzip muss die Politik mit Nachdruck von den Eltern fordern.

4.19 Gewalt in der Schule

4.19.1 Beschreibung

Gewalt an Schulen *äußert sich in physischer und psychischer Gewalt zwischen Schülern, zwischen Schülern und Lehrern, zwischen Schulfremden und Schülern bzw. Lehrern sowie als Gewalt gegen öffentliches Eigentum (siehe auch Vandalismus) oder privates Eigentum. Eine spezielle Form der Gewalt an Schulen ist Mobbing in der Schule (auch Bullying genannt).*

Definitionen

Unter den Begriff Gewalt fallen Handlungen, durch die auf Menschen oder Gegenstände schädigend eingewirkt wird. Die Konflikte betreffen

- *Lehrer gegen Lehrer*
- *Lehrer gegen Schüler*
- *Schüler gegen Schüler*
- *Schüler gegen Sachen*
- *Schüler gegen Lehrer*
- *Institution Schule gegen Schüler*
- *Institution Schule gegen Lehrer*

Zu den Körperverletzungen zählen laut einem Bericht der Unfallkasse Hessen unter anderem Blutergüsse, Schürfwunden, Zahnschäden und Knochenbrüche.[2] Die Vorfälle ereignen sich auf dem Schulweg, während der Schulpause oder während des Unterrichts. Auch Psychoterror bzw. Mobbing erfüllt den Straftatbestand der Körperverletzung.

Das persönliche Empfinden der Lehrer, wo Gewalt beginnt und was diesen Begriff umfasst, ist subjektiv und von der wissenschaftlichen Definition abweichend. 1995 befragt, welche Verhaltensweisen sie unter den Begriff „Gewalt" subsumieren, nannten Schulleiter in Baden-Württemberg das Mitführen von Waffen. Einige sahen auch Ungehorsam, Boykott des Unterrichts oder ähnliches als Gewalt an.

Die sogenannten strukturellen Formen von Gewalt gelten auch für den Bereich der Schule.

Körperstrafen (auch „Züchtigung" genannt) sind als Erziehungs- und Ordnungsmaßnahme seit dem Jahr 2000 gemäß dem Gesetz zur Ächtung von Gewalt in der Erziehung in Deutschland verboten. Sie waren bis in die 1970er Jahre gebräuchlich. Reformpädagogen und Alternativpädagogen jener Zeit verfolgten unter anderem das Ziel, Gewalt in der Schule zu vermeiden bzw. zu verringern.

Ursachen

Unmittelbare Kausalitäten gibt es anscheinend nicht. Vielmehr wird angenommen, dass es ein Geflecht von sich wechselseitig begünstigenden persönlichen und sozialen Ursachen, Anlässen und Gründen gibt.[6]

Zu den sozialen Risikofaktoren zählen:

- *Familie: Erziehungsstil ist zurückweisend, bestrafend, inkonsistent, restriktiv und/oder gewalttätig (Täter), überbehütet (Opfer);*
- *Schule: hoher Anpassungsdruck, negative Sozialbeziehungen, schulisches Versagen bzw. Misserfolg, Etikettierung, restriktives Erziehungsverhalten;*

- *Peergroup: gewalttätige, gewaltverherrlichende und/oder straffällige Gruppen;*
- *Soziales Umfeld: kriminelles/gewalttätiges Umfeld, geringer sozioökonomischer Status (Armut, Arbeitslosigkeit, Sozialhilfe);*
- *Medien: unreflektierte/einseitige Gewaltdarstellung (selten die Opferperspektive), Darstellung von Gewalt als normales Konfliktlösungsmittel in Medien (Film, Computer-Spiele, etc.) – siehe auch Medienverwahrlosung;*
- *Gesellschaft: Aggression (aggressive Rhetorik, Krieg o. ä.) gegen andere Staaten, gesellschaftliche Gruppen und/oder Minderheiten.*
- *Religion: zunehmende Gewaltbereitschaft muslimischer Jugendlicher, je stärker die Bindung zum Islam. Obwohl Studien den Einfluss persönlicher (biologischer) Merkmale nachweisen, ist dieser Zusammenhang in der Forschung stark umstritten. Die meisten Forscher haben sich auf folgendes Modell geeinigt: Biologische Merkmale prägen das Potential zu gewalttätigem Verhalten, dieses kann aber durch soziale Faktoren verstärkt oder vermindert werden.*

Die hohe Gewaltrate unter Jugendlichen wird unter anderem dadurch erklärt, dass in der Jugend ein hohes Bedürfnis an Autonomie und Selbstverwirklichung besteht, welches durch das Testen und Brechen sozialer Normen vorübergehend gestillt werden kann. Sozialforscher wie Ferdinand Sutterlüty nennen mangelnde gesellschaftliche Anerkennung als Gewaltmotiv.[9]

Der Soziologe Norbert Elias warnte 1989: „Wenn die Gesellschaft den Menschen der heranwachsenden Generation eine kreative Sinnerfüllung versagt, dann finden sie schließlich ihre Erfüllung in der Zerstörung."[10]

Folgen

Eine Zusammenschau bereits publizierter Forschungsbefunde zeigt, dass Gewalt in Schulen (und insbesondere Schulmobbing) viele negative Konsequenzen hat. Verglichen mit nichtinvolvierten Jugendlichen, leiden sowohl Täter als auch Opfer unter einem schlechteren Gesundheitszustand und psychischen Wohlbefinden, unter mehr Angst, Depressivität, Suizidalität und psychosomatischen Symptomen. Weiters fühlen sie sich unsicherer in der Schule und bleiben auch häufiger fern, und haben einen geringeren akademischen Erfolg. Aufgrund der Ernsthaftigkeit dieser negativen Folgen und aufgrund der Tatsache, dass viele Symptome bis in das Erwachsenenalter persistieren, wurde Schulmobbing als eine große Herausforderung für das öffentliche Gesundheitssystem, für das Bildungswesen und für die Wirtschaft identifiziert.

Deeskalation und Prävention

Angebote der Schulsozialarbeit wie Schulmediation, Schlichtungsstellen, Workshops und gemeinsame Projekte können zur Gewaltdeeskalation beitragen.

Um Gewalt, insbesondere physische, im Vorfeld zu verhindern, werden an den betroffenen Schulen Programme zur Veränderung der Lern- und Schulkultur ins Leben gerufen. Hierbei wird unter anderem eine Öffnung der Schule angestrebt, wodurch der Unterricht näher an die Lebenswelt der Schüler gebracht werden soll.

Primäre, universelle Gewaltprävention, aber auch sekundäre, selektive Prävention, der Zugang auf Risikogruppen, sollte auf mehreren Ebenen ansetzen:

1. bei den Schülern (potentielle Täter wie Opfer und ihren Eltern),
2. in der Klasse, bei den Lehrern und auf Unterrichtsebene (Lehrer-Schüler-Interaktion) und
3. auf der Schul- und Curriculumsebene (Schulklima).

Für die Präventionsarbeit mit Kindern sind verschiedene Konzepte entwickelt worden: verhaltenstherapeutisch orientierte Einzel- oder Gruppenprogramme wie das Training mit sozial unsicheren Kindern oder Training mit aggressiven Kindern von Franz Petermann und Ulrike Petermann beinhalten neben vielen Einzel- und Gruppeneinheiten zum Training von sozialen Kompetenzen oder dem Aufbau von Empathie auch Einheiten zur Elternarbeit.

Das Programm „Faustlos" von Manfred Cierpka 2001 für die Grundschule fördert soziale und emotionale Kompetenzen und ist wie die beiden vorher genannten wissenschaftlich evaluiert.

Die Intervention „Peer Support" von Helen Cowie 2000 beinhaltet ein Training ausgewählter „Patenkinder" in Kommunikationsfertigkeiten, die dann den Opfern beistehen und ihrerseits andere Kinder in Kommunikationsfertigkeiten trainieren.[12] Das Befriending, d. h. einen Freund an der Seite zu haben, hat sich als zentrale Ressource gegen die Opferrolle erwiesen und wird in vielen Grundschulen mittlerweile praktiziert.

Der „Triple P-Ansatz" von Matt Sanders 1996 hat den Aufbau positiven Erziehungsverhaltens bei den Eltern zum Ziel und hat unterschiedliche Stufen der Unterstützung, Schulung und Begleitung von Eltern in der Verbesserung der Erziehung und des Modellverhaltens.

Lehrpersonen sind die Personengruppe, die in der Schule den meisten Schülerkontakt hat. In vielen Ländern sind diese sogar gesetzlich dazu verpflichtet, für das Wohl der Schüler zu sorgen und diese vor Übergriffen (physischer und psychischer Natur) zu schützen.[13] Leider beinhaltet die Lehrerausbildung im deutschsprachigen Raum nicht systematisch, wie Lehrer Mobbing erkennen und wie sie effektiv darauf reagieren können. Daher können Lehrertrainings zielführend sein, die an subjektive Theorien und Wissensbestände des Lehrers anknüpfen, um diagnostische und präventiv-interventive Handlungskompetenzen zu stärken.[14] Beispiel wäre das „Konstanzer Trainingsmodell" (KTM) von Tennstädt und Dann 1994, ein integratives Selbsthilfeprogramm zur Bewältigung von Störung und

Aggression im Unterricht (Begreifen-Begründen-Bewältigen). Schulkultur und Schulklima lassen sich durch verbesserte Pausenaufsichtsregelungen und Einbindung von Streitschlichtern (Mediatoren) gewaltfreier gestalten.

Die „klassische" Intervention bei Bullying (nach Dan Olweus) oder nach einem Gewaltfall an der Schule setzt auf drei Ebenen an:

- auf Schulebene wird eine besondere Konferenz empfohlen, auf der über alle relevanten Schüler gesprochen wird,
- auf Klassenebene werden gemeinsame Regeln erarbeitet, Mobbing als Thema direkt besprochen (neutraler Aufhänger durch Lektüre wichtig),
- auf individueller Ebene werden Gespräche mit beiden Seiten geführt (ultima ratio: Klassen- oder Schulwechsel des Täters).

In Bremerhaven gab es das Konzept „gewaltfreie Schule".

Deutschland

Es gab laut Bundesverband der Unfallkassen 2003 93.295 gemeldete „Raufunfälle". Die Anzahl der Raufunfallrate (pro 1.000 Schüler) betrug 11,3 (an Hauptschulen 32,8). Der Bundesverband stellte in seinen Statistiken eine Abnahme gegenüber 1993 fest, ebenso bei der Frakturenquote.[16]

Nach einer Studie von Thomas Feltes und seinen Mitarbeitern an der Ruhr-Universität Bochum 2004 unter 4.000 Schülern der achten Klassen sämtlicher Schulformen in Bochum hat „jeder fünfte Hauptschüler einen anderen Jugendlichen schon einmal so brutal verprügelt, dass dieser zum Arzt musste." In den zurückliegenden zwölf Monaten haben 14 % der befragten Schüler an Gesamtschulen und 8 % an Gymnasien nach eigenen Angaben eine solche Tat begangen.[17]

Im August 2005 wandten sich 180 der 240 Lehrer der neun Hauptschulen Bochums an Barbara Sommer, damals Schulministerin von NRW, um auf Mängel und Probleme an den Schulen hinzuweisen. Hauptschulen müssten nahezu allein die Integration ausländischer Schüler übernehmen. Auf ihnen laste zudem der Zwang, abgewiesene und „abgeschulte" Kinder und Jugendliche anderer Schulen aufzunehmen. Probleme wie Beleidigungen, Mobbing und Übergriffe auf Lehrer wurden als Folgen genannt. Das Ministerium verwies in seiner Antwort auf den Dienstweg.[1819]

Im November 2005 ereignete sich an der Alfred-Teves-Schule in Gifhorn während einer Pause eine Schülerkonfrontation, in deren Verlauf strafbare Inhalte (Gewaltvideos) auf Schülerhandys gefunden wurden. Die Schule machte das Problem mit Hilfe von Medien (unter anderem Gestaltung von Vorträgen und Schulwebseiten) publik. Die Vorgehensweise wurde bundesweit als vorbildlich bezeichnet.[20]

Im März 2006 gingen die Lehrer der Rütli-Hauptschule in Berlin-Neukölln an die Öffentlichkeit, um auf die für sie aussichtslos erscheinende Gewaltlage hinzuweisen.[21]

Bei einer Studie aus dem Jahr 2015 gaben ca. 30 % der befragten 10 000 Neuntklässler an, dass sie von Lehrern im vergangenen halben Jahr lächerlich gemacht und in der Klasse bloßgestellt worden seien.[22]

Mehr als die Hälfte von 1.951 befragten Lehrer gaben 2016 in einer bundesweiten Forsa-Studie an, dass es an ihrer Schule in den letzten fünf Jahren zu psychischer Gewalt gegen sie gekommen sei. Außerdem gaben 6 % an, bereits selbst körperliche Gewalt durch Schüler oder Eltern erlebt zu haben.[23][24][25] Der Aussage, dass die Gewalt zugenommen hat, stimmen 42 % der Lehrkräfte von Gymnasien zu, an Förderschulen 71 %.[25]

Laut einer Forsa-Studie von 2018 im Auftrag des Lehrerverbands Bildung und Erziehung (VBE) berichteten etwa die Hälfte von 1.200 befragten Schulleitungen Fälle von psychischer Gewalt gegenüber Lehrern. An etwa einem Viertel der Schulen gab es körperliche Angriffe gegen Lehrer.[26] Der Vorsitzende des VBE vertrat die Ansicht, dass die Ursache dafür in der Zunahme der Kinder liegt, die Störungen im Bereich emotional-soziale Entwicklung haben: Entsprechend amtlicher Schulstatisitk stieg die Zahl der Schüler (bis zur 10. Klasse) mit diesen Störungen von 0,6 % im Jahr 2007 auf 1,2 % im Jahr 2016.[27]

Mehr als ein Viertel aller Lehrkräfte werden von Schülern beleidigt laut einer Umfrage der Gewerkschaft Erziehung und Wissenschaft von 2017, der zufolge die meisten Opfer Frauen, die meisten Täter Hauptschüler sind.[28]

Frankreich

Im Schuljahr 2004/2005 gab es in Frankreich laut der Lehrer-Selbsthilfe-Organisation Fédération Autonome de Solidarité (FAS) 1.651 Gewalttaten (etwa 8 pro Tag) gegen Lehrer. Laut dem damaligen französischen Innenminister Nicolas Sarkozy gab es 2005 etwa 80.000 Gewalttaten in Realschulen und Gymnasien.[29] Im Oktober 2018 begannen Lehrer, via Twitter mit dem Hashtag #PasDeVague (keine Welle, frei übersetzt kein großes Aufheben machen) von Gewalt zu berichten, der sie an ihren Schulen ausgesetzt sind. Viele beklagen mangelnde Unterstützung ihrer Vorgesetzten und der französischen Regierung.[30]

Niederlande

Die Gewalt an Schulen wird für den Lehrermangel mitverantwortlich gemacht. An einigen Schulen gibt es sogar Überwachungskameras, Zugangsausweise, Wachpersonal und polizeiliche Beobachtung.[31]

Vereinigte Staaten

Nach Angaben des National Center for Education Statistics (NCES) wurden im Schuljahr 2002/2003 15 Schüler getötet, es gab ferner zwei Millionen Verbrechen, darunter 150.000 schwere Verbrechen wie Vergewaltigungen oder Körperverletzungen.[32] Der Bestsellerautor Ron Suskind hat 1995 für seine akribisch recherchierte Artikelserie („feature story") über Gewalt an Schulen den Pulitzer-Preis erhalten. Er veröffentlichte die Artikelserie später in seinem Buch A Hope in the Unseen: An American Odyssey from the Inner City to the Ivy League.

Bei der Suche nach Ursachen für Gewaltexzesse darf, so der Direktor des Kriminologischen Forschungsinstituts Niedersachsen Christian Pfeiffer, nicht außer Acht gelassen werden, dass die körperliche Bestrafung von Kindern in der Schule in den Vereinigten Staaten weiterhin verbreitet ist. So wurden im Schuljahr 2006/2007 in den USA jährlich über 200.000 Kinder von ihrem Lehrer mit dem Stock gezüchtigt.[3334] Diese Gewalterfahrung in der Kindheit könne einer der Auslöser sein für einen Wunsch nach Waffenbesitz[35] (siehe auch: Körperstrafen: Situation heute).

Russland

...6 wurde berichtet, dass in manchen Schulen 16-jährige „inoffizielle Schulleiter" ... Mitschülern Schutzgelder eintreiben. Die Kriminalität unter Jugendlichen ist ... gemein sehr hoch; so begingen russische Jugendliche im Jahr 2004 154.000 ...aftaten, darunter rund 1.500 Morde.

...ür das Jahr 2017 wurden 12 Vorfälle mit Waffengebrauch innerhalb russischer ...hulen bekannt. Sie wurden mit Mobbing in Verbindung gebracht, gemäß ...ommersant ein Element bei geschlossenen Gemeinschaften mit einer starren ...ierarchischen Struktur. Jewgenij Bunimowitsch, Beauftragter für Kinderrechte in ...Ioskau, bestätigte, dass zwar Mobbing in Russland ein neues Wort sei, aber dessen ...Konzept sei nicht neu.[36]

Seite „Gewalt an Schulen". In: Wikipedia, Die freie Enzyklopädie. Bearbeitungsstand: 30. Januar 2019, 10:55 UTC.
URL: https://de.wikipedia.org/w/index.php?title=Gewalt_an_Schulen&oldid=185218 257(Abgerufen: 17. März 2019, 09:20 UTC)

4.19.2 Gewalt in der Schule, Gewalt gegen Lehrkräfte

Wenn man über Gewalt in der Schule spricht, ist damit Verschiedenes gemeint: Gewalt gegen Lehrer, Gewalt von Schülern gegen ihre Gleichaltrigen, Gewalt der Eltern gegenüber den Lehrern, Mobbing zwischen den Schülern, Mobbing durch die Schüler gegenüber den Lehrern und Falschanschuldigungen von SchülerInnen, insbesondere im Alter von 14 bis 18 Jahren, gegenüber ihren Lehrern (sexuelle Anschuldigungen). Es muss festgestellt werden, dass keine objektive Statistik zur Gewalt gegen Lehrkräfte in Deutschland vorhanden ist. Es zeigt sich jedoch, dass die Angriffe von Schülern auf Lehrer sich in den letzten 15 Jahren verzehnfacht haben. Dabei kommen alle Formen von aggressivem und gewalttätigem Verhalten vor. Seien es Sachbeschädigungen an der Schule, verbale Attacken, Drohungen, Beleidigungen in sozialen Netzwerken, Telefonterror, Bespucken, körperliche Angriffe und in Extremfällen sogar Morde. Dabei spielt es keine Rolle, ob es sich um eine Haupt-, Real- oder Gesamtschule oder ein Gymnasium handelt. Lediglich die Grundschulen sind nicht so sehr betroffen, weil die Schüler einfach jünger sind.

Das schlechte Image der Lehrer fordert Gewalt heraus. Die Gründe der zunehmenden Gewalt sind vielfältig: Zuerst muss festgestellt werden, dass eine gesenkte Hemmschwelle bei Jugendlichen vorhanden ist. Insbesondere wird diese durch Familien gefördert, die grundsätzlich die Schüler in Schutz nehmen. Selbst dann, wenn objektive, reale Bewertungen des Lehrers vorhanden sind. Einen weiteren Grund für die gesenkte Hemmschwelle stellen Gewaltfilme und soziale Medien dar. Die gesenkte Hemmschwelle untereinander und gegenüber Erwachsenen fördert das respektlose Auftreten gegenüber Lehrern. Dazu kommt, dass in Deutschland das Berufsbild des Lehrers sehr schlecht dargestellt wird. Faul, mit viel Freizeit und viel Geld und ohne Erbringen von Leistung, so heißt es. Wenn die Eltern sich ähnlich äußern, darf man sich nicht wundern, wenn die Schüler immer weniger Respekt vor den Lehrern haben. Ein weiterer Gesichtspunkt ist die zunehmende Distanzlosigkeit zwischen Erwachsenen und Kindern. Nach Jürgen Kraus sind die Erwachsenen daran nicht ganz unschuldig: Denn viele Eltern verhalten sich wie Spätpubertierende. Es ist daher notwendig, dass auch verbale Gewalt zur Anzeige gebracht wird und dass eine Null-Toleranz in der Schule wieder hergestellt werden kann.

Ein weiteres für die Gewalt an Schulen wichtiges Phänomen stellen manche Eltern mit Migrationshintergrund dar. Sehr oft werden Lehrer durch die Eltern, die Familie und die gesamte Sippe bedroht, wenn es um die Benotung der Schüler geht. Dies kann man nicht tolerieren, denn die Zukunft der Nachkommen von Einwanderern darf nicht unrechtmäßigerweise besser aussehen als die Schüler ohne Migrationshintergrund.

Eine weitere Gruppe, die durch psychische und subtile Gewalt gegen Lehrer vorgeht, sind die sogenannten Gutmenschen. Dieser Teil der

Bevölkerung versucht über rechtliche und subtile psychologische Maßnahmen Druck auf die Lehrer zur Erzwingung besserer Noten für die Kinder auszuüben.

Kurt Singer hat in seinen Leitgedanken zum Disziplinproblem [2] im Unterricht Folgendes festgestellt: Der Lehrer soll Konfliktfähigkeiten erlernen, Unterrichtsstörungen und Erziehungsschwierigkeiten berücksichtigen und Einsicht, Gehorsam und Selbstdisziplin einüben. Diese Gedankensammlung soll Lehrerinnen und Lehrer anregen, ihre persönlichen Wege der Konfliktregelung zu suchen. Der größte Teil dieser Gedankensammlung ist bekannt, wird jedoch nicht befolgt.

1) Bin ich als Lehrerin oder Lehrer so wie ich sein möchte? Das Lehrerselbstbild als Beweggrund jedes pädagogischen Handelns.
2) Sich als Lehrer in Konfliktsituationen begreifen lassen, d.h. innehalten und die Beziehung klären.
3) Zuhören ist eine konfliktlösende Kraft: Die Einmaligkeit der Person erkennen, sich selber und die Schüler ernst nehmen.
4) Lehrer-Schüler-Beziehung als Grundlage der Konfliktbearbeitung oder die Bekanntschaft ist der Feind der respektvollen Lösung.
5) Lehrer-Schüler-Konflikte gemeinsam bearbeiten, denn Frieden führen ist auch in der Schule zu erlernen.
6) Ordnung im Schulalltag fördert die Arbeitsdisziplin, daher sind feste Ordnungen eine strukturgebende Hilfe für Lehrer und Schüler.
7) Gute Gewohnheiten entspannen Konflikte, sie erleichtern das Lernen der Schüler und den Unterricht des Lehrers und beugen Konflikten vor.
8) Vereinbaren statt ordnen. Die Schüler stehen für eine gute Ordnung ein.
9) Mit dem Schüler ein Arbeitsbündnis anstreben.
10) Etwas wiedergutmachen wirkt besser als etwas zu bestrafen.
11) Gute Arbeitsdisziplin braucht einsichtigen Gehorsam.
12) Wenn Lehrer von Schülern beleidigt werden müssen sie die persönliche Beleidigung zum Thema machen. Tatsachen und Konsequenzen müssen geklärt werden.

---

[2] Vgl. http://www.prof-kurt-singer.de/beziehung.pdf

13) Auseinandersetzungen mit einzelnen Schülern nicht vor der Klasse austragen, sondern im Einzelgespräch.
14) Hinter schwierigen Schülern nicht die Klasse vergessen, dort verstecken sich die Probleme.
15) Die Klasse in eine Konfliktbearbeitung mit einzelnen Kindern einbeziehen.
16) Verweise nicht formal, sondern persönlich halten.
17) In den Schülern die gesunde Aggression entwickeln und nicht die destruktive.
18) Schulisches Zusammenleben soll Unterrichtsthema sein, wie z.B.: Schülerkritik, Lehrerkritik und Selbstkritik.
19) Lebendiger und gut strukturierter Unterricht vermindert Disziplinkonflikte.
20) Freie Arbeit im Unterricht beugt Konflikten vor und entlastet Lehrerinnen und Lehrer.
21) Kreativität überwindet Destruktivität.
22) Pädagogischer Takt ist die Grundlage der Konfliktbearbeitung, das heißt rücksichtsvoller Umgang miteinander muss die Regel sein.
23) Achtsamkeit beugt Konflikten vor. Kinder brauchen oft ein aufrichtendes Wort. Und nicht nur Kinder.
24) Das in der Schule vorherrschende Machtprinzip übt Druck auf Lehrer und Kinder aus. Denn es schafft mehr Konflikte, als es löst.
25) Die Krankheit der Macht fordert einen hohen Preis. Der Verlust der Zugehörigkeit kann Kinder und Lehrer krank machen.
26) Das Sympathieprinzip beugt Konflikten vor.
27) Selbstverpflichtung zu einer pädagogischen Ethik, denn die moralische Maxime des Eids stärkt Schüler und Lehrer.

4.20 Mobbing in der Schule

Unter **Mobbing in der Schule** versteht man ein gegen Schüler gerichtetes Drangsalieren, Gemeinsein, Ärgern, Angreifen und Schikanieren. Sind Lehrer Ziel solcher Angriffe, spricht man üblicherweise von Mobbing am Arbeitsplatz. Besonders im englischen Sprachraum wird für Situationen unter Schülern oft allgemein der Begriff **Bullying** benutzt, ohne zu differenzieren zwischen Einzelpersonen (engl. Bully für Tyrann) oder Gruppen (engl. Mob für Pöbel) als Aggressoren[1].

Grundsätzlich lassen sich beim Mobbing bzw. Bullying drei Erscheinungsformen unterscheiden:

- *Physisches Mobbing/Bullying: Hierunter fallen alle Handlungen, die darauf abzielen, eine Person körperlich zu verletzen (z. B. Schlagen, Treten, An-den-Haaren-Ziehen).*

- *Verbales Mobbing/Bullying: Diese Form umfasst sämtliche verbalen Attacken (z. B. verletzende Spitznamen, verbale Drohungen, Beschimpfungen)*

- *Relationales Mobbing: Diese Form beschreibt das Angreifen und Zerstören sozialer Beziehungen des Opfers (z. B. das bewusste Hinausekeln, Ignorieren, Ausschließen aus sozialen Gruppen).[2]*

Definition

Laut Dan Olweus bedeutet Mobbing/Bullying, dass „ein oder mehrere Individuen, wiederholte Male und über einen längeren Zeitraum negativen Handlungen von einem oder mehreren Individuen ausgesetzt sind". Es handelt sich um negative Handlungen, wenn ein Individuum einem anderen Schaden beziehungsweise Unannehmlichkeiten zufügt oder zuzufügen versucht. Solche Handlungen können verbal (drohen, verspotten, beschimpfen, ...), physisch (schlagen, schubsen, treten, kneifen, festhalten, ...) oder non-verbal (Grimassen schneiden, böse Gesten, Rücken zuwenden, ...) vonstattengehen. Olweus betrachtet auch einzelne schikanöse Vorfälle als Mobbing, wenn diese sehr schwerwiegend sind.[3] Bullying erfordert, dass zwischen dem Opfer und dem Täter (oder der Gruppe von Tätern) ein Ungleichgewicht der Kräfte herrscht, das sich auf körperliche oder psychische Stärke beziehen kann. Es handelt sich Olweus zufolge nicht um Bullying, wenn zwei gleich starke Schüler miteinander streiten.

Verbreitung

In einer 2007 vom Zentrum für empirische pädagogische Forschung der Universität Koblenz-Landau durchgeführten Online-Befragung, an der 1997 Schüler aller Klassenstufen teilnahmen, äußerten 54,3 Prozent, dass sie von direktem Mobbing betroffen seien. 19,9 Prozent fühlten sich von Cyber-Mobbing betroffen. Direktes Mobbing kommt häufiger in den unteren Klassenstufen vor, während in den höheren Klassenstufen der Anteil des Cyber-Mobbing ansteigt. Sowohl bei direktem Mobbing als auch bei Cyber-Mobbing sind männliche Schüler häufiger Opfer als weibliche.

Fragebogen

Der „Bullying- und Viktimisierungsfragebogen" (BVF) (von Nandoli von Marées und Franz Petermann) gilt als ein Instrument, mit dem man das Ausmaß mutmaßlichen Mobbings an einer Schule messen kann. Von Marées veröffentlichte 2008 ihre Dissertation Konstruktion und Analyse von Instrumenten zur Erfassung vom Bullying im Vor- und Grundschulalter.[6] Die Schüler- und auch die Lehrerversion des BFV bestehen aus einer Täter- und einer Opferskala.[7]

Ursachen

Der US-amerikanische Psychologe Kenneth A. Dodge (Duke University) beschreibt Schulhofbullys als emotional ungebildete Kinder, die eine Tendenz haben, das Verhalten anderer Menschen als aggressiv und feindselig zu deuten. Sie nehmen andere spontan als Widersacher wahr und springen ohne Realitätsprüfung zu Schlussfolgerungen, dass der andere einem übel wolle. Infolgedessen schlagen sie beim geringsten Reiz „zurück", ohne weitere Informationen einzuholen und ohne zu überlegen, wie der Konflikt friedlich beigelegt werden könnte. Während die meisten aggressiven Jungen bis zum Ende des zweiten Schuljahres gelernt haben, ihre Rauflust zu bändigen und Interessenkonflikte durch Verhandeln und Kompromisse beizulegen, sind Bullys im Gegenteil immer mehr auf Zwang und Einschüchterung angewiesen.[8]

Dagegen führt der Sozialpsychologe Elliot Aronson Mobbing unter den Schülern auf ihren Konkurrenzkampf zurück, so wie er von fast allen Unterrichtsformen gefördert wird.[9] Auch nach dem Schulforscher Wolfgang Melzer kann man Mobbing nicht auf bestimmte Täter- und Opferpersönlichkeiten zurückführen, sondern auf das Schulklima.[10]

Opfer

Der Psychologe und Mobbingforscher Olweus unterscheidet zwischen zwei Idealtypen von Mobbingopfern an Schulen:

- *passives Opfer*
- *provozierendes Opfer*

Die passiven Opfer sind im Allgemeinen ängstlicher und unsicherer. Sie sind empfindlich, vorsichtig und schweigsam, und lehnen sehr oft Gewalttätigkeit ab. Nach Olweus signalisiert das Verhalten der Opfer ihrer Umgebung, dass sie Angst haben und es nicht wagen, sich gegen den Störenfried zu wehren, wenn sie angegriffen werden. Gespräche mit den Eltern von drangsalierten Kindern weisen darauf hin, dass diese bereits im früheren Alter vorsichtig und feinfühlig waren.[3]

Seltener ist das provozierende Mobbingopfer, das im Allgemeinen unkonzentriert und nervös ist. Sein Verhalten schafft Ärger und ein gespanntes Verhältnis. Dies kann in seinem Umfeld negative Reaktionen auslösen.[3]

Die Situation für das Opfer stellt sich in der Regel wie folgt dar:

- *Das Ansehen des Opfers wird gezielt beschädigt.*
- *Die Kommunikation mit den anderen Kindern/Schülern wird be- und verhindert.*
- *Die sozialen Beziehungen des Opfers werden zum Ziel des Angriffs.*
- *Körperliche Übergriffe auf das Opfer.[11]*

Gefährdet sind vor allem Kinder,

- *die kleiner oder schwächer sind als der Durchschnitt.*
- *die übergewichtig sind.*
- *die ängstlich oder schüchtern sind.*
- *die sozial nicht akzeptierte Merkmale haben (keine Markenkleidung, ärmliches Aussehen etc.)*
- *die sich selbst aggressiv verhalten.[11]*
- *die einem Elternhaus mit überbehütendem Erziehungsstil entstammen[12]*

Eine britische Regierungsstudie ergab im Jahr 2008, dass die Möglichkeit, gemobbt zu werden, für Angehörige einer ethnischen Minderheit erhöht ist. Zudem seien Jungen und Mädchen gleich oft Opfer, während 80 Prozent aller behinderten Kinder angaben, in den letzten drei Jahren schwer unter Gleichaltrigen in ihrer Schule gelitten zu haben.[13]

Lehrpersonen tendieren laut einer Studie häufig dazu, ihre Aufmerksamkeit auf die Täter zu richten (z. B. autoritäre Interventionen), dabei übersehen sie oft die Bedürfnisse der Opfer. Es ist daher wichtig, dass Lehrpersonen vermehrt mit Opfern arbeiten und diese im Rahmen ihrer Möglichkeiten unterstützen.[14]

Täter

Mobber in der Schule haben eine positivere Einstellung gegenüber Gewalt als Durchschnittsschüler. Ihr Gewaltpotenzial richtet sich oft nicht nur gegen Schüler, sondern auch gegen Lehrer und Eltern. Die Mobber zeichnen sich oft durch Impulsivität und ein stark ausgeprägtes Bedürfnis, andere zu dominieren, aus. Sie haben ein durchschnittliches oder verhältnismäßig starkes Selbstvertrauen. Mehrere Analysen mit unterschiedlichen Methoden (unter anderem Untersuchung von Stresshormonen und projektive Tests) haben widerlegt, dass es sich bei den Aggressionen und dem brutalen Verhalten um ein Zeichen der Angst und des mangelnden Vertrauens („harte Schale – weicher Kern") handeln könnte. Die empirischen Ergebnisse von Olweus weisen eher auf das Gegenteil hin. Die Mobber wären demnach weniger furchtsam und unsicher. Unsicherere und ängstlichere Individuen ergreifen üblicherweise nicht die Initiative. Sie tendieren dazu, Mitläufer oder Zuschauer zu sein.[3] Karl Gebauer sieht eine tiefer liegende Bindungsproblematik als Auslöser und in den Demütigungen und der Gewaltanwendung die Anzeichen einer emotionalen Unsicherheit.[15] Schäfer und Korn charakterisieren schikanierende Schüler als in gewissem Rahmen sozial kompetent. Sie üben großen Einfluss aus, sind aber unbeliebt und benutzen ihre sozialen Fähigkeiten zum Schaden ihrer Opfer.[16]

Typisch für die geistige Verfassung von Schulhofbullys sind Vorstellungen wie z. B. „es ist okay, jemanden zu schlagen, wenn du vor Wut ausflippst", „wenn du vor einem Kampf zurückschreckst, denken alle, du bist feige" oder „jemand, der zusammengeschlagen wird, leidet nicht wirklich so sehr".[17] Wie die US-

amerikanischen Psychologen John D. Coie und Janis B. Coopersmidt beschrieben haben, werden die meisten Schulhofbullys von ihren Altersgenossen schon zwei bis drei Stunden nach dem ersten Kontakt als unsympathisch beurteilt.[18] Don Offort hat in einer Langzeitstudie beobachtet, dass bis zu 50 % der Kinder, die als Sechsjährige Unruhestifter waren, mit anderen Kindern nicht zurechtkamen und Eltern und Lehrern ständigen Widerstand entgegengesetzt haben, als Teenager straffällig wurden.[19] Weil sie sich in das soziale System des Klassenzimmers nicht einfügen und von Lehrern schnell als lernunwillig abgeschrieben werden, versagen Schulhofbullys spätestens von der dritten Klassenstufe an meist auch akademisch.[20]

Lehrpersonen reagieren gemäß einer Studie auf Mobbingfälle häufig primär durch autoritäre Interventionen (z. B. verbale Zurechtweisungen, Bestrafungen) gegen die Täter. Die zweithäufigste Intervention ist nicht-strafendes Arbeiten mit den Tätern (z. B. alternative Handlungsweisen aufzeigen, Ursachen besprechen). Zusätzlich werden Mobbingtäter oft an andere erwachsene Personen weiterverwiesen (z. B. Schulleitung) oder andere Personen aus dem Umfeld der Täter miteinbezogen (z. B. Eltern).[14]

Folgen

Die Problematik des Opfers besteht sehr häufig darin, dass es, um dem Mobbing zu entgehen, zum Schulverweigerer wird oder die Schule verlässt bzw. wechselt. Faktisch wird damit das Opfer negativ sanktioniert, während der oder die Mobber indirekt belohnt werden. Die Solidarität der Lehrer mit dem Opfer ist nach bisherigen Erfahrungen wenig ausgeprägt.[21]

Opfer von Mobbing können eine psychische Traumatisierung erleiden, selbstverletzendes Verhalten zeigen und auch gewalttätig reagieren, unter Umständen erst Jahre später. In Danzig nahm sich eine vierzehnjährige Schülerin das Leben und Amokläufe wie der Amoklauf von Emsdetten oder der Amoklauf von Kauhajoki werden mit einem jahrelangen Mobbing gegen den Amokläufer in Zusammenhang gestellt.

Wissenschaftlich nachgewiesen werden konnte auch ein Zusammenhang von Mobbing in der Schule und Rauschtrinken. Schüler, die verbale Aggressionen von ihren Lehrern erlebt hatten, waren zu einem höheren Prozentsatz mit Rauschtrinken involviert als Schüler, die keine Aggressivität von Lehrern ihnen gegenüber wahrgenommen hatten.

Interventionen, Prävention und Hilfe

Bei den Maßnahmen gegen Mobbing ist zwischen unmittelbaren Interventionen und längerfristigen systemischen Präventionsprogrammen zu unterscheiden. Bei ersteren spielen neben den Mitschülern besonders die in der Schule anwesenden Lehrpersonen eine große Rolle.[14] Lehrerpersonen haben mehrere Möglichkeiten, auf den Mobbingvorfall zu reagieren. Eine aktuelle Forschungsstudie zeigte, dass die Reaktionen am besten in fünf Verhaltensgruppen abgebildet werden können:

1. autoritäre Interventionen (z. B. mit bestimmtem Auftreten Grenzen setzen, Bestrafungen),
2. nicht-bestrafendes Arbeiten mit den Tätern,
3. Unterstützung der Opfer,
4. Miteinbeziehung anderer Personen (z. B. Eltern, andere Lehrkräfte, Direktoren) und
5. Ignorieren des Vorfalles.

Deutschsprachige Lehrer bevorzugten autoritäre Maßnahmen und konzentrierten sich hauptsächlich auf die Täter. Auf die Unterstützung der Opfer legten sie weniger Wert.[14]

Auf der anderen Seite stehen umfangreiche Präventionsprogramme. So wurde beispielsweise in einigen Bundesländern damit begonnen, durch präventive Demokratieerziehung Mobbing den Nährboden zu entziehen. Beispielhaft steht hier das rheinland-pfälzische Netzwerk von sogenannten Modellschulen für Partizipation und Demokratie, in dem gemeinsame Strategien gegen Mobbing und Ausgrenzung entwickelt werden. In diesem Zusammenhang ist als eine wichtige Grundlage das von Wolfgang Wildfeuer entwickelte Trainingsprogramm zu nennen, das Lernenden gewaltfreies Konfliktlösen vermittelt und das u. a. im Rahmen des „Neuwieder Moderatorenmodells" verbreitet wird.

Wissenschaftler der Duke University in North Carolina, darunter der Psychologe John Lochman, haben in den 1980er Jahren Versuchsprogramme durchgeführt, in denen sie aggressive Kinder darin trainiert haben, ihre eigenen Gefühle und die Gefühle und Absichten anderer Kinder aufmerksamer wahrzunehmen. Die teilnehmenden Kinder hatten drei Jahre später weniger Probleme mit ihrem Selbstwertgefühl, in der Schule oder mit Alkohol oder Drogen als die Kinder der Vergleichsgruppe, die keine solche Förderung erhalten hatten.[26]

Als typische Reaktionen auf das Mobbing gelten der ängstliche Rückzug oder der Versuch, dem mobbenden Schüler zu gefallen. Dieses Verhalten aber stabilisiert die Gewalt-Dynamik zwischen Opfer und Täter. Dagegen setzt ein „energisches Auftreten gegenüber den Mobbern (...) der Gewalt viel eher ein Ende als ängstliches Zurückziehen."[27] Wird ein Schüler gemobbt, sollte der Fall so schnell wie möglich offengelegt und das Gespräch mit Lehrern, Eltern, der Elternvertretung, der Schulleitung und letztendlich mit den mobbenden Schülern selbst gesucht werden. Die so genannte „Farsta-Methode" und das „No Blame Approach" sind erprobte Strategien, dem Problem zu begegnen.[28] Der No-Blame-Approach gilt als besonders für die Grundschule geeignet. Außer Fallschilderungen liegen zur Wirksamkeit des Ansatzes bisher kaum Ergebnisse vor und die Nachhaltigkeit ist ungeklärt. Weitere Schwächen bzw. Probleme sind: Der Erfolg hängt von der Arbeit der

Unterstützergruppe (die zu 50 % aus Tätern und ihren Assistenten besteht) und der Lehrkraft ab. Das Opfer könnte sich bloßgestellt fühlen.

Greifen alle pädagogischen Maßnahmen nicht oder hat das Mobben bereits kriminelle Ausmaße angenommen, sollten sich die Betroffenen „auf keinen Fall scheuen, auch rechtliche Schritte einzuleiten".[30]Zwar gelten Jugendliche in Deutschland bis zum 14. Lebensjahr als schuldunfähig, doch setzt die Anzeige eine Reihe von Maßnahmen in Bewegung, die zu Erziehungsmaßregeln und Jugendarrest führen können.

Eine Metaanalyse aus den USA zeigte, dass die meisten Programme zur Prävention des Mobbings in Schulen nur mäßige Verbesserungen zur Folge haben. Vor allem werden das Wissen über Mobbing, die Einstellungen und die Wahrnehmung des Themas verändert; der Einfluss auf die Häufigkeit der Mobbinghandlungen ist dagegen sehr gering[31].

Seite „Mobbing in der Schule". In: Wikipedia, Die freie Enzyklopädie.
Bearbeitungsstand: 22. Februar 2019, 09:15 UTC.
URL: https://de.wikipedia.org/w/index.php?title=Mobbing_in_der_Schule&oldid=18 5927141 (Abgerufen: 17. März 2019, 09:18 UTC)

4.21 Hochschulbildung am Bedarf vorbei

Hochschulen

Hochschule ist der Oberbegriff für Einrichtungen des tertiären Bildungsbereichs. Man unterscheidet Universitäten und gleichgestellte Hochschulen, das sind Hochschulen mit Promotions- und Habilitationsrecht, die früher als wissenschaftliche Hochschulen bezeichnet wurden, von den wissenschaftlich-anwendungsorientierten, künstlerisch-wissenschaftlichen, gestalterisch-wissenschaftlichen oder künstlerisch orientierten Hochschulen. Die Hochschulen dienen der Pflege der Wissenschaften und Künste durch Forschung und Lehre sowie der beruflichen Ausbildung (Studium) und Weiterbildung (Fortbildung).

An einer Hochschule eingeschriebene Personen werden Studenten oder Hochschüler genannt.

Im engeren Sinn bezeichnet eine Hochschule eine Einrichtung, die Forschung betreibt und damit neues Wissen schafft, wissenschaftliche Lehre (Studium und wissenschaftliche Weiterbildung) vermittelt und akademische Grade als Studienabschlüsse verleiht. Im Rahmen des Bologna-Prozesses werden an den Hochschulen gestufte Studiengänge mit den Abschlüssen Bachelor und Master angeboten, die weitgehend die bisherigen Abschlüsse Diplom und Magister ersetzen.

Eine besondere Form der Hochschulausbildung kennzeichnet eine Fernuniversität oder Fernhochschule. Neben staatlichen Hochschulen gibt es auch private Hochschulen. Diese werden zumeist von Kirchen, Gemeinden, aber auch von Stiftungen und in neuerer Zeit auch von Privatunternehmen getragen.

Die rechtliche Stellung der Hochschulen wird in den meisten Staaten durch ein spezielles Hochschulgesetz geregelt. In der Bundesrepublik Deutschland ist das Hochschulsystem Ländersache und wird durch deren Hochschulgesetze geregelt. Das Hochschulrahmengesetz des Bundes, das bisher Rahmenvorgaben für die Länder gegeben hat, soll im Rahmen der Föderalismusreform auslaufen.

Hochschulen haben sich im Laufe der Zeit (in entsprechender Zusammenarbeit mit dem jeweiligen Bundesland) zusammengeschlossen, sich spezialisiert oder umbenannt. Ein Beispiel hierfür sind Technische Hochschulen, die fast alle in „Technische Universität" umbenannt wurden, wie erstmals 1946 die Technische Universität Berlin. Ausnahmen sind beispielsweise die RWTH Aachen oder die ETH Zürich.

Viele „Fachhochschulen" bezeichnen sich seit einigen Jahren als „Hochschule" mit dem Fachgebiet, beispielsweise „Hochschule für Wirtschaft", „Hochschule für Technik" usw. oder allgemein als „Hochschule für angewandte Wissenschaften (HAW)". Zudem führen sie die englische Bezeichnung University[1] oder University of Applied Sciences (wörtlich übersetzt Universität für angewandte Wissenschaften). Dies begründet sich darin, dass der Begriff University in angloamerikanisch geprägten Bildungssystemen diejenigen Institutionen bezeichnet, die postgraduale Studiengänge anbieten, was in Deutschland, Österreich und der Schweiz allgemein den Hochschulen entspricht und nicht nur der Hochschulform „Universität". Der englische Begriff High School („Hohe" oder „Höhere Schule") ist dagegen dem Schulbereich (Sekundarbereich) zuzuordnen.

Die Pädagogischen Hochschulen (1971 in der Bundesrepublik Deutschland aus den Pädagogischen Akademien erwachsen) sind heute sich selbst verwaltende Zentren der Bildungswissenschaften mit uneingeschränktem Promotions- und Habilitationsrecht im Universitätsrang.[2] Sie wurden in den 1970/80er Jahren in den bundesdeutschen Ländern entweder in die Universitäten eingegliedert oder – wie in Baden-Württemberg – in selbstständige bildungswissenschaftliche Einrichtungen mit universitären Strukturen umgewandelt.

An bundesdeutschen Hochschulen betreut derzeit im Fächerdurchschnitt statistisch ein einzelner Professor etwa 52 Studenten. Genauer sind dies an Universitäten etwa 60, an Fachhochschulen etwa 38 Studenten. Die Anzahl der Studenten ist von 1972 bis 2005 um das Dreifache angestiegen (auf 1.953.504), die Anzahl der Professoren jedoch nur um das 1,8-Fache (auf 37.364). Nach diesen Zahlen sieht der Wissenschaftsrat einen Verbesserungsbedarf bei der Lehre an den Hochschulen, insbesondere an den Universitäten. Im Vergleich dazu stehen die US-amerikanischen

Eliteinstitutionen wie Harvard oder Stanford mit einem Betreuungsverhältnis von 1:10 oder besser wesentlich günstiger dar.

Die öffentlichen und privaten Hochschulen in der Bundesrepublik Deutschland gaben 2010 etwa 41,2 Milliarden Euro aus. Die Summe beinhaltet Kosten für Forschung, Lehre und medizinische Behandlung. Damit stiegen die Ausgaben gegenüber 2009 um 6,1 %.[3]

Aufbau und Organisation

Eine Hochschule besteht aus Fakultäten / Instituten oder Fachbereichen. Diese sind Abteilungen, an deren Spitze ein Dekan bzw. eine Dekanin steht. Der Hochschule steht eine Hochschulleitung mit einem Rektorat oder Präsidium sowie meist einem Kanzler vor. Außerdem gibt es eine zentrale Hochschulverwaltung, den Akademischen Senat sowie zentrale Service-Einrichtungen der Hochschule wie Hochschulbibliothek, Rechenzentrum, Zentrale Studienberatung, Career Service oder Akademisches Auslandsamt. Die innere Organisation kann verschiedene Formen annehmen, so gibt es zum Beispiel Ordinarien- und Gruppenhochschulen.

Die an einer Hochschule eingeschriebenen Studenten bilden je nach landesgesetzlicher Regelung die Studierendenschaft (auch: Studentenschaft).

Für den Betrieb von Mensen und Wohnheimen, für die Verwaltung des BAföG und für weitere Angebote im Umfeld einer Hochschule sind zumeist die Studentenwerke zuständig.

Abgrenzung

Volkshochschulen sind in Deutschland dem quartären Bildungsbereich der Weiterbildung zugeordnet, allerdings entgegen ihrer Bezeichnung keine Hochschulen.[4]

Auch Verwaltungs- und Wirtschaftsakademien (VWA) sind Institutionen des quartären Bildungsbereichs und keine Hochschulen. Berufsakademien (BA) hatten einen ähnlichen Status und verliehen ihren Absolventen daher keinen akademischen Grad, sondern eine staatliche Abschlussbezeichnung. Seit der Umwandlung 2006 in die Duale Hochschule Baden-Württemberg (DH) werden die akademischen Grade Bachelor und Master verliehen. Ein Promotionsrecht besteht weiterhin nicht.

Fachakademien und weiterbildende höhere Fachschulen werden dem tertiären Bildungsbereich zugeordnet, sofern der Bildungsgang nicht weniger als 2400 Stunden hat. Abschlüsse sind das Staatsexamen oder das Diplom (FS).[5]

Hochschularten

Übersicht über die Hochschulorganisation

- *Akademie (teilweise)*
- *Bauakademie*

- *Bergakademie*
- *Duale Hochschule*
- *Fachhochschule*
- *Fachhochschule für öffentliche Verwaltung*
- *Gesamthochschule*
- *Hochschule für angewandte Wissenschaften (HAW)*
- *Kirchliche Hochschule*
- *Medizinische Universität*
- *Pädagogische Hochschule*
- *Technische Hochschule*
- *Technische Universität*
- *Tierärztliche Hochschule*
- *Universität*
- *Wirtschaftshochschule*

Künstlerische Hochschulen

- *Filmhochschule*
- *Konservatorium*
- *Kunstakademie*
- *Kunsthochschule*
- *Musikhochschule*
- *Schauspielschule*

Weitere Einrichtungen des tertiären Bildungsbereichs

- *Berufsakademie*
- *Fachakademie (Bayern)*
- *Fachschule (Deutschland)*

Wikipedia® ist eine eingetragene Marke der Wikimedia Foundation Inc.

Seite „Hochschule". In: Wikipedia, Die freie Enzyklopädie. Bearbeitungsstand: 2. Januar 2019, 14:39 UTC.
URL: https://de.wikipedia.org/w/index.php?title=Hochschule&oldid=184306964 (A bgerufen: 2. April 2019, 12:03 UTC)

5. Entwicklung von Wissenschaft und Forschung

5.1 Vorbemerkung

Universität

Universitäten (vom lateinischen universitas magistrorum et scolarium,1 „Gemeinschaft der Lehrenden und Lernenden", später im Sinne Humboldts für universitas litterarum, „Gesamtheit der Wissenschaften") sind Hochschulen mit Promotionsrecht, die früher als wissenschaftliche Hochschulen bezeichnet wurden, die der Pflege und Entwicklung der Wissenschaften durch Forschung, Lehre und Studium dienen, aber ihren Studenten auch praxisorientiert Berufsqualifikationen vermitteln sollen. Neben den Volluniversitäten, die ein breites Fächerspektrum (Universalität) anbieten und mehrere zehntausend Studierende haben können (Massenuniversität), gibt es auch kleinere staatliche und Privatuniversitäten, die meist auf wenige Fächer spezialisiert sind und deren Anzahl an Immatrikulierten eher im vierstelligen Bereich liegt.

Begriff

Die Bezeichnung Universität (von lateinisch universitas ‚Gesamtheit') charakterisiert begrifflich im Wissenschaftsbereich ganz allgemein eine umfassende Bildungseinrichtung.5 An den damals neu gegründeten Institutionen von Bologna (gegründet 1088), Paris (gegründet um 1150) oder Oxford (gegründet im 12. Jahrhundert) studierte man im heutigen Sinne eines Studium generale. Es handelte sich um eine noch überschaubare Anzahl wissenschaftlicher Disziplinen (septem artes liberales, ‚Sieben Freie Künste', ergänzt durch Theologie, Jurisprudenz und Medizin). Die Gesamtheit dieser Wissenschaften fasste man später unter der Bezeichnung universitas litterarum (‚Gesamtheit der Wissenschaften'). Vor allem durch Wilhelm von Humboldt, der die Einheit von Lehre und Forschung zum Grundprinzip universitärer Arbeit erhob, wurde dieser Begriff für die moderne Universität prägend. Daneben trat das ursprüngliche Verständnis von universitas, das aus den korporativen Organisationsformen mittelalterlicher Lehr- und Lerngemeinschaften (universitas magistrorum et scholarium ‚Gemeinschaft der Lehrenden und Lernenden') im Bereich bedeutender kirchlicher Bildungszentren erwachsen war, etwas in den Hintergrund. Es lebt aber im Begriff der Autonomie der Hochschulen weiter.

Mit der zunehmenden Ausdifferenzierung und Vermehrung der Wissenschaftsgebiete hat sich die an das Studium generale anknüpfende Begriffsfüllung überlebt, da heute keine einzelne Institution mehr die Gesamtheit der Wissenschaften vertreten kann. Insofern ist der Begriff Universität nur noch für die Gesamtheit sämtlicher, großenteils spezialisierter, Hochschulen sinnvoll verwendbar. Die auf die akademische Gemeinschaft ausgerichtete Begriffsfüllung hat ebenfalls ihren ursprünglichen Anwendungsort verloren und ihren Sinn erweitert, da diese Bedeutung für alle Hochschulen, *also beispielsweise auch für die* Fachhochschulen, *zutrifft.*

Charakteristika und Aufgaben

Prägend für den Begriff der Universität sind seit dem europäischen Mittelalter

- *die Gemeinschaft von Lehrenden und Lernenden (universitas magistrorum et scholarium),*
- *das Recht zur Selbstverwaltung mit der Möglichkeit der eigenständigen Erstellung und Ausführung von Studienplänen und Forschungsvorhaben (Akademische Freiheit) sowie*
- *das Privileg der Verleihung öffentlich anerkannter* akademischer Grade *(zum Beispiel* Diplom *oder* Doktorgrad*).*

Wesentlich ist auch, dass die Studierenden ihren eigenen Stundenplan zusammenstellen und er nicht wie bei einer Schule oder Fachhochschule vorgegeben wird.

Die Universitäten im deutschen Sprachraum bieten Ausbildungsgänge nach der International Standard Classification of Education (ISCED), dem UNESCO-System zur Klassifizierung von Ausbildungssystemen, in den Leveln 5 und 6. Sie gehören zum tertiären Bildungsbereich.

Die ersten Universitäten in Europa entstanden im hohen Mittelalter. *Mit dem Aufkommen der Universitäten wurde das Lehr- und Wissensmonopol der* Klöster *durchbrochen. Dennoch wurde die universitäre Lehre vor allem in Mittel- und Nordeuropa noch bis über den Beginn der Neuzeit hinaus von den geistlichen Orden und dem* Klerus *beeinflusst.*

Seit der Einrichtung der Berliner Universität im Jahre 1810 (nennt sich seit 1949 Humboldt-Universität*) setzte sich auch international das* Humboldtsche Modell *der Einheit von Forschung und Lehre durch, das besagt, dass die Lehrkräfte zusätzlich zu ihrer Lehrtätigkeit auch Forschung betreiben sollen, damit das hohe Niveau der Lehre erhalten bleibt und* den Studenten *wissenschaftliche Qualifikationen besser vermittelt werden können.*

Universitäten kennzeichnen sich grundsätzlich durch einen breiteren Fächerkanon. Dies Merkmal betrifft vor allem die sogenannten „Massenuniversitäten". Ziel ist, unter dem Dach einer institutionellen Einheit (unitas) die Vielfalt (diversitas) anzubieten. Typisch sind die klassischen, schon im Mittelalter eingeführten Fakultäten für Philosophie (Geisteswissenschaften, heute auch die philologischen und historischen Fächer), Medizin, Theologie und Rechtswissenschaften. Dazu kommen die Naturwissenschaften – die bis in die Renaissance als ein Teilgebiet der Philosophie gelehrt wurden, ebenso wie die Mathematik – *sowie die* Wirtschafts- *und* Sozialwissenschaften *und weitere Arbeitsgebiete.*

Einige Universitäten haben thematische Schwerpunkte wie Technik und stellen dies auch im Namen dar (Beispiel: RWTH Aachen). Einige Hochschulen wie die statusmäßig gleichgestellten Pädagogischen Hochschulen führen die Bezeichnung „university" zur besseren Identifizierung im Untertitel, vor allem bei der internationalen Korrespondenz. Die früheren Hochschulen für Agrarwissenschaft und Forstwissenschaft wurden in der Regel mit klassischen Universitäten zusammengelegt, so dass diese Ingenieurstudiengänge heute an Universitäten angeboten werden.

Kunsthochschulen sind künstlerische und künstlerisch-wissenschaftliche Hochschulen, die den Universitäten gleichgestellt sind. Darunter fallen neben den Kunsthochschulen im engeren Sinn, deren Fachbereiche die bildende Kunst, die visuelle Kommunikation und die Architektur umfassen, auch die Musikhochschulen, Hochschulen für Schauspielkunst und Filmhochschulen.

Teilweise werden auch Sporthochschulen wie die Deutsche Sporthochschule Köln als „Sportuniversitäten" bezeichnet.

Das Konzept der Gesamthochschule, das an mehreren Studienorten in Nordrhein-Westfalen und in Kassel (Hessen) umgesetzt wurde, sah eine Integration der Fachhochschul- und Universitäts-Studiengänge vor. Letzte Immatrikulationen waren zum Wintersemester 2005/2006 in Nordrhein-Westfalen möglich. Im Hochschulgesetz von Hessen ist als Zugangsvoraussetzung für die Bachelor- und Masterstudiengänge an Universitäten eine Immatrikulation mit Abitur oder Fachhochschulreife vorgesehen.

Eine Besonderheit ist das Prinzip der Fernuniversität, *die ein Studium mit Hilfe von schriftlich an den Wohnort der Studenten zugestelltem Unterrichtsmaterial anbietet (im Gegensatz zur* Präsenzuniversität). *Dieses Angebot wird meist von Studenten genutzt, die bereits ein Studium absolviert haben, die Familie oder Kinder haben oder schon im Berufsleben stehen. Auch Strafgefangene können an der Fernuniversität studieren.*

Es gibt in Deutschland zwei Universitäten der Bundeswehr (UniBw), eine in München und eine in Hamburg. Der Großteil aller Offizieranwärter der Bundeswehr studiert an einer dieser Universitäten, die nahezu die gesamte Bandbreite der bei der Bundeswehr benötigten Studienrichtungen abdecken können. Das sind vor allem technische, aber auch wirtschafts- und organisationswissenschaftliche Fächer sowie Pädagogik. An der Universität der Bundeswehr in München können auch Fachhochschulabschlüsse erworben werden. Die Offizieranwärter des Sanitätsdiensts, die Medizin, Zahnmedizin, Tiermedizin oder Pharmazie studieren, besuchen reguläre zivile Universitäten.

Für Deutschland neu ist auch das Konzept der Stiftungsuniversität, das bis 2005 an drei Universitäten in Niedersachsen (Göttingen, Lüneburg, Hildesheim) zumindest teilweise umgesetzt wurde. Grundgedanke ist dabei, der Universität ein Stiftungskapital zur Verfügung zu stellen, aus dessen Erträgen sich die Universität finanziert. Dies soll die Universitäten von staatlichen Zwängen befreien und flexibler in ihren Entscheidungen machen. Traditionell existiert dieses Modell bereits in den Vereinigten Staaten von Amerika. Die bekanntesten Universitäten verfügen dort über ein sehr großes Stiftungskapital, das vor allem aus eigenen Wirtschaftserträgen und Erbschaften sowie privaten Schenkungen resultiert.

Zunehmend werden auch in Deutschland Privatuniversitäten gegründet. Kleinere Stiftungs- und Privatuniversitäten, wie sie traditionell im angloamerikanischen Raum existieren, haben gelegentlich mit dem Problem zu kämpfen, finanziell in zu starke Abhängigkeit von einem bestimmten Sponsor zu geraten. Zudem bilden die Studiengebühren eine weitere Finanzierungsquelle in erheblicher Höhe, was zu einer finanziellen Auslese unter den Studieninteressierten führen kann.

Bürgeruniversitäten und Kinderuniversitäten sind zeitlich begrenzte Veranstaltungen, die der Öffentlichkeitsarbeit einer Universität zuzurechnen sind. Sie sollen den Universitätsbetrieb für Kinder beziehungsweise Nicht-Akademiker transparent machen und für die Anliegen der Universitäten werben.

Die German University in Cairo (GUC) in Kairo/Ägypten ist das zurzeit weltweit größte von Deutschland unterstützte Projekt im Bildungsbereich. Zu Auslandsaktivitäten Deutschlands auf diesem Gebiet siehe auch Chinesisch-Deutsches Hochschulkolleg.

Historisch werden auch mittelalterliche Bildungseinrichtungen in außereuropäischen Ländern (in Afrika und Asien, dabei vor allem im islamischen Raum) als Universitäten bezeichnet, die nicht alle Merkmale einer europäischen Universität erfüllen (siehe auch Madrasa). Dabei ist vor allem die Verleihung akademischer Grade als speziell europäische Erfindung zu betrachten.

Bildungseinrichtungen der Antike, so zum Beispiel im antiken Ägypten und Griechenland oder im Römischen Reich, werden in der Regel nicht als Universitäten bezeichnet, obwohl entsprechende Begriffe auch damals üblich waren.

Geschichte

Die aus dem christlichen Bildungswesen und -gedanken des mittelalterlichen Westeuropas entstandene Universität gilt als eine klassisch europäische Schöpfung. Die Ursprünge liegen in den Kloster- und Domschulen, welche bis ins 6. Jahrhundert zurückreichen. Im Laufe der Zeit haben sich sowohl die Struktur, als auch die Fachbereiche der Universitäten erweitert und verändert. Der Grundgedanke der Bildung blieb jedoch erhalten. Infolge des anhaltenden wirtschaftlichen Nachkriegsaufschwungs und der Bildungsreformen wurden ab den 1960er und

1970er Jahren in Deutschland zahlreiche neue Universitäten gegründet, größtenteils durch Ausbau der vorhandenen Pädagogischen Hochschulen.

5.2 Universitätswesen in Deutschland

Nach dem Grundgesetz ist die Hochschulgesetzgebung grundsätzlich Sache der Länder. Dies entspricht, wenn man von der zentralistischen Zeit des Dritten Reichs oder der DDR absieht, auch der historischen Entwicklung in Deutschland. Fast alle alten Universitäten wurden von den Landesfürsten errichtet, die dazu allerdings ein Kaiserliches Privileg benötigten. Aus Gründen der Hochschulfinanzierung kam es jedoch auch zu rahmengesetzlichen Regelungen durch den Bund mit dem Hochschulrahmengesetz. Aufgrund der Föderalismusreform wird die Aufhebung des Hochschulrahmengesetzes angestrebt.[7] Ansonsten müssen sich die Länder untereinander staatsvertraglich über gemeinsam gewollte oder nicht gewollte Sachverhalte verständigen, was in der Regel im Rahmen der Kultusministerkonferenz stattfindet. Auch dies hat historische Dimension: bereits 1654 trafen die evangelischen Reichsstände auf dem Reichstag zu Regensburg ein erstes Abkommen zur Eindämmung des damals ausufernden Pennalismus an den Universitäten. Das Grundgesetz wurde dahingehend geändert, dass Bund und Länder bei bestimmten Aufgaben zusammenarbeiten können.[8]

Struktur

In Deutschland sind die meisten Universitäten heute als rechtsfähige öffentlich-rechtliche Körperschaften organisiert und unterstehen der Aufsicht der Bundesländer. Zuständig ist das entsprechende Ministerium (beziehungsweise – in Stadtstaaten – der Senator) für Wissenschaft. Gesetzliche Grundlage für die Universitäten und die anderen Hochschulen eines Bundeslandes ist das Landeshochschulgesetz.

In der Schweiz sind die Kantone Träger der Universitäten und Hochschulen. Einzige Ausnahmen sind die Eidgenössische Technische Hochschule Zürich und die École polytechnique fédérale de Lausanne, die von der Schweizer Bundesregierung getragen werden.

Die Lernenden an einer Universität bezeichnet man als Studenten oder (in Hinblick auf die Gleichstellung der Geschlechter) als Studierende. Die verschiedenen Arten von Lehrenden werden unter dem Oberbegriff Dozenten (oder Dozierende) zusammengefasst. Lehre und Forschung werden an einer Universität von den Professoren des entsprechenden Faches eigenverantwortlich geleitet.

Universitätsleitung

An der Spitze einer Universität steht ein Rektor oder Präsident, der in der Regel selbst ein Universitätsprofessor ist. Er wird üblicherweise unterstützt von mehreren Prorektoren beziehungsweise Vizepräsidenten, mit besonderen Zuständigkeiten wie für Lehre oder Forschung. Die traditionellen Anreden Magnifizenz für den Rektor bzw. Spektabilitäten für die Prorektoren und Dekane sind heute nicht mehr üblich. Der Leiter der Verwaltung wird in der Regel Kanzler genannt. Ein Kanzler einer Universität ist in der Regel ein Jurist oder ein Verwaltungsfachmann. Als wichtigstes Entscheidungsgremium fungiert der Senat, in dem Professoren, wissenschaftliche und nichtwissenschaftliche Mitarbeiter sowie teilweise auch Studenten ihren Sitz haben.

Für die Vertretung von Hochschulen gegenüber Politik und Öffentlichkeit gibt es auf Bundesebene die Hochschulrektorenkonferenz (HRK), für die Zusammenarbeit der Hochschulen auf Landesebene die Landesrektorenkonferenz (LRK). Dort wird die Universität vom Rektor oder Präsidenten vertreten.

Universitätsverwaltung

Zum Aufgabenbereich der Universitätsverwaltung gehören Angelegenheiten von Forschung, Lehre und Studium, von Haushalt, Personal und Recht, aber auch das Gebäudemanagement sowie der Arbeits- und Umweltschutz.

Ein Beispiel ist das Studentensekretariat, das in einer Universität für die Verwaltung der Studenten zuständig ist. Hier immatrikulieren und exmatrikulieren sich die Studenten. Aufgrund der hier geführten Unterlagen ist das Sekretariat auch in der Lage, Studienbescheinigungen für die unterschiedlichsten Zwecke auszustellen.

Das Akademische Auslandsamt (AAA) ist der Ansprechpartner in allen Fragen bezüglich eines Studienaufenthalts im Ausland, diesbezüglicher Stipendien und der Anerkennung von Leistungsnachweisen. Akademische Auslandsämter prüfen auch für die jeweilige Hochschule die Hochschulzugangsberechtigung von internationalen Studenten und beraten sie bei ihrem Studium in Deutschland.

Fakultäten oder Fachbereiche

Universitäten gliedern sich in einzelne Fakultäten oder Fachbereiche, die von einem Dekan (traditionelle Anrede: Spektabilität) oder Fachbereichssprecher geleitet werden (siehe z. B. auch Medizinische Fakultät, Theologische Fakultät). Die Position des Dekans bzw. Sprechers wechselt meist zwischen den Professoren der Fakultät (siehe auch Fakultätsentwicklung). Fakultäten haben ein eigenes Siegelrecht und das Recht, akademische Prüfungen abzunehmen sowie daraufhin die entsprechenden akademischen Grade zu verleihen. Die Eigenständigkeit der Fakultäten geht bis auf das Mittelalter zurück, als die Universitäten aus eigenständigen Einheiten zusammenwuchsen.

Die Fakultäten können sich wiederum in Institute oder Seminare gliedern, die einzelne Fachgebiete in Lehre und Forschung vertreten. Sie werden von einem der dort lehrenden Professoren (zum Beispiel mit dem Titel Institutsdirektor) geleitet.

Die Forschung wird unterteilt in Grundlagenforschung und angewandte Forschung. Forschung wird gefördert und finanziert durch entsprechende Forschungsprogramme und -aufträge seitens des Bundeslandes, der DFG, sowie anderer Vereine und Stiftungen. Forschung findet aber auch im Auftrag von Unternehmen und anderen öffentlichen Einrichtungen statt. Vor allem Institute können durch angewandte Forschung (Drittmittelforschung) zur Finanzierung des Universitätsbetriebes beitragen und zusätzliche Möglichkeiten für die Studenten bieten. Auf der anderen Seite können Unternehmen durch die projektbezogene Vergabe von Forschungsaufträgen bei der praktischen Umsetzung unterstützt werden und somit davon profitieren. Aufgrund der Finanzierungsmöglichkeiten haben die Institute manchmal einen eigenen rechtlichen Status (siehe An-Institut).

Zentrale Einrichtungen

Zu jeder Universität gehören auch zentrale, fakultätsübergreifende Einrichtungen.

Wichtig für die wissenschaftliche Arbeit sind die Universitätsbibliotheken, die für die Sammlung und Bereithaltung der erforderlichen wissenschaftlichen Literatur zuständig sind. Dabei werden nicht nur Bücher (Monografien) beschafft, sondern auch wissenschaftliche Zeitschriften und Buchreihen abonniert

Das Universitätsrechenzentrum ist eine zentrale Einrichtung, die informationstechnische (IT) Infrastruktur (Hochschulnetz, Server etc.) bereitstellt und betreibt sowie IT-Dienstleistungen (E-Mail, Web-Services etc.) und Beratung erbringt. Auch Rechenzentren versorgen manchmal mehrere Hochschulen mit IT-Infrastrukturen.

Aufgrund der zunehmenden Nutzung von Online-Medien in Lehre und Forschung gewinnen diese beiden zentralen Einrichtungen weiter an Bedeutung. Sie kooperieren in überlappenden Aufgabenbereichen.

Das Sportzentrum einer Universität ist in der Regel nicht nur für die Forschung und Lehre im Bereich der Sportwissenschaften zuständig, sondern bietet darüber hinaus für Studenten aller Fakultäten Trainingsmöglichkeiten in den verschiedensten Disziplinen im Rahmen des Universitätssports an. An einigen Universitäten gibt es Universitäts-Sportclubs (USC).

Alle Universitäten mit medizinischer Fakultät haben ein Universitätsklinikum, was einen größeren Posten im Etat der jeweiligen Universität darstellt. Die Chefärzte der einzelnen Fachkliniken sind in der Regel Universitätsprofessoren.

Weitere Einrichtungen können zum Beispiel wissenschaftliche Zentren, Sonderforschungsbereiche, Institute, Laboratorien, Observatorien, Museen, Sammlungen oder botanische Gärten sein, die von einzelnen Fakultäten oder fakultätsübergreifend unterhalten werden.

Universitätsnahe Einrichtungen

Das Studentenwerk kümmert sich um die sozialen Belange der Studenten. So sorgen Studentenwerke für einen regelmäßigen preiswerten Mittagstisch, die so genannte Mensa (lat. für „Tisch"), betreiben Studentenwohnheime oder bieten Beratungen für Studierende an. In der Regel gibt es an einem Hochschulstandort ein Studentenwerk, das sich um die Studenten aller Universitäten und Hochschulen der Stadt (oder Region) kümmert.

An zahlreichen Orten gibt es neben der Universität auch eigenständige Forschungseinrichtungen, wie beispielsweise Max-Planck-Institute.

Der Weg zum Studienabschluss

Das Studium beginnt für den Studenten mit der Immatrikulation und endet mit der Exmatrikulation. Das Studienjahr ist in Deutschland in aller Regel in zwei Semester (Winter- und Sommersemester) unterteilt. Dazwischen liegt die Vorlesungsfreie Zeit, in welcher dennoch Arbeiten angefertigt und Prüfungen geschrieben werden, oder Semesterferien, die die Studierenden temporär von allen Verpflichtungen des Studiums befreien. An manchen Universitäten ist die Einteilung des akademischen Jahres in drei Trimester üblich (z. B. Universitäten der Bundeswehr, Bucerius Law School). Grundsätzliche Voraussetzung für die Immatrikulation ist meistens die allgemeine oder fachgebundene Hochschulreife. Bei einigen Fächern (Medizin, Pharmazie, Tiermedizin und Zahnmedizin) bestehen bundesweite Zulassungsbeschränkungen (Numerus clausus) durch die Stiftung für Hochschulzulassung (SfH), andere Fächer können je nach Universität zulassungsbeschränkt sein. In diesem Fall muss der Studienbewerber eine Bewerbung bei der SfH oder der Hochschule einreichen.

Als wichtigste Lehrveranstaltungen der Universitäten gelten (zumindest theoretisch) die Vorlesungen, in denen ein Dozent mit akademischer Lehrbefugnis (Venia legendi) Lehrstoff aus seinem Fachgebiet, wenn möglich aus seinem Forschungsgebiet, vorträgt. Das können Professoren, aber auch Privatdozenten sein – Voraussetzung ist, dass der Dozent die venia legendi besitzt. Die Lehrinhalte werden in so genannten Seminaren oder Übungen praxisnah weiter vertieft. Diese Lehrveranstaltungen werden oft von Assistenten oder anderen Lehrbeauftragten geleitet. Hier ist auch die Mitarbeit der Studenten gefordert. In naturwissenschaftlichen Studiengängen werden beispielsweise Laborarbeiten durchgeführt, in den geisteswissenschaftlichen Fächern beteiligen sich die Studenten mit Referaten.

Nach der Hälfte des Studiums bzw. einem bestimmten Zeitabschnitt wird in der Regel eine Zwischenprüfung abgelegt, die oft eine fakultätsspezifische Bezeichnung trägt. So legen Mediziner nach vier Semestern ihres regulären Studiums ihr Physikum ab, bevor sie mit dem Klinikum (acht weitere Semester) beginnen.

Nach dem Hauptstudium, der zweiten Hälfte der regulären Studienzeit, legt der Student sein Examen ab, das auch wieder fakultäts- und studiengangspezifisch nach dem zu erlangenden akademischen Grad bezeichnet wird („Magisterprüfung", „Diplomprüfung", „Staatsexamen" etc.).

Für die Zulassung zum Examen werden Leistungsnachweise, die so genannten Scheine, verlangt. Diese werden zumeist nicht in den Vorlesungen, sondern in Übungen und Seminaren erworben. Zum Examen müssen in der Regel schriftliche und mündliche Prüfungen abgelegt sowie oft eine schriftliche Arbeit eingereicht werden, die nachweisen soll, dass der Student in der Lage ist, den Forschungsstand eines Teilbereiches der von ihm studierten Wissenschaft bzw. ein Spezialthema wiederzugeben und sich mit ihm auseinanderzusetzen, idealerweise eine aufgeworfene Fragestellung zu beantworten. Anders als bei der Dissertation wird nicht erwartet, dass der Kandidat einen wissenschaftlichen Fortschritt erzielt.

Bei Prüfungen, die auf den Staatsdienst vorbereiten (Rechtswissenschaften, Lehramt etc.) oder einer besonderen staatlichen Aufsicht unterliegen (Medizin, Pharmazie, Lebensmittelchemie etc.), wird ein Staatsexamen abgelegt.

Theologen werden für die kirchliche Laufbahn durch das kirchliche Examen, dem Äquivalent zum Staatsexamen, qualifiziert.

Nach dem erfolgreichen Examen bekommt der Student einen fakultätsspezifischen akademischen Grad (Diplom, Magister etc.) verliehen, der berufsqualifizierend ist. Das Staatsexamen berechtigt nicht zum Führen eines bestimmten Grades, wird allerdings in aller Regel als Ausgangspunkt für eine Promotion akzeptiert.

Im Rahmen des im Jahre 1999 begonnen Bologna-Prozesses hat sich diese Struktur des akademischen Studiums grundlegend geändert. Ein Großteil der Studiengänge in Deutschland ist bereits sukzessive auf die Erreichung der neuen Master- und Bachelor-Abschlüsse umgestellt worden, um eine europaweite Harmonisierung und Vergleichbarkeit der Abschlüsse zu gewährleisten. Europaübergreifend haben sich 45 Länder diesem Prozess angeschlossen, der in der Praxis vielfach mit enormen Problemen verbunden ist und intern scharfer Kritik ausgesetzt ist, die allerdings von der Öffentlichkeit kaum wahrgenommen wird. Eine Konsequenz des Bologna-Prozesses ist, dass die Hochschulabsolventen immer jünger werden und sich ihre Ausbildungszeiten deutlich verkürzen. Speziell in Deutschland benötigen Studenten für ihr Studium heute im Durchschnitt noch 10,6 Semester, nachdem es im Jahr 2000 noch 12,8 Semester waren. Das Durchschnittsalter der Hochschulabsolventen in Deutschland beträgt nur noch 27,1, nachdem es im Jahr 2000 noch bei 28,2 Jahren lag.[9] Als Vorteil des Bologna-Prozesses gilt, dass die Studenten früher in den Arbeitsmarkt integriert werden. Kritiker bemängeln hingegen, dass die Qualität der Ausbildung unter dem neuen System leide und die akademische Ausbildung zudem allein Wirtschaftsinteressen untergeordnet würden.

Der Weg zum Doktorgrad

Nach dem Examen kann ein Promotionsstudium begonnen werden, nach dessen Abschluss der Doktorand den Doktorgrad erwirbt, was in einigen Fakultäten für die Berufsqualifikation erwartet wird und in jedem Fall als der Nachweis „wissenschaftlicher Befähigung" gilt. Dies sind vor allem die Geistes- und Naturwissenschaften sowie die Medizin. Der „Doktor" ist der höchste akademische Grad. Die Promotion wird durch die Vorlage einer Dissertation, einer eigenständigen Forschungsarbeit, erlangt sowie durch das Bestehen eines Rigorosums und/oder einer wissenschaftlichen Disputation, in deren Verlauf der Doktorand meist seine Arbeit wissenschaftlich argumentativ verteidigen muss. Art und Ablauf dieses „mündlichen Verfahrens" sind von Fach zu Fach und von Hochschule zu Hochschule zum Teil sehr unterschiedlich. Nach erfolgreichem Abschluss der letzten Prüfung gilt der Kandidat als promoviert und erhält sein Zeugnis mit der Note. Die Bezeichnung „Dr." darf man in Deutschland allerdings erst nach der Publikation der Doktorarbeit führen. Ein im Ausland erworbener Doktorgrad musste bis vor der Bologna-Reform „nostrifiziert" werden, bevor er auch in Deutschland geführt werden durfte. Dies setzte eine gründliche Überprüfung der Gleichwertigkeit der Anforderungen durch das zuständige Kultusministerium voraus.

Der Weg zur Professur

Nach der Promotion kann sich der Doktor auf die Habilitation vorbereiten. In der Regel bedeutet dies, dass vor allem eine weitere Qualifikationsschrift, die sogenannte Habilitationsschrift, angefertigt werden muss. Hierbei kann es sich um eine Monographie handeln. Sie kann aber auch aus mehreren Publikationen bestehen (kumulative Habilitation). Während der Erstellung dieser Schrift(en) ist der Habilitand in der Regel in der Position eines „wissenschaftlichen Mitarbeiters" (nach TV-L 13 oder TVöD 13) beschäftigt. Häufig ist auch eine Anstellung bzw. Beamtung als „akademischer Rat auf Zeit" (nach A13). Diese Position hat in einigen Bundesländern den „Hochschulassistenten" (C1) ersetzt, der bundesweit mit der Reform der Dozentenbesoldung abgeschafft wurde.

Mit dem Abschluss der Habilitation wird der Titel eines Privatdozenten vergeben und die Venia Legendi verliehen. Dies ist die Erlaubnis, an einer Hochschule Vorlesungen zu halten und eigenständig Prüfungen abzunehmen. Angestrebt wird aber die Position als ordentlicher Professor, die nach einem bestimmten, recht aufwändigen Berufungsverfahren erfolgt. Eine Professorenstelle ist in Deutschland traditionell eine Beamtenposition und mit einer Einstellung in den Staatsdienst auf Lebenszeit verbunden. Mittlerweile ist es insbesondere bei Erstberufungen üblich, die Stelle zunächst nur befristet zu vergeben. Eine Entfristung nach Ablauf des vereinbarten Zeitraums erfolgt durch die zuständige Fakultät nach Feststellung der Bewährung.

Neuerdings gibt es auch die Einrichtung des Juniorprofessors, eine Position, die anstelle der Habilitation für eine Lebenszeitprofessur qualifizieren soll. Dies soll der Harmonisierung der akademischen Laufbahnen in der Welt dienen, da die meisten Länder außerhalb des deutschsprachigen Raums keine Habilitation kennen. Die Juniorprofessur wird aber kritisiert, da die Reform das entscheidende Problem – die mit dem Einschlagen einer akademischen Laufbahn verbundene berufliche Unsicherheit – nicht behebt: Auch der Juniorprofessor ist nur befristet beschäftigt und muss versuchen, nach spätestens sechs Jahren eine feste Anstellung zu erlangen. Daher streben inzwischen viele Juniorprofessoren auch die Habilitation an, um ihre Chancen auf eine Dauerstelle zu erhöhen.

In manchen künstlerisch orientierten Fachbereichen (zum Beispiel Kunst, Design, Architektur) wird eine Habilitation traditionell nicht als zwingende Voraussetzung für eine Professorenstelle betrachtet. Teilweise ist nicht einmal eine Promotion notwendig. Hier kann auch derjenige Lehrstuhlinhaber werden, der anstatt einer Promotion so genannte promotionsgleiche Leistungen nachweist. Hierzu zählt auch eine qualitativ hochwertige umfangreiche Publikationsliste. In den Ingenieurswissenschaften ist nach der Promotion Industrieerfahrung anstelle der Habilitation üblich.

Das Einschlagen der akademischen Laufbahn ist in Deutschland mit sehr hohen Risiken verbunden. Nach der Promotion – je nach Fach meist zwischen dem 26. und 33. Lebensjahr – muss man in der Regel weitere fünf oder sechs Jahre bis zur Habilitation einplanen. Da man nach der Reform des Hochschulrahmengesetzes faktisch nur noch zwölf Jahre lang befristet an einer Hochschule beschäftigt sein kann, bedeutet dies, dass man mit Anfang vierzig entweder eine feste Anstellung (also in der Regel eine Professur) hat – oder sich nun eine andere Anstellung – in der Regel in der Privatwirtschaft – suchen muss. Während es früher durchaus üblich war, dass ein weder lehrender noch forschender „Kustos" eine Assistentenstelle über Jahrzehnte belegte, leidet heute fast der gesamte „akademische Mittelbau" in Deutschland unter einem enormen Konkurrenzdruck und einer erheblichen Existenzangst – ein Umstand, der kaum einem Studenten bewusst ist: Nur wenigen ist bekannt, dass eine Vielzahl der Dozenten (und sogar manch ein Professor) nur mit einer befristeten Stelle ausgestattet ist.

Dieser Konkurrenzdruck resultiert zumeist daraus, dass der wissenschaftliche Arbeitsmarkt spezifischen Arbeitsmarktkonjunkturen unterliegt und somit in enger Wechselwirkung mit gesellschaftlichen Rahmenbedingungen steht. Aktuell von Bedeutung sind dabei vor allem Kürzungen staatlicher Gelder, die Konstruktion eines Bedeutungsverlusts in bestimmten Fächern (etwa den Sozialwissenschaften), die in den letzten Jahrzehnten steigenden Zahlen von Habilitationen und die mit den hochschulpolitischen Entwicklungen der letzten Jahre einhergehenden thematischen Fokussierungen in der Lehre und Forschung.[10]

Steuerrechtliche Behandlung von Universitäten in Deutschland

Universitäten sind Körperschaften, jedoch wegen ihrer anerkannt gemeinnützigen Funktion grundsätzlich von der Körperschaftsteuer befreit. Soweit Universitäten allerdings von Dritten Gelder erhalten um Forschungstätigkeiten in deren Auftrag zu erledigen, ist der Charakter der Gemeinnützigkeit partiell durchbrochen, sofern die Forschungsergebnisse nur dem Auftraggeber zugänglich gemacht werden. Die Ergebnisse dienen damit nicht mehr unmittelbar dem Allgemeinwohl. Eventuelle Gewinne, die hierdurch erwirtschaftet werden, sind körperschaftsteuerpflichtig. Gewerbesteuerpflicht besteht gemäß § 3 Nr. 30 GewStG zwar nicht; die Leistung ist, gemäß dem Umsatzsteuergesetz, jedoch mit dem vollen Umsatzsteuersatz zu versteuern.

Studiengebühren

Das Hochschulrahmengesetz (HRG) des Bundes schloss seit 2002 allgemeine Studiengebühren in Deutschland aus. Das Bundesverfassungsgericht gab der Klage einiger unionsgeführten Bundesländer, die darin einen unzulässigen Eingriff des Bundes in die Gesetzgebungskompetenz der Länder im Kultusbereich sahen, am 26. Januar 2005 recht. Im Zuge dessen begannen 2006 auch die staatlichen Universitäten in manchen Bundesländern mit der Einführung von Studiengebühren. Die Höhe belief sich dabei meist auf etwa 500 Euro pro Semester. Das Thema Studiengebühren ist heftig umstritten und war Gegenstand von Studentenprotesten, sodass allgemeine Studiengebühren bundesweit von 2008 (Hessen) bis 2014 (Niedersachsen)[12] wieder abgeschafft wurden.

Private Universitäten

Der Begriff Universität ist in den meisten deutschen Ländern geschützt und ausschließlich Hochschulen mit einem umfassenden Fächerkanon vorbehalten. Nur Universitäten ist es außerdem erlaubt, die Doktor- oder Professoren-Würde zu verleihen ("Promotionsrecht"). Der Titel Universität wird dementsprechend vom zuständigen Staatsministerium verliehen und orientiert sich an strengen Akkreditierungsrichtlinien, die zumeist nur staatliche Hochschulen erfüllen. Jedoch gibt es in Deutschland auch einige private Hochschulen, die den Titel Universität tragen. Dazu gehören die EBS Universität für Wirtschaft und Recht, die Universität Witten/Herdecke, die WHU – Otto Beisheim School of Management, die Deutsche Universität für Weiterbildung in Berlin, die Jacobs University Bremen sowie die Zeppelin Universität in Friedrichshafen. Die meisten anderen privaten Bildungsinstitutionen tragen jedoch lediglich den Titel Fachhochschule, Kunst- und Musikhochschule oder Private Hochschule.

Die ältesten Universitäten bis zum 15. Jahrhundert

Jahr	Universität	Jahr	Universität
1088	Universität Bologna, Bologna	1379	Universität Erfurt, Erfurt
		1386	Universität Heidelberg, Heidelberg
um 1170	Universität Oxford, Oxford	1388	Universität zu Köln, Köln
		1391	Universität Ferrara, Ferrara
1175	Universität Modena, Modena	1402	Universität Würzburg, Würzburg
um 1200	Sorbonne, Paris	1409	Universität Leipzig, Leipzig
		1413	Universität St Andrews, St Andrews
um 1209	Universität Cambridge, Cambridge	1419	Universität Rostock, Rostock
		1425	Universität Löwen, Löwen
1218	Universität Salamanca, Salamanca	1431	Universität Poitiers, Poitiers
1222	Universität Padua, Padua	1434	Universität Catania, Catania
		1450	Universität Barcelona, Barcelona
1224	Universität Federico II, Neapel	1451	Universität Glasgow, Glasgow
1229	Universität Toulouse, Toulouse	1453	Universität Istanbul, Istanbul
		1456	Universität Greifswald, Greifswald
1240	Universität Siena, Siena	1457	Universität Freiburg, Freiburg im Breisgau
1254	Universität Sevilla, Sevilla	1460	Universität Basel, Basel
1276	Universität Perugia, Perugia	1465	Universitas Istropolitana, Pressburg (heute: Bratislava)
1289	Universität Montpellier, Montpellier		
		1472	Universität Ingolstadt, Ingolstadt
1290	Universität Coimbra, Coimbra	1473	Universität Trier, Trier
1290	Universität Lissabon, Lissabon	1477	Universität Mainz, Mainz
1297	Universität Lleida, Lleida	1477	Universität Uppsala, Uppsala
		1477	Universität Tübingen, Tübingen
1303	Universität La Sapienza, Rom	1479	Universität Kopenhagen, Kopenhagen
1321	Universität Florenz, Florenz	1495	Universität Aberdeen, Aberdeen
1336	Universität Camerino, Camerino	1495	Universität Santiago de Compostela, Santiago de Compostela
1339	Universität Grenoble, Grenoble		

1343	Universität Pisa, Pisa		1499	Universität Madrid, Madrid
1346	Universität Valladolid, Valladolid			
1348	Karls-Universität, Prag			
1361	Universität Pavia, Pavia			
1364	Jagiellonen-Universität, Krakau			
1365	Universität Wien, Wien			
1367	Universität Fünfkirchen, Fünfkirchen (heute: Pécs)			

Seite „Universität". In: Wikipedia, Die freie Enzyklopädie. Bearbeitungsstand: 26. September 2018, 12:11 UTC.
URL: https://de.wikipedia.org/w/index.php?title=Universit%C3%A4t&oldid=18124 4398(Abgerufen: 14. März 2019, 13:23 UTC)

6. Forschung

6.1 Forschung

Unter Forschung versteht man, im Gegensatz zum zufälligen Entdecken, die systematische Suche nach neuen Erkenntnissen sowie deren Dokumentation und Veröffentlichung. Die Publikation erfolgt überwiegend als wissenschaftliche Arbeit in relevanten Fachzeitschriften und/oder über die Präsentation bei Fachtagungen. Forschung und Forschungsprojekte werden sowohl im wissenschaftlichen als auch im industriellen, aber auch im künstlerischen[1] Rahmen betrieben.

Teilgebiete der Forschung

Forschung wird im Allgemeinen unterschieden in:

Grundlagenforschung, die bislang unbekannte Objekte, Verhaltensmechanismen, Grundstrukturen oder Funktionszusammenhänge elementarer Art zu klären versucht. So befasst sich naturwissenschaftliche Grundlagenforschung z. B. mit der Funktion von Organismen in der Biologie oder den Wechselwirkungen von Stoffen in der Chemie und Physik. Geisteswissenschaftliche Grundlagenforschung hat z. B. das Phänomen Bildung zum Thema. Sie erkundet historisch oder gesellschaftlich relevante Gesetzmäßigkeiten menschlichen Verhaltens. Diese Forschung wird systematisch und auftragsgemäß vor allem an wissenschaftlichen Hochschulen betrieben. Ein Beispiel europäischer Grundlagenforschung ist insbesondere CERN (Europäische Organisation für Kernforschung) in Genf und European Synchrotron Radiation Facility in Grenoble. In Deutschland sind darüber hinaus auch spezielle Forschungseinrichtungen wie die gemeinnützige Forschungsorganisation Max-Planck-Gesellschaft e. V. (MPG) sowie die Institute der Helmholtz-Gemeinschaft Deutscher Forschungszentren (HGF) befasst. In Österreich arbeiten Einrichtungen wie die Österreichische Akademie der Wissenschaften (ÖAW) in der Grundlagenforschung. In Italien gilt Triest als ein Zentrum der Grundlagenforschung mit dem International Centre for Theoretical Physics (ICTP), dem Forschungskomplex Elettra Sincrotrone Trieste mit unter anderem dem Elektronenbeschleuniger Elettra[2] und dem Freie-Elektronen-Laser FERMI.[3] Grundlagenforschung dient der Erweiterung elementarer wissenschaftlicher Erkenntnisse. Der Anwendungsbereich steht nicht im Vordergrund des Interesses. Grundlagenforschung bietet ein Fundament für die angewandte Forschung und Entwicklung.

Translationale Forschung, weiterführende, gezielte Grundlagenforschung an der Schnittstelle zur angewandten Forschung, die auf selbst gewonnenen wissenschaftlichen Erkenntnissen aufbaut und auf konkrete Anwendungsziele oder/und einen zu entwickelnden wirtschaftlichen, gesellschaftlichen oder kulturellen Nutzen ausgerichtet ist.[4] Hierzu zählt beispielsweise die Forschung der Leibniz-Gemeinschaft

Angewandte Forschung (auch Zweckforschung), die ein praxisbezogenes, oft technisches oder medizinisches Problem lösen will. Sie verfolgt eine wirtschaftliche Nutzung und findet sowohl an Hochschulen als auch in der freien Wirtschaft, in Deutschland auch an den Instituten der Fraunhofer-Gesellschaft, statt. In anderen Ländern kennt man ebenfalls ähnliche, teils staatlich finanzierte Einrichtungen, zum Beispiel die TNO in den Niederlanden, das Austrian Institute of Technology (AIT) in Österreich oder der AREA Science Park in Triest, Italien. Im engeren Sinne wird bei Angewandter Forschung noch zwischen Verfahrens- und Erzeugnisforschung unterschieden. Die gewonnenen Erkenntnisse werden in technische Entwicklungen umgesetzt.

Während die Grundlagenforschung vom reinen Erkenntnisinteresse geleitet wird und allgemein gültige Zusammenhänge und Gesetzmäßigkeiten aufzuspüren versucht, ist die Angewandte Forschung auf praxisrelevante, nützliche Ergebnisse ausgerichtet wie etwas in der medizinischen Forschung. Jede der beiden Forschungsrichtungen kann Impulsgeber für die andere sein und von der anderen profitieren. Die Grundlagenforschung arbeitet auf einem höheren Abstraktionsniveau, die Anwendungsforschung bewegt sich näher an der praktischen Verwertbarkeit. Die Stanford University in Kalifornien mit dem Stanford Linear Accelerator Center, den Forschungen bzw. Studien in Natur- und Ingenieurwissenschaften und den IT-Unternehmen im Silicon Valley gilt als internationales Vorbild hinsichtlich Verbindung von Grundlagenforschung, Anwendungsforschung und wirtschaftlicher Nutzung.[5]

Finanzierung

Das Wirtschaftswachstum kann über die Investitions- bzw. Forschungsquote gefördert werden und daher ist die Forschung und deren Finanzierung volkswirtschaftlich erheblich. Vor allem die Konzentration von Forschung und Entwicklung auf Spitzentechnologie wirkt langfristig wachstumsfördernd.[6]

Gemessen am finanziellen Aufwand entfällt in den Industrieländern der Großteil der Forschung auf die Industrie, ist also vor allem der angewandten Forschung zuzurechnen. Die Grundlagenforschung wird hingegen überwiegend von Wissenschaftlern der Forschungseinrichtungen der Hochschulen sowie (in geringerem Ausmaß) spezialisierter Institute getragen.

Diese Forschung wird überwiegend aus dem Budget des Instituts bzw. der Hochschule finanziert. Doch wächst in fast allen westlichen Staaten der Anteil sogenannter Drittmittelforschung. Im Wesentlichen sind dies von Hochschullehrern beantragte und durchgeführte Forschungsprojekte, für die meist eine (halb-)staatliche Forschungsförderung existiert.

Im Rahmen der EU ist der Europäische Forschungsrat (European Research Council, ERC) eine wichtige Institution zur Finanzierung von Grundlagenforschung.

Deutschland

Laut Berechnungen des Statistischen Bundesamtes für das Jahr 2007 betrugen die gesamten Forschungsaufwendungen in Deutschland insgesamt rund 61,5 Milliarden Euro, wovon 70 Prozent von der Industrie finanziert wurden. Die forschenden Pharmaunternehmen in Deutschland trugen dabei 10,5 Prozent der gesamten Forschungsaufwendungen der deutschen Industrie.[7]

Von den etwa 18 Milliarden Euro „nichtindustrieller" Forschung entfällt der Großteil auf die Institute an den Hochschulen und Akademien. Zu deren Primärbudgets kommen die eingeworbenen Drittmittel, welche überwiegend die Deutsche Forschungsgemeinschaft (DFG) finanziert. Deren Etat belief sich 2010 auf rund 2,3 Milliarden Euro. Laut Forschungsbericht 2010 kamen davon 67,1 Prozent vom Bund, 32,7 Prozent von den Ländern und 0,2 Prozent aus Stiftungen und privaten Zuwendungen.

Von den 32.000 Forschungsprojekten der laufenden Förderung waren über 15.000 in der Einzelförderung angesiedelt. Für sie wurden 2010 insgesamt 894 Millionen Euro an Fördermitteln bewilligt. Dazu kommen 256 Sonderforschungsbereiche, für welche die DFG etwa 4600 Projekte unterstützte (Bewilligungsvolumen 547 Millionen Euro). Der DFG-Bericht schreibt ferner: Ebenfalls in den koordinierten Programmen gefördert wurden 237 Graduiertenkollegs (138 Millionen Euro), 113 Schwerpunktprogramme mit etwa 3400 Projekten (193 Millionen Euro) und 252 Forschergruppen mit fast 2500 Projekten (150 Millionen Euro).

Wikipedia® ist eine eingetragene Marke der Wikimedia Foundation Inc.

Seite „Forschung". In: Wikipedia, Die freie Enzyklopädie. Bearbeitungsstand: 14. März 2019, 11:53 UTC.
URL: https://de.wikipedia.org/w/index.php?title=Forschung&oldid=186573671 (Ab gerufen: 14. März 2019, 13:25 UTC)

6.2 Zahlen und Fakten

6.2.1 Forschungsausgaben in Deutschland

Ausgaben der wissenschaftlichen Bibliotheken, Archive und Museen für Forschung und Entwicklung nach Ausgabeart von 2003-2015 in Mio.€

Jahr	Insgesamt in Mio€	Fortlaufende Ausgaben in Mio€	Investitionen in Mio €
2015	440	393	47
2014	434	382	43
2013	441	396	45
2012	407	359	48
2011	402	344	58
2010	412	345	66
2009	356	315	41
2008	370	312	58
2007	325	285	40
2006	320	275	45
2005	265	228	37

Quelle: Statista

Ausgaben der Leibnizgemeinschaft für Forschung und Entwicklung nach Ausgabenarten von 2003 bis 2015 in Mio. €

Jahr	Insgesamt in Mio€	Fortlaufende Ausgaben in Mio€	Investitionen in Mio €
2015	1.344	1.148	161
2014	1.308	1.097	175
2013	1.272	1.012	168
2012	1.180	972	202
2011	1.175	1.000	209
2010	1.209	936	205
2009	1.141	837	180
2008	1.018	807	159
2007	966	765	172
2006	936	642	131
2005	936	631	143

Quelle: Statista

Ausgaben der öffentlichen Einrichtungen für Forschung und Entwicklung nach Ausgabenarten von 2005 bis 2015 in Mio.€

Jahr	Insgesamt in Mio€	Fortlaufende Ausgaben in Mio€	Investitionen in Mio €
2015	1.253	1.120	133
2014	1.272	1.097	175
2013	1.249	1.048	201
2012	1.280	1.068	234
2011	1.206	973	251
2010	1.176	926	244
2009	1.117	873	130
2008	924	794	111
2007	899	789	100
2006	902	801	104
2005	369	765	97

Quelle: Statista

Ausgaben der Fraunhofer Institute für Forschung und Entwicklung nach Ausgabenarten von 2005-2015 in Mio. €

Jahr	Insgesamt in Mio€	Fortlaufende Ausgaben in Mio€	Investitionen in Mio €
2015	2.085	1.756	328
2014	2.060	1.664	396
2013	2.010	1.590	420
2012	1.889	1.525	364
2011	1.833	1.444	389
2010	1.625	1.296	329
2009	1.563	1.210	352
2008	1.401	1.158	243
2007	1.319	1.023	296
2006	1.206	985	221
2005	1.258	994	264

Quelle: Statista

Höhe der Bruttoinlandsausgaben für die Forschung und Entwicklung in Deutschland nach Finanzierungsarten von 2010-2015 in Mio. €

Jahr	Finanziert durch Wirtschaft	Durch Staat	Durch Privaten Institutionen	Durch das Ausland
2015	58.329	24.762	319	5.462
2014	55.589	24.184	263	4.211
2013	52.176	23.198	246	4.110
2012	52,272	23.111	307	3.420
2011	48.562	22.585	263	3.158
2010	45.873	21.260	164	2.716

Quelle: Statista

Ausgaben für Forschung und Entwicklung führender deutscher Healthcare und Medizintechnikunternehmen im Jahr 2016-2017 in Mio. €

Namen	Betrag in Mio€
Fresenius	500
Carl Zeiss	442,9
Braun Melsunken	301,5
Dragerwerk	215,9
Karl Storz	90,5
Paul Hartmann	58,9
Brainlab	49,4
Eppendorf	34,8

Quelle: Statista

Verteilung der Ausgaben des Bundes für Forschung und Entwicklung auf die Bundesländer in %-im Jahr 2016

Bundesland	Anteil in %
NRW	19.1
Baden-Württemberg	15,5
Bayern	13,2
Berlin	11,2
Niedersachsen	7,4
Sachsen	6,4
Hessen	5,9
Hamburg	4,1
Brandenburg	3,1
Schleswig-Holstein	2,6
Mecklenburg-Vorpommern	2,3
Bremen	2,1
Rheinland-Pfalz	2,1
Thüringen	2,1
Sachsen-Anhalt	2
Saarland	0,8

Quelle: Statista

Höhe der Ausgaben für Forschung und Entwicklung in Deutschland nach Bundesländern von 2012-2015 in Mio. €

Bundesland	2012	2013	2014	2015
BW	20.335	20.204	21.469	22.733
Bayern	15.306	15.942	16.701	17.359
NRW	12.189	11.761	12.555	12.689
Niedersachsen	6.746	7.709	7.363	8.867
Hessen	7.174	6.865	7.314	7.403
Berlin	3.774	4.021	4.281	4.411
Rheinland-Pfalz	2.465	2.655	2.759	3.188
Sachsen	2.838	2.872	2.891	3.099
Hamburg	2.198	2.308	2.453	2.423
Schleswig-Holstein	1.140	1.198	1.297	1.277
Thüringen	1.130	1.158	1.195	1.183
Brandenburg	975	937	1.006	1.092
Bremen	755	793	852	873

Quelle: Statista

Anteil der Bruttoinlandsausgaben für Forschung und Entwicklung am BIP in Deutschland von 2005-2015

Jahre	Anteil in %
2015	2,92
2014	2,87
2013	2,82
2012	2,87
2011	2,8
2010	2,73
2009	2,6
2008	2,46
2007	2,43
2006	2,47
2005	2,4

Quelle: Statista

Bundesausgaben für Wissenschaft, Forschung und Entwicklung nach Förderbereichen von 2014 -2018 in Mio €

Förderderbereich	2014	2015	2016	2017	2018
Gesundheit	2.209,3	2.394,4	2.543,3	2.668,2	2.761.5
Bioökonomie	264,8	255,4	261,8	273,7	274,5
Landwirtschaft	736	757,7	809,2	1049,1	1034
Energie	1.500,2	1.575,4	1.616,4	1.912,4	1966,6
Klima,Umwelt	1.353,9	1.336	1.431,1	1.641,9	1.699,6
I&K	758,3	675,9	750,9	989,8	1.401
Mobilität	370	362,9	361	482,4	505,7
Luft und Raumfahrt	1.407,3	1.531	1.618,5	1.653,5	1.802,8
Arbeitsektor	128,3	131,5	1.479,3	166,2	167,2
Nanothechnologie	537,4	644,3	679,4	717,7	737,9
Optik	169,9	206,5	214,3	217,2	223,7
Produktion	222,8	237,4	236	247,1	244
Zivilforschung	95,1	99,6	102,3	107,91	125,4

Quelle: Statista

Interne Ausgaben für Forschung und Entwicklung im Automobilbau in Deutschland von 2011-2016 in Mio. €

Jahre	Betrag in Mio €
2016	21.889
2015	21.741
2014	19.768
2013	16.560
2012	17.361
2011	15.771

Quelle: Statista

Forschung und Entwicklungsaufwendungen im Maschinenbau in Deutschland in den Jahren 2007 bis 2027 in Milliarden €

Jahre	Aufwendungen in Milliarden€
2017	5,8
2016	5,7
2015	5,6
2014	5,7
2013	5,4
2012	5,2
2011	4,9
2010	4,6
2009	4,5
2008	4,7
2007	4,4

Quelle: Statista

6.2.2 Forschungsausgaben Weltweit

Höhe der Fördergelder für Forschung und Entwicklung im Bereich der Elektromobilität in Millionen€ -2017-

Länder	Fördergelder im Mio€
Frankreich	969
Deutschland	300
Japan	172
USA	170
Südkorea	102
China	98

Quelle: Statista

Länder mit dem höchsten Anteil an den Ausgaben für Forschung und Entwicklung in der Chemie und Pharmaindustrie innerhalb der OCED im Jahr 2017 in%

Länder	Anteil in %
USA	52,1
Japan	14
Deutschland	7,2
Schweiz	4,7
GB	4,6
Frankreich	4,3
Belgien	2,8
Südkorea	2,6
Dänemark	1,6
Italien	0,9

Quelle: Statista

Ausgaben von Unternehmen für Forschung und Entwicklung welweit von 2005-2018 in Milliarden $

Jahre	Ausgaben im Milliarden $
2018	782
2017	702
2016	680
2015	680
2014	647
2013	638
2012	614
2011	560
2010	508
2009	538
2008	501
2007	447
2006	409
2005	400

Quelle: Statista

Veränderung der Ausgaben von Unternehmen weltweit für Forschung und Entwicklung nach Weltregionen in Jahr 2018 im Vergleich zum Vorjahr in %

Länder	Veränderungen
China	34,4
Europa	14
Durchschnitt	11,4
Japan	9,3
Rest der Welt	8,6
Nord Amerika	7,8

Quelle: Statista

Anteil der Wirtschaftsbereiche an den Ausgaben von Unternehmen weltweit für Forschung und Entwicklung im Jahr 2018 in %

Wirtschaftbereich	Anteil in %
Computer, Elektronik	22,5
Gesundheit	21,7
Automobil	16
Software, Internet	15,7
Verarbeitende Industrie	10,6
Chemie, Energie	4,1
Handel	3,2
Luftfahrt, Verteidigung	2,8
Andere Bereiche	1,9
Telekommunikation	1,5

Quelle: Statista

Jährliche Ausgaben für Forschung und Entwicklung der weltweiten
Medizintechnikindustrie in den Jahren 2005-2024 in Milliarden $

Jahre	Ausgaben in Milliarden $
2024	38,9
2023	37,3
2022	35,8
2021	34,3
2020	32,8
2019	31,3
2018	30
2017	28,6
2016	27,4
2015	26
2014	25,6
2013	25
2012	34,1
2011	23.4
2010	21,2
2009	20
2008	19,9
2007	18,7
2006	14,6
2005	12,8

Quelle: Statista

6.2.3 Forschungsausgaben nach Unternehmen

Ausgaben der Boschgruppe für Forschung und Entwicklung für den jahren 2005-2017 in Mio. €

Jahre	Ausgaben in Mio€
2017	7.264
2016	6.911
2015	6.378
2014	4.959
2013	4.543
2012	4.442
2011	4.190
2010	3.810
2009	3.610
2008	3.889
2007	3583
2006	3.348
2005	3.073

Quelle: Statista

Ausgaben von Oracle für Forschung und Entwicklung in den Geschäftsjahren 2005-2018 in Milllionen $

Jahre	Ausgaben in Mio$
2018	6.091
2017	6.159
2016	5.787
2015	5.524
2014	5.151
2013	4.850
2012	4.523
2011	4.519
2010	3.254
2009	2.767
2008	2.741
2007	2.195
2006	1.872
2005	1.491

Quelle: Statista

Top 20 Pharmaunternehmen nach den höchsten Ausgaben für Forschung und Entwicklung in den Jahren 2017 und 2024 in Milliarden $

Pharmaunternehmen	Ausgaben in Mrd$ 2017	Ausgaben in Mrd$ 2024
Roche	9,2	11,7
Johson &Johnson	8,4	10
Novatis	7,8	9
Merck&co	7,6	8,3
Sanofi	6,2	8,2
Pfizer	7,6	8
Glaxosmithline	5	6,2
AstraZeneca	5,4	6,1
AbbVie	4,8	5,9
Bristol-Myers	4,8	5,7
Eli-Lilly	5	5,4
Celegene	3	4,5
Boehringer Ingelheim	3,1	4,1
Bayer	3,3	4,1
Gielead Sciences	3,5	3,5
Takeda	2,9	3,3
Novo Nordisk	2,1	3,1
Regeneron Pharma.	2,1	3
Astella	2	2,4
Amgen	3,5	4,1

Quelle: Statista

Ausgaben für Forschung und Entwicklung der BASF SE in den Jahren2008- 2018 in Millionen €

Jahre	Ausgaben in Millionen €
2018	2.028
2017	1.843
2016	1.863
2015	1.953
2014	1.884
2013	1.849
2012	1.732
2011	1.605
2010	1.492
2009	1.398
2008	1.335

Quelle: Statista

Ausgaben der Microsoft Corporation für Forschung und Entwicklung in den Jahren 2008-2018 in Millionen $

Jahre	Ausgaben in Millionen $
2018	14.736
2017	13.037
2016	11.988
2015	12.046
2014	11.381
2013	10.411
2012	9.811
2011	9.043
2010	8.714
2009	9.010
2008	8.164

Quelle: Statista

Aushaben von SAP für Forschung und Entwicklung von 2006-2018 in Millionen €

Jahre	Ausgaben in Mio€
2018	3.625
2017	3.352
2015	3.044
2014	2.845
2013	2.331
2012	2.261
2011	1.935
2010	1.729
2009	1.591
2008	1.627
2007	1.461
2006	1.344

Quelle: Statista

Ranking der 20 Unternehmen mit den höchsten Ausgaben für Forschung und Entwicklung 2017-2018 in Milliarden $

Unternehmen	Ausgaben in Mrd $	Anteil der Ausgaben am Umsatz
Amazon	22,6	12,7
Alphabet	16,2	14,6
VW	15,8	5,7
Samsung	15,3	6,8
Intel	13,1	20,9
Microsoft	12,3	13,7
Apple	11,6	5,1
Roche	10,8	18,9
Johnson & Johnson	10,6	13,8
Merck&Co	10,2	25,4
Toyota	10	3,9
Novatis	8,5	17
Ford	8	5,1

Quelle: Statista

6.2.4 Forschungsaugaben in Europa

Umsatz der Branche Forschung und Entwicklung in den Niederlanden von 2010-2016-2022 in Millionen €

Jahre	Umsatz
2022	6.418,7
2021	6.310,44
2020	6.177,87
2019	6.015,55
2018	5.816,78
2017	5.573,41
2016	5.275,4
2015	4.748
2014	4.383
2013	4.343,1
2012	4.204,2
2011	4.149
2010	3.834,6

Quelle: Statista

Umsatz der Branche Forschung und Entwicklung 2010-2022 in Milliarden €

Jahre	Umsatz
2022	14,55
2021	14,3
2020	14,01
2019	13,65
2018	13,23
2017	12,73
2016	12,64
2015	11,81
2014	10,76
2013	9,93
2012	12,02
2011	10,11
2010	9,16

Quelle: Statista

7. Elite Universitäten und Denkfabriken

7.1 Eliteuniversität

*Im deutschen Sprachraum wurde **Eliteuniversität** für Universitäten aus dem angloamerikanischen Raum verwendet, denen eine strikte Zugangsbeschränkung nachgesagt wird. In jüngerer Zeit wird der Ausdruck auch für Universitäten im Zusammenhang mit der deutschen Exzellenzinitiative verwendet.*

Allgemeines

Der Begriff der Elite leitet sich etymologisch vom lateinischen „eligere" ab, was so viel wie auswählen bedeutet.[1] Hieraus ergeben sich nun drei grundsätzliche Möglichkeiten, die der Begriff der Eliteuniversitätbezeichnen könnte:

Die erste Möglichkeit ist, dass der Zugang zu bestimmten Universitäten lediglich einer Leistungselite zugestanden wird, was sich durch Zulassungsbeschränkungen etwa mittels der Anwendung eines hohen Numerus clausus, oder aber durch die Anwendung von Eignungsfeststellungsverfahren umsetzen lässt.

Die zweite Möglichkeit ist, dass mittels bestimmter Universitäten eine Funktionselite einer Gesellschaft ausgewählt wird, was etwa dadurch möglich ist, dass der Zugang zu führenden Positionen in Politik, Wirtschaft und Wissenschaft explizit oder implizit vom Absolvieren einer dieser Universitäten abhängig gemacht wird.

Die dritte Möglichkeit ist, dass Universitäten ihre Studenten aufgrund der Zugehörigkeit zu einer bestimmten sozioökonomischen Elite auswählen, was praktisch etwa mittels der Erhebung von Studiengebühren in einer Höhe, die die Exklusivität der Einrichtung für eine bestimmte gesellschaftliche Gruppe sicherstellt, bewerkstelligt werden kann, oder aber durch ein Zulassungssystem, das durch positive Diskriminierung Angehörige dieser sozialen Gruppe begünstigt.

Neben der Ausbildung ist ein weiterer Faktor, der einer Eliteuniversität zukommen kann, eine im weltweiten Vergleich exzellente Forschungsleistung. Obschon im Einzelnen unklar ist, anhand welcher Faktoren die Forschungsexzellenz einer Universität festzumachen ist, haben sich in den letzten Jahren eine Vielzahl von Universitätsrankings daran versucht, solche Kriterien zu finden und zu objektivieren. Als maßgeblich haben sich insofern etwa die Anzahl der Publikationen, die Anzahl der Zitationen dieser Publikationen, die Anzahl der Forschungspreise, aber auch die subjektive Bewertung einer Universität durch Wissenschaftler herausgestellt, wobei die Konsistenz der Platzierungen einer Universität erstens innerhalb der verschiedenen Ausgaben eines Rankings und zweitens in den verschiedenen methodisch unterschiedlichen Rankings einen näherungsweise objektiven Anhalt ihrer Forschungsexzellenz vermitteln kann. Diese Objektivierung scheitert regelmäßig. Dies liegt vor allen Dingen daran, dass die genannten Kennzahlen sehr schwierig und nur auf sehr teurem Wege zu ermitteln sind. Außerdem werden die Datensätze nicht veröffentlicht, was die Rankings wissenschaftlich unkorrekt macht. Niemand kann die Zahlen aus diesen Rankings gesichert nachvollziehen. Nicht einmal die Hochschulen von denen Daten erhoben wurden.

Situation in Deutschland

Die im Rahmen der ersten Runde der Exzellenzinitiative 2007–2012 für ihr Zukunftskonzept geförderten 9 Universitäten in Deutschland ("Eliteuniversitäten"):

1. Albert-Ludwigs-Universität Freiburg
2. Ruprecht-Karls-Universität Heidelberg
3. Ludwig-Maximilians-Universität München
4. Technische Universität München
5. Freie Universität Berlin
6. Georg-August-Universität Göttingen
7. RWTH Aachen
8. Universität Konstanz
9. Karlsruher Institut für Technologie

Im Rahmen der zweiten Runde der Exzellenzinitiative ab 2012 werden 11 Universitäten und Hochschulen gefördert:

1. Eberhard-Karls-Universität Tübingen
2. Ruprecht-Karls-Universität Heidelberg
3. Ludwig-Maximilians-Universität München
4. Technische Universität München
5. Freie Universität Berlin
6. Technische Universität Dresden
7. RWTH Aachen
8. Universität Konstanz
9. Humboldt-Universität zu Berlin
10. Universität Bremen
11. Universität Köln

Bislang existieren in Deutschland wenige Eliteuniversitäten, wie es sie etwa in den USA, in Großbritannien oder in Frankreich gibt. Dies liegt zum einen daran, dass die Universitäten in Deutschland grundsätzlich gesetzlich verpflichtet sind, jedem Inhaber der Allgemeinen Hochschulreife den Zugang zum Erststudium zu gewähren.[2] Dies führt dazu, dass eine leistungsabhängige Auswahl der Studierenden nur dann möglich ist, wenn die Anzahl der Bewerber auf einen bestimmten Studiengang die Anzahl der verfügbaren Studienplätze übersteigt. Auch lassen sich in Deutschland kaum Universitäten festmachen, die in weit überproportionalem

Umfang eine gesellschaftliche Funktionselite in den Bereichen Wirtschaft, Politik und Wissenschaft produzieren, was teilweise auch dem Mangel zuverlässigen statistischen Datenmaterials geschuldet sein mag. Wohl aber sind anhand der zahlreichen Universitätsrankings einige Universitäten auszumachen, die in weit überdurchschnittlichem Umfang exzellente Forschung und Wissenschaftsausbildung betreiben und auch im weltweiten Maßstab zu einer Spitzengruppe zählen.[3]Dazu gehören z. B. die Freie Universität Berlin, ebenso die Universität der Künste Berlin.

Ferner haben die Universitäten, bedingt durch die Einführung der Bachelor- und Masterstudiengänge, zukünftig die Möglichkeit für alle Masterstudiengänge eigene Zulassungsverfahren einzurichten und somit die Selektion nach Leistung noch weiter zu steigern. Die Verpflichtung, freie Studienplätze leistungsunabhängig aufzufüllen, gilt nur für das Erststudium (Bachelorstudium). Somit wird deutschen Universitäten die Möglichkeit eröffnet, eine Leistungselitenbildung auf Postgraduiertenniveau, unabhängig vom jeweiligen Studienfach und der Bewerberanzahl, in Zukunft zu verwirklichen.[4]

Zudem trifft der Begriff der Exzellenzausbildung im Sinne einer Leistungselite in Deutschland teilweise auch auf die außeruniversitäre Forschung zu, die in Ländern mit etablierten Eliteuniversitäten weit weniger ausgeprägt ist. Hierzu zählen vor allem die Max-Planck-Gesellschaft, die Leibniz-Gemeinschaft, die Fraunhofer-Gesellschaft und die Helmholtz-Gemeinschaft, welche sich stark in der Förderung einer Wissenschaftselite engagieren, regelmäßig mit Universitäten assoziiert sind und oftmals in der Ausbildung der Studenten mitwirken, etwa durch die Zurverfügungstellung von Lehrpersonal, der Mitarbeit an der Konzeption von Studiengängen, aber auch durch gemeinschaftlich betriebene Graduiertenkollegs.[5] Daneben trägt die Deutsche Forschungsgemeinschaft in Sonderforschungsbereichen, Schwerpunktprogrammen und der finanziellen Förderung universitärer Graduiertenkollegs maßgeblich zur Begünstigung der Exzellenzbildung in Forschung und Ausbildung bei.

Durch die ab 2005 begonnene Exzellenzinitiative des Bundesministeriums für Bildung und Forschung und der Deutschen Forschungsgemeinschaft werden weiterhin sogenannte Exzellenzcluster und Graduiertenkollegs an vielen Universitäten gefördert und somit eine breite Exzellenzbildung in bestimmten Schwerpunktbereichen gefördert. Zwischen 2006/07 und 2012 kamen neun ausgewählte Universitäten in den Genuss, zunächst auf fünf Jahre beschränkt, jeweils zusätzliche Fördermittel in dreistelliger Millionenhöhe für ihr gesamtuniversitäres Zukunftskonzept zur Verfügung gestellt zu bekommen. In einer weiteren Förderperiode von 2012 bis 2017 werden insgesamt elf Universitäten auf diese Weise gefördert. Sechs von diesen schafften es, in beiden Förderrunden berücksichtigt zu werden. Damit wird beabsichtigt, eine Ausweitung international exzellenter Spitzenforschung zu begünstigen und ferner die Ausstrahlungskraft des deutschen Universitätssystems als Ganzes zu erhöhen.[67]

Bildungspolitische Debatte um den Elitenbegriff 1983/84

Bereits Anfang der 1980er Jahre kam es in der Bundesrepublik Deutschland zu einer bildungspolitischen Debatte. Wegen der sinkenden Wettbewerbsfähigkeit der deutschen Wirtschaft, insbesondere durch das damalige enorme Wachstum in Japan, hatte Vizekanzler und Bundesaußenminister Hans-Dietrich Genscher (FDP) die verstärkte Einrichtung von Privatuniversitäten gefordert, da an den deutschen Hochschulen keine Ausbildung für Eliten stattfinde. Die Bundesbildungsministerin Dorothee Wilms (CDU) vertrat die Ansicht, dass die Förderung von Leistungs-Eliten durchgeführt werden müsse, da die Bundesrepublik als rohstoffarme, hochentwickelte Industrienation auf Spitzenleistungen in der Wirtschaft und Forschung angewiesen sei. Der SPD-Vorsitzende Willy Brandt nannte wiederum die gezielte Ausbildung von Eliten einen Angriff auf das Sozialstaatsgebot des Grundgesetzes.

Förderung der „Elitenausbildung" der deutschen Bundesländer

Bayern

Im Herbst 2004 begann der Freistaat Bayern mit seinem sogenannten Elitenetzwerk Bayern damit, zehn Elitestudiengänge und fünf internationale Doktorandenkollegs zu fördern. Diese Förderung wurde im Herbst 2005 um weitere sechs Elitestudiengänge und fünf Doktorandenkollegs ausgebaut. Im Herbst 2006 kam es zu einer dritten und letztmaligen Erweiterung dieses Netzwerkes.

Nordrhein-Westfalen

Das Land Nordrhein-Westfalen fördert die Ausbildung der Wissenschaftselite durch den Aufbau von „NRW Graduate Schools". Diesen international ausgerichteten Graduate Schools werden Mittel zur Verfügung gestellt um internationale Spitzenforschung in bestimmten Bereichen anzubieten. Zusätzlich zu den NRW Graduate Schools werden Forschungsschulen eingerichtet, die weitere Schwerpunkte abdecken. Beide Förderungen werden in einem kompetitiven Verfahren vergeben. Außerdem werden in Zusammenhang mit der EU gemeinsam Zentren wie z. B. das European Research Center for Information Systems gefördert. Daneben werden spezielle Schwerpunkte der Hochschulen explizit gefördert und den Universitäten zusätzliche Mittel zur Verfügung gestellt.

Ferner gibt es seit 1980 in NRW als eine der ersten privaten Initiativen die Universität Witten/Herdecke gGmbH. Sie wird vom Land NRW gefördert. Sie erzielte in den Fächern Medizin und Wirtschaft seit Jahren hervorragende Ergebnisse in Rankings und gilt mit ihren Modellstudiengängen als Vorreiter in den Themen Didaktik, Studienorganisation und Studienfinanzierung.

Außerdem existiert in Nordrhein-Westfalen ein Rückholprogramm für deutsche Spitzenforscher, die im Ausland arbeiten. Wer das Bewerbungsverfahren besteht, kann sich eine Universität in Nordrhein-Westfalen aussuchen, wo er künftig forschen will und bekommt finanzielle Anreize von bis zu 1,25 Millionen Euro zum Aufbau eines eigenen Forschungsteams sowie nicht-finanzielle Unterstützung z. B. bei der Stellenschaffung und -suche für den Lebenspartner.[8]

Situation in Frankreich

Ausgeprägte, nach dem Bedarf ausgerichtete Zugangsbeschränkungen gehören in Frankreich seit der französischen Revolution zum Bildungssystem. Insbesondere an den von Fachministerien verantworteten Grandes écoles hat die geringe Anzahl an Studienplätzen dazu geführt, dass die Aufnahmekriterien sehr anspruchsvoll sind. Forschung und eine weitere akademische Karriere nach dem Master wird an diesen Hochschulen in der Regel nicht angeboten.

Situation in der Schweiz

In der Schweiz wird die Bezeichnung Elite-Universität von den Universitäten nicht verwendet.

Die Schweiz hat sieben Volluniversitäten und fünf spezialisierte universitäre Hochschulen. Die ETH Zürich und die ETH Lausanne sind sogenannte Eidgenössische Hochschulen, während die Universitäten Basel, Bern, Fribourg (Freiburg i. Ü.), Genf, Lausanne, Luzern, Neuenburg, St. Gallen, Zürich und die Università della Svizzera italiana in Lugano und Mendrisio kantonale Universitäten sind, welche vordergründig durch den Kanton und erst in zweiter Linie durch den Bund finanziert werden. Die ETH Zürich wird weltweit meist zu den 10 besten, die ETH Lausanne meist zu den 50 besten, und die Volluniversitäten Basel, Genf und Zürich jeweils zu den 100 besten Hochschulinstitutionen der Welt gerechnet.[9][10][11] Das Besondere an den Schweizer Universitäten ist ihre Spezialisierung.[12]

Die Universitäten sind verpflichtet die Studienplätze bevorzugt mit Bewerbern mit Schweizer Maturitätszeugnis (Matura/Maturität) zu besetzen. Ausländische Studenten, für die etwa 25 Prozent der Plätze reserviert sind, werden über ein Auswahlsystem systematisch ausgewählt.

Situation in Österreich

In Österreich besteht nach wie vor ein weitgehend egalitärer Anspruch an die Zugangsbedingungen und Leistungen der 21 bundesstaatlichen Universitäten ("hohes Niveau für alle"), einschließlich der vier medizinischen und sechs künstlerischen Universitäten. Mittlerweile versucht der Bund jedoch eine stärkere Spezialisierung und Profilierung der verschiedenen Standorte zu erwirken ("österreichischer Hochschulplan").[13] Stärker noch als in Deutschland beschränkt sich der Elitebegriff daher im Wesentlichen auf die außeruniversitäre Forschung, etwa auf einige Institute der Österreichischen Akademie der Wissenschaften.

Auf Initiative des Wiener Experimentalphysikers Anton Zeilinger wurde das Konzept des Institute of Science and Technology Austria (I.S.T. Austria) entworfen, in dem naturwissenschaftlich-technische Forschungen auf höchstem Niveau betrieben *werden soll. Im Februar 2006 entschied sich die damalige Wissenschaftsministerin Elisabeth Gehrer, entgegen dem Wunsch der von ihr eingesetzten Expertenkommission, für den Standort Maria Gugging bei Klosterneuburg. Daraufhin legte Zeilinger seine Mitarbeit an dem Projekt zurück, ebenso wie der Physiker Arnold Schmidt und der Chemiker Peter Schuster. In einer Presseaussendung begründeten sie das damit, dass durch diese Standortentscheidung eine „suboptimale Lösung" und kein „möglichst breiter politischer Konsens" erreicht worden sei. Die Entscheidung für Gugging und gegen Wien wurde der höheren finanziellen Beteiligung des Landes Niederösterreich und der sofortigen Verfügbarkeit der Baulichkeiten zugeschrieben. Von Beobachtern wurde sie aber teils als politisch motiviert betrachtet, da Niederösterreich von einem ÖVP-Landeshauptmann regiert wird, Wien aber einen SPÖ-Bürgermeister hat. Die anfänglichen Schwierigkeiten konnten erst überwunden werden durch einen Bericht des „International Committee", bestehend aus Haim Harari (1988–2001 Präsident Weizmann-Institut für Wissenschaften, Israel), Olaf Kübler (1997–2005 Präsident der ETH Zürich) und Hubert Markl (1996–2002 Präsident der Max-Planck-Gesellschaft). Kernaussagen des Berichts sind:*

- *Streben nach höchster wissenschaftlicher Qualität*
- *Fokussierung auf Grundlagenforschung*
- *Unabhängigkeit von Politik und Wirtschaft*

Durch die konsequente Verfolgung dieser Pläne konnten bedeutende Wissenschaftler wie Anton Zeilinger oder Eric R. Kandel (Nobelpreisträger für Medizin 2002) (wieder) gewonnen werden.

Der Name wurde auf „Institute of Science and Technology Austria" (I.S.T. Austria) geändert. Am 29. März 2006 wurde das Projekt im Nationalrat mit den Stimmen der Regierungsparteien (ÖVP/FPÖ-BZÖ) und der oppositionellen SPÖ beschlossen.

Die Vorbereitungsarbeiten für das I.S.T. Austria wurden im Frühjahr 2007 in den Gebäuden der früheren Landesnervenheilanstalt Gugging aufgenommen. Die Positionen des ersten Präsidenten, sowie der Professoren- und Juniorprofessorenstellen wurden im Herbst 2007 ausgeschrieben. Als erster Professor wurde Anfang 2009 der Evolutionsbiologe Nick Barton – Träger der Wallace-Darwin Medaille 2008 und Fellow der Royal Society – vorgestellt. Weitere Professoren sollen im ersten Halbjahr 2009 vorgestellt werden. Anfang 2011 sind 16 Forschungsgruppen tätig.

Am 28. Juni 2008 wurde der deutsche Neurologe Tobias Bonhoeffer als Gründungspräsident vom Kuratorium nominiert.[14] Am 21. Juli 2008 verzichtete Bonhoeffer nach medialen Debatten zum Thema Tierversuche auf das Amt.[15] Am 4. Dezember wurde der Informatiker Thomas Henzinger als erster Präsident präsentiert.[16]

Im europäischen Vergleich werden die britischen Universitäten regelmäßig als führend angesehen. Traditionell galten und gelten vor allem die beiden ältesten und bekanntesten englischen Universitäten, die von Oxford und Cambridge (oft zusammen erwähnt unter dem Kofferwort Oxbridge), als führende britische Universitäten. Allerdings ist diese gerade im Ausland verbreitete Auffassung nicht akkurat, da innerhalb Englands das Imperial College London in der medizinischen und ingenieurswissenschaftlichen Ausbildung, sowie die London School of Economics im Bereich der Volkswirtschaftslehre als führend gelten. In weltweiten Rankings konstituieren die UK-Universitäten die größte Gruppe nach den US-Universitäten.

Vergleichbar mit der Ivy League in den USA haben sich die führenden 24 forschungsintensiven Universitäten Englands zur Russell-Gruppe zusammengeschlossen.[1718] Synonym werden die Mitglieder der Russell-Gruppe auch als die Elite-Universitäten Großbritanniens bezeichnet.[1920212218]

Eine engere Auswahl der sechs führenden britischen Universitäten wird als "Golden triangle" zwischen Oxford, Cambridge und London bezeichnet:

London School of Economics
Imperial College London
Universität Oxford
Universität Cambridge
King's College London
University College London
Die Russell-Gruppe besteht aus folgenden Mitgliedern[23]:
Queen Mary, University of London
Queen's University Belfast
Universität Birmingham
Universität Bristol
Universität Cambridge
Universität Cardiff
Universität Edinburgh
Universität Glasgow
Universität Leeds
Universität Liverpool
Imperial College London
King's College London
London School of Economics
University College London
Universität Manchester
Universität Newcastle
Universität Nottingham
Universität Oxford

Universität Sheffield
Universität Southampton
Universität Warwick
Universität Durham
Universität Exeter
Universität York

Situation in den USA und in Kanada

Die Ivy League-Universitäten sind in wenigen Bundesstaaten im Nordosten der USA konzentriert.

Spitzeninstitutionen bzw. Eliteuniversitäten gibt es in den USA und in Kanada sowohl auf staatlicher als auch – anders als in Europa – auf privater Seite. Das kanadische tertiäre Bildungssystem gleicht im Wesentlichen dem US-amerikanischen. In Kanada unterliegen im Gegensatz zu den USA praktisch alle kanadischen Universitäten einem einheitlichen staatlichen Qualitätskontrollsystem und die meisten davon sind Mitglied in der Association of Universities and Colleges of Canada (AUCC), weshalb der Standard der kanadischen Universitäten als gleichmäßiger gilt als jener in den USA.[24] US-amerikanische und kanadische Spitzeninstitutionen sind keine reinen „Kaderschmieden", sondern erhielten ihre Reputation primär durch die Wissenschaftspflege in der ganzen Breite. Die Bedeutung einer Eliteuniversität bzw. ihrer Studienlehrgänge hängt von den Hochschulrankings ab; beispielsweise findet sich nach dem Ranking von World's Best Universities das Massachusetts Institute of Technology auf Platz 1 in den USA und die McGill University auf Platz 1 in Kanada.

Sehr viele US-amerikanische Universitäten sind erst durch die erheblichen Verteidigungsausgaben der US-amerikanischen Regierung nach dem Zweiten Weltkrieg und im Kalten Krieg zu dem geworden was sie heute sind. So hatten vor dem Krieg z. B. die US-amerikanische Harvard University oder das Massachusetts Institute of Technology (MIT) mit erheblichen finanziellen Problemen zu kämpfen. Hinzu kamen die in die USA zwangsemigrierten Spitzenwissenschaftler aus dem Zweiten Weltkrieg und dem Kalten Krieg aus ganz Europa.

Obwohl oft ihre hohen Studiengebühren (engl. tuition, typischerweise 35.000–45.000 US-Dollar bzw. Kanadische Dollar im Jahr) manchmal in der Öffentlichkeit außerhalb der USA bzw. Kanadas als überzogen wahrgenommen werden, zahlt nur ein kleiner Teil der Studenten an Ivy-League-Universitäten die Gebühren vollständig selbst, viele beziehen finanzielle Unterstützung, die sich nach der individuellen Situation der Familie richtet. So werden beispielsweise an der Stanford University keine Studiengebühren von Studenten, deren Familieneinkommen unter 100.000 US-Dollar liegt, erhoben.[25] Dementsprechend decken die Gebühren auch nur einen relativ kleinen Teil des Gesamthaushalts ab. Die meisten Einnahmen sind Forschungsmittel aus verschiedenen Quellen, die auch forschungsbezogen ausgegeben werden. Studiengebühren und Kapitalanlagen der Institutionen dienen oft nur zur Deckung der grundlegenden Betriebskosten. Diese Einrichtungen sind typischerweise auch nicht als „luxuriös" zu bezeichnen, jedoch höchst effizient im entsprechenden Wissenschaftsbetrieb.

Im Gegensatz zu den Graduiertenstudien (graduate study) werden die Studenten im undergraduate study jedoch nicht nur nach ihrer akademischen Qualifikation ausgewählt. Oft wird die unausgeglichene sozioökonomische Verteilung in den USA kritisiert, dass z. B. 74 % der undergraduate-Studenten an den besten Universitäten dem wohlhabendsten Viertel der Bevölkerung entstammen (Century Foundation, 2004). Auch Kinder von Alumni der jeweiligen Universität werden bevorzugt. Jedes Jahr werden z. B. an der US-amerikanischen Harvard University hunderte von Studenten aufgrund dieses sogenannten Legacy System (dt. in etwa „Erbsystem") angenommen (das Legacy System entstand in den 1920er Jahren zunächst an der Yale University und wurde rasch von anderen Universitäten übernommen; damals ging es darum, den Anteil der jüdischen Studierenden, der nach Ansicht der Universitätsleitung zu hoch war, zu begrenzen). Ein anderer, sehr häufiger Bevorzugungsgrund ist die sportliche Leistung, da das wettbewerbsstarke US-amerikanische bzw. kanadische interuniversitäre Sportsystem ein hohes Gewicht genießt. Diese Praxis, die nicht selten zu Lasten der akademischen Normen betrieben wird, ist jedoch aufgrund des Ivy League Agreement innerhalb der Ivy League (der acht Traditionsuniversitäten des US-amerikanischen Nordostens) weniger ausgeprägt.

Viele sportliche Erfindungen gehen auf die kanadische Eliteuniversität McGill University zurück, wie beispielsweise das nordamerikanische Football[26], das Eishockey[27] und das erste Eishockey-Regelbuch[28], das Rugby (und das erste in Nordamerika aufgezeichnete Spiel in Montreal)[29][30] sowie der Basketball.[31] Das erste Spiel des nordamerikanischen Football wurde zwischen der McGill University und der Harvard University am 14. Mai 1874 ausgetragen, was zur Ausbreitung des American Football in der Ivy League führte.[32]

Viele Faktoren begünstigten den Erfolg des US-amerikanischen bzw. kanadischen Systems, das sich stark an die jeweilige nationalen Gegebenheiten angepasst hat. Neben der relativ stark ausgeprägten Spendenbereitschaft in der kanadischen und US-amerikanischen Gesellschaft (als die größte Spende in der US-Hochschulgeschichte erhielt 2001 das California Institute of Technology 600 Millionen US-Dollar von Gordon Moore) gibt es einen enormen und über Generationen ungebrochenen Fluss an Fördermitteln aus den staatlichen Quellen für die Grundlagenforschung und angewandte Forschung, zum anderen einen dagegen vergleichsweise geringeren Anteil aus der Wirtschaft. Die staatliche Förderung wird dann auch über einen viel stärkeren Wettbewerbsmechanismus ausgegeben, zum Teil wird die Ausgabe auch so gestaltet, dass Wettbewerb erst recht entsteht (z. B. durch mehrfache Vergabe). Das System betont das Tenure-Track-Vorgehen: Ein Professor wird bei seiner Erstanstellung zunächst befristet beschäftigt; er ist akademisch unabhängig, aber einer ständigen Leistungsanforderung und Kontrolle unterworfen, um eine Aussicht auf feste Anstellung zu erhalten. Ein Hochschullehrer steht einer Wettbewerbssituation sogar innerhalb des eigenen Fachbereichs gegenüber, die beträchtlichen Studiengebühren der eigenen Doktoranden müssen erst durch Fördermittel erwirtschaftet werden.

Auffällig ist im US-amerikanischen bzw. kanadischen System auch, dass die Konkurrenz auf globaler Ebene stattfindet, sowohl um die Lehrstühle als auch um die Studienplätze an US-amerikanischen bzw. kanadischen Hochschulen, in beiden Fällen zusätzlich erleichtert durch recht moderat gehaltene Anforderungen an die Kenntnisse der englischen Sprache. Hier spielt ein bidirektionales System zum Erhalt der Qualität eine wichtige Rolle, hierbei wirbt die Hochschule um die besten Studenten und die Studenten bemühen sich um die Aufnahme an einer guten Hochschule.

Laut einer Studie, die im Oktober 2014 veröffentlicht wurde, befinden sich die acht besten Universitäten der Welt, die die meisten späteren Milliardäre ausbildeten, in den Vereinigten Staaten.[33] Auf Platz 9 befindet sich die University of Mumbai gefolgt von der London School of Economics and Political Science auf dem zehnten Rang.

Im März 2019 wurde legte der Staatsanwalts des Distrikts von Massachusetts Anklage gegen 50 Personen ein, die unter anderem Universitätsmitarbeiter bestochen und landesweite Tests gefälscht haben sollen, um Kinder reicher Eltern an US-amerikanischen Eliteuniversitäten zu platzieren.[34]

Wikipedia® ist eine eingetragene Marke der Wikimedia Foundation Inc.

Seite „Eliteuniversität". In: Wikipedia, Die freie Enzyklopädie. Bearbeitungsstand: 17. März 2019, 09:11 UTC.
URL: https://de.wikipedia.org/w/index.php?title=Eliteuniversit%C3%A4t&oldid=18 6665820(Abgerufen: 19. März 2019, 06:58 UTC)

7.2 Denkfabrik

Als **Denkfabrik** – oder auch **Thinktank** (aus englisch think tank) – werden Institute bezeichnet, die durch Erforschung, Entwicklung und Bewertung von politischen, sozialen und wirtschaftlichen Konzepten und Strategien Einfluss auf die öffentliche Meinungsbildung nehmen und sie so im Sinne von Politikberatung fördern.[1] Einige Denkfabriken vertreten dabei eine bestimmte politische oder ideologische Linie, die aggressiv beworben wird, um politische Debatten zu beeinflussen.[2] Eine Denkfabrik kann als Stiftung, Verein, gGmbH, GmbH oder als informelle Gruppe organisiert sein. Beschäftigt werden üblicherweise Wirtschafts- und Sozialwissenschaftler, Fachleute aus den Bereichen Werbung und Kommunikation sowie (ehemalige) Politiker, Unternehmer und sogenannte Testimonials.

Eine allgemein anerkannte Definition gibt es jedoch nicht. Der Begriff Denkfabrik umfasst sehr unterschiedliche Institutionen, deren Gemeinsamkeit darin besteht, auf die Politik Einfluss nehmen zu wollen.[2] Im Sprachgebrauch werden unter dem Begriff aber auch Institutionen subsumiert, die nicht politische Ziele verfolgen.

Zu den wichtigsten Funktionen von Denkfabriken zählt die Präsentation von Forschungsergebnissen und das Agenda Setting. Die Forcierung einer öffentlichen und wissenschaftlichen Debatte und die Beratung von Politik, Verwaltung und Öffentlichkeit sind zentral. In den Vereinigten Staaten dienen Think Tanks der Ausbildung eines Pools von Experten, die später durch den Drehtür-Effekt als Regierungsbeamte Teil der Verwaltung werden.

Der Terminus „think tank" ist während des Zweiten Weltkriegs entstanden. Die Umschreibung galt einem abhörsicheren Ort (tank), an dem zivile und militärische Experten an militärischen Strategien arbeiteten (think). Erst in den 1960er und 1970er Jahren wurden damit praxisorientierte Forschungsinstitutionen auch außerhalb der Sicherheitspolitik etikettiert.[34]

In Deutschland werden Denkfabriken überwiegend öffentlich finanziert, etwa durch die Leibniz-Gemeinschaft oder auch durch staatliche Mittel wie bei politischen Stiftungen (z. B. der Konrad-Adenauer-Stiftung). Daneben gibt es auch einige privat finanzierte Denkfabriken, die von Parteien, Vereinen, Unternehmen, Verbänden, privaten Stiftungen oder Einzelpersonen unterstützt werden.

Formen von Denkfabriken

Man kann verschiedene Typen von Denkfabriken unterscheiden:

Dieter Plehwe trennt zwischen „Advokatorischen Denkfabriken" und „Akademischen Denkfabriken".[5] James G. McGann trennt für die USA zwischen „akademischen" (akademische Betrachtung), „vertragsbezogenen" (Forschung hinsichtlich des Klienten), „advokatorischen" (politisch-ideologischen Linie) und „politischen" Denkfabriken (grundsätzliche Strategie). Trotzdem würden nicht alle Denkfabriken dort hineinpassen, so gebe es Mischformen und zusätzlich könnte man noch nach politischer Auffassung trennen.[6]

Staatliche Denkfabriken

Diese Denkfabriken arbeiten in erster Linie für die Regierung und finanzieren sich hauptsächlich durch den Staat. Für ihre Forschung können sie zumeist auf die Hilfe staatlicher Behörden zurückgreifen. Ihre Forschungsergebnisse sind oftmals geheim und werden dann nicht veröffentlicht. Eine Urform der staatlichen Denkfabrik ist die RAND Corporation.[2]

Advokatorische Denkfabriken

Advokatorische Denkfabriken betätigen sich selten forschend, ihre Hauptfunktion besteht in der Vermarktung und Neuverpackung von Ideen. Sie vertreten eine bestimmte politische oder ideologische Linie, die aggressiv beworben wird, um politische Debatten zu beeinflussen.² Im Gegensatz zu akademischen Denkfabriken betreiben advokatorische Denkfabriken keine eigenständige wissenschaftliche Analyse, sondern kaufen externe Expertisen, die zu ihrem Leitbild und ihrer Kommunikationsstrategie inhaltlich passen. Advokatorische Denkfabriken werden von Interessengruppen ins Leben gerufen und haben eine klare gesellschafts- und wirtschaftspolitische Ausrichtung. Laut Dieter Plehwe sind advokatorische Denkfabriken von Lobbyorganisationen nur schwer abzugrenzen.⁵ Vorbild dieses Typus ist die US-amerikanische Heritage Foundation. Sie führte die Idee der Policy Briefs ein, Abfassungen, die so kurz und prägnant sind, dass sie z. B. von politischen Entscheidungsträgern auf dem Weg vom Flughafen in den Kongress durchgelesen werden können. Sie setzen vor allem auf kurzfristige Entscheidungshorizonte und nutzen intensiv die Medien. Das Team besteht meist aus wenigen Wissenschaftlern und vorwiegend aus PR-Leuten, die diese Ideen „verkaufen".

Eine spezifisch deutsche Variante der advokatorischen Denkfabriken sind die parteinahen Stiftungen, die parteigebunden und vom Staat mitfinanziert sind. Die Etatverhandlungen der parteinahen Stiftungen finden im Bundestag statt. Mit den Steuergeldern werden Stipendienprogramme, Kongresse, Zeitschriften und Studien finanziert. Die Niederlassungen der Stiftungen umfassen repräsentative Anwesen, sind im Ausland und in den Bundesländern vertreten. Laut Michael Schlieben sind es „ebenso breitflächige wie engmaschige Netzwerke". Es sollen die Parteiabläufe besser bekannt sein, als für externe Berater und damit die Umsetzbarkeit von Reformen erfolgversprechender. Von außenstehenden Personen werden diese Denkfabriken kritisiert, so würden „befreundete Experten eingeladen, unangenehme Forschungsergebnisse zurückgehalten, Geld regelmäßig verpulvert, und Querdenker seien unerwünscht".⁷ Thunert zählt zu den parteinahen Stiftungen die Friedrich-Ebert-Stiftung, die Konrad-Adenauer-Stiftung, die Hanns-Seidel-Stiftung, die Friedrich-Naumann-Stiftung, die Heinrich-Böll-Stiftung und die Rosa-Luxemburg-Stiftung. Dank staatlicher Finanzierung handelt es sich hierbei um große Denkfabriken, deren Arbeit manchmal der Vorgehensweise akademischer Denkfabriken ähnelt. Weitere große deutsche advokatorische Denkfabriken sind die arbeitgebernahe Initiative Neue Soziale Marktwirtschaft (INSM)und Institut der Deutschen Wirtschaft sowie die gewerkschaftsnahe Hans-Böckler-Stiftung.³

Die Professoren für Bildungspolitik Alex Molnar und Kevin G. Welner untersuchten von 2006 bis 2010 in einem Review-Projekt 59 Studien, die von 26 verschiedenen amerikanischen advokatorischen Denkfabriken zur amerikanischen Bildungspolitik veröffentlicht wurden. Sie kamen zum Ergebnis, dass die Studien in einigen Fällen nicht zu beanstanden, in den meisten Fällen aber fehlerhaft seien. Diejenigen Denkfabriken, bei denen sie methodische Fehler sahen, würden diese Fehler über die Jahre kontinuierlich wiederholen. Die meisten dieser Denkfabriken würden auch nicht auf entsprechende Hinweise reagieren. Die Autoren der Studie kamen zu dem

Ergebnis, dass diese Fehler oftmals nicht auf Unwissen oder Unachtsamkeit beruhten, sondern das Ergebnis bewusster Irreführung seien (Junk Science).[8]

Akademische Denkfabriken

Akademische Denkfabriken, die gelegentlich auch als „Universitäten ohne Studenten" bezeichnet werden, beschäftigen zahlreiche Akademiker, die wissenschaftliche Studien erstellen und publizieren. Sie betreiben eher Grundlagenforschung und haben einen langfristigen Zeithorizont, um die Meinung der Eliten zu beeinflussen. „Stammvater" dieser Art ist die Brookings Institution in den USA.[2]

Großbritannien

Bereits 1831 gründete der Herzog von Wellington mit dem auch heute noch existierenden Royal United Services Institute eine Denkfabrik für Militär- und Sicherheitsfragen.

USA

Zu den ältesten Denkfabriken in den USA gehören die bereits in den 10er Jahren des 20. Jahrhunderts gegründeten Council on Foreign Relations, die Brookings Institution und die Carnegie Endowment for International Peace in Washington. Diese Gruppe, die sich aus einflussreichen Investmentbänkern, Geschäftsleuten, Akademikern und Politikern zusammensetzte, vertrat die internationalistischen Ideale Präsident Wilsons. Der 1. Präsident des Carnegie Endowment for International Peace Elihu Root wurde für sein stetes Bemühen um Ausgleich der Interessen und die Formulierung von Schiedsverträgen in internationalen Konflikten bereits 1912 mit dem Friedensnobelpreis ausgezeichnet und sollte später Ehrenpräsident des CFR werden. CFR-Mitgründer Wickersham gründete zudem mit John Hessin Clarke, einem Richter des Obersten Gerichtshofs der Vereinigten Staaten, die League of Non-Partisan Association (LNNPA), um die amerikanische Bevölkerung doch noch für einen Beitritt in den Völkerbund zu bewegen. Diese internationalistischen Institutionen zeichneten sich durch ihre Homogenität der Mitgliedschaft aus. So waren die Mitglieder der Gruppen ausschließlich Männer, stammten von der amerikanischen Ostküste, hatten enge geschäftliche, gesellschaftliche und kulturelle Beziehungen untereinander, waren zumeist vermögend, oberen Gesellschaftsschichten angehörend und an den berühmten Elite-Universitäten der USA ausgebildet worden. Sie hatten fast keinen Kontakt zum Wahlvolk, Mitgliedern des mittleren Managements oder mittelständischen Unternehmen. Der von ihnen geprägte Internationalismus und eine damit verbundene Globalisierung richtete sich rhetorisch an alle Bürger, erreichte aber meist nur andere Internationalisten oder Mitglieder des foreign policy establishments. Die liberale Mont Pelerin Society wurde 1947 gegründet, die RAND Corporation 1948. Bis dahin wurden Denkfabriken nicht als solche bezeichnet, die wenigen Dutzend Institute waren schlicht unter ihrem Namen bekannt.

Begriffsentstehung

Ursprünglich war think tank ein britischer Slang-Ausdruck für Gehirn. Während des Zweiten Weltkriegs wurden so Gruppen bezeichnet, die in abhörsicheren Räumen militärische Strategien entwarfen. Der Begriff bekam die Assoziation eines sicheren Platzes zum Nachdenken („Denk-Panzer"). Nach dem Zweiten Weltkrieg entwickelte sich Think Tank zur Bezeichnung für Politikberatungsinstitutionen, also Orte, an denen Experten verschiedener Fachrichtungen zusammengezogen wurden, um konzentriert interdisziplinär nachzudenken. Eine fabrikähnliche Ideenproduktion, wie sie der direkte Wortsinn der deutschen Übersetzung „Denkfabrik" nahelegt, ist dagegen nicht gemeint.[9]

Bis in die 1970er blieb es bei den wenigen Dutzend bekannter Denkfabriken, die für allgemeine und unabhängige Beratung von politischen und militärischen Stellen in den USA herangezogen wurden. Dazu standen ihnen meist viel Personal und Geld zur Verfügung. Erst danach explodierte die Anzahl der Denkfabriken, und es bildeten sich viele kleinere Institutionen heraus, die häufiger zur Unterstützung zielgerichteter Lobbyarbeit gegründet wurden.

Von den über 6300[10] Denkfabriken, die 2009 auf der Welt existierten, waren die Hälfte nach 1980 gegründet worden. Nach 1989 wurden vermehrt, meist mit amerikanischer finanzieller Unterstützung, (wirtschafts-)liberale Denkfabriken in Osteuropa gegründet. Im westlichen Europa wurden die beratenden Funktionen der Denkfabriken lange von Institutionen mit Hochschulstatus übernommen.

Funktion

Niklas Luhmann sieht in Organisationen, die Denkfabriken entsprechen, eine Antwort auf die – seiner Meinung nach – fehlende gesellschaftliche Akzeptanz für eine Kopplung von Macht und Geld: „Man finanziert nicht Wahrheiten, sondern Organisationen, die sich um die Feststellung und Erforschung von Wahrheiten bzw. Unwahrheiten mehr oder minder erfolgreich bemühen. Mutatis mutandis ergibt sich eine ähnliche Situation bei der Konversion von Eigentum und Geld in Macht."[11]

Der viel diskutierte, 2007 veröffentlichte Bestseller The Israel Lobby and U.S. Foreign Policy (englisch für Die Israel-Lobby. Wie die amerikanische Außenpolitik beeinflusst wird) der prominenten Politikwissenschaftler John J. Mearsheimer und Stephen M. Walt sorgte in Reihen des Council on Foreign Relations für viel Gesprächsstoff. „Pro-israelische Kräfte überwiegen in den US-Denkfabriken, die eine wichtige Rolle bei der Beeinflussung der öffentlichen Meinung wie auch der eigentlichen Politik spielen", lautete eine Kernthese des Buches, dessen Ziel so beschrieben wurde:

„The book focuses primarily on the lobby's influence on U.S. foreign policy and its negative effect on American interests."

„Das Buch fokussiert primär den Einfluss der Lobby auf die US-Außenpolitik und seine negativen Effekte auf amerikanische Interessen"

In einer Kolumne vom 5. April 2006 bezichtigte der Militärhistoriker und CFR-Mitglied Eliot A. Cohen Walt und Mearsheimer einer antisemitischen Argumentation. Den antisemitischen Gehalt des Buches machte Cohen an einer „obsessiv und irrational feindseligen Haltung gegenüber Juden" fest, die sie dem „Vorwurf der Treulosigkeit, der Subversion und des Verrats" aussetze. Unterstützt wurde Cohen in seiner Kritik u. a. vom Professor für Politik und Internationale Beziehungen der Princeton University, Aaron Friedberg, und vom Wirtschaftsprofessor der Stanford University und Herausgeber der Zeit, Josef Joffe, beide CFR-Mitglieder.[1314]

Über den Einfluss in den US-Denkfabriken beunruhigt zeigten sich dagegen die entsprechenden Buchrezensionen u. a. in der Süddeutschen Zeitung („Walt und Mearsheimer gehören zu den Wenigen, die jenseits des Kriegsalltags aus Lügen, Tod und Inkompetenz nach Gründen suchen, dass ihr Land so vollkommen in die Irre geraten konnte. Und sie sind bereit, eine Debatte zu führen, die viele ihrer Kritiker verhindern wollen.") und Die Zeit („Ihre Thesen sind keine ‚Protokolle der Weisen von Zion' aus Chicago und Harvard, sondern couragierte Stellungnahmen zu einem innen- und außenpolitischen Phänomen, das beunruhigen muss.").[1516]

Kritik

Die britischen Politikwissenschaftler und Publizisten Diane Stone und Andrew Denham weisen darauf hin, dass frühe Studien gerne dazu tendierten, den Fokus zur Rolle von Denkfabriken lediglich auf politische Entscheidungsfindungen zu richten. Die beiden erläutern, dass Studien über Elite-Einrichtungen wie dem Brookings Institution betonen, dass Denkfabriken wichtige Komponenten der Macht-Elite seien, wo Entscheidungen in den Händen von wenigen Gruppen und Einzelpersonen konzentriert seien. Dass jedoch die kleineren, weniger bekannten Institutionen, in viel größerer Zahl gedeihen als die Elite-Denkfabriken, würde dabei vernachlässigt.[17] Von im Jahre 2012 weltweit 6545 Denkfabriken würden alleine in den USA 1815 Denkfabriken um Einfluss in Politik, Wirtschaft, Wissenschaft, Medien und Gesellschaft kooperieren und konkurrieren.

Der Soziologe Rudolf Stumberger ist der Meinung, dass Tendenzen der Re-Feudalisierung erkennbar sind. Dies bedeutet, dass neben den offiziellen demokratischen Strukturen inoffizielle Strukturen zunehmend wieder an Gewicht gewinnen und sich diese selbst ernannten Eliten vermehrt abschotten. Außerdem hält er die Grenzen zwischen Politik- und Wirtschaftswelt als kaum mehr wahrnehmbar.[18] Der Hamburger Historiker und Amerikanist Bernd Greiner meint, dass den Bilderberg-Konferenzen weit weniger Bedeutung zukomme als den privaten Treffen privat finanzierter Thinktanks.[18]

Hans-Jürgen Krysmanski von der Rosa-Luxemburg-Stiftung stellt fest, dass die weitgehend von privaten Zuwendungen abhängigen Universitäten, privaten Denkfabriken sowie die großen Stiftungen eine zentrale Rolle bei der grundsätzlichen Problemanalyse spielten. Durch klugen Einsatz von Geld und Personal könne schon an diesem Punkt die gewollte Richtung der Analysen beeinflusst werden. Die so entstehende „Definition von Wirklichkeit" sei dann die Grundlage für die „wirklichen" Entscheidungen im Rahmen von „Planungsgruppen". Diese „policy discussion groups" stellten die machtpolitischen Kerne des Einflusssystems der Geld- und Machteliten dar. Diese Gruppen hält Prof. Krysmanski für noch immer erstaunlich wenig erforscht – und sie stehen ihrer ganzen Natur nach der zuverlässigen Erforschung auch gar nicht offen.[19]

Die Einflussnahme von ausländischen Regierungen, besonders aus dem arabischen Raum, auf Denkfabriken in den USA wurde am 6. September 2014 in der New York Times (NYT) kritisch dargestellt. „Mehr als ein Dutzend herausragender Forschungseinrichtungen in Washington haben zig-millionen Dollar von ausländischen Regierungen erhalten, um Amtsträger der Regierung dazu zu bewegen, politische Ziele umzusetzen, die den Prioritäten der Spender entsprechen." Bei den Recherchen der NYT hätten Mitglieder der Einrichtungen den Druck erwähnt, der auf sie ausgeübt würde, um Ergebnisse nach den Wünschen der Auftraggeber zu erzielen. Zu den betroffenen Instituten gehören die Brookings Institution, das Center for Strategic and International Studies und das Atlantic Council. Die Einflussnahme reicht von Geldspenden bis zu vertraglichen Vereinbarungen. Sie verstößt möglicherweise gegen das "Registrierungsgesetz für ausländische Agenten" von 1938.[20]

Seite „Denkfabrik". In: Wikipedia, Die freie Enzyklopädie. Bearbeitungsstand: 9. März 2019, 21:16 UTC.
URL: https://de.wikipedia.org/w/index.php?title=Denkfabrik&oldid=186420146 (Ab gerufen: 19. März 2019, 07:00 UTC)

Liste von Denkfabriken

- Universität der Vereinten Nationen
- Europäische Denkfabriken
- **Europa und Europäische Union**
- Europäische Stabilitätsinitiative
- European Council on Foreign Relations
- European Finance and Economic Affairs
- European Leadership Network
- European Policy Centre
- European Political Strategy Centre (EPSC)
- Institut der Europäischen Union für Sicherheitsstudien
- **Länderübergreifende Denkfabriken in Europa**
- Arbeitsgemeinschaft Donauländer
- BRUEGEL
- Centre for Eastern Studies
- Centre for European Policy Studies
- Centre International de Formation Européenne

- *Centrum für angewandte Politikforschung*
- *Centrum für Europäische Politik*
- *Europäisches Forum Alpbach*
- *Friends of Europe*
- *Green European Foundation*
- *Initiativgruppe Alpbach Wien*
- *Institut für Europäische Politik*
- *Istituto Affari Internazionali*
- *Lisbon Council*
- *Progressives Zentrum*
- *Spinelli-Gruppe*
- *Trinità dei Monti*
- ***Deutschland***
- *adelphi*
- *Arbeitsgruppe Alternative Wirtschaftspolitik (Memorandum-Gruppe)*
- *Arbeitskreis Westeuropäische Arbeiterbewegung (1980 aufgelöst)*
- *Berlin-Institut für Bevölkerung und Entwicklung*
- *Berliner Informationszentrum für Transatlantische Sicherheit*
- *Berlinpolis*
- *Bertelsmann Stiftung*
- *Bürgerkonvent*
- *Centrum für Europäische Politik*
- *Centrum für Hochschulentwicklung*
- *Centrum für angewandte Politikforschung*
- *Deutsche Bank Research*
- *Deutsche Gesellschaft für Auswärtige Politik*
- *Ecologic Institut*
- *EuroHandelsinstitut (EHI)*
- *Evangelische Akademie Loccum*
- *Evangelische Akademie Tutzing*
- *Förderstiftung konservative Bildung und Forschung*
- *Forum Ökologisch-Soziale Marktwirtschaft (FÖS)*
- *Friedrich-Ebert-Stiftung (SPD-nah)*
- *Friedrich-Naumann-Stiftung für die Freiheit (liberales Institut, FDP-nah)*
- *GIGA German Institute of Global and Area Studies*
- *Goinger Kreis*
- *Hamburger Institut für Sozialforschung*
- *Hanns-Seidel-Stiftung (CSU-nah)*
- *Haus Rissen Hamburg – Institut für Internationale Politik und Wirtschaft*
- *Heinrich-Böll-Stiftung (GRÜNEN-nah)*
- *Initiative Neue Soziale Marktwirtschaft*

- *Institut der deutschen Wirtschaft*
- *Institut Arbeit und Technik*
- *Berliner Institut für kritische Theorie*
- *Institut für Marxistische Studien und Forschungen*
- *Institut für Medien- und Kommunikationspolitik*
- *Institut für Sexualpädagogik (ISP)*
- *Institut für Sozialforschung*
- *Institut für Staatspolitik (IfS)*
- *Institut für Wirtschaft und Gesellschaft (mit Wirkung vom 30. Juni 2008 aufgelöst)*
- *Institut Solidarische Moderne (ISM)*
- *Konrad-Adenauer-Stiftung (CDU-nah)*
- *Konvent für Deutschland*
- *Öko-Institut*
- *Partner für Innovation*
- *Progressives Zentrum*
- *Rosa-Luxemburg-Stiftung (Die Linke-nah)*
- *Staats- und Wirtschaftspolitische Gesellschaft*
- *Stiftung Marktwirtschaft*
- *Stiftung Neue Verantwortung*
- *Stiftung Ordnungspolitik*
- *Stiftung für die Rechte zukünftiger Generationen (SRzG)*
- *Stiftung Wissenschaft und Politik*
- *Studienzentrum Weikersheim*
- *Südwind-Institut*
- *Tönissteiner Kreis*
- *Veldensteiner Kreis*
- *Wissenschaftlicher Beirat der Bundesregierung Globale Umweltveränderungen (WBGU)*
- *Wissenschaftszentrum Berlin für Sozialforschung (WZB)*
- *Wissensfabrik - Unternehmen für Deutschland*
- *Zentrum Liberale Moderne[1]*
- ***Frankreich***
- *En temps réel*
- *GRECE (Groupement de recherche et d'études pour la civilisation européenne)*
- *Institut Jacques Delors*
- *Institut Montaigne*
- *Les Gracques*
- *Le Siècle*
- *Terra Nova*

- ***Großbritannien***
- *Centre for Policy Studies*
- *Chatham House früher bekannt als Royal Institute of International Affairs*
- *DEMOS UK*
- *Fabian Society*
- *Institute of Economic Affairs*
- *Stockholm Network*
- ***Italien***
- *Dignitatis Humanae Institute*
- ***Litauen***
- *Litauisches Institut für freien Markt*
- ***Österreich***
- *Academia Superior*
- *Agenda Austria*
- *EcoAustria*
- *Europa-Forum Wachau*
- *Europäisches Forum Alpbach*
- *Friedrich A. v. Hayek Institut*
- *Globart*
- *Institut für die Wissenschaften vom Menschen*
- *Institut für Höhere Studien*
- *Österreichisches Institut für Wirtschaftsforschung*
- *Momentum*
- *Philosophicum Lech*
- *Sustainable Europe Research Institute (SERI)*
- *T.I.G.R.A. ThinkTank for International Governance Research Austria*
- *Wiener Institut für Internationale Wirtschaftsvergleiche*
- *Zukunftsinstitut*
- ***Russland***
- *Hayek Foundation – Moskau*
- ***Schweden***
- *Eudoxa*
- ***Schweiz***
- *Avenir Suisse*
- *Anthills – The Independent Think Tank and Pilot Factory*
- *Denknetz*
- *eBreeze.ch – The Swiss Think Tank[2]*
- *Foraus – Forum Aussenpolitik – Forum de politique étrangère*
- *glp lab*
- *Gottlieb Duttweiler Institut*
- *Liberales Institut*

- *Mont Pèlerin Society*
- *Swisspeace*
- *Zwicky Institut für Strategie und Unternehmertum (ZISU)*
- **Slowakei**
- *Central European Policy Institute (CEPI), GLOBSEC*
- **Spanien**
- *Institución Futuro – Navarra, Spanien*
- *Real Instituto Elcano*
- **Ungarn**
- *Club of Budapest*
- *Außereuropäische Denkfabriken*
- **Australien**
- *Centre for Independent Studies*
- *Lowy Institute*
- **Brasilien**
- *The Inter-American Institute for Philosophy, Government and Social Thought*
- **Kanada**
- *Fraser Institute*
- **Südkorea**
- *Korea Institute for International Economic Policy*
- **USA**
- *American Enterprise Institute*
- *American Institute for Contemporary German Studies (AICGS) Washington, DC*
- *Aspen-Institut*
- *Brookings Institution*
- *Cato Institute*
- *Congressional Research Service – der Think Tank des Kongress der Vereinigten Staaten*
- *Council on Foreign Relations*
- *Foreign Policy in Focus*
- *Foreign Policy Initiative*
- *Ford Foundation*
- *Gatestone Institute*
- *Heritage Foundation*
- *Hoover Institution on War, Revolution, and Peace (Stanford, USA)*
- *Hudson Institute*
- *Institute for Policy Studies*
- *Jewish Institute for National Security Affairs*
- *Manhattan Society*

- *New America Foundation*
- *Project for the New American Century (PNAC, 1997–2006)*
- *RAND Corporation*
- *Third Way (USA)*
- *Internationale DenkfabrikenBearbeiten*
- *Club of Rome*
- *International Institute for Strategic Studies*
- *International Strategic Studies Association*
- *Trilaterale Kommission*
- *Weltwasserrat*
- *Worldwatch Institute*

8. Zeitarbeit in Forschung und Hochschulen

8.1 Vorbemerkung

Eins der größten Probleme seit 2005 stellt die Befristung der Arbeitsverträge, insbesondere für Akademiker dar. Die Befristung der Arbeitsverträge wurde als Segen für die Flexibilisierung der Arbeitswelt dargestellt und durch die neoliberale Wirtschaftspolitik begründet, nämlich dass die Flexibilisierung der Arbeit ein maßgebender Grund für die Zunahme der Beschäftigung ist. Gegenüber dieser Gleichung ist der Autor sehr kritisch, denn die Befristung von Arbeitsverträgen stellt eine erhebliche Unsicherheit in der Lebensplanung insbesondere von jungen Akademikern dar. Mit dieser Unsicherheit lässt sich bekanntlich keine Familie gründen. Insbesondere bei Akademikern wird diese Befristung von Tätigkeiten noch viel gefährlicher, denn die Gebärfähigkeit nimmt mit dem fortschreitenden Alter ab. Entscheiden sich die Akademiker für Kinder, so müssen sie mit erheblichen Nachteilen in ihrer Arbeitswelt rechnen. Es ist jedoch ein Märchen zu glauben, dass der größte Teil der zeitlich befristeten Arbeitsverträge bei der privaten Wirtschaft liegen würde. Vielmehr zeigen verschiedenen Untersuchungen, dass der größte Arbeitgeber auf Zeit die öffentlichen Arbeitgeber sind.

8.2 Zeitarbeit für die Flexibilität?

Ausgehend von der neoliberalen propagierten Wirtschaftspolitik der letzten 20 Jahre und insbesondere von Angela Merkel in den letzten 13 Jahren, dass letzendlich Privatisierung von öffentlichen Staatsaufgaben der Primat des öffentlichen Schuldenabbaus ist, so wurden sehr viele Tätigkeit im öffentlichen Bereich lediglich mit Zeitveträgen vorgesehen, um jede Festbindung und Verbeamtung von Berufsanfängern zu vermeiden. Es muss jedoch bezweifelt werden, ob diese Strategie für die öffentlichen Arbeitgeber sich auf Dauer rentiert. Denn angesichts einer jetzigen Akademikerschwemme sind sehr viele, sehr gut ausgebildete Berufsanfänger bereit, dass Land zu verlassen, um eine gewisse Lebensplanung durchführen zu können. Wenn diese Tätigkeiten auf Zeit befristet sind, könnte diese Fluktuation der Mitarbeiter zudem mit einer Verschlechterung der Qualität der Leistung verbunden sein. Denn allein aufgrund ihrer Motivation sind diese Mitarbeiter nicht mehr bereit, übermäßigen Einsatz zu zeigen. Zudem wurden aus den bisherigen Ergebnissen der Privatisierung so viele negative Ergebnisse erzielt, dass immer mehr privatisierte Staatsaufgaben wieder in öffenliche Hand zugeführt werden. Nur fehlt die Qualifikation der Mitarbeiter, dies sich in der privaten Wirtschaft umorientiert haben. Ein weiterer Gesichtspunkt ist, dass sich mit der Welle der Verrentung eines großen Teils der Mitarbeiter aus dem öffentlichen Dienst erhebliche Personallücken auftun, die nicht mehr durch Zeitvertäge aufzufüllen sind (besonders gravierend bei der Polizei oder der Justiz).

8.3 Zeitverträge als Heilmittel?

70 Prozent der Zeitveträge sind Zeitveträge in der öffentlichen Verwaltung und in öffentlicher Hand. Dies ist nicht nur gefährlich, aber gefährdet auch die Umsetzung staatlicher Aufgaben. Sind wirklich Zeitverträge das alleinige Heilmittel der öffentlichen Hand für Berufsanfänger? Sind Zeitverträge wirklich die alleinige Maßgabe für die Flexibilisierung der öffentlichen Verwaltung? Erfüllen Zeitverträge wirklich die notwendigen Sparmaßnahmen? Nach Ansicht des Autors stellen Zeitverträge kein alleiniges Heilmittel zur Haushaltssanierung und Flexibilisierung dar. Vielmehr geht es darum, die angebotenen Tätigkeiten zu organisieren und mit den notwenigen Mitteln auszustatten, damit sie flexibel sind (in sehr vielen Bereichen ist die IT Ausstattung miserabel). Zudem erzielt eine Vereinfachung der Rechts- und Verwaltungsvorschriften erheblich mehr Ersparnismaßnahmen als die Zeitverträge. Dabei könnten nach der ABC Analyse die primären Tätigkeiten des Staates so definiert werden, dass die angebotenen Stellen im Einklang mit den Aufgaben kämen. Neben der Optimierung der Ausgaben des Staates hat der Staat dafür Sorge zu tragen, dass seine Mitarbeiter eine realistische Lebensplanung vornehmen können. Mit Zeitverträgen ist dies quasi unmöglich.

8.4 Öffentliche Arbeitgeber als größte Arbeitgeber auf Zeit

Der öffentliche Arbeitgeber, sei es in Stadtverwaltungen, sei es bei den Stadtwerken, sei es im Bereich der Länderministerien, in den Autobahnverwaltungen, im Straßenreinigungsbereich, in städtischen Krankenhäusern, sei es in KITAS und Schulen (nicht die verbeamteten Lehrer) erhalten Zeitverträge. Bezogen auf das Ausmaß der gesamten Zeitverträge betragen die angebotenen Stellen im öffentlichen Dienst 70

Prozent der Zeitverträge. Dies kann auf Dauer kein Zustand sein, denn der Staat hat eine Fürsorgepflicht gegenüber seinen Mitarbeitern.

8.5 Informationsgesellschaft und Zeitverträge

Die öffentliche Hand ist auf die aufkommende Informationsgesellschaft leider überhaupt nicht vorbereitet. Mit der Revolution der Digitalisierung müssen die öffentlichen Arbeitgeber erstklassige Mitarbeiter und Spezialisten für die Informationsverarbeitung und -aufbereitung haben und vor allem Strategen im Hinblick auf die Darstellung ihrer Leistungen. Diese qualifizierten Mitarbeiter sind zurzeit sehr selten und werden selten bleiben, denn vernetztes Denken und Abstrahieren sind Qualifikationen, die nur eine kleine Gruppe der Gesellschaft erlernt oder dazu befähigt ist. Wenn Automaten (Roboter) Teile der Tätigkeiten im öffentlichen Dienst übernehmen, so müssen zur Kontrolle und zur Sicherung der Informationsflüsse erhebliche Aufwendungen betrieben werden. Diese Tätigkeiten können nicht zeitgebunden sein, denn die Fluktuation der Mitarbeiter würde inflationär werden und damit verbunden wird ein derart enormer Abfluss des Wissens aus jeglichen Unternehmen und aus der Verwaltung sein, dass der entstehende Schaden kaum noch darstellbar sein kann. Insoweit sollen Zeitverträge lediglich auf Projekte beschränkt werden, ohne jedoch Daueraufgaben in der Zeit zu beschränken.

8.6 Die Konsequenzen

Zeitverträge werden in Zukunft auf gewisse Projekte beschränkt werden. Angesichts der Bevölkerungspyramide Deutschlands und angesichts der Konsequenzen der technischen Revolutionen wie der Digitalisierung, dem Autonomen Fahren und der Gentechnologie, so wird die Arbeitswelt eine tiefgreifende Veränderung erleiden. Nur diesmal wird die Flexibilisierung der Arbeitszeit nicht nur seitens der Arbeitgeber verfolgt werden, sondern auch seitens der Arbeitnehmer. Das heißt, der Arbeitnehmer ist nur bereit, für eine gewisse Zeit ein Projekt bei einer öffentlichen Einrichtung zu erledigen. Ob er auf Dauer dort tätig sein will, ist fraglicher denn je. Daher wird sich ein Kampf um die Intelligenz entfachen, die die öffentlichen Arbeitgeber in eine schwächere Position gegenüber der Privatwirtschaft stellen wird und dies allein aufgrund der starren Tarifsysteme der öffentlichen Hand. Daher wird eine Flexibilisierung der Besoldung und Bezahlung in der Öffentlichkeit von Nöten sein. Eine andere Gefahr besteht darin, dass die Loyalität der Mitarbeiter abhängig vom Grad ihrer Zufriedenheit ist. Es darf hier nicht vergessen werden, dass bei der Informationsgesellschaft der geistige Einsatz der Mitarbeiter ein maßgebender Faktor ist für den Erfolg der Organisationseinheit ist. Es ist daher notwendig, dass Personalentwicklung und Organisationsentwicklung sich in erheblichen Maßen um zwischenmenschliche Beziehungen bemühen.

9. Die Forschung im Dienste der Wirtschaft

9.1 Vorbemerkung

Die Zusammenarbeit zwischen Forschung und Wirtschaft ist im Prinzip zu begrüßen, denn der Austausch zwischen Forschung und Praxis kann für alle Beteiligten eine Win-Win-Situation hervorbringen. Es ist jedoch in der Praxis festzustellen, dass der Einfluss der Wirtschaft auf die Forschung zum großen Teil ein negatives Ergebnis für die Gesellschaft und für die Wirtschaft hat. Folgende Arten der Zusammenarbeit sind vorhanden:

9.2 Direkte Aufträge

Eines der großen Probleme bei der Forschung an Universitäten und Forschungsinstituten ist die Finanzierung der Projekte. Da die Politik in der Regel Forschungsgelder nur zeitorientiert vergibt, was ein strategischer Fehler ist, suchen die Forscher um ihre Tätigkeiten weiter ausüben zu können, die Nähe zur Wirtschaft. In diesem Zusammenhang können Konzerne, Mittelständler und sonstige Unternehmen direkt mit einem Auftrag an eine Forschungsorganisation oder –Institut ein ganzes Projekt finanzieren. Diese Art der Finanzierung von projektgebundener Forschung durch ein Unternehmen ist die unproblematischste Art der Finanzierung, es sei denn dass die Projekte gegen fundamentale ethische Grundsätze verstoßen. Hier gilt für die Forschung „wessen Brot ich esse, dessen Lied ich singe". Probleme ergeben sich für die Gesellschaft und den Rest der Wirtschaft dadurch zu erkennen, von welchen Interessen diese Projekte bestimmt werden. Der Auftraggeber wird leider jedoch bei vielen dieser Projekte verschwiegen oder vernebelt.

9.3 Mischfinanzierung der Forschung

Bei der Mischfinanzierung werden öffentliche und private Gelder zur Verfügung gestellt. Häufig werden jedoch die Nutznießer dieser Forschung die privaten Geldgeber sein. Hier ist jedoch der Anteil der öffentlichen Gelder klar zu beziffern, um Ansprüche an die Ergebnisse der Forschung für die Steuerzahler abzuleiten. Auch hier ist die Praxis leider so, dass sehr häufig diese sogenannte Mischfinanzierung vernebelt wird.

9.4 Schuldfrage Politik

Betrachtet man die Umwälzungen, die sich in diesem Bereich vollziehen und die damit verbundenen negativen Entwicklungen, so muss festgestellt werden, dass die Nachhaltigkeit der Forschungsfinanzierung, sei es Grundlagenforschung oder Produktforschung durch die öffentliche Hand nicht vorhanden ist. Es ist Mode geworden, dass die Politiker sehr kurzfristig denken und somit die Öffentlichkeit sich kaum für langwierige Forschungsprojekte interessiert. Da auch hier wieder das Merkmal der Merkel'schen Politik zutrifft, Konzepte ohne Nachhaltigkeitsplanung zu verfolgen, muss festgestellt werden, dass die Forschung der letzten 13 Jahre nur teilweise finanziert worden ist. Das heißt nichts anderes, als dass die Forscher an den Universitäten und Doktoranden nur Zeitverträge erhalten und damit ist verbunden, dass eine Lebensplanung für diese Forscher kaum möglich ist. Dies wiederum bewegt viele gute deutsche Forscher dazu, ihr Glück im Ausland zu suchen.

9.5 Wirtschaftgelder für die Bildung?

Die Förderung durch private und Gelder aus der Wirtschaft - sei es für berufsbildende Maßnahmen, sei es für die Forschung in Berufsbildern, sei es in der Forschung für zukünftige Berufsbilder - sind sehr gern willkommen. Der Nachteil ist, dass die Wirtschaft bei dieser Forschung kaum auf kurzfristige Ergebnisse rechnen kann und dies wiederum erzeugt Probleme insbesondere bei der kurzfristig denkenden börsenorientierten Wirtschaft. Ohne solche Forschungen können jedoch keine frühzeitigen und nachhaltigen Qualifizierungsmaßnahmen für die Mitarbeiter erfolgen. Dies wiederum könnte zu einem Fachkräftemangel führen. Insbesondere für die bevorstehende technische Revolution: Digitalisierung, Gentechnologie, autonomes Fahren benötigen mehr denn je eine erstklassige Ausbildung, die nicht nur in der Akademisierung zu suchen ist, aber die teilweise wichtiger ist als die akademische Elite. Um diese Ausbildung jedoch zu ermöglichen, muss die Wirtschaft sich an den Kosten der Bildung und Weiterbildung direkt oder indirekt beteiligen, andernfalls könnte dies ihre Wettbewerbsfähigkeit kosten und ihre indirekte Einflussnahme.

Die Einflussnahme der Wirtschaft und insbesondere von großen und multinationalen Konzernen, seien es ausländische oder inländische, kann sich subtiler Maßnahmen bedienen, um Forschungsergebnisse für ihre Zwecke zu missbrauchen. Hier ist als Beispiel der Missbrauch der Forschung der TH Aachen im Hinblick auf den Diesel zu benennen, um diese Diesel-Technologie besser erscheinen zu lassen als sie wirklich ist.

Eine weitere Einflussnahme erfolgt über Veröffentlichungen und Auftritte von „allwissenden" und angeblich neutralen Forschern im Fernsehen dar sowie über die inflationäre Veröffentlichung der Ergebnisse von Meinungsforschern, unabhängig von dem realen Inhalt, der tatsächlichen Fragestellung und ihrer Aussagekraft. Insbesondere die Ergebnisse der Meinungsforscher sind in den letzten Jahren in einem wöchentlichen Rhythmus präsentiert worden, dies könnte bei einer kritischen Betrachtung als ein Werkzeug der politischen Beeinflussung bewertet werden. Angela Merkel hat hierin besondere Erfahrungen.

Hier ist auch das Beispiel aus der Arzneimittelforschung zu nennen, in dem die Grenzwerte für Bluthochdruck mit Hilfe von Forschungsergebnissen bewusst gesenkt wurden. Dabei haben die Hersteller von Bluthochdruck-senkenden Medikamenten die Forschung finanziert. Das Gleiche gilt für sehr viele Produkte zur Gewichtsreduzierung, bei denen die dazugehörende Forschung von den Herstellern dieser Produkte finanziert wird. Dies gilt auch für Produkte für Diabetiker.

10. Forschung, Start Ups und Risikokapital

10.1 Risikokapital

Wagniskapital oder **Risikokapital** (auch **Venture-Capital** von   englisch venture capital) ist außerbörsliches Beteiligungskapital (englisch private equity), das eine Beteiligungsgesellschaft zur Beteiligung an als besonders riskant geltenden Unternehmungen bereitstellt. Das Wagniskapital wird in Form von vollhaftendem Eigenkapital oder eigenkapitalähnlichen Finanzierungsinstrumenten wie Mezzanine-Kapital oder Wandelanleihen ins Unternehmen eingebracht, oftmals durch eine auf dieses Geschäftsmodell spezialisierte **Wagniskapitalgesellschaft** (auch **Wagnisfinanzierungsgesellschaft** oder Venture-Capital-Gesellschaft – abgekürzt VCG – genannt).

Überblick

Eine Wagniskapitalbeteiligung zeichnet sich durch folgende Punkte aus:

- Die Beteiligung erfolgt hauptsächlich in junge, nicht börsennotierte, meist technologieorientierte Unternehmen (Unternehmensgründungen, englisch start-ups).
- Da solche Unternehmen für eine herkömmliche Fremdfinanzierung meist nicht genügend Kreditsicherheiten aufbringen können, stehen vollhaftendes Eigenkapital sowie hybride Finanzierungsformen im Vordergrund. Üblich sind in Deutschland Minderheitsbeteiligungen in Höhe von 20–35 %.[1]

Zwar werden die finanziellen Mittel prinzipiell zeitlich unbegrenzt zur Verfügung gestellt; das Ziel der Kapitalbeteiligung liegt aber nicht in Dividenden- oder Zinszahlungen, sondern im Gewinn aus dem Verkauf der Beteiligung (Exit).

Die Beteiligung ist mit einem sehr hohen Risiko verbunden, das bis zum Totalverlust des eingesetzten Kapitals führen kann. Gleichzeitig sind aber bei einem Erfolg sehr hohe Renditen möglich.

Es wird nicht nur Kapital, sondern auch betriebswirtschaftliches Know-how zur Verfügung gestellt, um den in der Regel unerfahrenen Unternehmensgründern zu helfen, bzw. um die Beteiligung erfolgreich zu gestalten. Daher wird in diesem Zusammenhang auch von intelligentem Kapital (englisch smart capital) gesprochen. Der Kapitalgeber kann aktiv in die unternehmerischen Tätigkeiten eingreifen (Managementunterstützung) und mit seinem Netzwerk etwa beim Aufbau von Geschäftsbeziehungen oder der Einstellung von Personal helfen.

Im Gegenzug erhält der Kapitalgeber häufig Informations-, Kontroll- und Mitspracherechte, die über die üblichen Rechte aus einer Beteiligung hinausgehen.

Finanzierungsphasen

Noch bevor Wagniskapitalgesellschaften investieren, erhalten Unternehmensgründer Finanzmittel häufig von Freunden und Angehörigen (englisch friends & family), aus Förderprogrammen oder von sogenannten Business Angels (Anschubfinanzierung).

Art und Umfang der Wagniskapitalbeteiligung wird nach den Phasen im Lebenszyklus des finanzierten Unternehmens unterschieden. Im Folgenden werden solche Phasen dargestellt; allerdings gibt es keine einheitliche Festlegung dieser Phasen, und auch andere Arten der Einteilung sind in Gebrauch.[2]

Frühphase

Die Frühphase (englisch early stage) wird nochmals in die Vorgründungsphase (englisch seed stage) und die Gründungsphase (englisch start-up stage) unterteilt.[34]

Vorgründungsphase

In der Vorgründungsphase gibt es vom Produkt oder der Dienstleistung zunächst erst Ideen oder unfertige Prototypen. In dieser Phase läuft die Gründungsvorbereitung und ein Geschäftsplan wird erstellt. Das bereitgestellte Wagniskapital ermöglicht in dieser Phase Tätigkeiten wie Forschung und Entwicklung und Bau eines Prototyps mit dem Ziel, für das Produkt oder die Dienstleistung die Marktreife zu erlangen.

Diese Phase ist regelmäßig durch ein sehr hohes Risiko gekennzeichnet, da kein fertiges Produkt vorliegt und der mögliche kommerzielle Erfolg in diesem Stadium nur sehr schwer schätzbar ist. Der Kapitalgeber wird dementsprechend eine, im Vergleich zu den späteren Phasen, höhere Beteiligungsquote beanspruchen, d. h. der Einkauf in das Unternehmen erfolgt zu einem niedrigen Preis bei hohem Risiko.

Gründungsphase

In der Gründungsphase erfolgen die Schritte von der Unternehmensgründung bis zur Markteinführung sowie von der Forschung und Entwicklung heraus hin zum Produktions- und Vertriebsaufbau. Tätigkeitsfelder in dieser Phase sind Produktionsplanung und -vorbereitung, Abwägung zwischen eigener und fremder Produktion, Aufbau des Vertriebsnetzes, Marketingaktivitäten und erste Kundenakquise.

In der Pharma- oder Biotechnologiebranche beispielsweise wird in dieser Phase Kapital für Tests (z. B. klinischen Studien) benötigt.

Das Risiko für den Kapitalgeber ist hier schon niedriger als in der Vorgründungsphase, da die Funktionalität schon demonstrierbar ist. Es besteht dennoch ein großes Verlustrisiko, da der kommerzielle Erfolg auch in dieser Phase schwer schätzbar ist.

Wachstumsphase

Die Wachstumsphase oder Expansionsphase (englisch growth stage) schließt sich an die Gründungsphase an. Sie kann nochmals unterteilt werden in die eigentliche Wachstumsphase (auch „erste Wachstumsphase" genannt), und die Überbrückungsphase.

Erste Wachstumsphase

In der ersten Wachstumsphase ist das junge Unternehmen mit dem entwickelten Produkt marktreif und erzielt Umsätze aus dem Verkauf von Produkten. Zur Sicherstellung des wirtschaftlichen Erfolgs ist eine rasche Marktdurchdringung angezeigt und es wird weiteres Kapital für den Ausbau der Produktions- und Vertriebskapazitäten benötigt. Das Risiko für den Kapitalgeber ist in dieser Phase weitaus geringer als bei den vorhergehenden Phasen, so dass er sich relativ teuer einkauft.

Überbrückungsphase

In der Überbrückungsphase wird die Entscheidung für eine weitreichende Expansion getroffen – Merkmale dieser Phase können eine Diversifikation der Produktpalette, die Erweiterung des Vertriebssystems und die Expansion ins Ausland sein. Ein möglicher Anstoß für diese „Erhöhung der Drehzahl" kann der Eintritt von Konkurrenten in die Marktnische sein.

Das benötigte Kapital für die expansiven Pläne wird häufig über den Gang an die Börse gesucht. Hierfür benötigt das Unternehmen eine Überbrückungsfinanzierung (englisch bridge financing), bis die erwarteten Erlöse aus dem Börsengang eintreffen.

Spätphase

In der Spätphase oder Endphase (englisch later stage) können für das Unternehmen so unterschiedliche Bedarfe wie weitere Diversifikation, weitere Expansion, aber auch Sanierung, Umstrukturierung oder auch Ersatz oder Ergänzung des Gründerteams entstehen. Entsprechend unterschiedlich sind auch die Finanzierungsformen in dieser Phase. Beispiele sind Management-Buy-out, Erschließung von Fördermitteln oder Einsatz der Erlöse aus dem Börsengang.[3]

Exit

Nach zwei bis sieben Jahren (je nach Strategie des Risikokapitals auch später) wird der Austritt (auch Desinvestition, englisch exit) angestrebt; das heißt der Kapitalgeber zieht sich aus dem Unternehmen zurück. Er verkauft seine Anteile an der Börse, an andere Unternehmen, Risikokapitalgesellschaften oder bietet sie dem Unternehmenseigner zum Rückkauf an. Konkret sind folgende Exit-Strategien üblich:

- Initial Public Offering (IPO): Normalerweise folgt hier die Börsennotierung des Unternehmens und die Anteile werden am Markt verkauft.
- Trade Sale: Das Jungunternehmen wird von einem anderen Unternehmen, meist aus derselben Branche, übernommen.
- Secondary Sale: Der Risikokapitalgeber veräußert seine Beteiligung an einen Dritten
- Company Buy-Back: Der Unternehmer erwirbt die Anteile des Risikokapitalgebers zurück.
- Liquidation: Dies spiegelt den schlimmsten Fall wider: Das Unternehmen muss liquidiert werden, falls es sich im Markt nicht behaupten kann.

Die angestrebten, durchschnittlich zu erzielenden Renditen liegen mit 15 bis 25 % jährlich überdurchschnittlich hoch – dafür trägt der Kapitalgeber jedoch auch die erhöhten Risiken des jungen Unternehmens mit. In einer wissenschaftlichen Untersuchung von europäischen Venture-Capital-Fonds konnte eine durchschnittliche Rendite (IRR) von 10 % für den Investitionszeitraum 1980 bis 2003 ermittelt werden. Werden nur die Fonds, die im Jahr 1989 und später gegründet wurden, berücksichtigt, können in der Tat Renditen in Höhe von ca. 20 % erwirtschaftet werden. Allerdings sind diese Jahre durch Phasen von Überbewertungen von Eigenkapitaltiteln und Euphorie an den Wachstumsbörsen (z. B. dem Neuen Markt), insbesondere während der Dotcom-Blase, geprägt. Bei einer Investition in einen Risikokapitalfonds reduziert sich das Risiko bei einer durchschnittlichen Haltedauer von 7 Jahren.

Typische Anreizprobleme

Aus ökonomischer Sicht stellt Risikokapital eine Finanzierungsform dar, die in besonderem Maße mit Anreizproblemen zwischen Risikokapitalgesellschaft und Unternehmer befrachtet ist, da die Risikokapitalgesellschaft nicht genau beobachten kann, ob der Unternehmer das zur Verfügung gestellte Geld tatsächlich zur Erhöhung des Unternehmenswertes im Sinne der Investoren einsetzt.[5] Um diese Anreizprobleme abzuschwächen, haben Risikokapitalgesellschaften verschiedene typische Vertragsstrukturen und Kontrollrechte etabliert:

Das Kapital wird in mehreren Tranchen zur Verfügung gestellt, wobei nur weiterfinanziert wird, sofern bestimmte Meilensteine erreicht wurden („staging")

Wandelanleihen werden bevorzugt eingesetzt, um den Risikokapitalgesellschaften die Möglichkeit zur Partizipation an guten Unternehmensergebnissen zu geben und dennoch bei schlechtem Verlauf weiterhin eine laufende Verzinsung und ggf. Priorität im Konkursfall zu erhalten.

Risikokapitalgesellschaften besitzen umfangreiche Eingriffsrechte und können den Unternehmer bei schlechter Leistung sogar entlassen.

Geschichte

In der Bundesrepublik Deutschland wurde 1975 die erste Wagniskapitalgesellschaft gegründet und 1988 gab es bereits 40 Gesellschaften. 1987 wurden 1,2 Milliarden DM an Wagniskapital angesammelt und davon rund 540 Millionen DM vor allem in den Bereichen Hochtechnologie, Elektronik und Mikroelektronik investiert.

Im Dezember 1987 schlossen sich 12 Wagniskapitalgesellschaften in Westberlin zum Deutschen Venture Capital Verband (DVCA) zusammen, die über rund 600 Millionen DM verfügten und davon 120 Millionen DM investierten. Hauptgeldgeber waren die Banken und die Industrieunternehmen. Im Dezember 1989 fusionierte der DVCA mit dem am 29. Januar 1988 ebenfalls in Westberlin gegründeten Bundesverband Deutscher Kapitalbeteiligungsgesellschaften (BVK).

Wikipedia® ist eine eingetragene Marke der Wikimedia Foundation Inc.

Seite „Wagniskapital". In: Wikipedia, Die freie Enzyklopädie. Bearbeitungsstand: 6. März 2019, 20:32 UTC.
URL: https://de.wikipedia.org/w/index.php?title=Wagniskapital&oldid=186322581 (Abgerufen: 2. April 2019, 17:23 UTC)

10.2 Entscheidungstheorie

Die **Entscheidungstheorie** ist in der angewandten Wahrscheinlichkeitstheorie ein Zweig zur Evaluation der Konsequenzen von Entscheidungen. Die Entscheidungstheorie wird vielfach als betriebswirtschaftliches Instrument benutzt. Zwei bekannte Methoden sind die einfache Nutzwertanalyse (NWA) und der präzisere Analytic Hierarchy Process (AHP). In diesen Methoden werden Kriterien und Alternativen dargestellt, verglichen und bewertet, um die optimale Lösung einer Entscheidung oder Problemstellung finden zu können.

Teilgebiete

Es gibt in der Entscheidungstheorie eine Unterscheidung in drei Teilgebiete:

Die **normative** Entscheidungstheorie basiert auf der Rational-Choice-Theorie und normativen Modellen. Grundlegend hierfür sind Axiome (zum Beispiel Axiom der Rationalität des Entscheiders), welche die Menschen bei der Entscheidung beachten sollten. Durch die axiomatische Herangehensweise lassen sich logisch konsistente Ergebnisse herleiten. ⇒(Wie soll entschieden werden?)

Die **präskriptive** Entscheidungstheorie versucht, Strategien und Methoden herzuleiten, die Menschen helfen, bessere Entscheidungen zu treffen, indem sie normative Modelle verwendet. Gleichzeitig werden die begrenzten kognitiven Fähigkeiten des Menschen untersucht. Des Weiteren werden insbesondere Probleme behandelt, die bei der Implementierung rationaler Entscheidungsmodelle auftreten.

Die **deskriptive** Entscheidungstheorie untersucht dagegen empirisch die Frage, wie Entscheidungen in der Realität tatsächlich getroffen werden. ⇒(Wie wird entschieden?)

Die praktische Anwendung der präskriptiven Entscheidungstheorie wird Entscheidungsanalyse genannt. Hierbei werden Methoden und Software entwickelt, die Menschen bei der Entscheidungsfindung unterstützen sollen. Insbesondere Gesetzgebung und Gesetzesauslegung müssen sich oft an verschiedenen, miteinander konkurrierenden Zielen und Interessen orientieren und zwischen diesen einen Kompromiss anstreben, „der als gerecht erscheint und mit dieser Bedingung den Nutzen optimiert". Entscheidungsanalysen sollen hierbei „die Vielfalt der Faktoren sichtbar ... machen, die in zweckorientierten Entscheidungen eine Rolle spielen. Das erleichtert es, über Zielkonflikte rational zu diskutieren und jene Entscheidungsalternative zu finden, die diese Ziele in optimaler Weise und in optimalem Maße verwirklicht."[1]

Das Grundmodell der (normativen) Entscheidungstheorie kann man in einer Ergebnismatrix darstellen. Hierin enthalten sind das Entscheidungsfeld und das Zielsystem. Das Entscheidungsfeld umfasst:

- Aktionsraum: Menge möglicher Handlungsalternativen
- Zustandsraum: Menge möglicher Umweltzustände
- Ergebnisfunktion: Zuordnung eines Wertes für die Kombination von Aktion und Zustand.
- Sicherheit und Unsicherheit

Ein häufiges Problem ist, dass der wahre Umweltzustand nicht bekannt ist. Hier spricht man von Unsicherheit. Den Gegensatz bildet eine Situation der Sicherheit, in der der Umweltzustand bekannt ist. Es lässt sich folgende Gliederung vornehmen:

Entscheidung unter Sicherheit: Die eintretende Situation ist bekannt. (Deterministisches Entscheidungsmodell)

Entscheidung unter Unsicherheit: Es ist nicht mit Sicherheit bekannt, welche Umweltsituation eintritt, man unterscheidet dabei weiter in:

Entscheidung unter Risiko: Die Wahrscheinlichkeit für die möglicherweise eintretenden Umweltsituationen ist bekannt. (Stochastisches Entscheidungsmodell)

Entscheidung unter Ungewissheit: Man kennt zwar die möglicherweise eintretenden Umweltsituationen, allerdings nicht deren Eintritts- wahrscheinlichkeiten.

Bei einer Entscheidung unter Risiko können über alle möglichen Konsequenzen jeder einzelnen Entscheidung Erwartungswerte errechnet werden, während das bei einer Entscheidung unter Ungewissheit nicht möglich ist bzw. das Prinzip vom unzureichenden Grund (Indifferenzprinzip) angewendet wird, welches jeder Option die gleiche Wahrscheinlichkeit zuordnet. Auf der Basis derartiger Wahrscheinlichkeitsbewertungen kann auch unter Ungewissheit eine Bestimmung des Erwartungswertes vorgenommen werden.

Der (ein- oder mehrstufige) Entscheidungsprozess mitsamt den verschiedenen Konsequenzen lässt sich grafisch als Entscheidungsbaum darstellen.

Abgrenzung

Nicht einsetzbar ist die Entscheidungstheorie, wenn ein Entscheidungsträger mit einem rational handelnden Gegenspieler (einem Mitbewerber etwa) konkurriert, welcher ebenfalls die jeweilige Konkurrenz in seine Entscheidung einfließen lässt. Die Entscheidung kann auch mit Hilfe der Wahrscheinlichkeitsrechnung allein nicht mehr abgebildet werden: Das Verhalten des Gegners ist zwar nicht deterministisch, aber nicht zufällig. In einem solchen Fall kommt die Spieltheorie zum Einsatz.

Die Entscheidungstheorie wird neuerdings auch bei der Beurteilung von Investitionen eingesetzt. Unter dem Namen Realoption wird das Entscheidungsbaumverfahren (bzw. Optionen) dazu verwendet, den Wert von Flexibilität bzgl. Entscheidungen – d. h. die Option (zu einem späteren Zeitpunkt) entscheiden zu können – zu beurteilen.

Gemeinsame Entscheidungen einer Gruppe von Individuen sind Inhalt der Sozialwahltheorie.

Seite „Entscheidungstheorie". In: Wikipedia, Die freie Enzyklopädie. Bearbeitungsstand: 4. Oktober 2018, 13:59 UTC.
URL: https://de.wikipedia.org/w/index.php?title=Entscheidungstheorie&oldid=1814 90352 (Abgerufen: 2. April 2019, 17:26 UTC)

215

10.3 Zahlen und Fakten

10.3.1 Start-ups in Deutschland

Quelle: Ernst &Joung GMBH

Investitionen in Start-ups in Mio. Euros

2017-1HJ Anzahl	2018 1HJ Anzahl	2017 2HJ	2018 2HJ
264	272	2.585	2.441
+3%	+3%	-7%	-/5

Investitionen Nach Ländern

Zeitraum :1HJ

Länder	Anzahl der Finanzierungen 2017	Anzahl der Finanzierung 2018
Berlin	116	123
Bayern	95	102
NRW	71	84
Hamburg	22	18
Hessen	15	17
BW	16	15
Thüringen	2	6
Sachsen	11	5
Rheinland-Pfalz	5	3
andere	15	10

Anzahl der Start-up Finanzierungen nach Sektor

Sektor	Anzahl der Finanzierungen 2017	Anzahl der Finanzierungen 2018
Software&Analitics	75	149
E-commerz	95	102
Gesundheit	71	84
Finanzen	58	54
Mobilität	46	46
Hardware	30	40
Prop Tech	23	32
Media	30	29
Energie	15	21
Ad.Tech	20	21
Einstellungen	14	15
Bildung	11	14
Dienstleistungen	12	11
Agrar-Techg	7	3

Finanzierungssumme in Mio € nach Sektor

Sektor	Summe in Mio€-2017	Summe in Mio€-2018
e-commerce	1.810	1.658
Finanzen	541	676
Software&Analytika	295	671
Mobilität	294	407
Gesundheit	522	317
Prop Tech	61	184
Hardware	104	147
Ad Tech	106	136
Energie	86	99
Dienstleitungen	44	96
Medien	290	73
Einstellungen	42	55
Bildung	71	43
Agrar	11	29

Finanzierungssumme nach Bundesländern in Mio €-Vergleich 1HJ'18-1HJ'17

Länder	Summe in Mio € 2017	Summe in Mio €
Berlin	1.902	1.614
Bayern	213	355
NRW	54	129
Hamburg	178	116
Hessen	45	98
BW	67	45
Rheinland-Pfalz	26	13
Sachsen	34	12
Thüringen	2	10
Brandenburg	16	7
Mecklenburg-Vorpommern	26	6
Andere	22	6

10.3.2 Fakten und Zahlen

Volumen der Weltweiten Venture Capital Investitionen in Milliarden –DU-Dollard

Jahre	Summe in Milliarden $
2018	274
2017	192
2016	156
2015	155
2014	103
2013	59
2012	59
2011	63
2010	46
2009	37

Volumen der Buy-Out-Transaktion am weltweiten Private-Equity–Markt in Milliarden US-Dollar

Jahre	Summe in Milliarden $
2018	456
2017	388
2016	348
2015	460
2014	365
2013	313
2012	280
2011	282
2010	240
2009	118

Anzahl der weltweiten Venture Capital-Investitionen von 2009-2018

Jahre	Anzahl der Investitionen
2018	14.889
2017	13.951
2016	15.703
2015	14.691
2014	12.980
2013	11.399
2012	10.219
2011	8.566
2010	7024
2009	5.5528

Anzahl Risikokapital-Abschlüsse von aufstrebenden US-Pharmaunternehmen im Bereich Neurologie

Jahre	Anzahl Risikokapital
2017	43
2016	34
2015	39
2014	35
2013	39
2012	41
2011	40
2010	42
2009	41
2008	36
2007	39
2006	39

Anzahl Risikokapital-Abschlüsse von aufstrebenden US-Pharmaunternehmen im Bereich Infektionen

Jahre	Anzahl Risikokapital
2017	32
2016	30
2015	30
2014	34
2013	33
2012	20
2011	34
2010	43
2009	37
2008	36
2007	44
2006	38

Anzahl Risikokapital-Abschlüsse von aufstrebenden US-Pharmaunternehmen im Bereich Psychiatrie

Jahre	Anzahl Risikokapital
2017	5
2016	3
2015	4
2014	6
2013	7
2012	10
2011	6
2010	4
2009	5
2008	2
2007	4
2006	6

Anzahl Risikokapital-Abschlüsse von aufstrebenden US-Pharmaunternehmen im Bereich Immunologie

Jahre	Anzahl Risikokapital
2017	11
2016	8
2015	10
2014	15
2013	10
2012	12
2011	8
2010	11
2009	14
2008	23

Anzahl der welweiten Venture Capital Investitionen 2018 nach Weltregionen

Weltregionen	Anzahl
Nordamerika	5.510
China	4.281
Europa	2.781
Indien	813
Israel	233
Sonstiges	1.271

Risikokapitalaufnahme in der Medizintechnikbranche in Milliarden US-Dollar

Jahre	Risikokapital in Milliarden €
2017	5,15
2016	4,13
2015	4,52
2014	4,47
2013	4,22
2012	3,7
2011	4,51
2010	4,4
2009	3,5
2008	3,2
2007	3,2

Risikokapitalaufnahme in der Biotech-Branche nach Segment in den USA, Europa, Deutschland in Mio US-Dollar pro Unternehmen

Segmente	USA	Europa	Deutschland
Grüne&Industrielle Biotechnologie	0,49	1,44	0,4
Diagnostika	1,68	0,39	0,35
Services Technologie&Tools	1,64	0,1	0
Therapeutika	2,36	1,32	1,41

11. Bestechung in Wissenschaft und Forschung

11.1 Vorbemerkung

Die Thematik der Bestechung in der Wissenschaft und der Forschung ist sowohl umstritten als auch real. Es ist nicht das Bild der Forscher, dem man von der Wirtschaft oder von bestimmten Finanzgruppen oder interessierten Gruppen den Geldkoffer bringt und ihn darum bittet, im Sinne der interessierten Gruppen Forschung zu betreiben. Diese Art von außergewöhnlichen Fällen beträgt maximal 8-10 Prozent der gängigen Bestechung.

Ein wesentliches Problem der Forschung und der Wissenschaft stellt sich in der Finanzierung der Projekte. Diese mangelhaften Finanzierungen sind bedingt durch die Kurzfristigkeit der Politik. Es ist daher notwendig und nachvollziehbar, dass Forschungsinstitute und junge Forscher an der Universität bemüht sind, Forschungsgelder außerhalb der Politik zu erhalten. Dieses wird dadurch erleichtert, dass sehr viele Bereiche der Wirtschaft interessiert sind, Studienergebnisse in ihrem Sinne zu erzeugen. Als Beispiel könnte hier die Zuckerindustrie aufgeführt werden, nämlich mit einer ganzen Reihe von wissenschaftlichen Studien, dass kein Zusammenhang zwischen Zuckerkonsum und Übergewicht bestehe. Diesen Studien unterliegen einer Bestechung. Viel subtiler ist jedoch, wenn die Industrie und Wirtschaftszweige über sogenannte Stiftungen Stipendien für Promotionen und Habilitationen vergeben und dadurch eine Selbstverpflichtung der angehenden Wissenschaftler mit einbinden.

Einen weiteren Gesichtspunkt der Bestechung in der Wissenschaft stellt der Aufbau Interessensgruppen von sogenannten Denkfabriken durch die Wirtschaft und dar. Viele Denkfabriken haben zum Teil nicht demokratische Züge oder dienen den Interessen gewisser Konzerne.

11.2 Wann fängt Bestechung in der Forschung an?

Die Bestechung in der Forschung fängt bei der Vorgabe von politischen Forschungsaufträgen an. Politische Aufträge bedeuten, dass der Forscher lediglich mit der Bestätigung von einer These beauftragt wird, beziehungsweise ihm ein genau präzisiertes Ziel als Ergebnis der Forschung vorgegeben wird. Die Bestechung wird hier allein schon bei der

Zusicherung begangen, dass damit andere Forschungsgebiete des Forschers ermöglicht werden können. Die Entdeckung solcher Art von Forschungsbestechungen ist sehr oft schwierig und langwierig. Dies bedarf von den Kontrolleuren sehr viel Mut und Fähigkeiten, denn sehr oft werden Prüfungen im Sinne des Kontrolleurs nicht erfolgreich sein.

Die Forschung kann aber auch hier bei der sogenannten Mischform der Finanzierungen von Projekten beginnen, indem der originäre Sinn der öffentlichen Forschung aufgehoben wird und die Ergebnisse nur einem bestimmten Bereich der Wirtschaft zugutekämen oder damit der Sinn der öffentlichen Forschung ad absurdum geführt wird. Hier kann die Bestechung beginnen, indem die Bestechenden lediglich Arbeitsmittel zur Verfügung stellen. Hier ist ein Abbruch der Zusammenarbeit mitten im Projekt äußerst problematisch. Bestechung kann aber auch erfolgen, indem die Ziele gewisser politischen Strömungen Einfluss auf die Ergebnisse eines Projektes nehmen. Das heißt, dass politische parteiennahe Stiftungen entweder Stipendien zur Promotion und Habilitation oder Ziele von Forschungsaufträgen vergeben.

11.3 Welche Arten der Bestechung gibt es?

Unter Bestechung in der Wissenschaft wird sehr oft das Bild des Mannes mit dem Koffer benutzt, der den Forscher lediglich so bequem wie möglich umgarnt. Dies ist nicht der Fall, sehr oft sind die Bestechungen in der Wissenschaft sehr subtil und dienen sehr oft der Zukunft und dem Ego des Forschers. Denn der größte Teil der Forschung weltweit leidet an der nachhaltigen Finanzierung, daher werden sehr viele Forscher gezwungen, neben den offiziellen Forschungsaufträgen parallel Forschungsaufträge anzunehmen, die Industrien oder Wirtschaftszweigen dienen. Der Forscher merkt nicht einmal, dass er mit der Annahme dieser parallelen Forschungsaufträge bestochen wurde und wundert sich, wenn strafrechtliche Konsequenzen auf ihn zukommen. Es muss jedoch auch erwähnt werden, dass ein Teil der Forscher moralisch und ethisch nicht besser ist als die normale Bevölkerung, das heißt dass sie über kriminelle Energie verfügen und versuchen, sich entweder finanziell oder gesellschaftlich unzulässige Zuwendungen zukommen zu lassen.

11.4 Die Konsequenzen

Die Bestechung der Wissenschaft kann dazu führen, dass die Objektivierung und der Glaube an eine universelle Wissenschaft erheblichen Schaden nehmen. Damit verbunden ist, dass mehrere Wissenschaften sich ausgerufen fühlen, jede für sich die alleinige Wahrheit zu besitzen. Es ist daher wichtig, bei der Veröffentlichung von Forschungsaufträgen eindeutig den Auftraggeber zu benennen. Weiterhin ist es äußerst wichtig, im Fernsehen oder sonstigen Medien darauf hinzuweisen, in wessen Auftrag der Forscher arbeitet und aus welcher Sicht der Wissenschaft der Wissenschaftler tätig ist. Das heißt, aus welchem Winkel der sogenannten „Alleinwissenden" er seine Resultate betrachtet. Es ist äußerst gefährlich und unverantwortlich, dass viele Wissenschaftler im Fernsehen oder in den Medien auftreten, mit dem Anspruch eine sogenannte „alternativlose" Lösung zu haben. Dies kann im schlimmsten Fall eine einseitige Betrachtungsweise von Problemen fördern und gegebenenfalls zur Infragestellung der gesamten Wissenschaft und Forschung führen.

Insbesondere dürfen Unternehmen und Wirtschaftsinteressen sich nicht scheuen, die Ergebnisse der politischen Forschungsaufträge zu benennen. Denn ansonsten wird das Misstrauen gegen sie inflationär steigen. Ein weiteres Problem besteht darin, dass der aktuell zu beobachtende Abbau der öffentlichen Gelder in der Forschung eine Gefahr für jedes Land darstellt, denn die Mobilität von Forschern nimmt zurzeit von Tag zu Tag zu.

12. Hat die deutsche Forschung den Anschluß an die Weltelite verpaßt?

12.1 Forschung und Wissenschaft

12.1.1 Forschung

Unter **Forschung** versteht man, im Gegensatz zum zufälligen Entdecken, die systematische Suche nach neuen Erkenntnissen sowie deren Dokumentation und Veröffentlichung. Die Publikation erfolgt überwiegend als wissenschaftliche Arbeit in relevanten Fachzeitschriften und/oder über die Präsentation bei Fachtagungen. Forschung und Forschungsprojekte werden sowohl im wissenschaftlichen als auch im industriellen, aber auch im künstlerischen[1] Rahmen betrieben.

Teilgebiete der Forschung

Forschung wird im Allgemeinen unterschieden in:

Grundlagenforschung, die bislang unbekannte Objekte, Verhaltensmechanismen, Grundstrukturen oder Funktionszusammenhänge elementarer Art zu klären versucht. So befasst sich naturwissenschaftliche Grundlagenforschung z. B. mit der Funktion von Organismen in der Biologie oder den Wechselwirkungen von Stoffen in der Chemie und Physik. Geisteswissenschaftliche Grundlagenforschung hat z. B. das Phänomen Bildung zum Thema. Sie erkundet historisch oder gesellschaftlich relevante Gesetzmäßigkeiten menschlichen Verhaltens. Diese Forschung wird systematisch und auftragsgemäß vor allem an wissenschaftlichen Hochschulen betrieben. Ein Beispiel europäischer Grundlagenforschung ist insbesondere CERN (Europäische Organisation für Kernforschung) in Genf und European Synchrotron Radiation Facility in Grenoble. In Deutschland sind darüber hinaus auch spezielle Forschungseinrichtungen wie die gemeinnützige Forschungsorganisation Max-Planck-Gesellschaft e. V. (MPG) sowie die Institute der Helmholtz-Gemeinschaft Deutscher Forschungszentren (HGF) befasst. In Österreich arbeiten Einrichtungen wie die Österreichische Akademie der Wissenschaften (ÖAW) in der Grundlagenforschung. In Italien gilt Triest als ein Zentrum der Grundlagenforschung mit dem International Centre for Theoretical Physics (ICTP), dem Forschungskomplex Elettra Sincrotrone Trieste mit unter anderem dem Elektronenbeschleuniger Elettra[2] und dem Freie-Elektronen-Laser FERMI.[3] Grundlagenforschung dient der Erweiterung elementarer wissenschaftlicher Erkenntnisse. Der Anwendungsbereich steht nicht im Vordergrund des Interesses. Grundlagenforschung bietet ein Fundament für die angewandte Forschung und Entwicklung.

Translationale Forschung, weiterführende, gezielte Grundlagenforschung an der Schnittstelle zur angewandten Forschung, die auf selbst gewonnenen wissenschaftlichen Erkenntnissen aufbaut und auf konkrete Anwendungsziele oder/und einen zu entwickelnden wirtschaftlichen, gesellschaftlichen oder kulturellen Nutzen ausgerichtet ist.[4] Hierzu zählt beispielsweise die Forschung der Leibniz-Gemeinschaft

Angewandte Forschung *(auch Zweckforschung), die ein praxisbezogenes, oft technisches oder medizinisches Problem lösen will. Sie verfolgt eine wirtschaftliche Nutzung und findet sowohl an Hochschulen als auch in der freien Wirtschaft, in Deutschland auch an den Instituten der Fraunhofer-Gesellschaft, statt. In anderen Ländern kennt man ebenfalls ähnliche, teils staatlich finanzierte Einrichtungen, zum Beispiel die TNO in den Niederlanden, das Austrian Institute of Technology (AIT) in Österreich oder der AREA Science Park in Triest, Italien. Im engeren Sinne wird bei Angewandter Forschung noch zwischen Verfahrens- und Erzeugnisforschung unterschieden. Die gewonnenen Erkenntnisse werden in technische Entwicklungen umgesetzt.*

Während die Grundlagenforschung vom reinen Erkenntnisinteresse geleitet wird und allgemein gültige Zusammenhänge und Gesetzmäßigkeiten aufzuspüren versucht, ist die Angewandte Forschung auf praxisrelevante, nützliche Ergebnisse ausgerichtet wie etwas in der medizinischen Forschung. Jede der beiden Forschungsrichtungen kann Impulsgeber für die andere sein und von der anderen profitieren. Die Grundlagenforschung arbeitet auf einem höheren Abstraktionsniveau, die Anwendungsforschung bewegt sich näher an der praktischen Verwertbarkeit. Die Stanford University in Kalifornien mit dem Stanford Linear Accelerator Center, den Forschungen bzw. Studien in Natur- und Ingenieurwissenschaften und den IT-Unternehmen im Silicon Valley gilt als internationales Vorbild hinsichtlich Verbindung von Grundlagenforschung, Anwendungsforschung und wirtschaftlicher Nutzung.[5]

Finanzierung

Das Wirtschaftswachstum kann über die Investitions- bzw. Forschungsquote gefördert werden und daher ist die Forschung und deren Finanzierung volkswirtschaftlich erheblich. Vor allem die Konzentration von Forschung und Entwicklung auf Spitzentechnologie wirkt langfristig wachstumsfördernd.[6]

Gemessen am finanziellen Aufwand entfällt in den Industrieländern der Großteil der Forschung auf die Industrie, ist also vor allem der angewandten Forschung zuzurechnen. Die Grundlagenforschung wird hingegen überwiegend von Wissenschaftlern der Forschungseinrichtungen der Hochschulen sowie (in geringerem Ausmaß) spezialisierter Institute getragen.

Diese Forschung wird überwiegend aus dem Budget des Instituts bzw. der Hochschule finanziert. Doch wächst in fast allen westlichen Staaten der Anteil sogenannter Drittmittelforschung. Im Wesentlichen sind dies von Hochschullehrern beantragte und durchgeführte Forschungsprojekte, für die meist eine (halb)staatliche Forschungsförderung existiert.

Im Rahmen der EU ist der Europäische Forschungsrat (European Research Council, ERC) eine wichtige Institution zur Finanzierung von Grundlagenforschung.

Deutschland

Laut Berechnungen des Statistischen Bundesamtes für das Jahr 2007 betrugen die gesamten Forschungsaufwendungen in Deutschland insgesamt rund 61,5 Milliarden Euro, wovon 70 Prozent von der Industrie finanziert wurden. Die forschenden Pharmaunternehmen in Deutschland trugen dabei 10,5 Prozent der gesamten Forschungsaufwendungen der deutschen Industrie.[7]

Von den etwa 18 Milliarden Euro „nichtindustrieller" Forschung entfällt der Großteil auf die Institute an den Hochschulen und Akademien. Zu deren Primärbudgets kommen die eingeworbenen Drittmittel, welche überwiegend die Deutsche Forschungsgemeinschaft (DFG) finanziert. Deren Etat belief sich 2010 auf rund 2,3 Milliarden Euro. Laut Forschungsbericht 2010 kamen davon 67,1 Prozent vom Bund, 32,7 Prozent von den Ländern und 0,2 Prozent aus Stiftungen und privaten Zuwendungen.

Von den 32.000 Forschungsprojekten der laufenden Förderung waren über 15.000 in der Einzelförderung angesiedelt. Für sie wurden 2010 insgesamt 894 Millionen Euro an Fördermitteln bewilligt. Dazu kommen 256 Sonderforschungsbereiche, für welche die DFG etwa 4600 Projekte unterstützte (Bewilligungsvolumen 547 Millionen Euro). Der DFG-Bericht schreibt ferner: Ebenfalls in den koordinierten Programmen gefördert wurden 237 Graduiertenkollegs (138 Millionen Euro), 113 Schwerpunktprogramme mit etwa 3400 Projekten (193 Millionen Euro) und 252 Forschergruppen mit fast 2500 Projekten (150 Millionen Euro).

Österreich

Österreichs Forschungsförderungsfonds FWF und FFG unterscheiden zwischen Grundlagen- und gewerblicher Forschung. Beide Fonds werden überwiegend vom Staat finanziert, der Rest aus der Privatwirtschaft. Der FWF bewilligte 2012 684 neue Forschungsprojekte in der Höhe von insgesamt knapp 200 Millionen Euro.[8] Auf 427 Mio. Auszahlung für Forschungsprojekte kommt die FFG im Jahr 2012.[9] Weitere (teils öffentliche) Fördereinrichtungen sind die Christian-Doppler Gesellschaft und die ÖAW. Neben FWF und FFG gibt es in Österreich noch eine Reihe weiterer Forschungsfinanzierungsagenturen, wie z. B. die Bundesministerien für Wissenschaft und Forschung, für Verkehr, Innovation und Technologie, und für Wirtschaft, Familie und Jugend. Einige Bundesländer haben ebenfalls Forschungsförderprogramme eingerichtet, wie z. B. Wien mit dem WWFF (Wiener Wissenschafts- und Forschungsfonds) und dem ZIT (Zentrum für Innovation und Technologie) oder die

SFG in der Steiermark (Steirische Wirtschaftsförderungsgesellschaft). Fast alle Bundesländer bedienen sich aber auch der FFG, um eigen finanzierte Programme abwickeln zu lassen. Der Anteil an privater non-for-profit Forschungsfinanzierung ist in Österreich vergleichsweise gering.

Wikipedia® ist eine eingetragene Marke der Wikimedia Foundation Inc.

Seite „Forschung". In: Wikipedia, Die freie Enzyklopädie. Bearbeitungsstand: 14. März 2019, 11:53 UTC.
URL: https://de.wikipedia.org/w/index.php?title=Forschung&oldid=186573671 (Ab gerufen: 2. April 2019, 15:53 UTC)

12.1.2 Wissenschaft

Das Wort **Wissenschaft** (mittelhochdeutsch wizzentschaft = Wissen, Vorwissen, Genehmigung für lat. scientia)[1] bezeichnet die Gesamtheit des menschlichen Wissens, der Erkenntnisse und der Erfahrungen einer Zeitepoche, welches systematisch erweitert, gesammelt, aufbewahrt, gelehrt und tradiert wird.[2]

Die Wissenschaft ist ein System der Erkenntnisse über die wesentlichen Eigenschaften, kausalen Zusammenhänge und Gesetzmäßigkeiten der Natur, Technik, Gesellschaft und des Denkens, das in Form von Begriffen, Kategorien, Maßbestimmungen, Gesetzen, Theorien und Hypothesen fixiert wird.[3]

Die Wissenschaft ist auch die Gesamtheit von Erkenntnissen und Erfahrungen, die sich auf einen Gegenstandsbereich beziehen und in einem Begründungszusammenhang stehen. Das Wissen eines begrenzten Gegenstandsbereichs kennzeichnet die Einzelwissenschaft, die sich in einen theoretischen und einen angewandten Bereich gliedert und mit fortschreitender Differenzierung eine Reihe von Teildisziplinen hervorbringen kann.

Wissenschaft bezeichnet auch den methodischen Prozess intersubjektiv nachvollziehbaren Forschens und Erkennens in einem bestimmten Bereich, der nach herkömmlichem Verständnis ein begründetes, geordnetes und gesichertes Wissen hervorbringt. Methodisch kennzeichnet die Wissenschaft entsprechend das gesicherte und im Begründungszusammenhang von Sätzen gestellte Wissen, welches kommunizierbar und überprüfbar ist sowie bestimmten wissenschaftlichen Kriterien folgt. Wissenschaft bezeichnet somit ein zusammenhängendes System von Aussagen, Theorien und Verfahrensweisen, das strengen Prüfungen der Geltung unterzogen wurde und mit dem Anspruch objektiver, überpersönlicher Gültigkeit verbunden ist.[4]

Zudem bezeichnet Wissenschaft auch die Gesamtheit der wissenschaftlichen Institutionen und der dort tätigen Wissenschaftler.

Wortherkunft

Das deutsche Wort Wissenschaft ist ein Kompositum, das sich aus dem Wort Wissen (von indogermanisch *ṷe(i)d bzw. *weid- für erblicken, sehen)[5] und dem althochdeutschen Substantiv scaf(t) bzw. skaf(t)(Beschaffenheit, Ordnung, Plan, Rang) zusammensetzt. Wie viele andere deutsche Komposita mit der Endung "-schaft" auch, ist es im Zuge der substantivischen Wortbildung des Althochdeutschen im Mittelalter entstanden. Dabei wurde das früher selbstständige Substantiv scaf(t) bzw. skaf(t) zur Nachsilbe[6]. In diesem Sinne bezeichnet es die Beschaffenheit bzw. Ordnung des Wissens.

Geschichte

Die Geschichte und Entwicklung der Wissenschaft wird in der akademischen Disziplin der Wissenschaftsgeschichte erforscht. Die Entwicklung des menschlichen Erkennens der Natur der Erde und des Kosmos und die geschichtliche Entstehung der Naturwissenschaften ist ein Teil davon, zum Beispiel die Geschichte der Astronomie und die Geschichte der Physik. Zudem bestehen Verbindungen zu den Anwendungswissenschaften der Mathematik, Medizin und Technik. Bereits Thales forderte, dass Wissenschaft beweisbar, nachprüfbar bzw. in ihren Ergebnissen wiederholbar und zweckfrei sei.[7] Die philosophische Beschäftigung mit wissenschaftstheoretischen Kenntnissen und Methoden geht geschichtlich zurück bis auf Aristoteles in der Antike, heute Wissenschaftstheorie genannt.

Wissenschaftsbetrieb

Eine frühe dokumentierte Form eines organisierten wissenschaftsähnlichen Lehrbetriebs findet sich im antiken Griechenland mit der Platonischen Akademie, die (mit Unterbrechungen) bis in die SpätantikeBestand hatte. Wissenschaft der Neuzeit findet traditionell an Universitäten statt, inzwischen auch an anderen Hochschulen, die auf diese Idee zurückgehen. Daneben sind Wissen schaffende Personen (Wissenschaftler) auch an Akademien, Ämtern, privat finanzierten Forschungsinstituten, bei Beratungsfirmen und in der Wirtschaft tätig. In Deutschland ist eine bedeutende öffentliche „Förderorganisation" die Deutsche Forschungsgemeinschaft, die projektbezogene Forschung an Universitäten und außeruniversitären Einrichtungen fördert. Daneben existieren „Forschungsträgerorganisationen" wie etwa die Fraunhofer-Gesellschaft, die Helmholtz-Gemeinschaft Deutscher Forschungszentren, die Max-Planck-Gesellschaft und die Leibniz-Gemeinschaft, die – von Bund und Ländern finanziert – eigene Forschungsinstitute betreiben. In Österreich entsprechen der DFG der Fonds zur Förderung der wissenschaftlichen Forschung (FWF) sowie die Österreichische Forschungsförderungsgesellschaft (FFG), in der Schweiz und Frankreich die nationalen Forschungsfonds. Andere Fonds werden z. B. von Großindustrien oder dem Europäischen Patentamt dotiert.

Neben den wissenschaftlichen Veröffentlichungen erfolgt der Austausch mit anderen Forschern durch Fachkonferenzen, bei Kongressen der internationalen Dachverbände und scientific Unions (z. B. IUGG, COSPAR, IUPsyS, ISWA, SSRN) oder der UNO-Organisation. Auch Einladungen zu Seminaren, Institutsbesuchen, Arbeitsgruppen oder Gastprofessuren spielen eine Rolle. Von großer Bedeutung sind auch Auslandsaufenthalte und internationale Forschungsprojekte.

Für die interdisziplinäre Forschung wurden in den letzten Jahrzehnten eine Reihe von Instituten geschaffen, in denen industrielle und universitäre Forschung zusammenwirken (Wissenschaftstransfer). Zum Teil verfügen Unternehmen aber auch über eigene Forschungseinrichtungen, in denen Grundlagenforschung betrieben wird.

Die eigentliche Teilnahme am Wissenschaftsbetrieb ist grundsätzlich nicht an Voraussetzungen oder Bedingungen geknüpft: Die wissenschaftliche Betätigung außerhalb des akademischen oder industriellen Wissenschaftsbetriebs steht jedermann offen und ist auch gesetzlich von der Forschungsfreiheit abgedeckt. Universitäten bieten außerdem die voraussetzungslose Teilnahme am Lehrbetrieb als Gasthörer an. Wesentliche wissenschaftliche Leistungen außerhalb eines beruflichen Rahmens sind jedoch die absolute Ausnahme geblieben. Die staatlich bezahlte berufliche Tätigkeit als Wissenschaftler ist meist an die Voraussetzung des Abschlusses eines Studiums gebunden, für das wiederum die Hochschulreife notwendig ist. Leitende öffentlich finanzierte Positionen in der Forschung und die Beantragung von öffentlichen Forschungsgeldern erfordern die Promotion, die Professur, meist die Habilitation. In den USA findet sich statt der Habilitation das Tenure-Track-System, das 2002 in Form der Juniorprofessur auch in Deutschland eingeführt werden sollte, wobei allerdings kritisiert wird, dass ein regelrechter Tenure Track, bei dem den Nachwuchswissenschaftlern für den Fall entsprechender Leistungen eine Dauerstelle garantiert wird, in Deutschland nach wie vor eine Ausnahme darstellt.

Dementsprechend stellt die Wissenschaft durchaus einen gewissen Konjunkturen unterliegenden Arbeitsmarkt dar, bei dem insbesondere der Nachwuchs angesichts der geringen Zahl an Dauerstellen ein hohes Risiko eingeht.

Für die Wissenschaftspolitik an Bedeutung gewonnen hat die Wissenschaftsforschung, die wissenschaftliche Praxis mit empirischen Methoden zu untersuchen und zu beschreiben versucht. Dabei kommen unter anderem Methoden der Scientometrie zum Einsatz. Die Ergebnisse der Wissenschaftsforschung haben im Rahmen der Evaluation Einfluss auf Entscheidungen.

Gesellschaftliche Fragen innerhalb des Wissenschaftsbetriebs sowie die gesellschaftlichen Zusammenhänge und Beziehungen zwischen Wissenschaft, Politik und übriger Gesellschaft untersucht die Wissenssoziologie.

Wissenschaftstheorie

Die Wissenschaftstheorie ist sowohl ein Teilgebiet der Philosophie als auch eine Hilfswissenschaft der einzelnen Fachgebiete, zum Beispiel als Philosophie der Naturwissenschaft. Sie beschäftigt sich mit dem Selbstverständnis von Wissenschaft in Form der Analyse ihrer Voraussetzungen, Methoden und Ziele. Dabei wird besonders ihr Wahrheitsanspruch kritisch hinterfragt. Für die Forschung, die nach neuen Erkenntnissen sucht, ist insbesondere die Frage nach den Methoden und Voraussetzungen der Erkenntnisgewinnung von Bedeutung. Diese Frage wird in der Erkenntnistheorie behandelt.

Forschung

Die Forschung beginnt mit einer Fragestellung, die sich aus früherer Forschung, einer Entdeckung oder aus dem Alltag ergeben kann. Der erste Schritt besteht darin, die Forschungsfrage zu beschreiben, um ein zielgerichtetes Vorgehen zu ermöglichen. Forschung schreitet in kleinen Schritten voran: Das Forschungsproblem wird in mehrere, in sich geschlossene Teilprobleme zerlegt, die nacheinander oder von mehreren Forschern parallel bearbeitet werden können. Bei dem Versuch, sein Teilproblem zu lösen, steht dem Wissenschaftler prinzipiell die Wahl der Methode frei. Wesentlich ist nur, dass die Anwendung seiner Methode zu einer Theorie führt, die objektive, d. h. intersubjektive nachprüfbare und nachvollziehbare Aussagen über einen allgemeinen Sachverhalt macht und dass entsprechende Kontrollversuche durchgeführt wurden.

Wenn ein Teilproblem zur Zufriedenheit gelöst ist, beginnt die Phase der Veröffentlichung. Traditionell verfasst der Forscher dazu selbst ein Manuskript über die Ergebnisse seiner Arbeit. Dieses besteht aus einer systematischen Darstellung der verwendeten Quellen, der angewendeten Methoden, der durchgeführten Experimente und Kontrollexperimente mit vollständiger Offenlegung des Versuchsaufbaus, der beobachteten Phänomene (Messung, Interview), gegebenenfalls der statistischen Auswertung, Beschreibung der aufgestellten Theorie und die durchgeführte Überprüfung dieser Theorie. Insgesamt soll die Forschungsarbeit also möglichst lückenlos dokumentiert werden, damit andere Forscher und Wissenschaftler die Arbeit nachvollziehen können.

Sobald das Manuskript fertig aufgesetzt wurde, reicht es der Forscher an einen Buchverlag, eine wissenschaftliche Fachzeitschrift oder Konferenz zur Veröffentlichung ein. Dort entscheidet zuerst der Herausgeber, ob die Arbeit überhaupt interessant genug und thematisch passend z. B. für die Zeitschrift ist. Wenn dieses Kriterium erfüllt ist, reicht er die Arbeit für die Begutachtung (Wissenschaftliches Peer-Review) an mehrere Gutachter weiter. Dies kann anonym (ohne Angabe des Autors) geschehen. Die Gutachter überprüfen, ob die Darstellung nachvollziehbar und ohne Auslassungen ist und ob Auswertungen und Schlussfolgerungen korrekt sind. Ein Mitglied des Redaktionskomitees der Zeitschrift fungiert dabei als Mittelsmann zwischen dem Forscher und den Gutachtern. Der Forscher hat dadurch die Möglichkeit, grobe Fehler zu verbessern, bevor die Arbeit einem größeren Kreis zugänglich gemacht wird. Wenn der Vorgang abgeschlossen ist, wird das Manuskript gesetzt und in der Zeitschrift abgedruckt. Die nunmehr jedermann zugänglichen Ergebnisse der Arbeit können nun weiter überprüft werden und werfen neue Forschungsfragen auf.

Der Prozess der Forschung ist begleitet vom ständigen regen Austausch unter den Wissenschaftlern des bearbeiteten Forschungsfelds. Auf Fachkonferenzen hat der Forscher die Möglichkeit, seine Lösungen zu den Forschungsproblemen, die er bearbeitet hat (oder Einblicke in seine momentanen Lösungsversuche), einem Kreis von Kollegen zugänglich zu machen und mit ihnen Meinungen, Ideen und Ratschläge auszutauschen. Zudem hat das Internet, das zu wesentlichen Teilen aus Forschungsnetzen besteht, den Austausch unter Wissenschaftlern erheblich geprägt. Während E-Mail den persönlichen Nachrichtenaustausch bereits sehr früh nahezu in Echtzeit ermöglichte, erfreuten sich auch E-Mail-Diskussionslisten zu Fachthemen großer Beliebtheit (ursprünglich ab 1986 auf LISTSERV-Basis im BITNET).

Lehre

Lehre ist die Tätigkeit, bei der ein Wissenschaftler die Methoden der Forschung an Studenten weitergibt und ihnen einen Überblick über den aktuellen Forschungsstand auf seinem Fachgebiet vermittelt. Dazu gehören

das Verfassen von Lehrbüchern, in denen er seine Kenntnisse und Erkenntnisse schriftlich niederlegt und

die Vermittlung des Stoffs in unmittelbarem Kontakt mit den Studenten durch Vorlesungen, Übungen, Tutorien, Seminare und Praktika usw. Diese Veranstaltungen organisieren die jeweiligen Lehrbeauftragten selbständig und führen ggf. auch selbständig Prüfungen durch („Freiheit der Lehre" im Sinne des Art. 5 Abs. 3 Satz 1 Var. 4 GG).

Zu den Voraussetzungen zur Teilnahme an der Lehre als Student und den Formen sowie Abläufen siehe Studium.

Werte der Wissenschaft

Die Werte der Wissenschaft sind darauf ausgerichtet, eine möglichst präzise und wertefreie Beschreibung des Analysierten zu liefern.[89]

- Eindeutigkeit: Da die Beschreibung in Schrift erfolgt, geht man möglichen Irrtümern bereits hier aus dem Weg, indem man in der Einleitung die verwendeten Begriffe (das Definiendum) möglichst exakt definiert (das Definiens). Die Definition selbst wird so einfach und kurz wie möglich gehalten, sodass sie von jedermann verstanden werden kann.

- *Transparenz:* Die Arbeit enthält eine Beschreibung, wie die Zusammenhänge und Fakten erarbeitet wurden. Diese Beschreibung sollte so vollständig sein wie nur möglich. Darin eingeschlossen sind Verweise auf andere wissenschaftliche Arbeiten, die als Grundlage benutzt wurden. Ein Verweis auf nicht-wissenschaftliche Arbeiten wird vermieden, da dadurch das ganze Gebäude der Arbeiten ins Wanken geriete.
- *Objektivität:* Eine Abhandlung beinhaltet nur Fakten und objektive Schlussfolgerungen. Beide sind unabhängig von der Person, die die Abhandlung geschrieben hat. Sie folgt dem Prinzip des Realismus. Bei Schlussfolgerungen wird vermieden in die Denkfalle der Scheinkorrelation zu treten.
- *Überprüfbarkeit:* Die in der Arbeit beschriebenen Fakten und Zusammenhänge können von jedermann zu jeder Zeit überprüft werden (Validierung und Verifizierung). Als Grundlage dient der oben genannte Grundsatz der Transparenz. Schlägt die Überprüfung (wissenschaftlich nachweisbar) fehl, muss die Arbeit ohne Wenn und Aber korrigiert oder zurückgezogen werden (Falsifizierung). Dies sichert den Wahrheitsgehalt der Summe aller wissenschaftlichen Arbeiten.
- *Verlässlichkeit:* Die in der Arbeit beschriebenen Fakten und Zusammenhänge bleiben über den in der Arbeit angegebenen oder zumindest über einen genügend langen Zeitraum stabil.
- *Offenheit und Redlichkeit:* Die Arbeit beleuchtet alle Aspekte eines Themas neutral und ehrlich, nicht nur vereinzelte vom Autor herausgepickte Aspekte. Dadurch bekommt der Leser einen breiten und vollständigen Überblick. Auch an Selbstkritik sollte es nicht fehlen.
- *Neuigkeit:* Die Arbeit führt zu einem Fortschritt in der Erkenntnis

Ein klassisches Ideal – das auf Aristoteles zurückgeht – ist die völlige Neutralität der Forschung. Sie sollte autonom, rein, voraussetzungs- und wertungsfrei sein („tabula rasa"). Dies ist in der Praxis nicht völlig möglich und mitunter kritisierbar. Bereits die Auswahl des Forschungsgegenstandes kann subjektiven Einschätzungen unterliegen, die die Neutralität der Ergebnisse in Frage stellt. Ein Beispiel dafür ist die Tatsache, dass männliche Primatenforscher in den 1950er und 1960er Jahren vor allem Paviane untersuchten, die für ihre dominanten Männchen bekannt sind. Weibliche Primatologinnen in den 1970er Jahren untersuchten hingegen vorzugsweise Arten mit dominanten Weibchen (z. B. Languren). Dass die Absichten der Forscher dabei auf Zusammenhänge zu den Geschlechterrollen der Menschen abzielten, ist offensichtlich.[10]

Karl Popper betrachtete den Wert der Wertefreiheit als Paradoxon und nahm die Position ein, dass Forschung positiv von Interessen, Zwecken und somit einem Sinn geleitet sein sollte (Suche nach Wahrheit, Lösung von Problemen, Verminderung von Übeln und Leid).[11] Wissenschaft soll demnach immer eine kritische Haltung gegenüber eigenen wie fremden Ergebnissen einnehmen; falsche Annahmen sind immer einer Kritik zugänglich. Ebenfalls bezweifelt wurde von ihm, dass

Wissenschaft begründet und gesichert sei,[12] was von Kritikern wie David Stove bereits als eine Spielart des Irrationalismus betrachtet wird.[13] Kritische Theorien wie der Sozialkonstruktivismus und der Poststrukturalismus und verschiedene Spielarten des Relativismus[14] bestreiten ganz, dass Wissenschaft unabhängig von den Prägungen und Beschränkungen menschlicher Kultur so etwas wie wertfreies und objektives Wissen erlangen könne.

Richard Feynman kritisierte vor allem die nach seiner Ansicht sinnlos gewordene Forschungspraxis der von ihm so bezeichneten Cargo-Kult-Wissenschaft, bei der Forschungsergebnisse unkritisch übernommen und vorausgesetzt werden, so dass zwar oberflächlich betrachtet eine methodisch korrekte Forschung stattfindet, jedoch die wissenschaftliche Integrität verloren gegangen ist.

Mit Massenvernichtungswaffen, Gentechnik und Stammzellenforschung sind im Laufe des 20. Jahrhunderts vermehrt Fragen über ethische Grenzen der Wissenschaft (siehe Wissenschaftsethik) entstanden.

Einteilung der Wissenschaften

Bereits Aristoteles gliederte die Wissenschaft in Teilbereiche, so genannte Einzelwissenschaften. Dabei hielt er die Geometrie und Arithmetik für ungeeignet sich mit Lebewesen wissenschaftlich zu befassen. Die klassische neuzeitliche Aufteilung folgt unterschiedlichen Gesichtspunkten. Dem Ziel nach als rein theoretische (Methodenlehre, Grundlagenforschung) oder praktisch angewandte Wissenschaft oder der Erkenntnisgrundlage nach (empirischen) Erfahrungs- oder (rationale) Vernunftwissenschaften.

Einteilung der Wissenschaft bei Aristoteles im 4. Jahrhundert v. Chr. (nach Ottfried Höffe)

Handwerk

Medizin

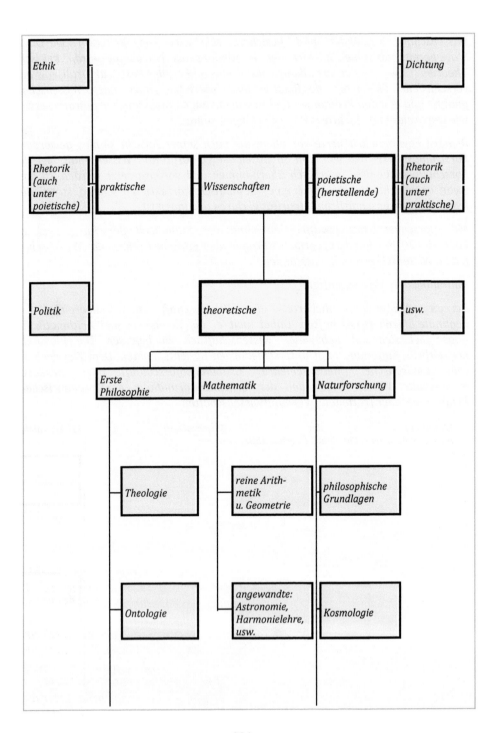

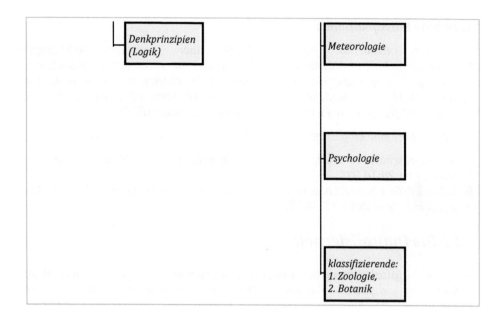

Die Einteilung der Wissenschaft ist insbesondere für organisatorische Zwecke (Fakultäten, Fachbereiche) und für die systematische Ordnung von Veröffentlichungen von Bedeutung (z. B. Dewey Decimal Classification, Universelle Dezimalklassifikation).

Vermehrt gibt es die Bestrebung, disziplinübergreifende Bereiche zu etablieren und so Erkenntnisse einzelner Wissenschaften gewinnbringend zu verknüpfen.

Differenzierung

Die Unterscheidung in Natur-, Geistes- und Sozialwissenschaften ist verbreitet. Die Natur- und Sozialwissenschaften werden oft als empirische Wissenschaften (englisch science) bezeichnet und den Geisteswissenschaften (englisch humanities) nach Gegenstand und Methode entgegengesetzt. Mit der zunehmenden Verwissenschaftlichung und Differenzierung kamen immer neuere Wissenschaftszweige hinzu, die eine Klassifizierung erschweren. Die verschiedenen zweckgebundenen Einteilungen sind nicht mehr einheitlich. Bei zunehmendem Trend zur weiteren Spezialisierung ist die gegenwärtige Situation sehr dynamisch und kaum überschaubar geworden. Historisch gesehen sind einzelne Bereiche aus der Philosophie entstanden. So waren insbesondere Naturphilosophie und Naturwissenschaft lange Zeit in der Naturkunde eng verbunden.

Normierte Klassifikationen

Aus dem Bedürfnis heraus, Daten über Forschungseinrichtungen, Forschungsergebnisse statistisch zu erheben und international vergleichbar zu machen, gibt es Versuche, die verschiedenen Wissenschaften zu klassifizieren. Eine der für Statistiker verbindlichen Systematiken der Wissenschaftszweige ist die 2002 von der OECD festgesetzte Fields of Science and Technology (FOS).

Wikipedia® ist eine eingetragene Marke der Wikimedia Foundation Inc.

Seite „Wissenschaft". In: Wikipedia, Die freie Enzyklopädie. Bearbeitungsstand: 12. Februar 2019, 20:10 UTC.
URL: https://de.wikipedia.org/w/index.php?title=Wissenschaft&oldid=185628441 (Abgerufen: 2. April 2019, 15:56 UTC)

12.2 Die Digitalisierung

*Der Begriff **Digitalisierung** bezeichnet ursprünglich das Umwandeln von analogen Werten in digitale Formate. Die so gewonnenen Daten lassen sich informationstechnisch verarbeiten, ein Prinzip, das allen Erscheinungsformen der Digitalen Revolution (die heute zumeist gemeint ist, wenn von Digitalisierung die Rede ist) im Wirtschafts-, Gesellschafts-, Arbeits- und Privatleben zugrunde liegt.*

Die Digitalisierung als Erstellung digitaler Repräsentationen hat den Zweck, Informationen digital zu speichern und für die elektronische Datenverarbeitung verfügbar zu machen. Sie begann historisch meist mit einem analogen Medium (Photonegativ, Diapositiv, Tonbandaufnahme, Schallplatte). Das Produkt einer solchen Digitalisierung wird mitunter als Digitalisat bezeichnet. Zunehmend wird unter Objektdigitalisierung jedoch auch die Erstellung primär digitaler Repräsentationen mittels digitaler Video-, Foto- oder Tonaufzeichnung verstanden. Hier wird der Begriff Digitalisat gewöhnlich nicht verwendet.

Es wird geschätzt, dass 2007 bereits 94 % der weltweiten technologischen Informationskapazität digital war (nach lediglich 3 % im Jahr 1993).[1] Es wird angenommen, dass es der Menschheit im Jahr 2002 zum ersten Mal möglich war, mehr Information digital als analog zu speichern (der Beginn des „Digitalen Zeitalters").[2]

Grundlagen

Unter Digitalisierung versteht man allgemein die Aufbereitung von Informationen zur Verarbeitung oder Speicherung in einem digitaltechnischen System. Die Informationen liegen dabei in beliebiger analogerForm vor und werden dann, über mehrere Stufen, in ein digitales Signal umgewandelt, das nur aus diskreten Werten besteht.

Erste Versuche zur Digitalisierung analoger Informationen gehen auf Leibniz' Binärkalkül und kryptographische Experimente des 17. Jahrhunderts zurück. Pläne zum Bau einer digitalen Rechenmaschine scheiterten an den damaligen Grenzen der Mechanik. Erste praktisch bedeutsame ingenieurtechnische Umsetzungen des Prinzips finden sich in Form der Kartensteuerung des Jacquardwebstuhls und der Telegraphie.[3] Grundlagen der papierlosen Speicherung und Verarbeitung von Digitaldaten waren die Flipflop-Schaltung 1918, die – dauernde Spannungsversorgung vorausgesetzt – ein Bit über unbegrenzte Zeit speichern kann, ferner die Elektronenröhre und der Transistor (1947). Für die massenhafte Speicherung und Verarbeitung existieren seit den 1960er Jahren immer leistungsfähigere Speichermedien und seit den 1970er Jahren Mikroprozessoren.

Die zu digitalisierende Größe kann alles sein, was mittels Sensoren messbar ist. Typische Beispiele sind

- der Schalldruck bei Tonaufnahmen mit einem Mikrofon,
- Helligkeit bei Bild- und Videoaufnahmen mit einem CCD-Sensor,
- mit Hilfe von speziellen Programmen auch Text aus einem gescannten Dokument heraus,
- Temperatur,
- Magnetfelder

Der Sensor misst die physikalische Größe und gibt sie in Form einer – noch analogen – elektrischen Spannung wieder. Diese Spannung wird anschließend mit einem Analog-Digital-Umsetzer in einen digitalen Wert, in Form eines (meist elektrischen) Digitalsignals, umgesetzt. Von hier an ist die Größe digitalisiert und kann von einem digitaltechnischen System (z. B. dem Heim-PC oder auch digitalen Signalprozessoren) weiterverarbeitet oder gespeichert werden (z. B. auf einer CD oder einem USB-Stick).

Die heutige Digitaltechnik verarbeitet in der Regel ausschließlich binäre Signale. Da bei diesen nur zwischen zwei Signalzuständen unterschieden werden muss (0 oder 1 bzw. low oder high), sind dadurch die Anforderungen an die Genauigkeit der Bauteile geringer – und infolgedessen auch die Produktionskosten.

Systeminterne Repräsentation digitaler Daten

Wie die digitalisierten Werte anschließend im System intern dargestellt werden, hängt vom jeweiligen System ab. Hierbei muss zunächst die speicherunabhängige Kodierung und anschließend die Speicherung von Informationsblöcken unterschieden werden. Die Kodierung und das Format hängen von der Art der Information, den verwendeten Programmen und auch der späteren Nutzung ab. Die Speicherung kann im flüchtigen Arbeitsspeicher oder persistent z. B. in Datenbanksystemen oder unmittelbar in einem Dateisystem als Dateien erfolgen.

Hierbei sind Dateiformate von wesentlicher Bedeutung, welche sowohl die binäre Kodierung als auch Metadaten standardisieren. Beispiele sind z. B. Textdateien in ASCII oder Unicode-Kodierung, Bildformate, oder Formate für Vektorgrafiken, welche z. B. die Koordinaten einer Kurve innerhalb einer Fläche oder eines Raumes beschreiben.

Schnittstellen in die physische Welt

Im Hinblick auf die Prozessdigitalisierung sind insbesondere Schnittstellen zur Außenwelt von entscheidender Bedeutung: Digitale Informationen werden auf analogen Geräten ausgegeben oder an physischen Gütern angebracht, um von Menschen oder von der gleichen Maschine zeitversetzt oder von anderen Maschinen, erneut gelesen werden zu können.

Hierzu zählen neben klassischen Techniken wie der Ausgabe digitaler Informationen auf Trägermaterialien wie Papier mittels menschenlesbaren Buchstaben und Ziffern (und deren Rückverwandlung durch OCR) auch spezialisierte Techniken wie Strichcodes, 2D-Code (z. B. QR-Codes) oder ohne drahtlos ohne Sichtkontakt oder elektrische Verbindung auslesbare Informationsträger (z. B. RFID, „radio-frequency identification").

Digitalisate

Das Endprodukt von Mediendigitalisierungen wird häufig – in Anlehnung an Begriffsbildungen wie **Kondensat** oder **Korrelat** – **Digitalisat** genannt.

Beispiel A

Ein Foto wird für den Druck digitalisiert:

Es entsteht eine Datei mit den gewünschten Bildpunkten.

Beispiel B

Eine Seite mit Text und Fotos wird digitalisiert, der Text per Texterkennung (OCR) in weiterbearbeitbare Form gebracht, und diese beiden im Originalsatz (Layout) mithilfe einer Auszeichnungssprachebeispielsweise als PDF-Datei gespeichert:

Die entstandene PDF-Datei besteht aus mehreren Einzelelementen: Raster-, Vektor- und Textdaten.

Durch das Format PDF werden die Einzelelemente auf jeweils speichersparende Art in einer Datei untergebracht.

Die Einzelelemente stellen vollwertige und nutzbare Digitalisierungen (Digitalisate einzelner Teile) dar. Aber erst die Verbindung der Einzelelemente im Endprodukt erzeugt eine echte Reproduktion, denn diese Datei verknüpft die Einzelelemente in der ursprünglichen Anordnung, ist also eine verlegerisch korrekte Wiedergabe des Originals.

Gründe für die Digitalisierung

Das Vorliegen von Informationen und Daten in digitaler Form besitzt u. a. folgende Vorteile:

Digitale Daten erlauben die Nutzung, Bearbeitung, Verteilung, Erschließung und Wiedergabe in elektronischen Datenverarbeitungssystemen.

Digitale Daten können maschinell und damit schneller verarbeitet, verteilt und vervielfältigt werden.

Sie können (auch wortweise) durchsucht werden.

Der Platzbedarf ist heute deutlich geringer.

Auch bei langen Transportwegen und nach vielfacher Bearbeitung sind Fehler und Verfälschungen (z. B. Rauschüberlagerungen) im Vergleich zur analogen Verarbeitung gering oder können ganz ausgeschlossen werden.

Ein weiterer Grund für die Digitalisierung analoger Inhalte ist die Langzeitarchivierung. Geht man davon aus, dass es keinen ewig haltbaren Datenträger gibt, ist ständige Migration ein Faktum. Fakt ist auch, dass analoge Inhalte mit jedem Kopiervorgang an Qualität verlieren. Digitale Inhalte bestehen hingegen aus diskreten Werten, die entweder lesbar und damit dem digitalen Original gleichwertig sind, oder nicht mehr lesbar sind, was durch redundante Abspeicherung der Inhalte beziehungsweise Fehlerkorrekturalgorithmen verhindert wird.

Schließlich können analoge Originale durch Erstellung digitaler Benutzungskopien geschont werden. Denn viele Datenträger, darunter Schallplatten, analog vorliegende Spielfilme und Farb-Diapositive, verlieren allein durch die Wiedergabe oder auch nur einfache Alterungsprozesse an Qualität. Auch gedruckte Bücher oder Zeitungen und Archivalien leiden unter Benutzung und können durch Digitalisierung geschont werden.

Es sei angemerkt, dass der Schritt der Digitalisierung grundsätzlich mit Qualitätsverlust verbunden ist, weil die Auflösung „endlich" bleibt. Ein Digitalisat kann jedoch in vielen Fällen so genau sein, dass es für einen Großteil der möglichen (auch zukünftigen) Anwendungsfälle ausreicht. Wenn diese Qualität durch das Digitalisat erreicht wird, spricht man von Preservation Digitisation, also der Digitalisierung zur Erhaltung (= Ersetzungskopie). Der Begriff verkennt jedoch, dass nicht alle zukünftigen Anwendungsfälle bekannt sein können. Beispielsweise ermöglicht eine hochauflösende Fotografie zwar das Lesen des Texts einer Pergamenthandschrift, kann aber z. B. nicht für physikalische oder chemische Verfahren zur Altersbestimmung der Handschrift verwendet werden. Aus diesem Grund ist es auch hoch umstritten beispielsweise Zeitungen, die aufgrund ihrer *minderwertigen Papierqualität nur durch aufwendige Restaurierung erhalten werden könnten, stattdessen zu digitalisieren und die Originale zu entsorgen.*

Historische Entwicklung

Die Digitalisierung hat eine lange Entwicklung hinter sich. Bereits vor langer Zeit wurden Universalcodes verwendet. Historisch frühe Beispiele dafür sind der Jacquardwebstuhl (1805), die Brailleschrift (1829) und das Morsen (ab 1837). Das Grundprinzip, festgelegte Codes zur Informationsübermittlung zu benutzen, funktionierte auch bei technisch ungünstigen Bedingungen per Licht- und Tonsignal (Funktechnik, Telefon, Telegrafie). Später folgten Fernschreiber (u. a. unter Verwendung des Baudot-Codes), Telefax und E-Mail. Die heutigen Computer verarbeiten Informationen ausschließlich in digitaler Form.

In der Wissenschaft ist Digitalisierung im Sinne der Veränderung von Prozessen und Abläufen aufgrund des Einsatzes digitaler Technologien (Digitale Revolution, Digitale Transformation) ein querschnittliches Thema in vielen Wissenschaftsdisziplinen. Die technische Entwicklung ist dabei Kernthema in der Informatik, die wirtschaftlich-technische Entwicklung Kernthema in der Wirtschaftsinformatik. Im deutschsprachigen Raum entstand der erste Lehrstuhl, der offiziell den Begriff der Digitalisierung als Hauptaufgabe aufgreift, 2015 an der Universität Potsdam.[4]

Bereiche der Digitalisierung

Allgemein wird der Prozess der Digitalisierung von einem Analog-Digital-Umsetzer durchgeführt, welcher die analogen Eingangssignale in festgesetzten Intervallen, seien dies nun Zeitintervalle bei linearen Aufzeichnungen oder der Abstand der Fotozellen beim Scannen, misst (siehe auch Abtastrate) und diese Werte mit einer bestimmten Genauigkeit (siehe Quantisierung) digital codiert (siehe auch Codec).

Die fortschreitende Digitalisierung dringt mehr und mehr in die klassischen Bereiche der Kommunikation ein. Groß in Mode sind Internet, Mobiltelefon und Digitalfernsehen.

Je nach Art des analogen Ausgangsmaterials und des Zwecks der Digitalisierung werden verschiedenste Verfahren eingesetzt.

Digitalisierung von Texten

Bei der Digitalisierung von Text wird das Dokument zuerst genauso wie ein Bild digitalisiert, d. h. gescannt. Soll das Digitalisat das ursprüngliche Aussehen des Dokumentes möglichst genau wiedergeben, erfolgt keine weitere Verarbeitung und es wird nur das Bild des Textes abgespeichert.

Geht man davon aus, dass lediglich der sprachliche Inhalt der Dokumente von Interesse ist, so wird das digitalisierte Textbild von einem

Texterkennungsprogramm zurück in einen Zeichensatz übersetzt (z. B. ASCII oder bei nicht-lateinischen Buchstaben Unicode) und anschließend nur der erkannte Text gespeichert. Der Speicherbedarf ist dabei erheblich geringer, als für das Bild, allerdings gehen u. U. Informationen verloren, die nicht im reinen Text dargestellt werden können (z. B. die Formatierung).

Eine weitere Möglichkeit ist die Kombination aus beidem, dabei wird neben dem digitalisierten Bild des Textes noch der Inhalt erkannt und als Metadaten hinterlegt. So kann im Text nach Begriffen gesucht werden, aber dennoch das (digitalisierte) Originaldokument angezeigt werden (z. B. bei Google Books).

Digitalisierung von Bildern

Um ein Bild zu digitalisieren, wird das Bild gescannt, das heißt in Zeilen und Spalten (Matrix) zerlegt, für jeden der dadurch entstehenden Bildpunkte der Farbwert ausgelesen und mit einer bestimmten Quantisierung gespeichert. Dies kann durch Scanner, digitale Fotografie, durch satellitengestützte oder medizinische Sensoren erfolgen. Zur finalen Speicherung des Digitalisates können gegebenenfalls Methoden der Bildkompression eingesetzt werden.

Bei einer Schwarz-Weiß-Rastergrafik ohne Grautöne nimmt dann der Wert für ein Pixel die Werte 0 für Schwarz und 1 für Weiß an. Die Matrix wird zeilenweise ausgelesen, wodurch man eine Folge aus den Ziffern 0 und 1 erhält, welche das Bild repräsentiert. In diesem Fall wird also eine Quantisierung von einem Bit verwendet.

Um ein Farb- oder Graustufenbild digital zu repräsentieren, wird eine höhere Quantisierung benötigt. Bei Digitalisaten im RGB-Farbraum wird jeder Farbwert eines Pixels in die Werte Rot, Grün und Blau zerlegt, und diese werden einzeln mit derselben Quantisierung gespeichert (max. ein Byte/Farbwert = 24 Bit/Pixel). Beispiel: Ein Pixel in reinem Rot entspräche R=255, G=0, B=0.

Im YUV-Farbmodell können die Farbwerte eines Pixels mit unterschiedlicher Quantisierung gespeichert werden, da hierbei die Lichtstärke, welche vom menschlichen Auge genauer registriert wird, von der Chrominanz (= Farbigkeit), die das menschliche Auge weniger genau registriert, getrennt sind. Dies ermöglicht ein geringeres Speichervolumen bei annähernd gleicher Qualität für den menschlichen Betrachter.

Digitalisierung von Druckfilmen

In Großformatscannern werden die einzelnen Farbauszüge der Druckfilme eingescannt, zusammengefügt und „entrastert", damit die Daten wieder digital für eine CtP-Belichtung vorhanden sind.

Digitalisierung von Audiodaten

Die Digitalisierung von Audiodaten wird oft als „Sampling" bezeichnet. Zuvor in analoge elektronische Schwingungen verwandelte Schallwellen (etwa aus *einem Mikrofon) werden stichprobenartig schnell hintereinander als digitale Werte gemessen und gespeichert. Diese Werte können umgekehrt auch wieder schnell hintereinander abgespielt und zu einer analogen Schallwelle „zusammengesetzt" werden, die dann wieder hörbar gemacht werden kann. Aus den gemessenen Werten würde sich eigentlich bei der Rückumwandlung eine eckige Wellenform ergeben: Je niedriger die Sampling-Frequenz ist, umso eckiger ist die Wellenform bzw. das Signal. Dies kann sowohl durch mathematische Verfahren reduziert werden (Interpolation, vor der D/A Wandlung) als auch durch analoge Filter vermindert werden. Die Bittiefe bezeichnet beim Sampling den „Raum" für Werte in Bits, die u. a. für die Auflösung des Dynamikumfangs notwendig sind. Ab einer Samplingfrequenz von 44,1 kHz und einer Auflösung von 16 Bit spricht man von CD-Qualität.*

Aufgrund der großen anfallenden Datenmengen kommen verlustfreie und verlustbehaftete Kompressionsverfahren zum Einsatz. Diese erlauben, Audiodaten platzsparender auf Datenträgern zu speichern (s. flac, MP3).

Gängige Dateiformate für Audio sind: wav, aiff, flac, mp3, aac, snd oder ogg Vorbis.

Gängige Umsetzverfahren siehe Analog-Digital-Umsetzer.

Schallplatten können berührungslos softwaregestützt gelesen und digitalisiert werden, indem ein hochauflösendes optisches Digitalisat des Tonträgers von einem Programm „abgetastet" wird. Dieses Verfahren wird bei der Rekonstruktion historischer Tonaufnahmen verwendet.[56]

Digitalisierung in der Messtechnik

Digitalisierung von archäologischen Objekten
Hierbei handelt es sich meistens um die digitale Erfassung archäologischer Objekte in Schrift und Bild. Alle verfügbaren Informationen (Klassifizierung, Datierung, Maße, Eigenschaften etc.) zu einem archäologischen Objekt (z. B. einem Gefäß, Steinwerkzeug, Schwert) werden digital erfasst, durch elektronische Abbildungen und Zeichnungen ergänzt und in einer Datenbank gespeichert. Anschließend können die Objekte in Form eines Daten-Imports in ein Objekt-Portal wie z. B. museum-digital integriert werden, wo die Objekte für jeden frei recherchierbar sind. Anlass für die Digitalisierung von archäologischen Objekten ist meist die Erfassung größerer Bestände wie archäologische Sammlungen an Museen oder der für die Bodendenkmalpflege zuständigen Ämter, um sie der Öffentlichkeit zu präsentieren. Da im musealen Alltag nie alle Objekte einer Sammlung in Form von Ausstellungen oder Publikationen gezeigt werden können, stellt die Digitalisierung eine Möglichkeit dar, die Objekte dennoch der breiten Öffentlichkeit und auch der wissenschaftlichen Welt zu präsentieren. Außerdem wird so eine elektronische Bestandssicherung vorgenommen, ein in Hinblick auf den Einsturz des historischen Archives der Stadt Köln nicht unwesentlicher Aspekt. In besonderen Fällen werden digitale bildgebende, nicht-zerstörende Verfahren verwendet, um die Fundsituation eines Objektes zu

dokumentieren und eine Entscheidungsgrundlage für das weitere Vorgehen zur Sicherung und zur Restaurierung zu liefern, beispielsweise beim Goldhort von Gessel.

Digitalisierung im Gesundheitswesen

Im Gesundheitswesen bieten innovative digitale Anwendungen aus der Telemedizin neue Möglichkeiten, die Effektivität und Effizienz der Leistungserbringung zu steigern, die Versorgung der Patienten zu verbessern und die Transparenz der Leistungs- und Wertschöpfungsprozesse zu erhöhen.

Ziel ist es, durch eine intelligente Datennutzung medizinisches Wissen und therapeutische Möglichkeiten breiter und einfacher verfügbar zu machen sowie Ärzte, Schwestern, Pfleger und andere Leistungserbringer von administrativen und routinemäßigen Tätigkeiten zu entlasten, um so die Qualität der Gesundheitsversorgung auch im ländlichen Raum deutlich zu verbessern.[78]

Die University for Digital Technologies in Medicine and Dentistry (DTMD)[9], eine staatlich als „Institut de Formation Continue" anerkannte private Hochschule luxemburgischen Rechts mit Sitz und Campus im Schloss Wiltz, bietet derzeit wohl als einzige europäische Hochschule ein Netzwerk dezidierter postgradualer berufsbegleitender Studienprogramme für Digitale Technologien im Gesundheitswesen in Kooperation mit renommierten internationalen Hochschulen und Universitäten an. Die postgradualen Weiterbildungsmaßnahmen der DTMD University richten sich vornehmlich an approbierte Mediziner und Zahnmediziner sowie an geprüfte medizinische Assistenzberufe und Zahntechniker.

Digitalisierung der Produktionstechnik

Zur Digitalisierung der Produktionstechnik gehören Entwurfs- und Codeerstellungsverfahren (CAD, CAM), Fertigungsverfahren (z. B. mit Hilfe von CNC-Maschinen oder 3D-Druck) und Montageverfahren (z. B. mit Industrierobotern). Die zunehmende Vernetzung erfordert die Gestaltung gemeinsamer Standards, damit sich die immer komplexeren Produktionssysteme steuern lassen.[10]

Digitalisierung von Verkehr und Logistik

Dazu zählen beispielsweise digital gesteuerte Lagertechnik, fahrerlose Transportsysteme, das autonome Fahren, Navigationssysteme und digitale Verkehrsleitsysteme.

Ökonomische und rechtliche Folgen von Digitalisierung

Die grundlegenden Vorteile der Digitalisierung liegen in der Schnelligkeit und Universalität der Informationsverbreitung. Bedingt durch kostengünstige Hard- und Software zur Digitalisierung und der immer stärkeren Vernetzung über das Internet entstehen in hohem Tempo neue Möglichkeiten, aber auch Gefahren. Exemplarisch dafür ist der: Bearbeiten

Die Digitalisierung schafft auch neue Erfordernisse an das Rechtssystem bezüglich der neuen Möglichkeiten. Die Rechtswissenschaft beginnt gerade, sich mit diesem Problem zu befassen.[11] Die „Theorie des unscharfen Rechts" geht davon aus, dass sich das Recht insgesamt in einer digitalisierten Umwelt grundlegend ändert.[12] Nach ihr relativiert sich die Bedeutung des Rechts als Steuerungsmittel für die Gesellschaft deutlich, da sich die Ansprüche der Gesellschaft zusätzlich an immateriellen Gütern orientieren, welche die Nationengrenzen überschreiten.[13]

Die Möglichkeit der vereinfachten und verlustfreien Reproduktion hat zu verschiedenen Konflikten zwischen Erstellern und Nutzern digitaler Inhalte geführt. Industrie und Verwertungsgesellschaften reagieren auf die veränderten Bedingungen insbesondere mit urheberrechtlicher Absicherung von geistigem Eigentum und der technologischen Implementierung von Kopierschutz.

Kostenveränderung

Ein wesentliches Merkmal digitaler Inhalte ist eine Veränderung der Kostenstruktur. Eine Kostenreduktion betrifft oft die Vervielfältigung und den Transport der Informationen (z. B. über das Internet). So sinken die Kosten für jede weitere digitale Kopie (Produktionsgrenzkosten) nach der Erstellung des Originalinhaltes.

Nach der Etablierung großer Unternehmen werden die Kosten nach derzeitigem Stand durch erhöhte Aufwendungen im Bereich der urheberrechtlichen Absicherung von geistigem Eigentum und der technologischen Implementierung von Kopierschutz erhöht. Auch die erwartete hohe Sicherheit der Datenübertragung und große Zuverlässigkeit der Computeranlagen wirken sich kostensteigernd aus.

Einmal zentral im Internet zur Verfügung gestellt, können digitale Daten jederzeit und gleichzeitig überall auf der Welt zur Verfügung gestellt werden. Zudem entstehen keine Qualitätsverluste durch eine Kopie (im Gegensatz zu analogen Daten) und es entstehen vernachlässigbare Kosten durch den Bezug (es sei denn, es werden vom Anbieter explizit Nutzungsgebühren erhoben).

Einfluss auf betriebliche Abläufe in Unternehmen

In den betrieblichen Abläufen eines Unternehmens ermöglicht die Digitalisierung eine Effizienzsteigerung und damit eine Verbesserung ihrer Wirtschaftlichkeit. Der Grund hierfür ist, dass Betriebsabläufe durch den Einsatz von Informations- und Kommunikationstechnik schneller und kostengünstiger abgewickelt werden können als dies ohne Digitalisierung möglich wäre.[14] Dies wird beispielsweise durch die Umwandlung von physischen Dokumenten und analogen Informationen in eine digitale Form realisiert. Viele Unternehmen lassen beispielsweise Briefe, die sie in physischer Form erhalten, einscannen und per E-Mail verteilen.[15]

Hackerangriffe auf digitale Daten

Durch die Speicherung von Daten auf Rechnern besteht insbesondere für Unternehmen, Politiker, Verbände, aber auch für Privatpersonen die Gefahr, dass Hacker die persönlichen oder betrieblichen Daten auswerten, teilen, (u. U. unbemerkt) verändern oder stehlen. Das Stehlen von Firmendaten durch Hacker führt zudem häufig zu Online-Erpressung, da die Hacker den Opfern anbieten, gegen Zahlung eines Lösegeldes via BitCoins ihre Daten zurückzugeben. Zudem besteht in sozialen Netzwerken und Messengern die Gefahr, die Daten der User zu kommerziellen Zwecken auszuwerten, dies kann entweder durch die sozialen Medien selbst oder durch Drittpersonen geschehen, welche sich durch Hacken der Zugänge Einblick in die Userdaten verschaffen.

Arbeitsmarkt

Beschäftigungszuwachs durch Digitalisierung[16]		
Unternehmensbereich	Erwartung[17]: Zuwachs Arbeitsplätze	
Informationstechnologie	54 %	
Vertrieb/Kundenservice	50 %	
Forschung & Entwicklung	43 %	
Marketing	43 %	
Produktion	40 %	
Unternehmensleitung/-entwicklung	39 %	
Personalwesen	37 %	
Logistik	36 %	

Dieter Balkhausen führte in seinem Buch Die Dritte Industrielle Revolution bereits 1978 aus, bis Ende der 1980er Jahre würden sich 50 Prozent der Arbeitsplätze in Deutschland durch die Mikroelektronik verändern.[18]

Bei einer Befragung von 868 Entscheidern aus Deutschland, Österreich und der Schweiz durch den Personaldienstler Haysfand sich ein Unterschied zur Stimmung in der Gesellschaft. Die Befragten rechnen eher mit einer „Chance zu neuen Jobchancen", dennoch „es sind eine Menge Brüche drin. ... Wir erleben eine Evolution, keine Revolution." Studienleiterin war Jutta Rump, die Direktorin des Instituts für Beschäftigung und Employability der Hochschule Ludwigshafen ist. Als negativ wurde von Führungskräften die Verkleinerung der Kernbelegschaften und das Ersetzen von Tätigkeiten durch Digitaltechnik genannt. Die indiviuellen Wünsche (Ruhe, Erholung, Aktivität) stehen im Widerspruch zu den Forderungen *nach lebenslangen Lernen und Work-Life-Balance. 44 % der Unternehmen vermelden Maßnahmen als wichtig, die Umsetzung erfolgt nur bei 32 %. Es werden bei der Führung die neuen Arbeitsformen zu wenig beachtet: Eigenverantwortung und Selbstorganisation stehen im Fokus, Teamaspekte werden unterschätzt.[19] Inwieweit Digitalisierung eine Zunahme der Arbeitslosigkeit nach sich zieht, ist umstritten. Jeremy Rifkin befürchtet durch die Digitale Revolution sogar ein „Ende der Arbeit". Computerprogramme sind jedoch zum Beispiel nur anhand von elektronischen Wort- und Begriffskatalogen (Wörterbuch) in der Lage, einen Text bis zu einem gewissen Grad auf formale Fehler zu überprüfen. Daher werden manche Berufe wie die des Korrektors auch langfristig nicht ganz verschwinden. Demgegenüber entstehen neue Berufsbilder wie Mathematisch- technischer Softwareentwickler.*

Nachhaltigkeit

Durch Digitalisierung entstehen neue Verbrauche von Energie und Ressourcen. Dazu zählen:

Energieverbrauch: Verbrauch beim Betrieb von IT-Systemen. Weltweit beträgt der Stromverbrauch der Informations- und Kommunikationstechnologien 2018 etwa 2300 Terawattstunden (TWh). Allein das Internet hat damit einen Anteil von zehn Prozent am weltweiten Stromverbrauch.[20] Laut einer Studie des Bundeswirtschaftsministeriums betrug der Energiebedarf der Rechenzentren einschließlich der Server-, Speicher- und Netzwerktechnik sowie wesentlicher Infrastruktursysteme 2015 in Deutschland 18 Terawattstunden (entspricht 18 Mrd. Kilowattstunden). Bezogen auf die Informations- und Kommunikationstechnik insgesamt betrug 2015 der Stromverbrauch in Deutschland 48 Terawattstunden[21], also pro Bundesbürger etwa 600 kwh.

Rohstoffverbrauch: Verbrauch von Rohstoffen. Bei der Herstellung eines Laptops gehen nur ca. 2 Prozent der Materialien in das Produkt selbst ein.

Ökologische Folgen: Der Abbau von Lithium beispielsweise, das für Akkumulatoren essenziell ist und dessen Bedarf durch Digitalisierung und E-Mobilität steigt, verbraucht enorm viel Wasser.[22]

Digitalisierung besitzt dennoch auch Potenziale, Nachhaltigkeit zu erzeugen. Zum Beispiel können digitale Lösungen, die einen niedrigen Energieverbrauch haben und ohne Materialeinsatz entstehen, physische Lösungen ersetzen – indem etwa ein PDF am Bildschirm gelesen und nicht ausgedruckt wird. Auch besteht die Möglichkeit, bereits existierende Strukturen durch digitale Lösungen zu optimieren. Ein Beispiel sind intelligente Verkehrsleitsysteme.

Seite „Digitalisierung". In: Wikipedia, Die freie Enzyklopädie. Bearbeitungsstand: 28. März 2019, 13:26 UTC.

12.3 Das Autonome Fahren

Unter **autonomem Fahren** (manchmal auch **automatisches Fahren**, **automatisiertes Fahren** oder **pilotiertes Fahren** genannt) ist die Fortbewegung von Fahrzeugen, mobilen Robotern und fahrerlosen Transportsystemen zu verstehen, die sich weitgehend autonom verhalten.[1] Vom Ursprung des Wortes her ist das Kraftfahrzeug schon immer autonom: Der Begriff „Automobil" besagt, dass sich ein Gefährt, ohne geschoben oder von Tieren gezogen zu werden, wie von alleine fortbewegt. Seit in Fahrzeugen Mikroprozessorsysteme, Sensoren und Aktoren zusammenwirken, erfährt der Autonomiebegriff eine Präzisierung: Das Fahrzeug macht nicht den Fahrer autonom, sondern es fährt selbständig.

Grundbegriffe

Autonomes Fahren wird gängigerweise mit Fahrzeugen assoziiert, die sich ähnlich wie Flugzeuge im Autopilotmodus verhalten, also Lenk-, Blink-, Beschleunigungs- und Bremsmanöver längs- und quer der Fahrspur ohne menschliches Eingreifen durchführen. Bereits in der zweiten Hälfte der fünfziger Jahre des vorigen Jahrhunderts postulierte A. A. Kucher, seinerzeit leitender Ingenieur der amerikanischen Ford-Werke, als Mittel gegen die schwindenden Rohölreserven, zur Entlastung der Verkehrsadern und vor allem zur Senkung der steigenden Unfallzahlen die Forderung nach der Entwicklung einer Art elektronischer Autobahn für elektrisch betriebene Autos: „In den ‚Automobilen' von morgen wird es keine Abhängigkeit mehr von der menschlichen Reaktionsfähigkeit geben. Die Führung der Fahrzeuge wird über eine narrensichere elektronische Steuerung erfolgen." Pionier auf diesem Gebiet wurde dann Ernst Dickmanns, der in den frühen 1980er-Jahren mit Experimenten auf noch nicht für den Verkehr freigegebenen Autobahnabschnitten begann. Sein „Versuchsfahrzeug für autonome Mobilität und Rechnersehen" VaMoRs (englisch VaMP)durchfuhr ab 1986 längere, verkehrsreiche Strecken teilweise autonom, jedoch noch mit starken Eingriffen durch den Fahrzeugführer. Die ersten seriennahen autonomen Fahrzeuge stellte Audi im Januar 2015 auf der CES in Las Vegas unter dem Begriff „pilotiertes Fahren" vor. Sie fuhren mehrere hundert Kilometer Autobahn durch die Wüste von Nevada – ohne jeglichen Eingriff durch die Person am Steuer.

Die erste, seit ca. 2010 erprobte und 2015 kurz vor der Serieneinführung stehende Anwendung des fahrerlos autonomen Fahrens ist das vollständig autonome Einparken.[2] Dieser Vorgang wird in Anlehnung an das Valet-Parken auch Autonomes Valet-Parken genannt. Der Fahrer sitzt dabei nicht mehr selbst im Auto, sondern aktiviert die Einparkautomatik von außen. Das fahrerlose

Fahren bekam 2004 starken Auftrieb durch den DARPA-Wettbewerb in den USA, wo auch deutsche Automobilhersteller Preise gewannen.

Das Beispiel eines anderen Fahrzeugtyps, der sich ohne Insassen, insbesondere ohne Fahrer fortbewegte, war der (nie auf dem Mars gelandete) sowjetische Marsroboter Prop-M[3] von 1971. Mit dem „mobilen Roboter", von dem hier die Rede ist, ist eine bewegliche Maschine gemeint, deren Aufgabe darin besteht, dem Menschen mechanische Arbeit abzunehmen, und die in ihrer Umgebung selbständig agieren und sich bewegen kann. Mobile Roboter werden oft bereits dann als autonom bezeichnet, wenn die sie steuernde Software/Elektronik/Hardware sich „on board" befindet. Der Roboter ist dann solange autonom, wie seine Energieversorgung dies zulässt. Dem Roboter Anweisungen zu übermitteln, wie oder welche Aufgabe er zu diesem oder jenem Zeitpunkt zu erledigen hat, beeinträchtigt nicht seine Autonomie. Ein Roboter gilt erst dann als vollständig autonom, wenn er in Bezug auf seine Energieversorgung autark ist.

Fahrzeuge, die für den Transport gedacht sind und ohne Fahrer auskommen, sind in der Industrie weit verbreitet. Mithilfe von Sensorik und Software zur Lokalisation, Navigation und Pfadplanung suchen sich diese mobilen Transportroboter auf einem fest definierten Gebiet ihre Wege selbständig.

Einige Universitäten richten Wettbewerbe mit kleinen Modellfahrzeugen aus, die autonom vorgegebene Strecken mit Hindernissen abfahren.[4]

Die autonome Fortbewegung ist eine alte Vision der Menschheit. Wiktor Wasnezow malte 1880 einen zwar von einem Menschen geführten, aber im Wesentlichen autonom fliegenden Teppich.

Im Jahr 2035 könnten laut einer Studie der Unternehmensberatung Oliver Wyman teil- und vollautomatisierte Fahrzeuge zwischen 20 und 35 Prozent[5] der globalen Fahrzeugproduktion ausmachen. Das Fraunhofer-Institut IAO prognostizierte im November 2015 in einer Studie im Auftrag des Bundeswirtschaftsministeriums, das autonome Fahren werde „bereits vor 2025 technische Reife erlangen" und danach eine „Wertschöpfung am Standort Deutschland in Höhe von 8,8 Milliarden Euro" ausmachen.[67]

Im Dezember 2016 übergab die Deutsche Akademie der Technikwissenschaften (acatech) dem Bundesverkehrsministerium eine Studie, in der acatech nicht vor 2030 mit autonomen Fahrzeugen rechnet.[8] Gleichzeitig werden seit Oktober 2016 alle Tesla-Fahrzeuge mit einer Hardware ausgeliefert, die es zukünftig erlaubt, die Fahrzeuge vollautonom, d. h. nach dem SAE Level 5 zu fahren. Die Prognose von Tesla, dass das autonome Fahren bereits im Jahr 2017 mit den Tesla-Fahrzeugen möglich sein wird, bewahrheite sich nicht.[9]

Autonomiestufen

In Europa (u. a. Bundesanstalt für Straßenwesen[10]) und den USA (z. B. SAE J3016) wird die Klassifizierung des autonomen Fahrens in sechs Stufen vorgenommen:[11]

Autonomiestufe 0: Selbstfahrer („Driver only"), der Fahrer fährt selbst (lenkt, gibt Gas, bremst, etc.)

Autonomiestufe 1: Fahrerassistenz. Bestimmte Assistenzsysteme helfen bei der Fahrzeugbedienung, beispielsweise der Abstandsregeltempomat (ACC).

Autonomiestufe 2: Teilautomatisierung. Funktionen wie automatisches Einparken, Spurhalten, allgemeine Längsführung, Beschleunigen, Abbremsen werden von den Assistenzsystemen übernommen, z. B. vom Stauassistent.

Autonomiestufe 3: Bedingungsautomatisierung. Der Fahrer muss das System nicht dauernd überwachen. Das Fahrzeug führt selbständig Funktionen wie das Auslösen des Blinkers, Spurwechsel und Spurhalten durch. Der Fahrer kann sich anderen Dingen zuwenden, wird aber bei Bedarf innerhalb einer Vorwarnzeit vom System aufgefordert die Führung zu übernehmen. Diese Form der Autonomie ist auf Autobahnen technisch machbar. Der Gesetzgeber arbeitet darauf hin, Autonomiestufen 3-Fahrzeuge zuzulassen. Erste Fahrzeuge dieser Automatisierungsstufe wurden in Deutschland für Dezember 2017 angekündigt, die Einführung verzögert sich jedoch bis mindestens 2019 aufgrund fehlender ECE-Homologation.[12]

Autonomiestufe 4: Hochautomatisierung. Die Führung des Fahrzeugs wird dauerhaft vom System übernommen. Werden die Fahraufgaben vom System nicht mehr bewältigt, kann der Fahrer aufgefordert werden, die Führung zu übernehmen.

Autonomiestufe 5: Vollautomatisierung. Kein Fahrer erforderlich. Außer dem Festlegen des Ziels und dem Starten des Systems ist kein menschliches Eingreifen erforderlich. Das Fahrzeug kommt ohne Lenkrad und Pedale aus.

SAE (J3016)

Die SAE definiert Fahrmodus (Driving Mode) als ein Szenario mit einer Art von Fahrszenario mit charakteristischen dynamischen Fahraufgabenanforderungen (z. B. Schnellstraßenmischung, Hochgeschwindigkeitsfahrt, Niedriggeschwindig-keitsstau, Betrieb auf geschlossenem Campus usw.). Die dynamische Fahraufgabe umfasst die Betriebsabläufe (Lenken, Bremsen, Beschleunigen, Überwachen des Fahrzeugs und der Fahrbahn) und taktische Fahraufgabenaspekte (Reaktion auf Ereignisse, Festlegen, wann Spurwechsel, Wende, Verwendung von Signalen usw. erforderlich sind), nicht jedoch den strategischen Fahraufgabenaspekt (Bestimmung von Zielen und Wegpunkten). Die Anfrage des Systems ist die Benachrichtigung eines menschlichen Fahrers durch das automatisierte Fahrsystem, dass er die

Durchführung der dynamischen Fahraufgabe unverzüglich beginnen oder wiederaufnehmen soll.[13]

SAE Autonomiestufe (Level)	Name	Definition	Wer steuert, beschleunigt/ bremst	Überwachung des Fahrumfelds	Reserve-system auf dynami-sche Fahrauf-gabe	Fahr-modus (Driving Mode)
Menschlicher Fahrer kontrolliert die Umgebung						
0	Keine Automation	die durchgängige Ausführung aller Aspekte der dynamischen Fahraufgabe durch den menschlichen Fahrer, auch wenn unterstützende Warn- oder Interventionssysteme eingesetzt werden.	Mensch	Mensch	Mensch	N/A
1	Fahr Assistenz	eine Fahrer-Assistenz, die Fahrmodus-spezifische Aufgaben wie die Lenk-Assistenz oder Beschleunigungs-/Brems-Assistenz dank der Verwendung von Fahr- und Umgebungsinformationen ausführt und mit der Erwartung, dass der menschliche Fahrer alle verbleibenden Aspekte der dynamischen Fahraufgabe ausführt	Mensch / System	Mensch	Mensch	Einige Fahrmodi
2	Teil Automation	die Fahrmodus-spezifische Ausführung von Lenk- und Beschleunigungs-/Bremsvorgängen durch ein oder mehrere Fahrerassistenzsysteme unter Verwendung von	System	Mensch	Mensch	Einige Fahrmodi

		Informationen über die Fahrumgebung und mit der Erwartung, dass der menschliche Fahrer alle verbleibenden Aspekte der dynamischen Fahraufgabe ausführt				
Das System kontrolliert die Umgebung						
3	Bedingte Automation	die Fahrmodus-spezifische Ausführung aller Aspekte der dynamischen Fahraufgabe durch ein automatisiertes Fahrsystem mit der Erwartung, dass der menschliche Fahrer auf Anfrage des Systems angemessen reagieren wird	System	System	Mensch	Einige Fahrmodi
4	Hohe Automation	die Fahrmodus-spezifische Ausführung aller Aspekte der dynamischen Fahraufgabe durch ein automatisiertes Fahrsystem, selbst wenn der menschliche Fahrer auf Anfrage des Systems nicht angemessen reagiert	System	System	System	Einige Fahrmodi
5	Volle Automation	die durchgängige Ausführung aller Aspekte der dynamischen Fahraufgabe durch ein automatisiertes Fahrsystem unter allen Fahr- und Umweltbedingungen, die von einem menschlichen Fahrer bewältigt werden können	System	System	System	Alle Fahrmodi

Technische Entwicklung

Fahrerassistenzsystemen entwickelt. Das früheste (1958) stammte von Chrysler und nannte sich Cruise Control (Tempomat). Es regelte die Längsbeschleunigung automatisch, jedoch ohne Kenntnis der umgebenden Fahrzeuge. Die vollautomatische Längsführung (Adaptive Cruise Control, ACC) berücksichtigt den Verkehr und stellt eine Form des teilautonomen Fahrens dar.

Der Prototyp von Mercedes-Benz, Future Truck 2025, fuhr auf der BAB A14 bei Magdeburg auch selbständig im Kolonnenverkehr. Es handelt sich hier um Autonomiestufen (Level) 3-Autonomie, da das Fahrzeug auch Manöver wie Spurwechsel selbstständig unternehmen konnte und der Fahrer nicht dauerhaft die Fahrt überwachen musste.

Das autonome Fahren gilt als Paradigmenwechsel, ist jedoch technisch ein evolutionärer Prozess. Voraussetzung ist das Vorhandensein von Sensoren (Radar, Video, Laser) und Aktoren (in der Motorsteuerung, der Lenkung, den Bremsen) im Fahrzeug. Die Autonomie selbst stellen Computer im Auto bereit, die die Sensordaten fusionieren, sich daraus ein Bild der Umwelt formen, automatische Fahrentscheidungen treffen und sie an die Aktoren weiterleiten. Zur Bewältigung der großen Datenmengen, etwa beim Erkennen von Verkehrszeichen, wird vor der Implementierung in die Fahrzeuge häufig maschinelles Lernen eingesetzt. Medientheoretikerfordern einen breiteren gesellschaftlichen Dialog über die Auswirkungen des autonomen Fahrens, insbesondere bei Dilemmasituationen, wo der Bordrechner Schaden nicht mehr vermeiden kann, sondern Schäden gewichten muss – im Grunde ethische Entscheidungen.[14]

Rechtlich steht dem autonomen Fahren das international verabschiedete Wiener Übereinkommen über den Straßenverkehr von 1968 entgegen, das in Art. 8 (5) explizit dem Fahrzeugführer die dauernde Fahrzeugbeherrschung vorschreibt. Seit 2015 wird eine Modifizierung des „Wiener Weltabkommens" vorgenommen, um teilautonome Systeme zuzulassen. Das autonome Fahren ist derzeit nur zu Testzwecken mit Sondergenehmigung möglich. Beispielsweise hat Daimler für zwei seiner Freightliner Inspiration Trucks mit dem Highway Pilot System eine Lizenz für den Straßenverkehr in Nevada, USA erhalten.[15]

Im Dezember 2011 wurde bekannt, dass Google nach mehreren Jahren der Entwicklung ein US-Patent für die Technik zum Betrieb von autonomen Fahrzeugen gewährt wurde. Die Testflotte hatte nach Aussage des Unternehmens zu diesem Zeitpunkt bereits ca. 257.000 km (160.000 Meilen) unter begrenzter Einwirkung des Fahrers sowie mehr als 1600 km (1000 Meilen) ohne Fahrerbeteiligung zurückgelegt.[16] Im Mai 2012 erhielt Google in den USA die erste Zulassung eines autonomen Fahrzeugs für den Test auf öffentlichen Straßen des US-Bundesstaates Nevada. Bedingung war jedoch, dass sich eine Person hinter dem Steuer befindet, die notfalls eingreifen kann.[17] Das Google-Roboter-Auto soll aber bereits im Dezember 2013 sicherer gefahren sein als ein menschlicher Autofahrer.[18] Lange Zeit versuchte Google für sein laufend an hierfür gekauften Modellen von Toyota, Honda, Audi, Lexus und VW weiterentwickeltes Technikpaket Google Driverless Car einen passenden Autohersteller zu finden und favorisierte hierfür Tesla Motors.[1920] Später begann Google jedoch, 100 hauseigene Elektro-Testfahrzeuge zu bauen und erste Prototypen dieses neuen Fahrzeugtyps ohne Lenkrad, Bremse und Gaspedal mit körperlich bedürftigen und anderen interessierten Personen zu testen.[21][Video 1] Im Mai 2014 stellte Google sein Roboterauto erstmals einer Gruppe von Journalisten vor, die im Vergleich zwischen menschlichem Fahrer und selbstfahrendem System keinen Unterschied im Fahrverhalten mehr feststellen konnten. Google erklärte jedoch, dass das Fahren bei Regen und Schnee nach wie vor Probleme bereite. Das Robotersystem beruhe auf selbstständigem Lernen und selbstständiger Erfassung und Interpretation der Umgebung. Als Start für den Massenmarkt hatte Google-Mitgründer Sergey Brin im Mai 2014 das Jahr 2017 als Ziel für die USA angegeben.[2223] Dieser Zeitpunkt konnte aber nicht eingehalten werden.

Im Juli 2014 fuhr in Deutschland ein Prototyp der Daimler AG (Future Truck 2025) auf dem damals noch nicht eröffneten Autobahnteilstück (BAB A14 nördlich von Magdeburg) völlig selbständig, insbesondere im Kolonnenverkehr, jedoch ohne autonomes Wechseln der Spur.[24] Am 2. Oktober 2015 fuhr erstmals ein seriennaher Lkw mit Teilautonomie (Ausnahmegenehmigung nach § 70 StVZO) auf einer öffentlichen Straße, und zwar der BAB A8 in Baden-Württemberg.[2526]

Ab 2016 kommt es zum experimentellen Einsatz von autonomen Bussen im öffentlichen Nahverkehr, insbesondere mit autonomen Shuttlebussen der Marke Navya in Sitten/Schweiz[27] und in Lyon/Frankreich.[28]

Seit Oktober 2016 werden alle Tesla-Fahrzeuge mit einer Hardware ausgeliefert, die es erlaubt, die Fahrzeuge zukünftig vollautonom, d. h. nach SAE Level 5 zu fahren.[9] Vorerst wird das System in einem „Schatten-Modus" mitlaufen, d. h. ohne in den Fahrbetrieb einzugreifen, und die gesammelten Daten an Tesla zurücksenden, um die Fähigkeiten des Systems schrittweise zu verbessern, bis das System zur Freigabe mittels eines over-the-air upgrades bereit ist.[29] Tesla schätzte, dass ein komplett autonomes Fahren Ende 2017 möglich sein würde. Dann sollte es eine Demonstrationsfahrt von San Francisco nach New York geben, bei der ein Fahrzeug die Strecke ohne Fahrer zurücklegen sollte.[3031] Der Zeitplan für das autonome Fahren konnte nicht eingehalten werden und die Testfahrt wurde daher nicht durchgeführt.[3233]

Ab Januar 2017 testet der Automobilzulieferer Delphi Automotive ein autonom fahrendes Demonstrationsfahrzeug. Das zusammen mit Mobileye entwickelte Fahrzeug soll auf einer rund 10 Kilometer langen Teststrecke im öffentlichen Verkehr von Las Vegas alltägliche Verkehrssituationen wie etwa Autobahnauf- und abfahrten, Tunnelpassagen und dichten innerstädtischen Verkehr bewältigen.[34]

Im April 2017 kündigten Bosch und Daimler eine Kooperation an. Gemeinsam sollen autonome Fahrzeuge für das urbane Umfeld entwickelt werden. Diese sollen vollautomatisiertes (SAE-Level 4) und fahrerloses (SAE-Level 5) Fahren beherrschen. Über eine Smartphone App soll es dann ermöglicht werden ein selbstfahrendes Taxi oder ein Car-Sharing-Auto zu bestellen, welches selbstständig zum Kunden fährt. Durch den Einsatz von autonomen Fahrzeugen erhoffen sich die Kooperationspartner den Verkehrsfluss in Städten zu verbessern, die Verkehrssicherheit zu erhöhen und Attraktivität von Car-Sharing zu steigern.[3536]

Im August 2017 stellte Audi vor der IAA das erste Serienfahrzeug mit Funktionen der Automatisierungsstufe 3 vor, diese umfassen die hochautomatisierte Führung des Fahrzeuges auf Autobahnen bei Geschwindigkeiten unter 60 km/h und in Stausituationen. Dabei wird die gesamte Verantwortung über das Fahrzeug an den Staupiloten abgegeben und es besteht keine Kontrollpflicht durch den Fahrer. Aufgrund fehlender ECE-Zulassung wird dieses System jedoch erst ab 2019 in Europa einsetzbar sein.[12]

Deutscher Verkehrsgerichtstag

Das autonome Fahren wirft schwierige haftungsrechtliche Fragen auf, die ethisch und rechtsphilosophisch beantwortet werden müssen.

Das Thema ist mehrmals vom Deutschen Verkehrsgerichtstag beraten worden. Die ständige Kommission des 53. Deutschen Verkehrsgerichtstags ging im Januar 2015 davon aus, dass die Technik einen wesentlichen Beitrag zur Verbesserung der Sicherheit und Leichtigkeit des Straßenverkehrs leisten könne. Eine vollständige und dauerhafte Einführung des Systems würde nach den derzeitigen rechtlichen Möglichkeiten aber nicht gegeben sein. Daneben wurde gefordert, dass der Fahrer selbst über die Nutzung des Systems entscheiden könne (Abschaltbarkeit) und jederzeit über den Automatisierungsgrad informiert werde. Der hochautomatisierte Fahrbetrieb müsse dann den Fahrer von Sanktionen und der Fahrerhaftung freistellen.[37]

Der 54. Deutsche Verkehrsgerichtstag im Januar 2016 endete mit einem Streitgespräch zum autonomen Fahren. Schwerpunkte der Diskussion waren der ethische Aspekt (wie soll der Algorithmus in „Dilemmasituationen" reagieren) und die gesellschaftliche Akzeptanz.[38] Erschwert werden die Dilemma-Situationen dadurch, dass international verschiedene Rechts- und Werteverständnisse aufeinander treffen und man sich möglicherweise nicht auf eine gemeinsame Ethik einigen könne.[39]

Gesetzgebung in den USA

Die kalifornische Kraftfahrzeugbehörde DMV (California Department of Motor Vehicles) hat im Dezember 2015 bestimmt, dass autonome Fahrzeuge in dem US-amerikanischen Bundesstaat mit Lenkrad und Pedalen ausgestattet sein müssen.

Fahrzeugführer müsse ein fahrtüchtiger Insasse mit Fahrerlaubnis sein, der jederzeit das Steuer übernehmen und in die Fahrt eingreifen könne. Google zeigte sich über diese Entscheidung „sehr enttäuscht", weil sie die technischen Möglichkeiten der Fahrzeuge verkenne und den Markt für selbstfahrende Autos behindere. Außerdem werde so die Mobilität von Menschen, die kein Auto lenken können, beschränkt.[40]

Im Gegensatz dazu setzt der Bundesstaat Arizona bei der Regulierung selbstfahrender Autos auf eine im Vergleich zu anderen Bundesstaaten besonders liberale Gesetzgebung, um im Standortwettbewerb für Technologiefirmen attraktiv zu sein.[41] Im Herbst 2017 führte Waymo in Arizona die ersten selbstfahrenden Fahrzeuge ein, die vollständig ohne menschliche Überwachung auskommen. Der Fahrersitz kann unbesetzt bleiben. Allerdings werden diese Fahrzeuge bisher nur in einem dünn besiedelten Vorort von Phoenix eingesetzt, der bezüglich der Komplexität des Verkehrsgeschehns eher geringe Anforderungen an das Auto stellt.[42][43]

Gesetzgebung in Deutschland

Im Mai 2015 forderte der Bundesrat die Bundesregierung auf, zusätzlich zu einer Teilstrecke der südlichen Autobahn A9 zügig weitere Strecken für autonome Fahrtests zuzulassen.[44]

Seit dem Sommer 2016 arbeitete das Bundesverkehrsministerium an einem Gesetzesentwurf zum automatisierten Fahren. Ein Kernpunkt des Entwurfes bezog sich auf die Verkehrspflichten des Fahrzeugführers. Ihm sollte es erlaubt sein, dass er sich während der Fahrt abwenden dürfe, solange er jederzeit „wahrnehmungsbereit" bleibe. Er müsste also sofort nach einer Aufforderung durch die Fahrautomatik wieder selbst das Lenkrad übernehmen. Weiterer Kernpunkt war die Neuregelung des Haftungsrisikos. Ungeklärt war, ob der Fahrzeugführer fahrlässig handeln würde, wenn er sich ganz auf die im Auto verbaute Technik verließe. Kritiker beschrieben den Gesetzesentwurf als politischen Aktionismus. Es fehle bisher an Substanz, und viele relevante Aspekte, z. B. bezüglich der Führerscheinausbildung, aber auch der Datenschutz sei nicht geregelt worden.[45] Eine im Ministerium angesiedelte Ethik-Kommission, an der Vertreter der Automobilindustrie und des ADAC sowie Verbraucherschützer unter Vorsitz des früheren Bundesverfassungsrichters Udo Di Fabio teilhaben sollten, hat Leitlinien für die Programmierung automatisierter Fahrsysteme entwickelt[46] und dies in einem Bericht zusammengefasst.[47]

Am 25. Januar 2017 hatte die Bundesregierung einen Gesetzentwurf beschlossen, der autonomes Fahren auf den Straßen des Landes unter bestimmten Voraussetzungen zulassen soll. Der Entwurf kam auch auf Drängen der Daimler AG zustande.[48][49] Das Gesetz zur Änderung des Straßenverkehrsgesetzes wurde am 30. März 2017 im Bundestag beschlossen. Demnach darf sich der Fahrzeugführer in einem entsprechend ausgestatteten Fahrzeug während des Fahrens „mittels hoch- oder *vollautomatisierter Fahrfunktionen ... vom Verkehrsgeschehen und der Fahrzeugsteuerung abwenden; dabei muss er derart wahrnehmungsbereit bleiben, dass er seiner Pflicht ... jederzeit nachkommen kann."[50] In dem Fahrzeug wird es eine Blackbox geben, die alle relevanten Daten aufzeichnet, sechs Monate lang speichert und danach löscht, es sei denn, das Fahrzeug wäre in einen Verkehrsunfall verwickelt gewesen; in diesem Fall blieben die Daten zur Ermittlung des Hergangs erhalten. Kritiker wiesen darauf hin, das neue Gesetz lasse nicht nur viele Fragen offen, auch die Kernprobleme seien dadurch nicht gelöst worden.[51] Für den Verbraucher verbleibe es bei zu viel Rechtsunsicherheit. Auch die Vorratsdatenspeicherung der Fahrzeugdaten sei nicht im Sinne des Verbrauchers und nicht hinzunehmen.[52]*

Ethische Fragen

Da es auch bei autonomen/selbstfahrenden Autos Situationen geben kann, in denen Unfälle mit Personenschäden unvermeidbar sind, muss im Vorfeld entschieden werden, welchen Maximen ihr Verhalten in solchen Situationen folgen soll. Ein menschlicher Fahrer würde in einer plötzlichen Situation, wenn beispielsweise ein Kind auf die Straße läuft, instinktiv reagieren, ohne sich überhaupt aller relevanten Faktoren (etwa der Personen auf dem Bürgersteig) bewusst zu sein. Überlegungen, welches Handeln moralisch zu rechtfertigen ist, wird er nicht in der Lage sein zu tätigen. Allerdings trifft das bei autonomen/selbstfahrenden Autos nicht zu. Die Entscheidung, wie sich das Fahrzeug in welcher Situation zu verhalten hat, wird lange vor einem eventuellen Unfall getroffen. Diese Tatsache hat erhebliche Konsequenzen für die Bewertung eines Unfalles durch ein autonomes Auto.[53] So stellen sich beispielsweise folgende Fragen:

Kann eine Maschine die Situation überhaupt richtig bewerten, beispielsweise zwischen einem Puppenwagen und einem echten Kinderwagen unterscheiden?

Würde ein Aufrechnen von Menschenleben (utilitaristisch) eine unzumutbare Instrumentalisierung der „Geopferten" darstellen?

Wenn ein Aufrechnen sinnvoll wäre, wie ist dies zu organisieren, also welche Kriterien spielen eine Rolle (z. B. die Anzahl von Menschen oder das Alter)?

Insbesondere die letztgenannte Frage ist Gegenstand aktueller Forschung[545556]. Je stärker der Praxisbezug einer eventuellen Programmierung (in moralischen Fragen) einer Maschine wird, desto mehr häufen sich Probleme.

Sicherheit

Ausfälle und Unfälle[57]			
Hersteller	Total in km	Eingriffe	Strecke je Eingriff
Waymo	567.366	63	9005,8
GM Cruise	211.912	105	2018,2
Nissan	8.058	24	335,8
Zoox	3.611	14	257,9
Drive_ai	9.680	92	105,2
Baidu	3.137	43	73,0
Telenav	2.544	52	48,9
Aptiv	2.915	81	36,0
Nvidia	813	109	7,5
Valeo	888	212	4,2
Bosch	3.285	1196	2,7
Mercedes-Benz	1.751	843	2,1

Die USA sind Vorreiter in der Erprobung autonomer Fahrzeuge. 2015 waren in Kalifornien 48 solche PKW für den öffentlichen Verkehr zugelassen. Die California Department of Motor Vehicles (DMV), eine staatliche Behörde, auch Zulassungsstelle erteilt Fahrerlaubnisse und überwacht die Testung autonomer Fahrzeuge. Im Rahmen der Verordnung müssen Unternehmen, denen Genehmigungen für den Betrieb autonomer Fahrzeuge erteilt wurden, jährlich einen Bericht über Ausfälle und Unfälle einreichen, welche für 2015...17 zugänglich sind[58].

Googles vollautonome Autos waren in mehrere Unfälle verwickelt, meist innerhalb von Ortschaften[59][60]. In einem der bekannt gewordenen Fälle hat der autonome Algorithmus den Unfall verursacht.[61]

Am 7. Mai 2016 kam es zu einem tödlichen Unfall eines Fahrzeugs vom Typ Tesla Model S. Wie weit die Autonomie dieses Fahrzeugs tatsächlich ging, unterliegt seitdem Ermittlungen.[62] Der Tesla-Fahrer starb bei einer Kollision mit einem entgegenkommendem, nach links abbiegenden Sattelzug, ohne dass „Autopilot" oder Fahrer eine Bremsung eingeleitet hätten. Das Fahrassistenz-System soll den Sattelauflieger mit einem hochhängenden Schild verwechselt haben. Die National Highway Traffic Safety Administration leitete formal Ermittlungen ein.[63][64][65]

Der Begriff Selbstfahrer (Selbstfahrendes Spezialfahrzeug) bezieht sich auf eine Transportplattform auf Rädern, die nicht notwendigerweise wie ein Lkw-Anhänger gezogen werden muss, sondern auch selbst mit einem Antriebsmotor ausgestattet ist. Ein solches Fahrzeug kann an weitere desselben Systems starr angekoppelt oder auch nur über Ladegut mit einem anderen gekoppelt sein. Diese Selbstfahrer werden typisch per Fernsteuerung von einem daneben gehenden Bediener gesteuert. Verschiedene Manöver wie Drehen am Stand oder Versetzen zur Seite können mittels automatisierter Abläufe abgerufen werden.

Mobilkrane haben mitunter Assistenzsysteme, die ein Aufnehmen von zu schwerer Last, die den Kranarm zum Knicken oder den Kran zum Kippen bringen könnte, abbrechen, oder das zu weite Ausladen einer bereits gehobenen Last.

Die Streckenaufnahme für einen Sondertransport mit großen Ausmaßen und/oder großem Gewicht wurden ehemals an Hindernissen, Engstellen und Kurven zuerst vermessen und der Transport unter genauer Beobachtung mit Lenkgefühl von erfahrenen Menschen händisch gefahren. Heute besteht die Möglichkeit Routen im Zuge einer Vorausbefahrung per 3D-Laserscan geometrisch präzise zu erfassen und eine Durchfahrt mit der bekannten Geometrie der Last rechnerisch zu simulieren.

Autonomes Fahren wird auch für Schienenwege entwickelt. Seit 1985/1986 pendelt die Dorfbahn Serfaus in Tirol in einem Tunnel als seilgezogene Luftkissenbahn zwischen 4 Stationen völlig autonom insbesondere mit Schifahrern. Ein Abschnitt der für den Personenverkehr aufgelassenen Pinkatalbahn soll der Entwicklung autonom fahrender Schienenfahrzeuge dienen. Verschiedene U-Bahnlinien fahren autonom, typisch sind Trennwände längs des Bahnsteigs mit Türen, die sich vor jeder Wagentür öffnen. In Wien fährt zumindest eine Linie weitgehend autonom, dennoch sitzt eine Person im Führerstand, um den Bahnsteig zu überwachen.

Seite „Autonomes Fahren". In: Wikipedia, Die freie Enzyklopädie. Bearbeitungsstand: 28. März 2019, 08:21 UTC.
URL: https://de.wikipedia.org/w/index.php?title=Autonomes_Fahren&oldid=18700 9794(Abgerufen: 2. April 2019, 15:9 UTC)

12.4 Die Robotik

Das Themengebiet der **Robotik** (auch **Robotertechnik**) befasst sich mit dem Versuch, das Konzept der Interaktion mit der physischen Welt auf Prinzipien der Informationstechnik sowie auf eine technisch machbare Kinetik zu reduzieren. Der Begriff des „Roboters" beschreibt dabei eine Entität, welche diese beiden Konzepte in sich vereint, indem sie die Interaktion mit der physischen Welt auf der Basis von Sensoren, Aktoren und Informationsverarbeitung umsetzt. Kernbereich der Robotik ist die Entwicklung und Steuerung solcher Roboter. Sie umfasst Teilgebiete der Informatik (insbesondere von Künstlicher Intelligenz), der Elektrotechnik und des Maschinenbaus. Ziel der Robotik ist es, durch Programmierung ein gesteuertes Zusammenarbeiten von Roboter-Elektronik und Roboter-Mechanik herzustellen.

Den Begriff erfunden und geprägt hat der Science-Fiction-Autor Isaac Asimov, erstmals erwähnt wurde er in dessen Kurzgeschichte Runaround (dt. Herumtreiber) im März 1942 im Astounding-Magazin. Nach Asimovs Definition bezeichnet Robotik das Studium der Roboter.

Geschichte

Bereits in der Antike wurden erste Versuche mit Automaten durchgeführt. Bekannt sind etwa automatische Theater und Musikmaschinen, erdacht durch Heron von Alexandria. Mit dem Niedergang der antiken Kulturen verschwanden temporär auch die wissenschaftlichen Erkenntnisse dieser Zeit (vgl. Bücherverluste in der Spätantike). Um 1205 verfasste Al-Dschazarī, Muslim-arabischer Ingenieur und Autor des 12. Jahrhunderts, sein Werk über mechanische Apparaturen, die Kitāb fī ma'rifat al-Hiyal al-handasīya „Buch des Wissens von sinnreichen mechanischen Vorrichtungen", das auch als „Automata" im westlichen Kulturbereich bekannt wurde. In diesem Werk bekundet er, dass er es für das Reich der Ortoqiden geschrieben habe. Er erstellte frühe humanoide Automaten, und einen Band über programmierbare (interpretierbar als Roboter, Händewasch-Automat, Automatisierte Verschiebung von Pfauen). Leonardo da Vinci soll von den klassischen Automaten von Al-Dschazarī beeinflusst worden sein. So sind von ihm Aufzeichnungen und Skizzen aus dem 15. Jahrhundert bekannt, die als Pläne für Androiden interpretiert werden können. Der technische Kenntnisstand reichte allerdings nicht aus, um derartige Pläne zu realisieren. Um 1740 konstruierte und erbaute Jacques de Vaucanson einen flötenspielenden Automaten, eine automatische Ente sowie den ersten programmierbaren vollautomatischen Webstuhl. In der Literatur wird letzterer Verdienst oft auch Joseph-Marie Jacquard 1805 zugeschrieben.

Ende des 19. Jahrhunderts wurden der Robotik zurechenbar Anstrengungen im Militärwesen unternommen (fernbedienbare Boote, Torpedosteuerungen). Der Schriftsteller Jules Verne schrieb eine Geschichte über eine Menschmaschine. 1920 führte der Schriftsteller Karel Čapek den Begriff Roboter für einen Androiden ein. Nach Ende des Zweiten Weltkrieges erfuhr der Bereich der Robotik rasante Fortschritte. Ausschlaggebend dafür waren die Erfindung des Transistors 1947 in den Bell Laboratories, integrierte Schaltkreise und in weiterer Folge die Entwicklung leistungsstarker und platzsparender Computer.

Ab etwa 1955 kamen erste NC-Maschinen auf den Markt (Geräte zur Steuerung von Maschinen) und 1954 meldet George Devol in den USA ein Patent für einen programmierbaren Manipulator an. Dieses Datum gilt als Geburtsstunde für die Entwicklung von Industrierobotern. Devol war auch Mitbegründer der Firma Unimation, die 1960 den ersten hydraulisch betriebenen Industrieroboter vorstellte. 1968 wird am MIT der erste mobile Roboter entwickelt.

In Deutschland wurde die Robotertechnik erst ab Anfang der 1970er Jahre produktiv eingesetzt.

Um 1970 wurde auch der erste autonome mobile Roboter Shakey (der Zittrige) am Stanford Research Institute entwickelt.

Im Jahr 1973 wurde an der Waseda-Universität Tokio die Entwicklung des humanoiden Roboters Wabot 1 gestartet. Im selben Jahr baute der deutsche Robotikpionier KUKA den weltweit ersten Industrieroboter mit sechs elektromechanisch angetriebenen Achsen, bekannt als FAMULUS.[1] Ein Jahr später (1974) stellte die schwedische ASEA ihren vollständig elektrisch angetriebene Roboter (IRb6) vor.

Im Jahr 1986 startete Honda das Humanoid Robot Research and Development Program. Ergebnis waren die humanoiden Roboterversionen P1 bis P3. Eine Weiterentwicklung stellte Honda 2004 in Form des humanoiden Roboter ASIMO vor.

1997 landete der erste mobile Roboter auf dem Mars (Sojourner).

Auch die Spielzeugindustrie hat sich der Robotik nicht verschlossen. Beispiele für derartige Erzeugnisse sind Lego Mindstorms, iPitara, Robonova oder der Roboterhund Aibo der Firma Sony.

Robotik und Ethik

Die immer weiter zunehmende Automatisierung und Digitalisierung, verbunden mit ebenfalls wachsender Erfassung und zunehmendem Austausch von Daten („Big Data") erfordert nach Auffassung von Zukunftsforschern und Philosophen grundlegende Fragestellungen zur Rolle der Menschen in diesem Prozess und in diesen Zusammenhängen. Bereits 1942 formulierte z. B. Asimov einen entsprechenden Kodex, die „Roboter-Gesetze".[2]

Die Robotik ist eine wissenschaftliche Disziplin, die sich mit der Entwicklung von Robotern beschäftigt. Dabei spielen die mechanische Gestaltung, die Regelung und die elektronische Steuerung eine wesentliche Rolle. Die mechanische Modellierung eines Roboters basiert meistens auf Methoden der Mehrkörpersysteme bzw. Mehrkörperdynamik, während der Entwurf der Regelung für Roboter dem Gebiet der Automatisierungstechnik entstammt.

Es werden mittlerweile alternative Techniken zum Rad als Fortbewegungsmittel in der menschlichen Umgebung erforscht, wie zum Beispiel das Gehen auf sechs, vier, zwei oder auch einem Bein. Während Industrieroboter in einer auf sie angepassten Umgebung meist handwerkliche oder Handhabungs-Aufgaben erledigen, sollen derartige Serviceroboter Dienstleistungen für und am Menschen erbringen. Dazu müssen sie sich in der menschlichen Umgebung bewegen und zurechtfinden können, was Gegenstand wissenschaftlicher Forschung ist.

Wie ein Spiel anmutend, aber mit ernsthafter wissenschaftlicher Forschung als Hintergrund sind Roboter-Fußballspiele zwischen Mannschaften gleichartiger Roboter. Ziel der Forscher ist es bis 2050 eine Fußballmannschaft aus autonomen zweibeinigen Robotern zu entwickeln, die gegen den Fußball-Weltmeister antreten kann.

Industrieroboter werden meist in für den Menschen zu gefährlichen oder unzumutbaren Umgebungen eingesetzt. Moderne Roboter erledigen heute stupide Fließbandarbeit schneller und wesentlich genauer als ein Mensch und können ihn in immer mehr Bereichen ersetzen (Automatisierung). Autos werden heutzutage mit starker Beteiligung von Robotern gebaut, und auch ein moderner Mikroprozessor wäre ohne einen Roboter nicht mehr herstellbar. Serviceroboter werden seit einiger Zeit eingesetzt, um den Menschen den Alltag zu erleichtern oder um sie zu unterhalten, wie zum Beispiel der Robosapien. Es gibt bereits Haushalts-Roboter, die in der Lage sind, Staub zu saugen, den Boden zu wischen oder den Rasen zu mähen. Sie sind zwar nur auf eine einzige Aufgabe spezialisiert, können diese aber relativ autonom durchführen. Forschungsroboter erkunden unter anderem ferne Planeten oder Katastrophengebiete[3] und dringen in Vulkane oder Abwasserrohre vor. AUVs werden für unterschiedlichste Detektionsmissionen im marinen Bereich verwendet. Es gibt Konzepte und erste Prototypen für Kryobots und Hydrobots die zukünftig in der Raumfahrt eingesetzt werden. Auch gibt es Überlegungen Roboter für Proben-Rückhol-Missionen und Asteroidenbergbau einzusetzen.

In der Medizin werden Roboter für Untersuchungen, Operationen und Rehabilitation eingesetzt und verrichten einfache Aufgaben im Krankenhausalltag. Ein Prototyp für winzige Nanoroboter, die sich im Blutkreislauf bewegen können, wurden bereits 2004 an der ETH Zürich an einem Auge getestet. Sie werden durch Magnetfelder von außen gesteuert. Der Assistenzroboter FRIEND, der am Institut für Automatisierungstechnik der Universität Bremen entwickelt wurde, soll behinderte und ältere Personen bei den Aktivitäten des täglichen Lebens (zum Beispiel dem Zubereiten einer Mahlzeit) unterstützen und ihnen eine Reintegration ins Berufsleben ermöglichen.

Modulare Roboter Baukastensysteme werden als physical rapid prototyping für mobile Serviceroboter vor allem im Forschungs- und Entwicklungsbereich eingesetzt. Der Ansatz komponentenbasierte, offene Schnittstellen zu wieder verwendbaren Hardware- und Softwaremodulen ermöglicht eine schnelle und kosteneffiziente Realisierung von Roboterprototypen. Gerade im Bereich der Servicerobotik erfordert die Komplexität der geforderten Aufgaben neue, dynamische, flexible und kostengünstige Ansätze bei der Entwicklung entsprechender Robotersysteme.[4]

Erste Unterhaltungsroboter wie der Roboter-Hund Aibo von Sony sind ein Schritt zum elektronischen Haustier. Neben Aibo gibt es weitere Roboterprodukte der

Spielzeug- und Unterhaltungsindustrie, die mit einem Computer in einer meist einfachen Sprache programmiert werden können, um zum Beispiel einer Lichtquelle oder einem Strich auf dem Boden zu folgen oder farbige Bauklötze zu sortieren.

Eine weitere Hobbyrichtung ist der Eigenbau von Robotern. Dies kann unterstützt durch vorbereitete Roboterbausätze erfolgen oder aber nach freier Fantasie. In diesem Fall muss man beispielsweise ein Auto-ähnliches Fahrzeug selbst konstruieren, mit geeigneten Sensoren Entfernungen zum Ziel oder die Farbe des Untergrundes bestimmen und aus diesen Messergebnissen einen Kurs ermitteln, den das Fahrzeug fahren soll. Die eigentliche Aufgabe besteht darin, die Sensordaten mit Geschwindigkeit und Richtung des Fahrzeugs zu verknüpfen. Das erfolgt in einem Mikrocontroller, der selbst programmiert werden muss. Die erforderliche Elektronik wird in unterschiedlicher Ausführung als C-Control oder Arduino angeboten. Bekannte, aber auch sehr aufwändige Vorbilder sind die Rover.

Viele fasziniert zum Beispiel der Bau von „Kampfrobotern", die ferngesteuert mit martialischen Waffen einander zu zerstören versuchen. Da diese Maschinen ferngesteuert werden und keine nennenswerte eigene Intelligenz besitzen, handelt es sich dabei bisher nicht um Roboter im eigentlichen Wortsinn.

Roboter sind auch ein beliebter Gegenstand in der Science-Fiction. Dort gibt es menschenartige Roboter, die oft über künstliche Intelligenz verfügen. Sind sie auch noch reine Fiktion, so prägen Isaac Asimovs Robotergesetze durchaus schon das Denken über Roboter.

Eine zusätzliche, bereits in sehr einfacher Form realisierte Variation des Roboters ist der Cyborg als Verschmelzung von Roboter-Technologie mit der menschlichen Anatomie. Androiden – künstliche menschenähnliche Wesen – können Roboter sein, Roboter müssen aber nicht unbedingt Androiden sein. Ein erster weit entwickelter Ansatz ist der Roboter ASIMO der Firma Honda.

Roboter für die Bildung

Roboter sind auch zunehmend in der Bildung Thema. Es gibt Roboter für die Grundschule, Roboter für die Sekundarschule oder das Abitur (weiterführende Schulen), Roboter für die Hochschule und Roboter für Berufsausbildung. Eine Sonderform der Roboter für Bildung sind Rover, die zum Beispiel im Rahmen von Raumfahrt-Bildung an Einrichtungen in Deutschland entwickelt und erprobt werden. Meist sind diese spezialisierten Roboter als Rover für ein konkretes Ziel oder einen Wettbewerb vorgesehen. Auf der Maker Faire 2016 in Berlin wurde ein Rover mit dem Namen "EntdeckerRover" ER2[5] vorgestellt, der für Bildung und Freizeit geeignet ist und auch für die verschiedenen Bildungsbereiche angepasst werden kann. Andere Systeme gibt es meist in Plastik von anderen Herstellern und Projekten.

Roboter und die Sonderform Rover unterstützen in Deutschland und Österreich meist die Bildung im Bereich der MINT-Fächer, die in vielen engl. sprachigen Ländern auch die STEM-Fächer bzw. die STEM-Ausbildung (Education) genannt werden. Es geht also auch um die Förderung von Naturwissenschaft und Technik Bildung bzw. Technologie- Wissen sowie die Themen Informatik und Mathematik. Mathematik hat insbesondere Bedeutung für anspruchsvolle Robotik Roboter und Rover, wie zum Beispiel im Raumfahrt und Luftfahrt Bereich.

Robotik und Militär

Zuletzt stellen auch in der Militärtechnologie unbemannte Drohnen, oder Roboter zur Kriegsführung keine Science Fiction mehr dar, sondern Realität. Die DARPA, militärische Forschungseinrichtung des Verteidigungsministeriums der Vereinigten Staaten, hat erstmals im Juni 2004 im Grand Challenge ein Preisgeld von einer Million US-Dollar ausgeschrieben. Die unbemannten Fahrzeuge der Teilnehmer sollten selbstständig in 10 Stunden quer durch die Mojave-Wüste ein Ziel in rund 280 Kilometern Entfernung erreichen. Obwohl das erfolgreichste Fahrzeug nur etwa 18 Kilometer weit kam und danach umkippte und in Flammen aufging, wurde das Preisgeld auf zwei Millionen US-Dollar für den nächsten Wettbewerb erhöht. Bei der Wiederholung des Wettbewerbs 2005 erreichten bereits vier Fahrzeuge das Ziel. Das Siegerfahrzeug erreichte eine Durchschnittsgeschwindigkeit von knapp 30 km/h.

Risiko und Gefahren

Sicherheitsrichtlinien für Roboter ergeben sich aus dem jeweiligen Einsatzbereich und dem Robotertyp. Industrieroboter werden durch gesetzlich vorgeschriebene Sicherheitsvorkehrungen wie Käfige, Gitter, Lichtschranken oder andere Barrieren abgesichert. Mit zunehmender Autonomie jedoch benötigen gegenwärtige oder zukünftige, komplexere Robotersysteme den Umständen entsprechend angepasste Sicherheitsvorkehrungen. Durch den vielfältigen Einsatz von Robotern ist es jedoch schwierig, universelle Sicherheitsregeln für alle Roboter aufzustellen. Auch die von Science-Fiction-Autor Isaac Asimov in seinen Romanen aufgestellten „Drei (bzw. vier) Regeln der Robotik" (Robotergesetze) können nur als ethische Richtlinien für eine mögliche Programmierung verstanden werden, da unvorhersehbare Situationen vom Roboter nicht kalkulierbar sind. Je autonomer ein Roboter im Umfeld des Menschen agiert, desto größer ist die Wahrscheinlichkeit, dass Lebewesen oder Gegenstände zu Schaden kommen werden. Ebenso ist die Vorstellung umstritten, dass Roboter dem Menschen Schutz bieten können – nicht zuletzt aufgrund der Unschärfe des Begriffes Schutz. Dass hier keine absoluten Werte programmiert werden können, zeigt sich parallel in der Diskussion über das Spannungsverhältnis zwischen Schutz und Bevormundung. Diese Problematik wird zum Beispiel im Film I, Robot thematisiert, wo auf Grund einer berechneten „Überlebenswahrscheinlichkeit" ein Mann durch einen Roboter aus einem ins Wasser gestürzten Auto gerettet wird, während ein Kind in einem ebenfalls sinkenden Auto *ertrinkt. Ein Mensch hätte wahrscheinlich statt auf Grund einer abstrakten Überlebenswahrscheinlichkeit eher nach ethisch-moralischen Prinzipien gehandelt und zuerst das Kind gerettet.*

Zur Gruppe der Roboter gehören auch autonome Waffen- oder Aufklärungssysteme wie Smart Bombs, unbemannte Drohnen, Wachroboter oder zukünftig denkbare autonome Kampfroboter. Werden solche gefährlichen Maschinen zur Kriegführung verwendet, wird die Frage nach ethischen Werten in der Programmierung ggf. überflüssig und es zeigt sich, dass die Forderung nach universellen Sicherheitsmaximen für alle Anwendungsgebiete und Robotertypen offenbar eine nur schwer zu lösende Aufgabe darstellt. Die Berücksichtigung ethischer Werte in der Verwendung von Robotern ist auch kein Thema, dem die Menschheit erst in der Zukunft gegenüberstehen wird. Bereits im Zweiten Weltkrieg wurden Schiffe durch Torpedos mit Navigationssystem versenkt, oder Gebäude durch V1-Marschflugkörper zerstört, die durch ihre Funktionsweise Input, Processing and Output der Definition eines Roboters entsprechen. Auch gegenwärtig werden Menschen gezielt von komplexen, autonom agierenden Maschinen direkt oder indirekt verletzt oder getötet.

Im April 2008 wurde eine SWORDS genannte Bauserie autonom agierender bewaffneter Roboter für den Einsatz im Irakkrieg durch das amerikanische Verteidigungsministerium aus dem Dienst zurückgezogen, da sich bei mehreren Vorfällen der Waffenarm des Roboters gedreht hatte, obwohl dies in der jeweiligen Situation nicht vorgesehen war. Obwohl bei den Vorfällen niemand verletzt worden war, wurden die Roboter darauf hin als unsicher eingestuft, und der Feldeinsatz abgebrochen.⁶

Rechtsfragen der Robotik

Ein Roboter ist ein eingebettetes System (englisch Embedded System), welches ein binärwertiges digitales System (Computersystem), das in ein umgebendes technisches System eingebettet ist und mit diesem in Wechselwirkung steht. Dabei hat das Computersystem die Aufgabe, das System, in das es eingebettet ist, zu steuern, zu regeln oder zu überwachen (EuGH, 3. Juli 2012 - C-128/11 = NJW 2012, 2565).

Ein Embedded System besteht immer auch aus sog. Embedded Software. Ohne diese Embedded Software wäre ein Roboter sicherlich nicht zu verwenden, was aber natürlich auch für die meisten (intelligenten) Maschinen von der Waschmaschine bis hin zu komplexen Fertigungsstraßen oder Großflugzeugen gilt. Bereits vor der EuGH Entscheidung (EuGH, 3. Juli 2012 - C-128/11 = NJW 2012, 2565) zur Weiteräußerung von Gebrauchtsoftware wurde im TRIPS Abkommen und WIPO Urheberrechtsvertrag (WCT) festgelegt, dass Hardware mit Embedded Software frei gehandelt werden darf (Vander, CR 2011, 77 (78-79)). Es besteht zudem auch Einigkeit darüber, dass Embedded Software auch nicht als wesentliche Elemente einer Vermietung zu zählen und somit für Vermietung von Hardware (z. B. Roboter), die von einer Embedded Software gesteuert wird, kein Vermietrecht in Sinne von § 69 c Abs. 3 UrhG explizit übertragen werden muss, auch wenn einige Autoren auf eine Einzelfallbetrachtung verweisen (Grützmacher in Wandtke/Bullinger, UrhR, 3. Auflage 2009, § 69 c Rn. 48). Im Ergebnis bleibt daher festzuhalten, dass Roboter veräußert und vermietet werden dürfen, ohne dass es zusätzlicher Rechte bedarf.

In Deutschland lassen sich Patente durch das Patentgesetz (PatG) schützen, in der EU schützt das Europäische Patentübereinkommen (EPÜ) Patente. Das PatG definiert im ersten Abschnitt (§§ 1 – 25 PatG) ein Patent. Gem. § 1 Abs. 1 PatG werden Patente für Erfindungen auf allen Gebieten der Technik erteilt, sofern sie neu sind, auf einer erfinderischen Tätigkeit beruhen und gewerblich anwendbar sind. Nach § 3 Abs. 1 PatG und Art. 54 EPÜ gilt eine Erfindung als neu, wenn sie nicht zum Stand der Technik gehört. Der Stand der Technik umfasst alle Kenntnisse, die vor dem für den Zeitrang der Anmeldung maßgeblichen Tag durch schriftliche oder mündliche Beschreibung, durch Benutzung oder in sonstiger Weise der Öffentlichkeit zugänglich gemacht worden sind; vgl. § 3 Abs. 1 S. 2 PatG. Bei Robotern muss also der Patentanmelder darlegen, dass sein Roboter neue Funktionen hat, welche nicht zum Stand der Technik gehören (z. B. zur Lauffähigkeit von Robotern).

Des Weiteren muss es sich um eine Erfindung handeln. Patentierbare Erfindungen sind technische Lehren zum planmäßigen Handeln, die einen kausal übersehbaren Erfolg unter Einsatz beherrschbarer Naturkräfte ohne Zwischenschaltung verstandesmäßiger Tätigkeiten reproduzierbar herbeiführen (BGH, 27. März 1969 - X ZB 15/67 = BGHZ 52, 74; NJW 1969, 1713; GRUR 1969, 672). Eine technische Weiterentwicklung eines Roboters ist nur dann eine patentierbare Erfindung, wenn sie sich für „den durchschnittlichen Fachmann, der den gesamten Stand der Technik kennt" (eine Rechtsfiktion, keine reale Person), nicht in naheliegender Weise aus dem Stand der Technik ergibt, vgl. § 4 S. 1 PatG, Art. 56 S. 1 EPÜ. D. h., es fehlt an Erfindungshöhe, wenn man von diesem Fachmann erwarten kann, dass er, ausgehend vom Stand der Technik auf diese Lösung alsbald und mit einem zumutbaren Aufwand gekommen wäre, ohne erfinderisch tätig zu werden. Im Bereich der Robotik sind somit nur Erfindungen patentierbar, die einen deutlichen Fortschritt in der Entwicklung von Robotertechnologien darstellen. Dies muss sich aber nicht auf den Roboter als Ganzes beziehen, sondern kann sich auch auf einzelne Komponenten, wie ein Roboterarm oder eine Funktionsweise zur Fortbewegung beziehen.

Zudem muss die Erfindung gem. § 5 Abs. 1 PatG, Art. 57 EPÜ auf irgendeinem gewerblichen Gebiet anwendbar sein. Dabei wird der Begriff der gewerblichen Anwendbarkeit vom Europäischen Patentamt weit ausgelegt und ist in der Praxis von untergeordneter Bedeutung. Ausreichend ist es, dass die Erfindung in einem technischen Gewerbebetrieb hergestellt oder sonst verwendet werden kann. Es kommt auch nicht darauf an, ob man mit der Vorrichtung oder dem Verfahren „Geld machen" kann, maßgebend ist allein, dass der beanspruchte Gegenstand außerhalb der Privatsphäre verwendet werden kann. Die meisten Erfindungen im Bereich der Robotik sind auf einem kommerziellen Erfolg ausgerichtet, sei es z. B. bei der Erschaffung von Haushaltshilfen oder Roboter für Operationen. Dies liegt schon in der Natur der Sache, da die Erfindung von Robotertechnologien enorme Investitionen verlangen und diese von den Investitionsgebern mit Gewinn zurückgefordert werden.

Die maximale Laufzeit eines Patents beträgt gem. § 16 PatG und Art. 63 Abs. 1 EPÜ 20 Jahre ab dem Tag nach der Anmeldung. Gemäß § 16a PatG, Art. 63 Abs. 2 b) EPÜ i. V. m. VO (EWG) Nr. 1768/92 kann allerdings für Erfindungen, die erst nach aufwändigen Zulassungsverfahren wirtschaftlich verwertet werden können, ein ergänzendes Schutzzertifikat erteilt werden, das die Patentlaufzeit dann um maximal fünf Jahre verlängert. Durch die langen Entwicklungszyklen in der Robotik sollte dies regelmäßig Anwendung finden.

Nach § 1 Abs. 2 und 3 PatG und Art. 52 Abs. 2 und 3 EPÜ können wissenschaftliche Theorien und mathematische Methoden, wie Baupläne für einen Roboter nicht als Patent geschützt werden. Das gleiche gilt für Design und Erscheinungsbild eines Roboters, da ästhetische Formschöpfungen nicht patentrechtlich geschützt werden können.

Ein Fehlverhalten eines Roboters, stammt es nun dem Autonomiebestreben oder aus einem sonstigen Grund, zieht immer eine Reihe von Haftungsfragen nach sich. Diese können sich zum einen aus einer vertraglichen Pflichtverletzung gem. § 280 Abs. 1 BGB, zu, anderem dem Deliktsrecht nach § 823 BGB gegenüber fremden Dritten oder auch aus dem Produkthaftungsgesetz ergeben. Wird ein Roboter im Rahmen eines Vertragsverhältnis (z. B. Miete) bei einer anderen Vertragspartei tätig und erzeugt der Roboter dabei Schäden bei dieser Partei, so stellt dies sicherlich eine Pflichtverletzung i. S. v. § 280 BGB dar. Ein durch die Medien bekannt gewordener Fall ist die Verwendung des ROBODOC von Integrated Surgical System, welches zu zahlreichen Schadensersatzforderungen geführt hat (BGH, 13. Juni 2006 - VI ZR 323/04 = BGHZ 168, 103; NJW 2006, 2477).

Gem. § 249 S. 1 BGB hat der Schuldner, der zum Schadensersatz verpflichtet ist, den Zustand herzustellen, der bestehen würde, wenn der zum Ersatz verpflichtende Umstand nicht eingetreten wäre. Dabei soll der Schädiger allen Schaden ersetzen, der durch das zum Ersatz verpflichtende Ergebnis eingetreten ist (sog. Totalreparation). Außer der Regel der Totalreparation wird in § 249 S. 1 BGB noch ein weiterer Grundsatz des Schadensrechts ausgedrückt, nämlich das Prinzip Herstellung oder des Naturalersatzes (sog. Naturalrestitution). Hierbei soll der Schädiger den Zustand in Geld herstellen, der ohne das Schadensereignis bestünde.

Eine in der Zukunft sicherlich immer wichtigere Frage wird sein, wer für die von einem Roboter auf Basis Künstlicher Intelligenz (KI) gefällte Entscheidung haftet. So ist sicherlich zu vertreten, dass derjenige haften muss, der die Roboter verwendet, da er für die Verkehrssicherheit des eingesetzten Roboters haftet und für entsprechende Sicherungsmaßnahmen sorgen muss. In einem vertraglichen Verhältnis ergeben sich diese sicherlich aus dem allgemeinen Sorgfaltspflichten des Schuldverhältnis, vgl. § 280 Abs. 1 BGB, gegenüber Dritten sicherlich aus dem Deliktsrecht, §§ 823 ff BGB. Grundsätzlich könnte der Hersteller nach dem Produkthaftungsgesetz (ProdHaftG) haften. Voraussetzung der Produkthaftung ist gemäß § 1 Abs. 1 S. 1. ProdHaftG ist u. a., dass ein Fehler der schadensursächlichen Sache vorlag (sprich im Roboter). Ein solcher Fehler könnte ggf. vorliegen, wenn der Hersteller keine geeigneten Sicherheitsmaßnahmen in der Programmierung der Steuerungssoftware des Roboters eingebaut hat. Der Hersteller haftet jedenfalls nicht, wenn der Roboter den schadenursächlichen Fehler zum Zeitpunkt des In-Verkehr-Bringens noch nicht aufwies (Palandt Sprau Kommentar zum BGB 69. Auflage 2009 § 1 ProdHaftG Rn. 17). und wenn der Fehler nach dem Stand der Wissenschaft und Technik in dem Zeitpunkt, in dem der Hersteller das Produkt in den Verkehr brachte, nicht erkannt werden konnte, vgl. § 1 Abs. 2 Nr. 5 ProdHaftG. Dennoch muss der Hersteller von Robotern Sicherungsmaßnahmen in einen Roboter (und vor allem in der Software) einbauen, so dass keine Schäden, selbst nach einem KI-Lernprozess erfolgen können. In der Science Fiction Literatur wurden z. B. hierzu von Isaac Asimov die drei Gesetze der Robotik entwickelt (Asimov Alle Roboter-Geschichten 3. Auflage 2011, Kurzgeschichte Herumtreiber (englisch Runaround) S. 276–295). Ob solche eher philosophischen Gesetze ausreichend sind, lässt sich heute noch nicht beurteilen, sicher ist aber, dass dem Hersteller und Entwickler von Robotern eine entsprechende Pflicht zur Verkehrssicherheit trifft. Die Aufrechterhaltung dieser Verkehrssicherungspflichten trifft dann aber nicht mehr den Hersteller, sondern den Halter bzw. Eigentümer des Roboters. Hier finden die Grundsätze zum Umgang mit gefährlichen Sachen Anwendung. Als eine gefährliche Sache wird z. B. ein KFZ gesehen, von dem eine gewisse Betriebsgefahr ausgeht. Der Hersteller produziert ein Auto, welches die entsprechenden Anforderungen zur Zulassung eines KFZ erfüllt, während der Halter dafür sorgen muss, dass sich das Fahrzeug ständig in verkehrssicherem Zustand befindet (BGH, 14. Oktober 1997 - VI ZR 404/96 = NJW 1998, 311). Insbesondere gilt dies bei einer Garantenstellung gegenüber Dritten (BGH, 24. April 1979 - VI ZR 73/78 = NJW 1979, 2309). Gleiches sollte auch für die Herstellung und Verwendung von Roboter Anwendung finden.

Der Hersteller haftet nicht für Entwicklungsfehler (§ 1 Absatz 2 Nr. 5 Produkthaftungsgesetz). Ein Entwicklungsfehler liegt aber nur dann vor, wenn er zum Zeitpunkt, in dem der Hersteller den Roboter in Verkehr brachte, nach dem Stand der Wissenschaft und Technik noch nicht erkannt werden konnte (Palandt Sprau Kommentar zum BGB 69. Auflage 2009 § 1 ProdHaftG Rn. 21). Der Haftungsausschluss betrifft nur Konstruktions- nicht aber Fabrikationsfehler (BGH, 9. Mai 1995 - VI ZR 158/94 = BGHZ 129, 353; NJW 1995, 2162). Der Fehler ist nicht erkennbar, wenn die potenzielle Gefährlichkeit des Roboters nach der Summe an Wissen und Technik, die allgemein, nicht nur in der betreffenden Branche und national, anerkannt ist und zur Verfügung steht und von niemandem erkannt werden konnte, weil diese Erkenntnismöglichkeiten noch nicht vorhanden war (Palandt Sprau Kommentar zum BGB 69. Auflage 2009 § 1 ProdHaftG Rn. 21.).

Die Haftung für die Beschädigung von Sachen ist im Produkthaftungsgesetz begrenzt auf andere Sachen als das fehlerhafte Produkt, welche zum privaten Ge- oder Verbrauch bestimmt waren und hierzu vom Geschädigten hauptsächlich verwendet wurden (Palandt / Sprau Kommentar zum BGB 69. Auflage 2009 § 1 ProdHaftG Rn. 7.). Diese Formulierung schließt u. a. Schäden an Erzeugnissen im Rahmen einer geschäftlichen Tätigkeit aus (Eisenberg/Gildeggen/ Reuter/Willburger: Produkthaftung. 1. Auflage. München 2008, § 1 Rn. 5.).

Eine wichtige Haftungsvoraussetzung ist in § 1 Abs. 2 Nr. 1 ProdHaftG geregelt. Danach ist die Haftung des Produzenten für den Fall ausgeschlossen, dass er das Produkt nicht in den Verkehr gebracht hat. Der Hersteller und auch der Quasihersteller, bringen ein Produkt in Verkehr, sobald er sich willentlich der tatsächlichen Herrschaftsgewalt über das Produkt begibt, z. B. dadurch dass er es ausliefert, in den Vertrieb, in die Verteilerkette oder in den Wirtschaftskreislauf gibt (EuGH, 9. Februar 2006 - C-127/04 = Slg. 2006, I-1313; NJW 2006, 825; EuZW 2006, 184; NZV 2006, 243). Schwierig wird sicherlich die Frage der Abgrenzung der Haftung zwischen dem Hersteller eines Roboters und dem Verwenders eines Roboters, insbesondere dann, wenn sich der Roboter und seine Embedded Software durch KI-Prozesse autonom weiterentwickelt haben. Zur Absicherung des Geschädigten könnte man dann auf den Gedanken, dass Hersteller und Verwender des Roboters als Gesamtschuldner haften.

Unfälle

Die meisten Unfälle mit Robotern entstehen während der Wartung oder Programmierung des Roboters, nicht etwa im geregelten Betrieb. Am 21. Juli 1984 wurde in Michigan, USA, der erste Mensch von einem Industrieroboter getötet. Der Roboter bewegte Werkstücke einer Druckgussmaschine. Der 34 Jahre alte Fabrikarbeiter hatte bereits 15 Jahre Arbeitserfahrung im Druckgießen und erst drei Wochen vor dem Unfall eine einwöchige Roboterschulung abgeschlossen. Er wurde zwischen der vermeintlich sicheren Rückseite des Roboters und einem Stahlpfosten zu Tode gedrückt, als er gegen jede Warnung in den Gefahrenbereich des Roboters kletterte, um verstreute Produktionsreste zu entfernen. Das amerikanische National Institute for Occupational Safety and Health (NIOSH) bietet Richtlinien für Roboterkonstruktion, Training und Anleitung der Mitarbeiter an.

Seite „Robotik". In: Wikipedia, Die freie Enzyklopädie. Bearbeitungsstand: 27. Januar 2019, 13:27 UTC.
URL: https://de.wikipedia.org/w/index.php?title=Robotik&oldid=185124702 (Abger ufen: 2. April 2019, 16:00 UTC)

12.5 Die künstliche Intelligenz

Künstliche Intelligenz (KI, auch Artifizielle Intelligenz (AI bzw. A. I.), englisch artificial intelligence, AI) ist ein Teilgebiet der Informatik, welches sich mit der Automatisierung intelligenten Verhaltens und dem Maschinellen Lernen befasst. Der Begriff ist insofern nicht eindeutig abgrenzbar, als es bereits an einer genauen Definition von „Intelligenz" mangelt. Dennoch wird er in Forschung und Entwicklung verwendet.

Allgemeines

Im Allgemeinen bezeichnet künstliche Intelligenz den Versuch, bestimmte Entscheidungsstrukturen des Menschen nachzubilden, indem z. B. ein Computer so gebaut und programmiert wird, dass er relativ eigenständig Probleme kann. Oftmals wird damit aber auch eine nachgeahmte Intelligenz bezeichnet, wobei durch meist einfache Algorithmen ein „intelligentes Verhalten" simuliert werden soll, etwa bei Computerspielen.

Im Verständnis des Begriffs künstliche Intelligenz spiegelt sich oft die aus der Aufklärung stammende Vorstellung vom „Menschen als Maschine" wider, dessen Nachahmung sich die sogenannte starke KI zum Ziel setzt: eine Intelligenz zu erschaffen, die das menschliche Denken mechanisieren soll,[1] bzw. eine Maschine zu konstruieren und zu bauen, die intelligent reagiert oder sich eben wie ein Mensch verhält. Die Ziele der starken KI sind nach Jahrzehnten der Forschung weiterhin visionär.

Starke vs. schwache KI

Im Gegensatz zur starken KI geht es bei der schwachen KI darum, konkrete Anwendungsprobleme des menschlichen Denkens zu meistern. Das menschliche Denken soll hier in Einzelbereichen unterstützt werden.[1] Die Fähigkeit zu lernen ist eine Hauptanforderung an KI-Systeme und muss ein integraler Bestandteil sein, der nicht erst nachträglich hinzugefügt werden darf. Ein zweites Hauptkriterium ist die Fähigkeit eines KI-Systems, mit Unsicherheit und probabilistischen Informationen umzugehen.[2] Insbesondere sind solche Anwendungen von Interesse, zu deren Lösung nach allgemeinem Verständnis eine Form von „Intelligenz" notwendig zu sein scheint. Letztlich geht es der schwachen KI somit um die Simulation intelligenten Verhaltens mit Mitteln der Mathematik und der Informatik, es geht ihr nicht um Schaffung von Bewusstsein oder um ein tieferes Verständnis von Intelligenz. Während die Schaffung starker KI an ihrer philosophischen Fragestellung bis heute scheiterte, sind auf der Seite der schwachen KI in den letzten Jahren bedeutende Fortschritte erzielt worden.

Ein starkes KI-System muss nicht viele Gemeinsamkeiten mit dem Menschen haben. Es wird wahrscheinlich eine andersartige kognitive Architektur aufweisen und in seinen Entwicklungsstadien ebenfalls nicht mit den evolutionären kognitiven

Stadien des menschlichen Denkens vergleichbar sein (Evolution des Denkens). Vor allem ist nicht anzunehmen, dass eine künstliche Intelligenz Gefühle wie Liebe, Hass, Angst oder Freude besitzt.[3] Es kann solchen Gefühlen entsprechendes Verhalten jedoch simulieren.

Forschungsgebiete

Neben den Forschungsergebnissen der Kerninformatik selbst sind in die Erforschung der KI Ergebnisse der Psychologie, Neurologie und Neurowissenschaften, der Mathematik und Logik, Kommunikationswissenschaft, Philosophie und Linguistik eingeflossen. Umgekehrt nahm die Erforschung der KI auch ihrerseits Einfluss auf andere Gebiete, vor allem auf die Neurowissenschaften. Dies zeigt sich in der Ausbildung des Bereichs der Neuroinformatik, der der biologieorientierten Informatik zugeordnet ist, sowie der Computational Neuroscience.

Bei künstlichen neuronalen Netzen handelt es sich um Techniken, die ab Mitte des 20. Jahrhunderts entwickelt wurden und auf der Neurophysiologie aufbauen.

KI stellt somit kein geschlossenes Forschungsgebiet dar. Vielmehr werden Techniken aus verschiedenen Disziplinen verwendet, ohne dass diese eine Verbindung miteinander haben müssen.

Eine wichtige Tagung ist die International Joint Conference on Artificial Intelligence (IJCAI), die seit 1969 stattfindet.

Geschichte

Teilgebiete

Wissensbasierte Systeme

Wissensbasierte Systeme modellieren eine Form rationaler Intelligenz für sogenannte Expertensysteme. Diese sind in der Lage, auf eine Frage des Anwenders auf Grundlage formalisierten Fachwissens und daraus gezogener logischer Schlüsse Antworten zu liefern. Beispielhafte Anwendungen finden sich in der Diagnose von Krankheiten oder der Suche und Beseitigung von Fehlern in technischen Systemen.

Beispiele für wissensbasierte Systeme sind Cyc und Watson.

Musteranalyse und Mustererkennung

Visuelle Intelligenz ermöglicht es, Bilder beziehungsweise Formen zu erkennen und zu analysieren. Als Anwendungsbeispiele seien hier Handschrifterkennung, Identifikation von Personen durch Gesichtserkennung, Abgleich der Fingerabdrücke oder der Iris, industrielle Qualitätskontrolle und Fertigungsautomation (letzteres in Kombination mit Erkenntnissen der Robotik) genannt.

Mittels sprachlicher Intelligenz ist es beispielsweise möglich, einen geschriebenen Text in Sprache umzuwandeln (Sprachsynthese) und umgekehrt einen gesprochenen Text zu verschriftlichen (Spracherkennung). Diese automatische Sprachverarbeitung lässt sich ausbauen, so dass etwa durch latente semantische Analyse (kurz LSI) Wörtern und Texten Bedeutung beigemessen werden kann.

Beispiele für Systeme zur Mustererkennung sind Google Brain und Microsoft Adam.[4]

Mustervorhersage

Die Mustervorhersage ist eine Erweiterung der Mustererkennung. Sie stellt etwa die Grundlage des von Jeff Hawkins definierten hierarchischen Temporalspeichers dar.

"Prediction is not just one of the things your brain does. It is the primary function of the neocortex, and the foundation of intelligence."

„Vorhersage ist nicht einfach nur eines der Dinge, die dein Gehirn tut. Sie ist die Hauptfunktion des Neocortex und das Fundament der Intelligenz."

– Jeff Hawkins: On Intelligence

Solche Systeme bieten den Vorteil, dass z. B. nicht nur ein bestimmtes Objekt in einem einzelnen Bild erkannt wird (Mustererkennung), sondern auch anhand einer Bildserie vorhergesagt werden kann, wo sich das Objekt als nächstes aufhalten wird.

Robotik

Die Robotik beschäftigt sich mit manipulativer Intelligenz. Mit Hilfe von Robotern können etwa gefährliche Tätigkeiten wie etwa die Minensuche oder auch immer gleiche Manipulationen, wie sie z. B. beim Schweißen oder Lackieren auftreten können, automatisiert werden.

Der Grundgedanke ist es, Systeme zu schaffen, die intelligente Verhaltensweisen von Lebewesen nachvollziehen können. Beispiele für derartige Roboter sind ASIMO und Atlas.

Modellierung anhand der Entropiekraft

Basierend auf der Arbeit des Physikers Alexander Wissner-Gross kann ein intelligentes System durch die Entropiekraft modelliert werden. Dabei versucht ein intelligenter Agent seine Umgebung (Zustand X_0), durch eine Handlung (Kraftfeld F) zu beeinflussen, um eine größtmögliche Handlungsfreiheit (Entropie S) in einem zukünftigen Zustand X zu erreichen.[67]

Künstliches Leben

KI überlappt sich mit der Disziplin künstliches Leben (Artificial life, AL),[8] wird als übergeordnete oder auch als eine Subdisziplin gesehen.[9] AL muss deren Erkenntnisse integrieren, da Kognition eine Kerneigenschaft von natürlichem Leben ist, nicht nur des Menschen.

Methoden

Die Methoden der KI lassen sich grob in zwei Dimensionen einordnen: symbolische vs. neuronale KI und Simulationsmethode vs. phänomenologische Methode. Die Zusammenhänge veranschaulicht die folgende Grafik:

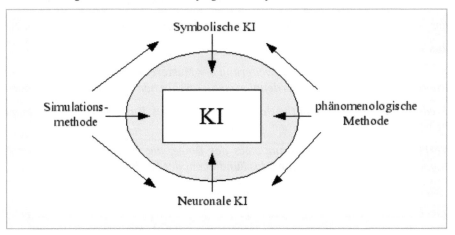

Die Neuronale KI verfolgt einen Bottom-up-Ansatz und möchte das menschliche Gehirn möglichst präzise nachbilden. Die symbolische KI verfolgt umgekehrt einen Top-down-Ansatz und nähert sich den Intelligenzleistungen von einer begrifflichen Ebene her. Die Simulationsmethode orientiert sich so nah wie möglich an den tatsächlichen kognitiven Prozessen des Menschen. Dagegen kommt es dem phänomenologischen Ansatz nur auf das Ergebnis an.

Viele ältere Methoden, die in der KI entwickelt wurden, basieren auf heuristischen Lösungsverfahren. In jüngerer Zeit spielen mathematisch fundierte Ansätze aus der Statistik, der mathematischen Programmierung und der Approximationstheorie eine bedeutende Rolle.

Die konkreten Techniken der KI lassen sich grob in Gruppen einteilen:

Suchen

Die KI beschäftigt sich häufig mit Problemen, bei denen nach bestimmten Lösungen gesucht wird. Verschiedene Suchalgorithmen werden dabei eingesetzt. Ein Paradebeispiel für die Suche ist der Vorgang der Wegfindung, der in vielen Computerspielen eine zentrale Rolle einnimmt und auf Suchalgorithmen wie zum Beispiel dem A*-Algorithmus basiert.

Planen

Neben dem Suchen von Lösungen stellt das Planen einen wichtigen Aspekt der KI dar. Der Vorgang des Planens unterteilt sich dabei in zwei Phasen:

Die Zielformulierung: Ausgehend vom momentanen Umgebungs- bzw. Weltzustand wird ein Ziel definiert. Ein Ziel ist hierbei eine Menge von Weltzuständen, bei der ein bestimmtes Zielprädikat erfüllt ist.

Die Problemformulierung: Nachdem bekannt ist, welche Ziele angestrebt werden sollen, wird in der Problemformulierung festgelegt, welche Aktionen und Weltzustände betrachtet werden sollen. Es existieren hierbei verschiedene Problemtypen.

Planungssysteme planen und erstellen aus solchen Problembeschreibungen Aktionsfolgen, die Agentensysteme ausführen können, um ihre Ziele zu erreichen.

Optimierungsmethoden

Oft führen Aufgabenstellungen der KI zu Optimierungsproblemen. Diese werden je nach Struktur entweder mit Suchalgorithmen aus der Informatik oder, zunehmend, mit Mitteln der mathematischen Programmierung gelöst. Bekannte heuristische Suchverfahren aus dem Kontext der KI sind evolutionäre Algorithmen.

Logisches Schließen

Eine Fragestellung der KI ist die Erstellung von Wissensrepräsentationen, die dann für automatisches logisches Schließen benutzt werden können. Menschliches Wissen wird dabei – soweit möglich – formalisiert, um es in eine maschinenlesbare Form zu bringen. Diesem Ziel haben sich die Entwickler diverser Ontologien verschrieben.

Schon früh beschäftigte sich die KI damit, automatische Beweissysteme zu konstruieren, die Mathematikern und Informatikern beim Beweisen von Sätzen und beim Programmieren (Logikprogrammierung) behilflich wären. Zwei Schwierigkeiten zeichneten sich ab:

Formuliert man Sätze in den natürlicher Sprache nahen, relativ bequemen Beschreibungssprachen, werden die entstehenden Suchprobleme allzu aufwändig. In der Praxis mussten Kompromisse geschlossen werden, bei denen die Beschreibungssprache für den Benutzer etwas umständlicher, die zugehörigen Optimierungsprobleme für den Rechner dafür jedoch einfacher zu handhaben waren (Prolog, Expertensysteme).

Selbst mächtige Beschreibungssprachen werden unhandlich, wenn man versucht, unsicheres oder unvollständiges Wissen zu formulieren. Für praktische Probleme kann dies eine ernste Einschränkung sein. Die aktuelle Forschung untersucht daher

Systeme, die die Regeln der Wahrscheinlichkeitsrechnung anwenden, um Unwissen und Unsicherheit explizit zu modellieren. Algorithmisch unterscheiden sich diese Methoden von den älteren Verfahren: neben Symbolen werden auch Wahrscheinlichkeitsverteilungen manipuliert.

Eine andere Form des logischen Schließens stellt die Induktion dar (Induktionsschluss, Induktionslogik), in der Beispiele zu Regeln verallgemeinert werden (maschinelles Lernen). Auch hier spielen Art und Mächtigkeit der Wissensrepräsentation eine wichtige Rolle. Man unterscheidet zwischen symbolischen Systemen, in denen das Wissen – sowohl die Beispiele als auch die induzierten Regeln – explizit repräsentiert ist, und subsymbolischen Systemen wie neuronalen Netzen, denen zwar ein berechenbares Verhalten „antrainiert" wird, die jedoch keinen Einblick in die erlernten Lösungswege erlauben.

Approximationsmethoden

In vielen Anwendungen geht es darum, aus einer Menge von Daten eine allgemeine Regel abzuleiten (maschinelles Lernen). Mathematisch führt dies zu einem Approximationsproblem. Im Kontext der KI wurden hierzu unter anderem künstliche neuronale Netze vorgeschlagen, die als universale Funktionsapproximatoren eingesetzt werden können, jedoch insbesondere bei vielen verdeckten Schichten schwer zu analysieren sind. Manchmal verwendet man deshalb alternative Verfahren, die mathematisch einfacher zu analysieren sind.

Künstliches Neuronales Netz

Große Fortschritte erzielt die künstliche Intelligenz in jüngster Zeit im Bereich künstlicher neuronaler Netze, auch unter dem Begriff Deep Learning bekannt. Dabei werden neuronale Netze, die grob von der Struktur des Gehirns inspiriert sind, künstlich auf dem Computer simuliert. Viele der jüngsten Erfolge wie bei Handschrifterkennung, Spracherkennung, Gesichtserkennung, autonomem Fahren, maschineller Übersetzung, auch der Erfolg von AlphaGo beruhen auf dieser Technik.

Anwendungen

Für künstliche Intelligenz gibt es zahlreiche Anwendungsgebiete. Einige Beispiele kurz zusammengefasst:

- Suchmaschinen erleichtern den Umgang mit der im Internet vorhandenen Informationsflut.
- Bei der Exploration von Ölquellen, der Steuerung von Marsrobotern oder der medizinischen Diagnose werden Expertensysteme eingesetzt.
- Maschinelle Übersetzung ist weit verbreitet. Beispiele: Google Übersetzer, DeepL
- Texterkennung und Textgenerierung, zum Beispiel von Eilmeldungen, Werbung oder für besonders strukturierte Daten

- *Data-Mining und Text Mining bieten Methoden zur Extraktion von Kerninformationen aus nicht- oder nur schwach strukturierten Texten, wie es etwa zur Erstellung von Inhaltsanalysen benötigt wird.*
- *Informationsrückgewinnung hat das Wiederauffinden und Zusammenführen bereits bestehender, komplexer Strukturen in sehr großen Datensätzen zum Ziel, ein Anwendungsgebiet sind Internet-Suchmaschinen.*
- *Analyse und Prognose von Aktienkursentwicklungen werden gelegentlich durch künstliche neuronale Netze unterstützt.*
- *Optische Zeichenerkennung liest gedruckte Texte zuverlässig.*
- *Handschrifterkennung wird u. a. millionenfach in Geräten wie PDAs, Smartphones und Tabletcomputern verwendet.*
- *Spracherkennung ermöglicht Sprachsteuerung oder das Diktieren eines Textes. Wird u. a. in Smartphones eingesetzt, z. B. bei Siri, Google Assistant, Cortana und Samsungs Bixby oder auch Amazon Alexa.*
- *Gesichtserkennung, z. B. die App FindFace.*
- *Bilderkennung, z. B. das automatische taggen von Bildern bei Flickr oder Cloud Vision API von Google.*
- *Computeralgebrasysteme, wie Mathematica oder Maple, unterstützen Mathematiker, Wissenschaftler und Ingenieure bei ihrer Arbeit.*
- *Computer-Vision-Systeme überwachen öffentliche Plätze, Produktionsprozesse oder sichern den Straßenverkehr.*
- *In Computerspielen dienen die Algorithmen, die in der KI entwickelt wurden, dazu, computergesteuerte Mitspieler intelligent handeln zu lassen. (siehe auch KI in Computerspielen)*
- *Bei Gruppensimulationen für Sicherheitsplanung oder Computeranimation wird ein möglichst realistisches Verhalten von (Menschen-)Massen berechnet.*
- *Ein wissensbasiertes System bzw. spezieller ein Expertensystem stellt Lösungen bei komplexen Fragestellungen zur Verfügung. Beispiele für solche Anwendungen sind: Das Computerprogramm Watson(siehe weiter oben) oder die Wissensdatenbank Cyc. In einfacherer Form wird dies u. a. in Smartphones eingesetzt z. B. bei Siri, Google Now, Cortana und Samsungs S Voice oder auch Amazon Echo.*
- *Semantische Suchmaschinen, wie Wolfram Alpha*
- *Selbstfahrende Kraftfahrzeuge, z. B. Google Driverless Car (siehe oben)*
- *Humanoide Roboter, z. B. Atlas, ASIMO, Pepper*
- *Bots, insbesondere social Bots (z. B. cleverbot)*
- *autonome Waffen*
- *Intelligenter Persönlicher Assistent (oder auch digitaler Sprachassistent)*
- *Suche nach extrasolaren Planeten durch Auswertung von Helligkeitsschwankungen von Sternen über die Transitmethode[10]*
- *KI in der Medizin*

- *KI in der Juristik*

Ein großer Teil der Arbeit von Juristen besteht in der Analyse von Akten, zum Beispiel von Präzedenzfällen, um daraus Argumente zu entwickeln. Derartige Arbeit kann mittlerweile zu einem Teil von KIs übernommen werden. Die Beratungsfirma McKinsey schätzt, dass derzeit (2017) etwa 22 Prozent der Arbeit von Anwälten und 35 Prozent der Arbeit von Rechtshelfern mit Hilfe von KIs automatisiert werden könnte. Die KIs werden anhand von Millionen von Dokumenten und Fallbeispielen und juristischen Anträgen trainiert. Danach kann eine KI diejenigen Dokumente markieren, die ein Jurist für seinen Fall braucht; oft besser, als dies ein Mensch könnte. JPMorgan gab bekannt, die KI Contract Intelligence einzusetzen, welche nach Aussagen von JPMorgan eine Menge von Daten in Sekunden analysieren kann, wofür Juristen und Rechtshelfer 360.000 Stunden benötigen würden.[11]

- *KI im Marketing*

Im Marketing wird künstliche Intelligenz eingesetzt, um zum Beispiel Werbe-Emails zu verschicken, den Kundendienst durch Social Bots und Chatbots abzulösen, Analysen und Prognosen des Markts und des Kunden, beispielsweise auf Basis von Big Data, durchzuführen und kundenspezifische Werbeanzeigen, Empfehlungen und Suchergebnisse, sowie programmierte Abläufe zu entwickeln. So beabsichtigt der Online-Versandhändler Zalando bereits im März 2018, 250 Arbeitsplätze im Marketingbereich im Standort Berlin zu streichen, die durch künstliche Intelligenz ersetzt werden sollen.[121314]

- *KI in Computer- und Gesellschaftsspielen*

In Computerspielen wird eine KI meistens dazu verwendet um Bots, sogenannte Nicht-Spieler-Charaktere, die menschenähnliches Verhalten simulieren (zum Beispiel als simulierte Verbündete oder Computergegner) zu steuern oder bestimmte Dinge in der Spielwelt oder bei den Funktionen des Spielecharakters (zum Beispiel Routenfindung, prozedurale Generierung, automatische Verbesserungen und Vervollständigungen beim Streckenbau oder andere Algorithmen) zu berechnen. Bei einigen Spielen lässt sich der Schwierigkeitsgrad der KI-Gegner einstellen und optional wählen ob man gegen eine KI, gegen echte Spieler oder eine Mischform spielen möchte. Bei ein paar Spielen kann sich die KI auch automatisch an das Spielverhalten anpassen oder kann aus Fehlern lernen. Da im Einzelspieler-Modus oft Gegner fehlen, wird auf eine KI zurückgegriffen. Zudem wird KI in Computerspielen verwendet um viele oder sehr spezielle Charaktere zu simulieren, die nicht oder sehr schwer von echten Menschen übernommen werden könnten. Teilweise lassen sich KIs in Computerspielen aber auch einfach austricksen, da ein Mensch ein bestimmtes Muster einer KI umgehen kann. Der Realismus und das Gameplayeines Computerspiels wird daher auch oft an der KI gemessen.[151617]

Auch wird KI in Strategie-Brettspielen als Ersatz für den menschlichen Partner eingesetzt. Gegen sehr leistungsfähige Versionen dieser Programme haben auch

Weltmeister kaum Gewinnchancen. Erfolge gegen menschliche Profispieler erzielte KI zum Beispiel in Backgammon, Schach, Checkers und Go. Das Meistern komplexer Spiele ist oft Gegenstand der Forschung, um so neue Methoden der künstlichen Intelligenz zu entwickeln und zu demonstrieren.[18] Inzwischen tragen diese Programme Partien untereinander aus. Ende 2017 hat die Neuentwicklung AlphaZero gegen das bis dahin weltbeste Schachprogramm Stockfish in 100 ausgetragenen Partien deutlich obsiegt.[19] Darüber hinaus werden auch KIs entwickelt, die anstelle eines menschlichen Spielers Videospiele wie Jump 'n' Runs, Rollenspieleoder Rennspiele steuern.[20][21][22] Ähnlich ist die Entwicklung im E-Sport-Bereich, in dem Profigamer versuchen, die besten KIs zu schlagen, während Entwickler darauf hinarbeiten, die besten Spieler durch eine KI zu besiegen.[23]

- *KI zur Erzeugung von Kunstwerken*

Forscher aus Tübingen haben neuronale Netze dazu verwendet, ein vorgegebenes Foto im Stil eines berühmten Künstlers zu malen z. B. Van Gogh oder Edvard Munch.[24] Forscher bei Google haben neuronale Netze darauf trainiert, aus einer Art weißem Rauschen Bilder im Stil von Van Gogh und anderen Künstlern zu produzieren. Die Bilder wurden später auf einer Auktion versteigert.[25][26]

Im Juli 2017 stellten Forscher der Rutgers Universität eine KI vor, die künstlerische Gemälde produziert. Die KI wurde trainiert mit vielen Gemälden berühmter Maler verschiedener Epochen. In einem Blindtest wurden die von der KI erstellten Gemälde mit von Künstlern für die Art Basel erstellten Gemälden vermischt und 18 Experten in einem Blindtest zur Beurteilung vorgelegt. Die Jury beurteilte die Gemälde von der KI insgesamt besser als die von den Künstlern für die Art Basel erstellten Gemälde.[27]

Der Autor George R. R. Martin schreibt derzeit an seinem sechsten Buch der Reihe Game of Thrones, das von der Fangemeinde ungeduldig erwartet wird. Der Programmierer Zack Thoutt trainierte nun eine KI (Recurrent Neural Net) mit den ersten fünf Büchern der Serie und ließ von der KI das sechste Buch schreiben. Das Ergebnis wurde im Sommer 2017 im Internet veröffentlicht. Dabei hat die KI einzelne Charaktere genauso weiterentwickelt, wie das in manchen Fan-Theorien erwartet wurde ohne dass die KI davon wusste. Mängel gibt es bei der Grammatik, einzelne Charaktere, die bereits verstorben waren, tauchen wieder auf und die Handlungsstränge sind nicht sehr spannend.[28]

Sunspring ist der erste Kurzfilm (2016), dessen Drehbuch von einer KI geschrieben wurde.[29][30]

Google versucht in seinem Magenta-Projekt, KIs zu erzeugen, die kreativ sind. So wurde im Sommer 2017 eine Klavier-Improvisation vorgestellt, die von einer KI komponiert wurde.[31] Bereits im Sommer 2016 veröffentlichte das Projekt Magenta einen kurzen Pop-Song, der von einer KI komponiert wurde.[32]

Die Musik des Albums "I am AI" der Sängerin Taryn Southern, vorgestellt im Herbst 2017, wurde von einer KI komponiert. Um einen Song mit Hilfe einer KI zu komponieren, verwendet man eine Software wie etwa Amper Music oder Jukedeck, wählt das Genre und weitere Paramenter wie Länge des Songs, Instrumentierung usw. Innerhalb von Sekunden komponiert die KI dann einen einzigartigen Song. Ein Musiker kann daraufhin Bruchstücke dieser Beispiele zu einem eigenen Song zusammenfügen. Somit kann jedermann mehr oder weniger professionelle Musik kreieren. Immer mehr Musiker geben zu, beim Komponieren KIs als Werkzeug zu benutzen.[33][34] Auch das Album "Hello World" von Skygge wurde vollständig mit einer KI (Flow-Machine) komponiert. Die KI komponiert Soundstücke, die dann von Menschen sortiert, selektiert und zusammengesetzt werden, das sog. Kuratieren.[35]

- Turing-Test

Um ein Kriterium zu haben, wann eine Maschine eine dem Menschen gleichwertige Intelligenz simuliert, wurde von Alan Turing der nach ihm benannte Turing-Test vorgeschlagen. Dabei stellt ein Mensch per Terminal beliebige Fragen an einen anderen Menschen bzw. eine KI, ohne dabei zu wissen, wer jeweils antwortet. Der Fragesteller muss danach entscheiden, ob es sich beim Interviewpartner um eine Maschine oder einen Menschen handelte. Ist die Maschine nicht von dem Menschen zu unterscheiden, so ist laut Turing die Maschine intelligent.[36] Bisher konnte keine Maschine den Turing-Test zweifelsfrei bestehen. Seit 1991 existiert der Loebner-Preis für den Turing-Test.

- Technologische Singularität

Grob wird darunter der Zeitpunkt verstanden, an dem künstliche Intelligenz die menschliche Intelligenz übertrifft. Von diesem Zeitpunkt wird die weitere Entwicklung hauptsächlich von der KI vorangetrieben und nicht mehr vom Menschen.

- Superintelligenz

Eine Superintelligenz bezeichnet ein Wesen oder eine Maschine mit einer dem Menschen in vielen oder allen Gebieten überlegenen Intelligenz. Der Begriff wird häufig im Bereich künstlicher Intelligenz angewendet.

Vergleich künstlicher Intelligenz mit menschlicher Intelligenz

Nach Wolfgang Wahlster[37] muss man die menschliche Intelligenz in verschiedene Bereiche unterteilen: die kognitive Intelligenz, die sensomotorische Intelligenz, die emotionale Intelligenz, die soziale Intelligenz.

- Kognitive Intelligenz

Bei der kognitiven Intelligenz ist die Maschine dem Menschen schon in vielen Bereichen überlegen. Zu diesem Bereich gehört das Schachspiel, das Spiel von Go und sonstige Brettspiele. Letztlich das Aufnehmen und Erlernen von Wissen, das

Kombinieren aus diesem Wissen und das Schlussfolgern aus diesem Wissen. Das entspricht oft dem, was Menschen sich in einer akademischen Ausbildung aneignen.

- *Sensomotorische Intelligenz*

Bei dieser Intelligenz ist der Mensch der Maschine noch überlegen, allerdings sind manche Maschinen in Bereichen einzelner Sensoren überlegen. Grundsätzlich ist das menschliche Auge sehr gut ausgebildet. Aber eine geeignete Videokamera kann etwa auch Licht im Infrarotbereich und UV-Bereich verarbeiten, was ein Mensch nicht kann. In der Akustik können Mikrofone wesentlich geringere Lautstärken oder in Frequenzbereichen aufnehmen als das menschliche Ohr. Stärker gilt dies noch bei Geruch- und Geschmackssinn, wo maschinelle Sensoren deutlich überlegen sind. Jedoch kann ein Mensch diese Sinneseindrücke kombinieren (Sensorfusion), was eine Maschine bislang nur wenig kann. Dies könnte sich jedoch innerhalb weniger Jahre ändern.

- *Emotionale Intelligenz*

Auf diesem Gebiet leistet die Maschine bislang fast nichts. Der Mensch kann sich in einen anderen Menschen hineinfühlen, Sympathie und Empathie, Mitgefühl, Mitleid, Trauer, Angst, Freude empfinden, Liebesgedichte schreiben, Zornausbrüche haben usw. Was Maschinen heute allerdings schon in Ansätzen können, ist die sog. Sentimentanalyse, d. h. durch Beobachtung der menschlichen Körpersprache, also des Gesichts, der Gestik usw. die Emotionen eines Menschen „lesen".

- *Soziale Intelligenz*

Das ist die Fähigkeit, in einer menschlichen Gruppe angemessen zu (re-)agieren, etwa eine Stimmung zu erkennen oder konstruktiv zu beeinflussen, z. B. den Teamgeist. Eine Fähigkeit, die meist bei Unternehmern aber auch Politikern stark ausgeprägt ist. Auf diesem Gebiet kann die Maschine bislang nichts leisten.

IQ-Test von KI

Die chinesischen Forscher Feng Liu, Yong Shi und Ying Liu haben im Sommer 2017 Intelligenz-Tests mit öffentlich und kostenlos zugänglichen schwachen KIs wie etwa Google KI oder Apples Siri und weiteren durchgeführt. Im Maximum erreichten diese KIs einen Wert von etwa 47, was etwa einem sechsjährigem Kind in der ersten Klasse entspricht. Ein Erwachsener kommt etwa im Durchschnitt auf 100. Bereits 2014 wurden ähnliche Tests durchgeführt bei denen die KIs noch im Maximum den Wert 27 erreichten.[38]

Bewusstsein bei künstlicher Intelligenz

In den Neurowissenschaften ist es eine Grundannahme, dass das Bewusstsein ein Produkt unseres Gehirns ist (siehe Neuronales Korrelat des Bewusstseins). Nach Jürgen Schmidhuber ist das Bewusstsein nur ein Nebenprodukt des Problemlösens des Gehirns. So sei auch bei künstlichen Problemlösern *(z. B. autonomen mobilen Robotern) von Vorteil, wenn diese sich ihrer selbst und ihrer Umgebung „bewusst" seien. Schmidhuber bezieht sich bei „Bewusstsein" im Kontext autonomer Roboter auf ein digitales Weltmodell inklusive des Systems selbst, nicht jedoch auf das Erleben von Zuständen. Ein Weltmodell könnte im Kontext von Reinforcement Learning dadurch erlernt werden, dass Aktionen belohnt werden, die das Weltmodell erweitern.[39]*

Angrenzende Wissenschaften

Sprachwissenschaft

Die Interpretation menschlicher Sprache durch Maschinen besitzt bei der KI-Forschung eine entscheidende Rolle. So ergeben sich etwaige Ergebnisse des Turing-Tests vor allem in Dialogsituationen, die bewältigt werden müssen.

Die Sprachwissenschaft liefert mit ihren Grammatikmodellen und psycholinguistischen Semantikmodellen wie der Merkmals- oder der Prototypensemantik Grundlagen für das maschinelle „Verstehen" komplexer natürlichsprachlicher Phrasen. Zentral ist die Frage, wie Sprachzeichen eine tatsächliche Bedeutung für eine künstliche Intelligenz haben können.[40] Das Chinese-Room-Argument des Philosophen John Searle sollte indes zeigen, dass es selbst dann möglich wäre, den Turing-Test zu bestehen, wenn den verwendeten Sprachzeichen dabei keinerlei Bedeutung beigemessen wird. Insbesondere Ergebnisse aus dem Bereich Embodiment betonen zudem die Relevanz von solchen Erfahrungen, die auf der Verkörperung eines Agenten beruhen sowie dessen Einbindung in eine sinnvolle Umgebung für jede Form von Kognition, also auch zur Konstruktion von Bedeutung durch eine Intelligenz.

Einen Teilbereich der Linguistik und zugleich eine Schnittstelle zwischen dieser und der Informatik bildet die Computerlinguistik, die sich unter anderem mit maschineller Sprachverarbeitung und künstlicher Intelligenz beschäftigt.

Psychologie

Die Psychologie beschäftigt sich unter anderem mit dem Intelligenzbegriff.

Psychotherapie

In der Psychotherapieforschung existieren bereits seit geraumer Zeit experimentelle Anwendungen der künstlichen Intelligenz, um Defizite und Engpässe in der psychotherapeutischen Versorgung zu überbrücken und Kosten zu sparen.[41] Aber auch um sich anbahnende Krisen bei Patienten auf der Warteliste frühzeitig zu erkennen.[42]

Philosophie

Die philosophischen Aspekte der KI-Problematik gehören zu den weitreichendsten der gesamten Informatik.

Die Antworten, die auf die zentralen Fragen dieses Bereiches gegeben werden, reichen weit in ontologische und erkenntnistheoretische Themen hinein, die das Denken des Menschen schon seit den Anfängen der Philosophie beschäftigen. Wer solche Antworten gibt, muss die Konsequenzen daraus auch für den Menschen und sich selbst ziehen. Nicht selten möchte man umgekehrt vorgehen und die Antworten, die man vor der Entwicklung künstlicher Intelligenz gefunden hat, auf diese übertragen. Doch wie sich zeigte, hat die künstliche Intelligenz zahlreiche Forscher dazu veranlasst, Probleme wie das Verhältnis zwischen Materie und Geist, die Ursprünge des Bewusstseins, die Grenzen der Erkenntnis, das Problem der Emergenz, die Möglichkeit außermenschlicher Intelligenz usw. in einem neuen Licht zu betrachten und zum Teil neu zu bewerten.

Eine dem metaphysischen bzw. auch idealistischen Denken verpflichtete Sichtweise hält es (im Sinn einer schwachen KI) für unmöglich, dass Maschinen jemals mehr als nur simuliertes Bewusstsein mit wirklicher Erkenntnis und Freiheit besitzen könnten. Aus ontologischer Sicht kritisiert der amerikanische Philosoph Hubert Dreyfus die Auffassung der starken KI. Aufbauend auf der von Martin Heidegger in dessen Werk Sein und Zeit entwickelten Ontologie der „Weltlichkeit der Welt" versucht Dreyfus zu zeigen, dass hinter das Phänomen der Welt als sinnhafte Bedeutungsganzheit nicht zurückgegangen werden kann: Sinn, d. h. Beziehungen der Dinge in der Welt aufeinander, sei ein Emergenzphänomen, denn es gibt nicht „etwas Sinn" und dann „mehr Sinn". Damit erweist sich jedoch auch die Aufgabe, die sinnhaften Beziehungen zwischen den Dingen der Welt in einen Computer einzuprogrammieren, als eigentlich unmögliches bzw. unendliches Vorhaben. Dies deshalb, weil Sinn nicht durch Addition von zunächst sinnlosen Elementen hergestellt werden kann.[43]

Eine evolutionär-progressive Denkrichtung sieht es hingegen (im Sinn einer starken KI) als möglich an, dass Systeme der künstlichen Intelligenz einmal den Menschen in dem übertreffen könnten, was derzeit noch als spezifisch menschlich gilt. Dies birgt zum einen die Gefahr, dass solche KI-Maschinen sich gegen die Interessen der Menschen wenden könnten. Andererseits birgt diese Technologie die Chance, Probleme zu lösen, deren Lösung dem Menschen wegen seiner limitierten Kapazitäten schwerfällt (siehe auch technologische Singularität).

Weitere Anknüpfungspunkte lassen sich in der analytischen Philosophie finden.

Neben der Frage nach dem Sein und der nach dem Bewusstsein stellt sich im Rahmen der Rechtsphilosophie und Roboterethik auch die Frage, ob eine KI für ihr gesetzwidriges Handeln oder Fehlverhalten verantwortlich gemacht werden kann (z. B. bei einem Autounfall durch ein autonomes Fahrzeug) und wer alles dafür haftet.[44] Entwickler werden mit der Frage konfrontiert, wie eine KI moralisch und ethisch richtig handelt. So wird zum Beispiel überlegt, wie man das Trolley-Problem bei autonomen Fahrzeuge lösen soll.[45][46]

Der russisch-amerikanische Biochemiker und Sachbuchautor Isaac Asimov beschreibt in seinen drei Robotergesetzen die Voraussetzungen für ein friedliches und unterstützendes Zusammenleben zwischen KI und Mensch. Diese Gesetze wurden später von anderen Autoren erweitert.

Informatik

Selbstverständlich ist die KI mit den anderen Disziplinen der Informatik eng verzahnt. Ein Versuch der Abgrenzung könnte auf Grundlage der Bewertung der erzielten Ergebnisse hinsichtlich ihres Grades an Intelligenz erfolgen. Hierzu scheint es sinnvoll, verschiedene Dimensionen von Intelligenz zu unterscheiden. Im Folgenden sollen diese Dimensionen aufgeführt werden, die ersten drei scheinen als notwendige Bedingungen angesehen werden zu können.

- *Die Fähigkeit zur Verarbeitung beliebiger Symbole (nicht nur Zahlen).*
- *Der Aufbau eines inneren Modells der äußeren Welt, eines Selbstmodells, sowie der jeweils aktuellen Beziehung von Selbst und Welt.*
- *Die Fähigkeit zu einer zweckentsprechenden Anwendung des Wissens.*
- *Die Fähigkeit, die im gespeicherten Wissen enthaltenen Zusammenhänge aufzudecken, d. h. logisch schlussfolgern zu können.*
- *Die Fähigkeit zur Verallgemeinerung (Abstraktion) und zur Spezialisierung (d. h. zu Anwendung allgemeiner Zusammenhänge auf konkrete Sachverhalte).*
- *Das Vermögen, erworbenes Wissen und vorhandene Erfahrung auf neue, bisher unbekannte Situationen zu übertragen.*
- *Die Fähigkeit, sich planvoll zu verhalten und entsprechende Strategien zum Erreichen der Ziele bilden zu können.*
- *Anpassungsfähigkeit an verschiedene, u. U. sich zeitlich ändernde Situationen und Problemumgebungen.*
- *Lernfähigkeit, verbunden mit dem Vermögen, partiellen Fortschritt oder Rückschritt einschätzen zu können.*
- *Die Fähigkeit, auch in unscharf bzw. unvollständig beschriebenen oder erkannten Situationen handeln zu können.*
- *Die Fähigkeit zur Mustererkennung (Besitz von Sensoren) und zur aktiven Auseinandersetzung mit der Umwelt (Besitz von Effektoren).*
- *Über ein Kommunikationsmittel von der Komplexität und Ausdrucksfähigkeit der menschlichen Sprache verfügen.*

Je mehr dieser Merkmale eine Anwendung erfüllt, desto intelligenter ist sie. Eine Anwendung, die auf dieser Skala als intelligent eingestuft werden kann, wird eher der KI als einer anderen Disziplin der Informatik zugeordnet werden können.

Kritik an der KI-Forschung

Elon Musk, der selbst finanziell an KI-Firmen beteiligt ist, warnte 2014: „Der Fortschritt bei künstlicher Intelligenz (ich meine nicht einfache künstliche Intelligenz) ist unglaublich schnell. … Solange man nicht direkt Gruppen wie Deepmind ausgesetzt ist, kann man sich kaum vorstellen, wie schnell es voran geht. Es ist annähernd exponentiell. … Es besteht das Risiko, dass binnen fünf Jahren etwas ernsthaft Gefährliches passiert." Er löse keinen falschen Alarm aus, denn ihm sei bewusst worüber er rede. „Ich bin nicht der Einzige der sagt, wir sollten uns Sorgen machen. … Ihnen den führenden Unternehmen auf diesem Gebiet ist die Gefahr bewusst, aber sie glauben, sie könnten die digitale Superintelligenz formen und kontrollieren und verhindern, dass Schlechtes ins Internet strömt … Das wird sich zeigen".[47][48]

Auch Stephen Hawking warnte 2014 vor der KI und sieht darin eine Bedrohung für die Menschheit. Durch die KI könnte das Ende der Menschheit eingeleitet werden. Ob die Maschinen irgendwann die Kontrolle übernehmen werden, werde die Zukunft zeigen. Aber bereits heute sei klar, dass die Maschinen die Menschen zunehmend vom Arbeitsmarkt verdrängen.[49][50][51]

Im August 2017 forderten 116 Unternehmer und Experten aus der Technologiebranche (u. a. Mustafa Suleyman, Elon Musk, Yoshua Bengio, Stuart Russell, Jürgen Schmidhuber) in einem offenen Brief an die UN, dass autonome Waffen verboten werden sollten bzw. auf die seit 1983 bestehende CCW-Liste gesetzt werden sollen. Die Certain Conventional Weapons sind von der UN verboten und beinhalten unter anderem Chemiewaffen. Nach Schwarzpulver und der Atombombe drohe die dritte Revolution der Kriegsführung. Zitat aus dem Schreiben: „Wenn diese Büchse der Pandora einmal geöffnet ist, wird es schwierig, sie wieder zu schließen" und „Einmal erfunden, könnten sie bewaffnete Konflikte erlauben in einem nie dagewesenen Ausmaß, und schneller, als Menschen sie begreifen können". Terroristen und Despoten könnten die autonomen Waffen nutzen und sogar hacken.[52][53]

Argumentativ entgegengetreten sind solchen Positionen u. a. Rodney Brooks und Jean-Gabriel Ganascia.[54]

Im Februar 2018 wurde ein Bericht einer Projektgruppe führender Experten im Bereich KI veröffentlicht, der vor möglichen "Bösartigen Nutzungen künstlicher Intelligenz" (englischer Originaltitel: "The Malicious Use of Artificial Intelligence") warnt.[55] Beteiligt waren daran unter anderem Forscher der Universitäten von Oxford, Yale und Stanford, sowie Entwickler von Microsoft und Google. Der Bericht nimmt Bezug auf schon existierende Technologien und demonstriert anhand von diversen Szenarien, wie diese von Terroristen, Kriminellen und despotischen Regierungen missbraucht werden könnten.[55] Die Autoren des Berichts fordern daher eine engere Zusammenarbeit von Forschern, Entwicklern und Gesetzgeber im

Bereich KI und schlagen konkrete Maßnahmen vor, wie die Gefahren des Missbrauchs verringert werden könnten.[55]

Vorschläge zum Umgang mit KI

Der Präsident von Microsoft, Brad Smith schlug vor, einen Verhaltenskodex aufzustellen, wie etwa eine Digitale Genfer Konvention, um Risiken der Künstlichen Intelligenz zu verringern.

Der Ethiker Peter Dabrock empfiehlt im Kontext der Benutzung und Programmierung von Künstlicher Intelligenz nicht nur die digitale Kompetenz der Beteiligten zu erhöhen, sondern auch auf klassische Bildungselemente zu setzen. Um mit den dazugehörigen Herausforderungen zurechtzukommen sowie die Fähigkeiten zur Unterscheidung und zur Erkennung von Mehrdeutigkeit zu erhöhen, seien Kenntnisse aus Religion, Literatur, Mathematik, Fremdsprachen, Musik und Sport eine gute Voraussetzung.[56]

Darstellung in Film und Literatur

Seit der Klassischen Moderne wird KI in Kunst, Film und Literatur behandelt.[57] Dabei geht es bei der künstlerischen Verarbeitung – im Gegensatz zur KI-Forschung, bei der die technische Realisierung im Vordergrund steht – vor Allem um die moralischen, ethischen und religiösen Aspekte und Folgen einer nicht-menschlichen, „maschinellen Intelligenz".

In der Renaissance wurde der Begriff des Homunculus geprägt, eines künstlichen Miniaturmenschen ohne Seele.[58] Im 18. und 19. Jahrhundert erschienen in der Literatur menschenähnliche Automaten, beispielsweise in E. T. A. Hoffmanns Der Sandmann und Jean Pauls Der Maschinenmann.

Im 20. und 21. Jahrhundert greift die Science-Fiction in Film und Prosa das Thema mannigfach auf.[59] 1920 prägte der Schriftsteller Karel Čapek den Begriff in seinem Bühnenstück R.U.R.; 1926 thematisierte Fritz Lang in Metropolis Roboter, welche die Arbeit der Menschen übernehmen.[59]

Dem Filmpublikum wurden in den unterschiedlichen Werken die Roboter als intelligente und differenzierte Maschinen mit ganz unterschiedlichen Persönlichkeiten präsentiert: Sie werden entwickelt, um sie für gute Zwecke einzusetzen, wandeln sich aber häufig zu gefährlichen Maschinen, die feindselige Pläne gegen Menschen entwickeln.[60] Im Lauf der Filmgeschichte werden sie zunehmend zu selbstbewussten Wesen, die sich die Menschheit unterwerfen wollen.[60]

Eine weitere Form künstlerischer Auseinandersetzung mit KI stellt die Litauische Künstlerrepublik Užupis dar. In ihrer Münchener Botschaft fungiert der künstlich intelligente Forschungs-Humanoide „Roboy" als Konsul und die Verfassung enthält einen eigenen Artikel über künstliche Intelligenz ("Any artificial intelligence has the right to believe in a good will of humanity The Munich Article.").[61]

Soziale Auswirkungen

Im Zuge der industriellen Revolution wurde durch die Erfindung der Dampfmaschine die Muskelkraft von der Maschine ersetzt (PS durch Watt). Durch die digitale Revolution könnte die menschliche Denkleistung durch maschinelle KI ersetzt werden.[62]

Der amerikanische Unternehmer Elon Musk prognostiziert, dass es zukünftig immer weniger Erwerbsarbeit geben wird, die nicht von einer Maschine besser und günstiger gemacht werden kann, weshalb immer weniger Arbeitskräfte benötigt würden. Durch die weitgehend maschinelle Produktion würden die Produkte und Dienstleistungen sehr billig werden. In diesem Zusammenhang unterstützt er die Einführung eines bedingungslosen Grundeinkommens.[63] *Der Physiker Stephen Hawking meinte: Bereits heute sei klar, dass die Maschinen die Menschen zunehmend vom Arbeitsmarkt verdrängen.*[49][50]*Microsoft-Gründer Bill Gates sieht die Entwicklung ähnlich. Er fordert eine Robotersteuer, um die sozialen Aufgaben der Zukunft bewältigen zu können.*[64]

Die Informatikerin Constanze Kurz erklärte in einem Interview, technischen Fortschritt habe es schon immer gegeben. Jedoch vollzog sich der technische Wandel in der Vergangenheit meist über Generationen, so dass genug Zeit blieb, sich für neue Aufgaben auszubilden. Heute verläuft der technische Wandel innerhalb von wenigen Jahren, so dass die Menschen nicht genug Zeit haben, sich für neue Aufgaben weiter zu bilden.[65] *Der Sprecher des Chaos Computer Clubs, Frank Rieger, warnte in verschiedenen Publikationen (z. B. dem Buch Arbeitsfrei)*[66] *davor, dass durch die beschleunigte Automatisierung vieler Arbeitsbereiche in naher Zukunft immer mehr Menschen ihre Beschäftigung verlieren werden (z. B. LKW-Fahrer durch selbstfahrende Autos). Darin besteht unter anderem eine Gefahr der Schwächung von Gewerkschaften, die an Mitgliedern verlieren könnten. Rieger plädiert daher für eine „Vergesellschaftung der Automatiserungsdividende", also einer Besteuerung von nichtmenschlicher Arbeit, damit durch das Wachstum der Wirtschaft in Form eines Grundeinkommens auch der allgemeine Wohlstand wächst und gerecht verteilt wird.*[67]

Wissenschaftler der Universität Oxford haben in einer Studie im Jahr 2013 eine Vielzahl von Jobs auf ihre Automatisierbarkeit überprüft. Dabei unterteilten die Wissenschaftler die Jobs in verschiedene Risikogruppen. 47 Prozent der betrachteten Jobs in den USA wurden in die höchste Risikogruppe eingeteilt, d. h. dass für diese Jobs das Risiko sehr hoch ist, innerhalb der nächsten ein oder zwei Jahrzehnte (Stand 2013) automatisiert zu werden.[68]

Jack Ma, der Gründer des chinesischen Internetkonzerns Alibaba, mahnte in einem Vortrag, dass die Menschen sich auf erhebliche Umbrüche im Arbeitsmarkt vorbereiten sollten, weil die KI die Welt verändern werde. In den letzten 200 Jahren habe das produzierende Gewerbe und Dienstleistungen die Jobs geschaffen. Nun aber wegen der KIs und den Robotern, werden dort kaum noch Jobs entstehen. Jack Ma kritisierte die heutige Schulausbildung (er war früher Englischlehrer). Die Schüler würden nicht für die Notwendigkeiten von morgen ausgebildet, sondern immer noch auf eine Wirtschaft, die es bald nicht mehr gebe. Die Schulen würden die Arbeitslosen von morgen ausbilden. Es mache keinen Sinn, in Konkurrenz mit den KIs und Robotern treten zu wollen. Die Schüler sollten von den Schulen dazu ausgebildet werden, möglichst innovativ und kreativ zu sein. Jack Ma geht davon aus, dass die KIs viele Jobs zerstören, aber auch viele neue Jobs entstehen lassen würden. Die Frage sei, ob Schüler für diese neuen Jobs ausgebildet würden.[69]

Jürgen Schmidhuber antwortete auf die Frage, ob KIs uns bald den Rang ablaufen werden bzw. ob wir uns Sorgen um unsere Jobs machen müssten: "Künstliche Intelligenzen werden fast alles erlernen, was Menschen können – und noch viel mehr. Ihre neuronalen Netzwerke werden aus Erfahrung klüger und wegen der sich rasch verbilligenden Hardware alle zehn Jahre hundertmal mächtiger. Unsere formelle Theorie des Spaßes erlaubt sogar, Neugierde und Kreativität zu implementieren, um künstliche Wissenschaftler und Künstler zu bauen." und "Alle fünf Jahre wird das Rechnen 10-mal billiger. Hält der Trend an, werden kleine Rechner bald so viel rechnen können wie ein menschliches Gehirn, 50 Jahre später wie alle 10 Milliarden Hirne zusammen."[29] Als Konsequenz aus der aus seiner Sicht unabwendbar fortschreitenden Automatisierung und dem damit einhergehenden Wegfall von Erwerbsarbeitsplätzen sieht Schmidhuber die Notwendigkeit eines Bedingungslosen Grundeinkommens.[70] „Roboterbesitzer werden Steuern zahlen müssen, um die Mitglieder unserer Gesellschaft zu ernähren, die keine existenziell notwendigen Jobs mehr ausüben. Wer dies nicht bis zu einem gewissen Grad unterstützt, beschwört geradezu die Revolution Mensch gegen Maschine herauf."[71]

Erik Brynjolfsson ist der Auffassung, das Aufkommen radikaler Parteien in den USA und Europa sei die Folge davon, dass viele Menschen heute schon nicht mehr mit dem technischen Fortschritt mithalten könnten. Wenn Menschen ihre Jobs verlieren, werden diese Menschen wütend, so Brynjolfsson. Auch er meint, dass in Zukunft die meisten Jobs von Maschinen erledigt werden.[72]

Mark Zuckerberg äußerte bei einer Rede vor Harvard-Absolventen, dass die Einführung eines bedingungslosen Grundeinkommens notwendig sei. Es könne etwas nicht mehr in Ordnung sein, wenn er als Harvard-Abbrecher innerhalb weniger Jahre Milliarden machen könne, während Millionen von Uni-Absolventen ihre Schulden nicht abbezahlen könnten. Es bräuchte eine Basis, auf der jeder innovativ und kreativ sein könne.[73][74]

Im November 2017 stellte der Deutsche-Bank-Chef John Cryan einen starken Stellenabbau in Aussicht. Das Unternehmen beschäftigt 97.000 Menschen. Bereits in den letzten 12 Monaten wurden 4000 Stellen abgebaut. In naher Zukunft sollen 9000 weitere Stellen abgebaut werden. Mittelfristig sollen die Hälfte aller Stellen abgebaut werden. Cryan begründete diesen Schritt damit, dass die Konkurrenz bereits heute mit etwa der Hälfte der Mitarbeiter vergleichbare Leistung erbringe. Cryan sagte: „Wir machen zu viel Handarbeit, was uns fehleranfällig und ineffizient macht". Vor allem durch das maschinelle Lernen bzw. künstliche Intelligenzen könnte das Unternehmen noch viel effizienter werden. Viele Banker arbeiteten ohnehin wie Roboter, so Cryan. An die Stelle qualifizierter Mitarbeiter sollen qualifizierte Maschinen treten, so Cryan.[75]

Der Zukunftsforscher Lars Thomson prognostizierte im November 2017 für die nächsten 10 Jahre gewaltige Umbrüche in Technologie, Arbeit, Werten und Gesellschaft. Im Jahr 2025 könne ein Haushalts-Roboter den Frühstückstisch decken, Fenster putzen, Pflegedienste übernehmen usw. wodurch Arbeitsplätze vernichtet werden. Heute schon gäbe es 181 Firmen weltweit, die an klugen Robotern arbeiten. Der Preis eines solchen Roboters betrage heute etwa 20.000 Euro. Der Markt der künstlichen Intelligenz werde in wenigen Jahren größer sein als der Automobilmarkt. Wie schnell 10 Jahre vergingen, würde man sehen, wenn man 10 Jahre zurückblicke, als das erste Smartphone auf den Markt kam. Er bedauert, dass in unserer Gesellschaft kaum jemand diese Entwicklung erkenne, die unsere Gesellschaft komplett verändern werde. In Hotels werden in 10 Jahren Roboter die Arbeiten der heutigen Zimmermädchen übernehmen. Der Vorteil für den Hotelmanager: Der Roboter will keinen Lohn, keine freien Tage, muss nicht versteuert und versichert werden. Der Nachteil: Der Staat erhält keine Steuern mehr und die Menschen sind arbeitslos. Deshalb werde man nicht an einem bedingungslosen Grundeinkommen vorbeikommen und der Einführung einer Robotersteuer. Thomson sieht die Gefahr einer Spaltung der Gesellschaft, wenn das Tempo der Veränderung die Wandlungsfähigkeit der Menschen übersteigt. Gleichzeitig werde die KI den Menschen von der Arbeit befreien. Die Gesellschaft müsse Leitplanken für die KIs definieren.[76]

In einem Interview im Januar 2018 meinte der CEO von Google Sundar Pichai, die aktuelle Entwicklung der künstlichen Intelligenz sei für den Werdegang der Menschheit bedeutender als es die Entdeckung des Feuers und die Entwicklung der Elektrizität waren. Durch die aktuelle Entwicklung der KI werde kein Stein auf dem anderen bleiben. Deshalb sei es wichtig, dass die Gesellschaft sich mit dem Thema auseinandersetze. Nur so könne man die Risiken eingrenzen und die Potentiale ausschöpfen. Google gehört derzeit zu den führenden Unternehmen im Bereich der KI. Allein der KI-Assistent von Google ist bereits auf hunderten Millionen Android-Smartphones installiert. Aber auch in den Suchmaschinen kommt KI derzeit bereits milliardenfach zum Einsatz. Die von Google gekaufte Firma DeepMind eilt bei der KI-Forschung von Meilenstein zu Meilenstein u. a. mit AlphaGo, AlphaGo Zero, AlphaZero.[77]

Das Institut für Arbeitsmarkt- und Berufsforschung (IAB), das zur Bundesagentur für Arbeit gehört, hat in einer Studie von 4/2018[78] dargelegt, welche menschliche Arbeit in Deutschland von Maschinen ersetzt werden kann. Die Studie kommt zum

Ergebnis, dass im Jahr 2016 25 Prozent der bezahlten menschlichen Tätigkeiten von Maschinen hätten erledigt werden können, was etwa 8 Millionen Arbeitsplätzen in Deutschland entspricht. Eine frühere Studie kam für das Jahr 2013 noch auf einen Wert von 15 Prozent. Am stärksten betroffen mit etwa 83 Prozent sind Fertigungsberufe aber auch unternehmensbezogene Dienstleistungsberufe mit 60 Prozent, Berufe in der Unternehmensführung und -organisation mit 57 Prozent, Berufe in Land- und Forstwirtschaft und Gartenbau mit 44 Prozent usw. Im Vergleich von 2013 zu 2016 sind besonders stark gestiegen Logistik- und Verkehrsberufe von 36 auf 56 Prozent, ein Bereich, in dem in Deutschland etwa 2,4 Millionen Menschen beschäftigt sind. Insgesamt geht die Studie davon aus, dass in naher Zukunft 70 Prozent der menschlichen bezahlten Tätigkeiten von Maschinen übernommen werden könnten. Maschinen könnten z. B. übernehmen: Wareneingangskontrolle, Montageprüfung, Kommissionierung, Versicherungsanträge, Steuererklärungen usw. Die Techniken, die diese Veränderungen vorantreiben seien: künstliche Intelligenzen, Big Data, 3-D Druck und virtuelle Realität. Auch wenn es nicht zu Entlassungen kommen würde, so müssen Mitarbeiter zumindest mit starken Veränderungen in ihrem Berufsbild und damit starkem Umlernen rechnen. Es werden auch neue Berufsfelder entstehen. Auch werde nicht alles, was heute schon möglich ist, auch umgesetzt und schon gar nicht sofort. Ein Faktor für diese Verzögerung seien ethische und rechtliche Aspekte aber auch die hohen Kosten der Automatisierung. Nicht immer ist die künstliche Intelligenz billiger als die menschliche Intelligenz.[79]

In einem Gastbeitrag im Februar 2018 meinte der SAP-Chef Bill McDermott, dass sich die Menschen fürchten würden vor den Veränderungen, die eine Welt mit Robotern und KIs mit sich bringt. Ein erster Meilenstein sei der Sieg der Maschine Deep Blue über den amtierenden Schachweltmeister Gary Kasparov im Jahr 1997 gewesen. Ein weiterer Meilenstein sei der Sieg der Maschine Watson über den Menschen in der Quiz-Show Jeopardy im Jahr 2011 gewesen. Und der nächste große Schritt waren dann die Siege von AlphaGo und seinen Nachfolgern AlphaGo Zero und AlphaZero im Jahr 2016 und 2017. Die tiefgreifenden Veränderungen, die KI auch am Arbeitsplatz mit sich bringen würden, seien heute nun in aller Munde. Um etwaige negative Auswirkungen der neuen Techniken auf die Gesellschaft zu vermeiden, verlangte es nun eine durchdachte Planung. Behörden, Privatwirtschaft und Bildungswesen müssten zusammenarbeiten, um junge Menschen die Fähigkeiten zu vermitteln, die diese in der digitalen Wirtschaft benötigen. Umschulungen und lebenslanges Lernen seien heute die neue Normalität. Jobs würden nicht komplett von Maschinen ersetzt werden, sondern meist in Teilbereichen. Es würden auch viele neue Jobs entstehen. Die wirtschaftliche Entwicklung würde durch die KI befeuert werden. Man rechnet für 2030 mit einer Wertschöpfung in dem Bereich von 16 Billionen Dollar und einem Wachstum des Bruttoinlandsprodukts um 26 Prozent. Durch die Automatisierung könnten Unternehmen zukünftig jährlich 3 bis 4 Billionen US-Dollar einsparen.[80]

Der Deutsche Bundestag hat am 28. Juni 2018 eine Enquete-Kommission Künstliche Intelligenz – Gesellschaftliche Verantwortung und wirtschaftliche Potenziale eingesetzt, die bis zum Sommer 2020 einen Abschlussbericht mit Handlungsempfehlungen vorlegen soll.[81]

Seite „Künstliche Intelligenz". In: Wikipedia, Die freie Enzyklopädie. Bearbeitungsstand: 13. März 2019, 21:03 UTC. URL: https://de.wikipedia.org/w/index.php?title=K%C3%BCnstliche_Intelligenz&ol did=186559156 (Abgerufen: 2. April 2019, 16:01 UTC)

12.6 Die Informationsgesellschaft

Nachrichten treffen ein, werden sortiert, bewertet und bearbeitet. Newsroom in der Redaktion von Radio Free Europe in München, 1994

Der Begriff **Informationsgesellschaft** bezeichnet eine auf Informations- und Kommunikationstechnologien (IKT) basierende Gesellschaft. Der Prozess der Durchdringung aller Lebensbereiche mit IKT, durch den sich eine postindustrielle oder postmoderne Informationsgesellschaft bildet, wird als Informatisierung bezeichnet (Nora/Minc 1979). Der Begriff Informationsgesellschaft ist nicht starr definiert und wird oft mit dem Begriff der Wissensgesellschaft zusammen – oder gar synonym – verwendet.

Je nach Schwerpunkt können verschiedene Formen der Informationsgesellschaft unterschieden werden:

- Informationsökonomiegesellschaft – Betonung der wirtschaftlichen Veränderungen, z. B. Herausbildung eines „quartären" Sektors in der Drei-Sektoren-Hypothese.
- Informationstechnologiegesellschaft – IKT-Technologien als wesentlicher Faktor der wirtschaftlichen (und gesellschaftlichen) Entwicklung.
- Informationsbenutzungsgesellschaft – Betonung des Nutzungsaspekts und der Bedeutung für die Menschen in einer Informationsgesellschaft; auch „informierte Gesellschaft" (Steinbuch 1966), „informationsbewusste Gesellschaft" (Wersig 1973).

Kennzeichnend ist neben der Durchdringung mit IKT die Veränderung der Produktionsformen durch Entstehung neuartiger Branchen und Gewerke, die schließlich unter dem Begriff Informationsökonomie zusammengefasst werden kann.

Begriff

Hauptsächliche Quellen für die Konzeption der Informationsgesellschaft sind das Kommunikationsmodell von Claude Elwood Shannon (The Mathematical Theory of Communication 1948, dt: Mathematische Grundlagen in der Informationstheorie 1976) sowie die einschlägigen Arbeiten des österreichisch-

amerikanischen Kybernetikers Norbert Wiener, der als Mitbegründer der modernen Informationstheorie bereits 1948 die mit der Automatisierung von Produktionsprozessen einhergehenden Umschichtungen in der Gesellschaft prognostizierte.

Die theoretischen Grundaussagen des Konzepts der Informationsgesellschaft stammen aus den 1960er Jahren in Japan und den USA, zumal aus dem Kontext der Informationsökonomie. Philosophiegeschichtlich lassen sich von hierher Bezüge zurück finden zu Konzepten der Denkökonomie (Richard Avenarius, Ernst Mach). Sozialgeschichtlich trat das Konzept auf, als ein Wandel in der Beschäftigungsstruktur der industrialisierten Staaten ausgemacht wurde. Zunächst wurde dafür der Begriff der Dienstleistungsgesellschaft entwickelt. Zu weiteren Vorläuferbegriffen gehört die Informierte Gesellschaft (Steinbuch 1968, Haefner 1980 u. a.) und die Postindustrielle Gesellschaft (Bell 1973). In Japan taucht der Begriff „Informationsgesellschaft" bereits 1963 in der Stufentheorie von Tadao Umesao(1920–2010) auf.

Der Begriff der Informationsgesellschaft wurde in den 1980er Jahren aus einem Teilbereich dieses tertiären Dienstleistungssektors ausdifferenziert, der nicht direkt zum Bruttosozialprodukt beitrug und mehr oder minder mit der Verarbeitung von Information zu tun hatte; diese Veränderungen werden auch als zweite industrielle Revolution oder kommunikative Revolution (Wersig 1985) bezeichnet.

Die Vision der Informationsgesellschaft wurde vor allem während der 1990er Jahre im Rahmen der Diskussion um die Information Highways thematisiert. In der öffentlichen Diskussion weiter diskreditiert wurde der Begriff im Zuge des „Platzens" der so genannten Internet-Blase der New Economy. Auf politischer Ebene wurde insbesondere John Perry Barlows Adaption der „Frontier"-Metapher auf das Internetkontrovers diskutiert. In Europa wurde der Begriff der Freiheitlichen Informationsinfrastruktur als techno-liberale Vision zur politischen Kommunikation der Frontier-Metapher entgegengesetzt.

Im Zusammenhang mit der Digitale-Kluft-Hypothese wurde ein Marshallplan der Informationsgesellschaft gefordert[1]. Eine neuere Studie analysiert die Digitale Kluft in Bosnien-Herzegowina auf dem Weg in die Informationsgesellschaft.[2]

Der Wissenschaftstheoretiker Helmut F. Spinner bezeichnet – mit durchaus eigener Terminologie – die Informationsgesellschaft als Vorstufe oder Degenerationsform der Wissensgesellschaft[34].

Wachstum von Information in der Gesellschaft

Das Wachstum von technologisch übertragener Information wurde in drei unterscheidbaren Gruppen quantifiziert: (1) die wachsende Kapazität Information durch den Raum zu übertragen (Kommunikation); (2) die Kapazität Information

*durch die Zeit zu übermitteln (Speicherung); und (3) die Kapazität mit Information
zu rechnen (Informatik):[5]*

*Die weltweite technologische Kapazität, Informationen über
(unidirektionale) Broadcast und Rundfunk Netzwerke zu empfangen, ist von 432
(optimal komprimierten) Exabyte im Jahr 1986 über 715 (optimal komprimierte)
Exabyte 1993 auf 1,2 (optimal komprimierte) Zettabyte 2000 und 1,9 Zettabyte
2007 gewachsen.[6] Dies ist eine jährliche Wachstumsrate von 7 % und nicht deutlich
schneller als das Wirtschaftswachstum während desselben Zeitraums. Die effektive
Kapazität der Welt, Informationen durch (bidirektionale)
Telekommunikationsnetz auszutauschen, ist von 281 (optimal komprimierten)
Petabyte 1986 über 471 Petabyte 1993 zu 2.200 Petabyte 2000 bis hin zu schließlich
65 (optimal komprimierten) Exabyte 2007 gewachsen.[6] Dies ist eine jährliche
Wachstumsrate von 30 % und fünfmal so schnell wie das weltweite
Wirtschaftswachstum.*

*Die globale technologische Kapazität, Informationen zu speichern, ist von 2,6
(optimal komprimierten) Exabyte 1986 über 15,8 1993 und 54,5 2000 auf 295
(optimal komprimierte) Exabyte 2007 gewachsen.[6] Dies ist das informationale
Äquivalent von 404 Milliarden CD-ROMs für 2007. Wenn man diese Compact
Discs stapeln würde, ergäbe sich ein Stapel, der von der Erde bis zum Mondreicht
und ein weiteres Viertel dieser Entfernung darüber hinaus.[5]*

*Die technologische Kapazität der Welt, Informationen mit Mehrzweck-Computern zu
berechnen, ist von $3,0 \cdot 10^8$ MIPS 1986 auf $6,4 \cdot 10^{12}$ MIPS 2007 gewachsen,[6] was
einer jährlichen Wachstumsrate von 60 % entspricht, also 10-mal so schnell wie das
globale Wirtschaftswachstum.*

Komplexität

*Viele Autoren der Gegenwart wie Ulrich Beck, Jürgen Habermas, Jean-François
Lyotard und Anthony Giddens betrachten Komplexität als ein wesentliches Merkmal
unserer Informationsgesellschaft; die Komplexität führt zu Ungewissheit, daraus
ergibt sich ein Gefühl der Überforderung. Als Lösung dieses Dilemmas liegt es nahe
zu versuchen, die Komplexität und damit auch die Ungewissheit zu verringern.
Genau dies leistet Information: „Information ist die Verringerung von Ungewissheit"
(Wersig 1971). Zur Bewältigung der Welt ist also eine
„Komplexitätsreduktionsgesellschaft" bzw. „Informationsgesellschaft" anzustreben.*

Bewährte Hilfsmittel der Komplexitätsreduktion sind beispielsweise:

- *Abstraktion und Modellierung,*
- *Gebrauch von Werkzeugen,*
- *Gebrauch kognitiver Stellvertreter in Form von Zeichen,*
- *Entwicklung von Mitteln zur Wissensspeicherung u. a.*
- *Hilfsmittel zur Reduktion der Handlungskomplexität sind beispielsweise:*

- *Weiterentwicklung unserer Sinne,*
- *Weiterentwicklung des Konzepts des Management.*
- *Hilfsmittel zur Reduktion der Wissenskomplexität sind beispielsweise:*
- *Nutzung von Bildern und bildhaften Präsentationen als synoptische Präsentationen;*
- *Nutzung von erzählenden Formen;*
- *Nutzung von nicht-linearer und individualisierbarer Hypermedialität;*
- *Nutzung von Agenten.*

Rechtliche Säulen der Informationsgesellschaft

Kloepfer benennt als Säulen der Informationsgesellschaft die klassischen Kommunikationsgrundrechte (Meinungsfreiheit, Informationsfreiheit u. a.), die Informationszugangsfreiheit, den Datenschutz, den Geheimschutz und die zivilrechtlichen Informationsausschließlichkeitsrechte (Recht am eigenen Bild, Urheberrechte usw.).[7]

Wikipedia® ist eine eingetragene Marke der Wikimedia Foundation Inc.

Seite „Informationsgesellschaft". In: Wikipedia, Die freie Enzyklopädie. Bearbeitungsstand: 4. März 2019, 14:20 UTC. URL: https://de.wikipedia.org/w/index.php?title=Informationsgesellschaft&oldid=1 86247634 (Abgerufen: 2. April 2019, 16:02 UTC)

12.7 Die Gentechnologie

*Als **Gentechnik** bezeichnet man Methoden und Verfahren der Biotechnologie, die auf den Kenntnissen der Molekularbiologie und Genetik aufbauen und gezielte Eingriffe in das Erbgut (Genom) und damit in die biochemischen Steuerungsvorgänge von Lebewesen bzw. viraler Genome ermöglichen. Als Produkt entsteht zunächst rekombinante DNA, mit der wiederum gentechnisch veränderte Organismen (GVO) hergestellt werden können. Der Begriff Gentechnik umfasst die Veränderung und Neuzusammensetzung von DNA-Sequenzen in vitro (z. B. im Reagenzglas) oder in vivo (in lebenden Organismen). Dazu gehört auch das gezielte Einbringen von DNA in lebende Organismen.[1]*

Gentechnik wird sowohl zur Herstellung neu kombinierter DNA innerhalb einer Art,[2] als auch über Art-Grenzen hinweg verwendet. Dies ist möglich, weil alle Lebewesen denselben genetischen Code benutzen, von dem nur in wenigen Ausnahmefällen leicht abgewichen wird (siehe codon usage). Ziele gentechnischer Anwendungen sind beispielsweise die Veränderung von Kulturpflanzen, die Herstellung von Medikamenten oder die Gentherapie.

Obwohl es große Gemeinsamkeiten bei den verwendeten Methoden gibt, wird häufig nach Anwendungsbereich differenziert:

- *Grüne Gentechnik – Agrogentechnik – Anwendung bei Pflanzen*
- *Rote Gentechnik – Anwendung in der Medizin und Pharmazeutik*
- *Weiße Gentechnik – Anwendung in der Industrie*
- *Graue Gentechnik – Anwendungen speziell in der Abfallwirtschaft*
- *Blaue Gentechnik – Anwendungen auf Lebewesen des Meeres, insbesondere Tiefseebakterien*

Nutzpflanzen

Transgene Nutzpflanzen haben seit ihrer Erstzulassung im Jahr 1996 weltweit an Bedeutung gewonnen und wurden 2015 in 28 Ländern auf 179 Millionen Hektar[3] (das entspricht knapp ca. 12 % der globalen Landwirtschaftsfläche von 1,5 Mrd. Hektar[4]) angebaut. Dabei handelt es sich insbesondere um Pflanzen, die aufgrund von gentechnischen Veränderungen tolerant gegenüber Pflanzenschutzmitteln oder giftig für bestimmte Schadinsekten sind.[5] Durch den Einsatz haben sich für Landwirte, insbesondere in Entwicklungsländern, trotz höherer Ausgaben für Saatgut teilweise Ertrags-, Einkommens- und Gesundheitsvorteile oder Arbeitserleichterungen sowie geringere Umweltbelastungen ergeben.[6][7][8] Zugelassenen Sorten wird von wissenschaftlicher Seite Unbedenklichkeit für Umwelt und Gesundheit attestiert.[9] Umweltverbände, Anbieter ökologisch erzeugter Produkte sowie einige politische Parteien lehnen die grüne Gentechnik ab.[10]

Tiere

Transgene Tiere werden vor allem in der Forschung als Versuchstiere eingesetzt. Transgene Tiere zum menschlichen Verzehr sowie zur Eindämmung von Infektionskrankheiten sind noch nicht zugelassen.

Medizin und Pharmazie

Etliche Produkte, die für den Menschen interessant sind (zum Beispiel Insulin, Vitamine), werden mit Hilfe gentechnisch veränderter Bakterien hergestellt. Auch für die Medizin hat die Gentechnik Bedeutung erlangt, die Zahl der gentechnisch hergestellten Medikamente auf dem Markt nimmt stetig zu. Anfang 2015 waren in Deutschland 175 Arzneimittel mit 133 verschiedenen gentechnisch erzeugten Wirkstoffen zugelassen.[11] Sie werden bei zahlreichen Krankheiten eingesetzt, etwa Zuckerkrankheit, Blutarmut, Herzinfarkt, Wachstumsstörungen bei Kindern, verschiedenen Krebsarten und der Bluterkrankheit. Weltweit befinden sich über 350 Gentech-Substanzen in klinischen Prüfungen mit Patienten.

Insulin ist das bekannteste Hormon, das mit Hilfe der Gentechnik gewonnen wurde. Das früher verwendete Insulin stammte von Rindern und Schweinen und war nicht hundertprozentig baugleich mit dem des Menschen. Mittels Gentechnik wurde es nun ersetzt und löste u. a. die Probleme von Diabetikern mit einer Unverträglichkeit gegenüber Tierinsulin.[12]

Auch in der Krebstherapie sind gentechnisch hergestellte Medikamente heute etabliert. Nach Meinung einiger Krebsexperten könnten durch den Einsatz von Interferon[13] und blutbildenden Wachstumsfaktoren[14] die Krebstherapien bei bestimmten Tumorarten verbessert, Krankenhausaufenthalte verkürzt oder gar vermieden sowie Lebensqualität gewonnen werden.

Ansätze zur gentechnischen Veränderung von Zellen im menschlichen Körper zu Heilzwecken werden im Artikel Gentherapie beschrieben.

Geschichte

Vor etwa 8000 Jahren wurde im heutigen Mexiko durch Züchtung das Erbgut von Teosinte-Getreide durch die Kombination von natürlich vorkommenden Mutationen so verändert, dass die Vorläufer der heutigen Mais-Sorten entstanden. Dadurch wurde nicht nur der Ertrag erhöht, sondern auch eine Pilzresistenz erzeugt.[15]

Künstliche Mutationen für Züchtungszwecke wurden innerhalb der konventionellen Landwirtschaft erzeugt, indem Keime stark ionisierender Strahlung oder anderen genverändernden Einflüssen (Mutagenen) ausgesetzt wurden, um Mutationen im Erbgut häufiger als unter natürlichen Bedingungen hervorzurufen.[16] Samen wurden ausgesät und jene Pflanzen, die die gewünschten Eigenschaften besaßen, wurden weiter gezüchtet. Ob dabei auch noch andere, unerwünschte, Eigenschaften entstanden, wurde nicht systematisch überprüft. Diese Technik wurde bei fast allen Nutzpflanzen und auch bei einigen Tierarten angewendet, jedoch lag der Erfolg der Mutationszüchtung bei Pflanzen nur zwischen 0,5 und 1 % an züchterisch brauchbaren Mutanten, bei Tieren ist diese Methode überhaupt nicht zu gebrauchen.[17]

Bei diesen Vorläufern der Gentechnik enthielt der veränderte Organismus jedoch keine rekombinante DNA.

Autoradiographie eines Sequenziergels. Die dargestellte DNA wurde mit ^{32}P (Phosphor) radioaktiv markiert.

Die eigentliche Geschichte der Gentechnik begann, als es Ray Wu und Ellen Taylor 1971 gelang, mit Hilfe von 1970 entdeckten Restriktionsenzymen[18] eine Sequenz von 12 Basenpaaren vom Ende des Genoms eines Lambdavirus abzutrennen.[19] Zwei Jahre später erzeugte man das erste genetisch veränderte rekombinante Bakterium, indem ein Plasmid mit vereinter viraler und bakterieller DNA in das Darmbakterium Escherichia coli eingeschleust wurde.[20] Angesichts dieser Fortschritte fand im Februar 1975 die Asilomar-Konferenz in Pacific Grove, Kalifornien, statt. Auf der Konferenz diskutierten 140 Molekularbiologen aus 16 Ländern Sicherheitsauflagen, unter denen die Forschung weiter stattfinden sollte.[21] Die Ergebnisse waren Grundlage für staatliche Regelungen in den Vereinigten Staaten und später in vielen anderen Staaten.[22] 1977 gelang erstmals die gentechnische Herstellung eines menschlichen Proteins in einem Bakterium.[23] Im selben Jahr entwickelten Walter Gilbert, Allan Maxam[24] und Frederick Sanger[25] unabhängig voneinander Methoden zur effizienten DNA-Sequenzierung, für die sie 1980 mit dem Nobelpreis für Chemie ausgezeichnet wurden. Ende der 1970er Jahre entdeckten die Belgier Marc Van Montagu und Jeff Schell die Möglichkeit, mittels Agrobacterium tumefaciens Gene in Pflanzen einzuschleusen und legten damit den Grundstein für die Grüne Gentechnik.[26]

1980 beantragte Ananda Chakrabarty in den USA das erste Patent auf einen GVO, dessen Zulassungsverfahren bis vor den Supreme Court getragen wurde. Dieser entschied 1981, dass der Fakt, dass Mikro-Organismen lebendig sind, keine gesetzliche Bedeutung für den Zweck des Patent-Rechtes habe und machte damit den Weg für die Patentierung von Lebewesen frei.[27] 1982 kam in den Vereinigten Staaten mit Insulin das erste gentechnisch hergestellte Medikament auf den Markt.[23] 1982 wurde mit dem Bakteriophagen Lambdadas erste Virus in seiner vollständigen DNA-Sequenz veröffentlicht.[28] Im Jahr 1983 entwickelte Kary Mullis die Polymerase-Kettenreaktion, mit der DNA-Sequenzen vervielfältigt werden können und erhielt dafür 1993 den Chemie-Nobelpreis.[29] 1985 wurden genetisch manipulierte Pflanzen in den USA patentierbar und es erfolgte die erste Freisetzung genetisch manipulierter Bakterien (ice minus bacteria).[15] 1988 wurde das erste Patent für ein gentechnisch verändertes Säugetier, die sogenannte Krebsmaus, vergeben.[30]

Ab Herbst 1990 wurde im Humangenomprojekt damit begonnen, das gesamte Genom des Menschen zu sequenzieren. Am 14. September 1990 wurde die weltweit erste Gentherapiean einem vierjährigen Mädchen durchgeführt. Im Jahr 1994 kamen im Vereinigten Königreich und den Vereinigten Staaten gentechnisch veränderte Flavr-Savr-Tomaten, auf den Markt.

Im Jahr 1996 wurden erstmals transgene Sojabohnen in den USA angebaut. Der Import dieser Sojabohnen nach Deutschland führte dort zu ersten öffentlichen Kontroversen über die Verwendung von Gentechnologie in der Landwirtschaft. Greenpeace führte im Herbst 1996 mehrfach illegale Protestaktionen durch, wie Behinderung der Löschung und Beschriften von Frachtern.[3132333435]

Die Firma Celera und International Genetics & Health Collaboratory behaupteten 2001, das menschliche Genom, parallel zum Humangenomprojekt, vollständig entschlüsselt zu haben.[15] Jedoch war die Sequenzierung nicht vollständig. Ein Jahr später wurde der erste in seiner Keimbahn gentechnisch veränderte Primat geboren.

Techniken nach Anwendungsbereich

Die Erzeugung gentechnisch veränderter Organismen besteht meistens aus zwei Methoden. Durch eine Klonierung wird die rekombinante DNA erzeugt, je nach verwendetem Vektor ist anschließend noch eine Methode zum Einschleusen der DNA erforderlich, z. B. durch eine Transfektion oder Transformation. Das Genome

Editing verwendet zusätzlich sequenzspezifische Endonukleasen. Hier eine Übersicht der wichtigsten Techniken:

Polymerase-Kettenreaktion (PCR)

Die Polymerase-Kettenreaktion (kurz: PCR) ist ein universelles Verfahren zur Vervielfältigung eines DNA-Abschnitts, dessen Anfangs- und Endsequenz bekannt sind. Unter Verwendung dieser kurzen Sequenzstücke und des Enzyms DNA-Polymerase wird der entsprechende Teil der „Vorlage" in einem einzigen Schritt verdoppelt, wobei mehrere Schritte schnell aufeinander folgen. Jede erzeugte Kopie kann im nächsten Schritt als Vorlage dienen. Nach z. B. 20 Schritten oder „Zyklen" hat sich die Anzahl der ursprünglich vorhandenen Sequenzkopien um das 10^6fache erhöht. Die Anzahl der ursprünglichen Moleküle kann daher sehr gering sein; für einen genetischen Fingerabdruck wurde schon eine erfolgreiche PCR aus dem genetischen Material durchgeführt, das ein Verdächtiger auf einem Klingelknopf zurückließ.

DNA-Sequenzierung

Auf der PCR basiert die DNA-Sequenzierung, mit deren Hilfe die Abfolge der einzelnen Nukleotide einer DNA-Sequenz ermittelt werden kann. Dabei wird ein DNA-Stück mittels PCR amplifiziert (vervielfältigt). Im Gegensatz zur normalen PCR werden hier jedoch vier Reaktionen parallel angesetzt. Jeder Ansatz enthält neben den üblichen Nukleotiden (dNTPs), die eine Verlängerung des DNA-Strangs ermöglichen, auch einen Anteil sogenannter ddNTPs, die zu einem Strangabbruch führen. Die einzelnen PCR-Produkte werden auf einem Gel nach Art (A, C, G oder T) und Position in der Sequenz getrennt. Die Auswertung des Gels ergibt dann die Nukleotidsequenz der DNA. Durch Automatisierung dieses Verfahrens und bioinformatische Anordnung einzelner DNA-Fragmente in einem langen Strang konnten bereits viele komplette Genome sequenziert werden, darunter das des Menschen.

Klonierung

Häufig soll ein Gen von einem Organismus auf einen anderen übertragen werden. Dieser horizontale Gentransfer ist z. B. unerlässlich, um menschliches Insulin von Bakterien herstellen zu lassen; das Insulin-Gen muss in das Bakterium transferiert werden. Außerdem muss das Gen im Zielorganismus an die richtige Stelle gelangen, damit es dort korrekt benutzt werden kann. Die Extraktion der Original-DNA verläuft üblicherweise über PCR. Dabei werden gleichzeitig bestimmte Sequenzen an den Enden der DNA eingebaut. Diese Sequenzen können dann von Restriktionsenzymen erkannt werden. Diese Enzyme wirken wie molekulare Scheren; sie schneiden die DNA an bestimmten Sequenzen auf und hinterlassen charakteristische, „klebrige" Enden (sticky ends). Diese „kleben" an passende Sequenzen, die im Zielorganismus mit den gleichen Restriktionsenzymen erzeugt wurden. Bestimmte Enzyme (Ligasen) können die passenden sticky ends wieder zu einer durchgehenden DNA-Sequenz zusammenfügen – das Gen wurde zielgenau eingebaut.

Gen-Knockout

Die Funktion eines Gens erkennt man häufig am besten dann, wenn es nicht funktioniert. Durch den Vergleich der Phänotypen zweier Organismen mit funktionierendem bzw. defekten Gen wird zumindest die grundsätzliche Bedeutung dieses Gens offenbar. Daher verwendet man häufig Knock-outs, Lebewesen also, bei denen ein bestimmtes Gen gezielt unbrauchbar gemacht wurde. Es existieren auch so genannte Knock-out-Stämme, Organismen, die reinerbig einen bestimmten Defekt aufweisen. Knock-out-Stämme sind für viele Untersuchungen von entscheidender Bedeutung; so lässt sich z. B. Krebsentstehung gut an Mausstämmen untersuchen, die einen Knock-out in einem oder mehreren Tumorsuppressorgenen aufweisen.

DNA-Chips

In Forschung und Diagnostik gewinnen DNA-Chips zunehmend an Bedeutung. Ein solcher Chip (der außer der Form nichts mit Computerchips zu tun hat) hat dutzende oder hunderte von kleinen Kammern, in denen sich je genau ein kurzes DNA-Stück befindet. Dieses entspricht z. B. einem charakteristischen Stück eines Krankheitserzeugenden Gendefekts beim Menschen. Wird nun menschliche DNA auf den Chip gegeben, hybridisiert diese DNA mit den passenden Gegenstücken auf dem Chip. Hybridisierte DNA kann anschließend farblich sichtbar gemacht werden. Aus der Position der Farbsignale kann nun auf die Hybridisierungen und damit auf den Zustand der hinzugegebenen DNA rückgeschlossen werden; im Beispiel können so genetische Veranlagungen für bestimmte Krankheiten diagnostiziert werden. Eine Variante der DNA-Chips sind die RNA-Chips, bei denen mRNA zur Hybridisierung benutzt wird. Dadurch kann auf Protein-Expressionsmuster rückgeschlossen werden.

Anwendungen

Grüne Gentechnik (Agrogentechnik)

Elemente der Gentechnik: Bakterienkultur in einer Schale, Saatgut und durch Elektrophorese sichtbar gemachte DNA-Fragmente

Da die Funktion der meisten Gene in Pflanzen unbekannt ist, muss man, um sie zu erkennen, die Steuerung des Gens modifizieren. Dabei werden Effekte von Genen normalerweise durch einen Vergleich dreier Pflanzenpopulationen aufzuklären versucht (Wildtyp, Überexpressoren und „Knockout"-Population). Hierfür gibt es verschiedene Techniken, wie etwa RNAi. Allen Techniken ist gemein, dass sie doppelsträngige RNA produzieren, die der Pflanze den „Befehl" gibt, „normale" Ribonukleinsäure des zu untersuchenden Gens abzubauen.

Außerdem gehören auch deskriptive Techniken zur Standardausrüstung der gentechnischen Pflanzenforschung. Dabei werden Gene kloniert, dann bestimmt man *die Häufigkeiten von Transkripten (Bauanleitungen für Proteine) oder mittels so genannter DNA-Chips gleich die meisten Gene einer Pflanze in ihrer Ablesehäufigkeit.*

Der Agrobakterium-vermittelte Gentransfer ist ebenfalls eine wichtige Technik. Bei dieser gentechnischen Methode werden einzelne Erbfaktoren von Zellen eines Organismus in Zellen eines anderen Lebewesens übertragen.[26]

Die somatische Hybridisierung wiederum erlaubt es, gewünschte Merkmale verschiedener Elternpflanzen zu kombinieren. Im Vergleich zum Agrobakterium-vermittelten Gentransfer müssen hierbei keine spezifischen Gene identifiziert und isoliert werden. Außerdem wird damit die Einschränkung der Transformation (Gentransfer) überwunden, nur wenige Gene in ein vorgegebenes Erbgut einführen zu können. Auch kann bei der Zellfusion die Chromosomenzahl der Zellen multipliziert werden, also die Anzahl der Chromosomensätze (Ploidiegrad) erhöht werden. Dies kann die Ertragsfähigkeit von Pflanzen steigern (Heterosiseffekt). Molekulare Marker oder biochemische Analysen werden genutzt, um aus der somatischen Hybridisierung hervorgegangene Pflanzen zu charakterisieren und zu selektieren.

Rote Gentechnik

Eine gentechnische Methode der roten Biotechnologie ist die Gentherapie. Hier wird versucht, Krankheiten, die durch defekte Gene verursacht werden, durch Austausch dieser Gene zu heilen.

Bei Ansätzen der ex vivo Gentherapie werden dem Patienten Zellen entnommen, gentechnisch verändert und dann dem Patienten wieder zugeführt.

Bei Ansätzen der in vivo Gentherapie wird der Patient direkt mit der Korrektur-DNA in einem Vektor (z. B. Retroviren) behandelt, die die DNA in dem Genom der Zielzellen etablieren soll.

Biotechnologische Medikamente werden durch transgene Organismen (Mikroorganismen, Nutztiere oder Pharmapflanzen) hergestellt. Dabei wird iterativ so lange verändert, bis ein Wirkstoff entsteht, der die Krankheit heilen kann.

Weiße Gentechnik

Durch gelenkte Evolution werden hier Stämme von Mikroorganismen erzeugt und aufgrund ihrer Erträge der gewünschten Produkte, die durch ein Screening festgestellt wurden, selektiert. Dieser Vorgang wird in iterativen Zyklen wiederholt, bis die angestrebten Veränderungen erreicht sind. Zur Identifizierung von nicht kultivierbaren Organismen untersucht man Metagenome, d. h. die Gesamtheit der Genome eines Lebensraums, Biotops oder einer Lebensgemeinschaft (Biozönose). In Metagenomen können beispielsweise

Biokatalysatoren aufgefunden werden, die bisher noch nicht bekannte biochemische Reaktionen katalysieren und neue, interessante Stoffwechselprodukte bilden.

Zum Einschleusen von Plasmid-DNA in das Bakterium wird u. a. die Eigenschaft von Calciumchlorid genutzt, Zellmembranen durchlässig zu machen.[15]

Kennzeichnung

EU

Seit dem 18. April 2004 besteht innerhalb der EU eine Kennzeichnungspflicht für gentechnisch veränderte Produkte. Sie schließt ein, dass alle Produkte, die eine genetische Veränderung besitzen, gekennzeichnet werden müssen, auch dann, wenn die Veränderung im Endprodukt nicht mehr nachweisbar ist. Ausgenommen von der Kennzeichnungspflicht sind Fleisch, Eier und Milchprodukte von Tieren, die mit gentechnisch veränderten Pflanzen gefüttert wurden sowie Produktzusätze, die mithilfe genetisch veränderter Bakterien hergestellt wurden, ebenso Enzyme, Zusatzstoffe und Aromen, da sie im rechtlichen Sinne nicht als Lebensmittel gelten.

Kritiker von gentechnisch veränderten Lebensmitteln verweisen in diesem Zusammenhang darauf, dass derzeit (Stand: 2005) etwa 80 Prozent der angebauten gentechnisch veränderten Pflanzen in die Futtermittelindustrie einfließen. Sie fordern deshalb die Kennzeichnungspflicht auch für diese tierischen Produkte. Auch wenn die Erbsubstanz gentechnisch veränderter Futtermittel im Magen von Tieren aufgelöst wird, kann sie im Endprodukt nachweisbar sein, zumindest als Fragmente.[36]

Eine Kennzeichnung muss weiterhin nicht erfolgen, wenn die Verunreinigung mit genetisch verändertem Material unter 0,9 % (Stand: 2008) Gewichtsprozent liegt und zufällig oder technisch unvermeidbar ist. Dabei ist jede Einzelzutat eines Lebens- oder Futtermittels getrennt zu betrachten. 2007 wurde eine neue EU-Öko-Verordnung (Nr. 834/2007) verabschiedet, die ab 2009 Gültigkeit erlangt. Mit ihr wird die Möglichkeit geschaffen, dass Zusatzstoffe für Lebens- oder Futtermittel, die A) grundsätzlich im Ökolandbau zugelassen sind und B) nachweislich nicht in GVO-freier Qualität verfügbar sind, auch dann eingesetzt werden dürfen, wenn sie durch gentechnisch veränderte Mikroorganismen hergestellt wurden. Die Interpretation der neuen Regel steht noch aus. Derzeit ist nach der neuen Regel kein Stoff zugelassen.

Gentechnik-Kennzeichnung von Produkten und Zutaten	
Produkte, die aus GVO bestehen oder GVO enthalten	*„Dieses Produkt enthält genetisch veränderte Organismen";* *„Dieses Produkt enthält Bezeichnung des Organismus/der Organismen, genetisch verändert"*
Lebensmittel ohne Zutatenliste	*„genetisch verändert"; „aus genetisch verändertem Bezeichnung des Organismus hergestellt"*
Zutaten in einer Zutatenliste	*„genetisch verändert"; „aus genetisch verändertem Bezeichnung der Zutat hergestellt"*
Kategorien von Zutaten in einer Zutatenliste	*„enthält genetisch veränderten Bezeichnung des Organismus";* *„enthält aus genetisch verändertem Bezeichnung des Organismus hergestellte(n) Bezeichnung der Zutat"*

Verordnung 1830/2003 über die Rückverfolgbarkeit und Kennzeichnung von genetisch veränderten Organismen[37]

Deutschland

Gesetzlich werden Haftung, Strafvorschriften und Definitionen in Bezug auf die Gentechnik durch das 1990 erlassene deutsche Gentechnikgesetz geregelt. Der zweite Teil dieses Gesetzes definiert die Sicherheitsstufen und -maßnahmen an Arbeitsplätze für gentechnische Arbeiten.[38] Die Einstufung erfolgt dabei nach Risiko für die menschliche Gesundheit und Umwelt in 4 Sicherheitsstufen:

Stufe	Beschreibung
S1	*Gentechnische Arbeiten, bei denen nach dem Stand der Wissenschaft nicht von einem Risiko für die menschliche Gesundheit und die Umwelt auszugehen ist*
S2	*Gentechnische Arbeiten, bei denen nach dem Stand der Wissenschaft von einem geringen Risiko für die menschliche Gesundheit oder die Umwelt auszugehen ist*
S3	*Gentechnische Arbeiten, bei denen nach dem Stand der Wissenschaft von einem mäßigen Risiko für die menschliche Gesundheit oder die Umwelt auszugehen ist*
S4	*Gentechnische Arbeiten, bei denen nach dem Stand der Wissenschaft von einem hohen Risiko oder dem begründeten Verdacht eines solchen Risikos für die menschliche Gesundheit oder die Umwelt auszugehen ist*

Bei der Zuordnung wird nach Anhörung einer Kommission im Zweifel die höhere Sicherheitsstufe gewählt.

Den genauen Umgang mit gentechnisch veränderten Organismen regelt die Gentechnik-Sicherheitsverordnung.[39] Ein Gesetz zur Neuordnung des Gentechnikrechts wurde im Juni 2004 erlassen, um die EU-Richtlinie zur Freisetzung von GVOs umzusetzen.

Österreich

In Österreich wurde im April 1997 das Gentechnik-Volksbegehren[40] angenommen. Bei einer Wahlbeteiligung von über 21 % wurden damit ein gesetzlich verankertes Verbot der Produktion, des Imports und des Verkaufs gentechnisch veränderter Lebensmittel, ein ebensolches Verbot der Freisetzungen genetisch veränderter Pflanzen, Tiere und Mikroorganismen sowie ein Verbot der Patentierung von Lebewesen gefordert. Der Beschluss wurde am 16. April 1998 nach 3. Lesung angenommen.[41][42]

Schweiz

Das Schweizer Volk stimmte im Rahmen einer Volksinitiative vom 27. November 2005[43] bei einer Stimmbeteiligung von über 42 % mehrheitlich für ein Moratorium bezüglich der Nutzung von Gentechnik in der Landwirtschaft. Für zunächst fünf Jahre wurde damit der Anbau von Pflanzen oder die Haltung von Tieren verboten, die gentechnisch verändert wurden. Ausnahmen gibt es nur für der Forschung (vor allem Risikoforschung) dienende kleine Anbauflächen, die den Vorschriften der Freisetzungs-Verordnung unterstehen. Importe von gentechnisch veränderten Produkten sind teils – unter strengen Auflagen – zugelassen. Nach intensiver politischer Diskussion wurde das Moratorium von Bundes-, Stände- und Nationalrat bis 2013 verlängert. Danach sollen Ergebnisse eines nationalen Forschungsprogramms, das bis 2012 lief, für eine neue Entscheidungsfindung berücksichtigt werden.[44] Mit denselben Argumenten wurde das Moratorium im Dezember 2012 bis Ende 2017 verlängert.[45] Trotz der Verlängerung will der Bundesrat es den Bauern erlauben, ab 2018 in gewissen Zonen gentechnisch veränderte Pflanzen anzubauen. Diese Pläne stoßen allerdings im Parlament auf heftigen Widerstand.[46] In der Schweiz wurde die Bewilligung für biotechnologisch erzeugte Labaustauschstoffe bereits 1988 durch das Bundesamt für Gesundheit gesprochen.[47] Es besteht keine Deklarationspflicht, womit die so hergestellten Käse als gentechnikfrei gelten und somit nicht zu den gentechnisch veränderten Lebensmitteln gezählt werden.[48] Inzwischen wurde das Moratorium, welches den Anbau zu landwirtschaftlichen Zwecken verbietet, bis Ende 2021 verlängert. Im März 2019 erteilte das Bundesamt für Umwelt der Universität Zürich die Bewilligung für einen Freisetzungsversuch mit transgenem Weizen.[49]

Andere Länder

Die Regulierung der Gentechnik ist außerhalb der deutschsprachigen Länder und der EU allgemein häufig weniger strikt. In den USA und Kanada ist Kennzeichnung z. B. freiwillig.

Seite „Gentechnik". In: Wikipedia, Die freie Enzyklopädie. Bearbeitungsstand: 18. März 2019, 16:15 UTC. URL: https://de.wikipedia.org/w/index.php?title=Gentechnik&oldid=186714264 (Ab gerufen: 2. April 2019, 16:04 UTC)

12.8 Die Stammzellenforschung

Als **Stammzellen** werden allgemein *Körperzellen bezeichnet, die sich in verschiedene Zelltypen oder Gewebe ausdifferenzieren können. Je nach Art der Stammzelle und ihrer Beeinflussung haben sie das Potenzial, sich in jegliches Gewebe (embryonale Stammzellen) oder in bestimmte festgelegte Gewebetypen (adulte Stammzellen) zu entwickeln.*

Stammzellen sind in der Lage, Tochterzellen zu generieren, die selbst wiederum Stammzelleigenschaften besitzen, aber auch solche mit größerer Ausdifferenzierung.[1] Hierzu befähigt sie ein noch nicht vollständig geklärter Mechanismus asymmetrischer Zellteilung. Über das jeweilige Schicksal der Zellen entscheidet dabei vor allem das biologische Milieu, in dem sie sich befinden.

Stammzellen werden vor allem durch ihr ontogenetisches Alter und ihr Differenzierungspotenzial unterschieden: die ontogenetisch frühesten Stammzellen sind die pluripotenten embryonalen Stammzellen, aus denen später die primitiven Keimstammzellen sowie die somatischen Stamm- und Progenitorzellen (oder Vorläuferzellen) hervorgehen. Phylogenetisch gehen die Stammzellen auf den letzten gemeinsamen eukaryotischen Vorfahren (LECA) zurück.[2]

Auch Pflanzen besitzen Stammzellen. Diese befinden sich an der Spitze des Sprosses im sogenannten Apikalmeristem sowie an den Wurzelspitzen im Wurzelmeristem. Im Gegensatz zu fast allen tierischen und menschlichen Zellen besitzen bei Pflanzen praktisch alle Zellen die Fähigkeit, einen kompletten Organismus zu regenerieren.

Embryonale Stammzellen

Embryonale Stammzellen (ES-Zellen) sind in vivo und in vitro in der Lage, sich in Zellen aller drei Keimblätter (Entoderm, Ektoderm und Mesoderm) sowie in Zellen der Keimbahn auszudifferenzieren. Sie werden daher als pluripotent bezeichnet. ES-Zellen werden für experimentelle Zwecke – nach Befruchtung der Eizelle im Embryo-Entwicklungsstadium der Blastozyste – aus der inneren Zellmasse (ICM; auch Embryoblast genannt) gewonnen.[3]

ES-Zellen wurden erstmals 1981 isoliert – aus Blastozysten der Maus. Sie neigen in vitro dazu, spontan zu differenzieren. Dies kann durch Faktoren unterbunden werden, welche die Selbsterneuerung der Zellen fördern. Mehrere solcher Stoffe wurden seit Ende der 1980er Jahre identifiziert, maßgeblich durch die Gruppe um Austin Smith in Edinburgh. ES-Zellen können daher im Prinzip unbegrenzt vermehrt werden, was unter anderem auch mit der hohen Aktivität des Enzyms Telomerase zusammenhängt. Damit unterscheiden sie sich von anderen (sogenannten primären) Körperzellen, die ihre Teilungsaktivität in der Kulturschale meist nach kurzer Zeit einstellen (replikative Seneszenz).

ES-Zellen bilden im Embryo die Vorläufer für sämtliche Körperzellen, nicht jedoch für die embryonalen Anteile der Plazenta. 2003 konnte im Mausmodell zudem erstmals gezeigt werden, dass ES-Zellen auch zu Keimzellen (Gameten, in der genannten Studie zu Eizellen) differenzieren können.[4]

Eine bemerkenswerte Eigenschaft von ES-Zellen der Maus besteht darin, dass sie in Präimplantationsembryonen wieder eingeführt werden können und nach deren Transfer in scheinschwangere Tiere am Aufbau aller fötalen Gewebe beteiligt werden. Dies kann für die zielgerichtete Ausschaltung bestimmter Gene in Mäusen benutzt werden. Knock-out-Mäuse, die sich unter Nutzung von ES-Zellen deutlich schneller produzieren lassen als mit herkömmlichen Techniken, sind von hohem Wert für die Erforschung von Genfunktionen und werden auch als menschliche Krankheitsmodelle verwendet.

Weiterhin können ES-Zellen in vitro mehr oder weniger gezielt zu verschiedensten Zelltypen ausdifferenziert werden, z. B. in Nervenzellen. Dieses Gebiet wurde insbesondere ab 1998 mit der erstmaligen Etablierung von humanen ES-Zellen (hES-Zellen) durch James Thomson belebt. hES-Zellen werden im Allgemeinen aus sogenannten überzähligen Embryonen gewonnen, die durch In-vitro-Fertilisation entstanden sind, nicht mehr für Fortpflanzungszwecke benötigt werden und daher tiefgefroren gelagert werden. Das Hauptinteresse der Forschung an hES-Zellen gilt der Differenzierung in spezialisierte Zellen, um diese für mögliche Zellersatztherapien verfügbar zu machen.

ES-Zellen werden möglicherweise eines Tages in der Medizin als Ersatzmaterial dienlich sein können. Die Krankheit Morbus Parkinson konnte unter Nutzung differenzierter hES-Zellen zumindest in Tierversuchen bereits behandelt werden. Solche und andere – vor allem im Tiermodell gewonnenen – Erkenntnisse wurden jedoch noch nicht bei größeren Säugetieren bestätigt. Trotzdem hat die US-amerikanische Firma Geron bereits erste klinische Studien unter Nutzung von hES-Zellen für die Therapie von Rückenmarksverletzungen für 2008 angekündigt. Prinzipiell bedürfen die bisherigen Ergebnisse jedoch noch einer strengen Überprüfung, so dass im Gegensatz zu den adulten Stammzellen (s. u.) eine mögliche klinische Anwendung noch weit entfernt ist.[5] So können hES-Zellen beispielsweise nach Transplantation in Versuchstiere Tumoren bilden, so dass vor einem klinischen Einsatz sichergestellt sein muss, dass die Transplantate keine undifferenzierten hES-Zellen mehr enthalten. Von großer Relevanz könnte auch die immunologisch bedingte Abstoßung entsprechender Transplantate durch den Empfänger sein, ein aus der Transplantationsmedizin hinlänglich bekanntes Problem.

Eine ethisch weitgehend unbedenkliche Quelle für embryonale Stammzellen könnten unbefruchtete Eizellen darstellen, die im Rahmen von Fruchtbarkeitsbehandlungen anfallen und nicht befruchtet werden. Durch elektrische oder chemische Reize können diese Eizellen zur Teilung angeregt werden (Parthenogenese), woraus zum Beispiel Herzmuskelzellen gezüchtet werden können.[6]

Klonen

Neben der Gewinnung von ES-Zellen aus IVF-Blastozysten ist auch eine Gewinnung von ES-Zellen durch Klonen von Embryonen möglich. Grundlage für diese Möglichkeit war das erste erfolgreiche Klonen eines Säugetiers im Jahr 1997, des Schafs „Dolly". Unter Nutzung dieser Technik kann durch Übertragung des Zellkerns aus einer Körperzelle in eine unbefruchtete, von der inneren Zellmasse befreite Eizelle ein früher Embryo entstehen, aus dem ES-Zellen angelegt werden können. Die Methode hätte bei der Anwendung auf den Menschen den Vorteil, dass mit dem Spender genetisch (und damit immunologisch) identische ES-Zellen zur Verfügung stünden.

Die Forschung an embryonalen Stammzellen gelang auch durch gefälschte Ergebnisse in den Fokus der Öffentlichkeit: Im Jahr 2004 publizierte das Forschungsteam um den südkoreanischen Tiermediziner Hwang Woo-suk, es sei erstmals gelungen, einen menschlichen Embryo zu klonen und auf diese Weise Stammzelllinien zu gewinnen (Therapeutisches Klonen). 2005 folgte eine Publikation, ebenfalls in der angesehenen Fachzeitschrift Science, der zufolge die weltweit ersten maßgeschneiderten embryonalen Stammzellen für schwerstkranke Patienten etabliert worden seien. Beide Publikationen stellten sich als weitgehend gefälscht heraus.

Einen möglichen Durchbruch im Therapeutischen Klonen von Primaten stellen die erstmals im Juni 2007 vorgestellten Ergebnisse eines US-amerikanischen Forscherteams um Shoukhrat Mitalipov dar.[7] Dem Team gelang es, Rhesusaffen zu klonen und aus den erhaltenen Embryonen zwei Linien embryonaler Stammzellen zu gewinnen. Angewandt wurde dabei das gleiche Verfahren wie bei dem Schaf „Dolly". Diese Ergebnisse wurden am 14. November 2007 von unabhängiger Seite bestätigt.[8]

Ethische Kontroverse

Die Art der Gewinnung menschlicher embryonaler Stammzellen (abgekürzt oft: hES-Zellen; h = human) nach In-vitro-Fertilisation führte zu einer hitzigen, bis heute andauernden ethischen Debatte.

Die Verwendung von menschlichen embryonalen Stammzellen in der Forschung und Medizin wird von einem Teil der Gesellschaft abgelehnt, da zu ihrer Gewinnung die Zerstörung von frühen menschlichen Embryonen erforderlich ist („verbrauchende" Embryonenforschung). Grundsätzlich geht es bei der Diskussion in Deutschland vor allem um die Frage, ob der frühe Embryo als menschliches Wesen unter den Würdeschutz des Grundgesetzes fällt und damit sein Leben keinerlei Abwägungen unterliegen dürfe. Die Gegner der Stammzellenforschung bemühen dabei oftmals die so genannten SKIP-Argumente, um von ihrer Position zu überzeugen.[9] Die Befürworter der Forschung an embryonalen Stammzellen führen hingegen häufig das Argument des möglicherweise sehr hohen positiven Potentials der Forschung mit humanen embryonalen Stammzellen ins Feld: Die Wissenschaftler erhoffen sich unter anderem eine Heilung schwerer Krankheiten (Parkinson-Krankheit, Diabetes mellitus, Querschnittlähmung) sowie die Möglichkeit, zerstörte Organe nachwachsen zu lassen. Konkrete Hinweise auf solche therapeutischen Erfolge gibt es allerdings zum gegenwärtigen Zeitpunkt lediglich aus Tierexperimenten mit Nagern.

Die Deutsche Bischofskonferenz (katholisch) vertritt die Meinung, dass menschliches Leben ab der Befruchtung der Eizelle vorliege. Dementsprechend gebührt dem Menschen ab der Befruchtung eine Würde, die eine Zerstörung der befruchteten Eizelle verbietet.[10] Ebenso äußerte sich die Kongregation für die Glaubenslehre unter Joseph Ratzinger 1987 in der Instruktion Donum Vitae.[11] Papst Johannes Paul II.äußerte sich u. a. hierzu in der Enzyklika Evangelium Vitae 1995 und griff die entsprechenden Aspekte der Fragestellung aus Donum Vitae auf.[12] Die päpstliche Akademie für das Leben gab 2000 eine entsprechende Erklärung heraus, die sich insbesondere mit technischen Fragen der Stammzellforschung auseinandersetzt.[13] Eine der letzten katholischen Stellungnahmen diesbezüglich war die Erklärung Dignitas personae der Römischen Glaubenskongregation.[14]

Ebenso gibt es theologische Überzeugungen, dass bereits der frühe Embryo beseelt sei. Dieser Embryo habe eine Seele und stehe deshalb unter besonderem Schutz. Darauf Bezug nehmend weisen manche Befürworter der Stammzellforschung darauf hin, dass man im Anschluss an Thomas von Aquin in der katholischen Kirche bis in die Neuzeit glaubte, dass die Beseelung des Embryos schrittweise erfolge (Sukzessivbeseelung) und die höchste Form der Seele, die „anima intellectiva", erst ca. drei Monate nach der Empfängnis übertragen werde. Endgültig hat die katholische Kirche erst in der Bulle Apostolicae Sedis (1869, unter Pius IX.) die Lehre von der vollen Menschwerdung am 80. Tag aufgegeben.

Die evangelische Kirche hingegen möchte die Dialogfindung unterstützen, um einen Konsens in dieser Frage zu finden. Einig sind sich die Vertreter der evangelischen Kirche darüber, dass für die Isolierung embryonaler Stammzellen keine Embryonen hergestellt werden dürfen. Zur Frage der generellen Verwendung von schon bestehenden embryonalen Stammzellen hat sie bisher noch nicht Stellung bezogen; sie möchte die Grundlagenforschung an embryonalen Stammzellen „so schnell wie möglich hinter sich lassen".[15]

Beim Streit um den moralischen Status des Embryos werden zusammengefasst und ergänzt unter anderem folgende Zeitpunkte[16] diskutiert:

- Moment der Empfängnis (Kernverschmelzung)
- Differenzierung von Embryo und Plazenta
- Zeitpunkt, ab dem eine Mehrlingsbildung ausgeschlossen ist
- Nidation
- Erste Ausbildung von Hirnzellen
- Geburt
- Erste Wochen nach der Geburt

Gesetzeslage Europäischer Gerichtshof

Menschliche embryonale Stammzellen, für deren Gewinnung Embryonen zerstört werden müssen, so der Europäische Gerichtshof (EuGH) am 18. Oktober 2011, dürfen nicht patentiert werden, da es sich bei befruchteten Eizellen bereits um menschliches Leben handle. Mit diesem Urteil entschied der EuGH einen Patentstreit zwischen dem Neurobiologen Oliver Brüstle und Greenpeace.[17]

Deutschland

Nach dem Embryonenschutzgesetz ist es in Deutschland verboten, menschliche Embryonen (also auch Blastozysten, die als Quelle für embryonale Stammzellen dienen) für Forschungszwecke herzustellen, zu klonen oder zu zerstören. Die Forschung an importierten embryonalen Stammzellen ist jedoch unter Auflagen möglich und wurde zunächst durch das Stammzellgesetz vom Juli 2002 geregelt. Dieses Gesetz und insbesondere die darin enthaltene Regelung, dass nur embryonale Stammzellen nach Deutschland importiert werden durften, die vor dem 1. Januar 2002 gewonnen worden waren (Stichtagsregelung), war von Beginn an umstritten. Im Frühjahr 2008 debattierte der Deutsche Bundestag über eine Novellierung des Stammzellgesetzes, in der neben der Verschiebung des Stichtages auch die völlige Freigabe des Imports sowie das Verbot der Stammzellforschung mit embryonalen Stammzellen in Gruppenanträgen vorgeschlagen wurde.[18] Am 11. April 2008 beschloss der Deutsche Bundestag einen neuen Stichtag, so dass nun Stammzellen importiert werden dürfen, die vor dem 1. Mai 2007 gewonnen wurden.[19]

Österreich

In Österreich ist die Forschung an importierten pluripotenten embryonalen Stammzellen nach geltendem Recht ohne Einschränkungen erlaubt. Dies gilt auch für das therapeutische Klonen. Verboten wäre jedoch gemäß § 9 des Fortpflanzungsmedizingesetzes die Gewinnung von embryonalen Stammzellen, sofern diese in Österreich stattfände. Die Verwendung von totipotenten Stammzellen ist nur zu Zwecken der Fortpflanzung erlaubt.[20]

Polen

In Polen wird die Forschung an menschlichen Embryonen bestraft, wenn diese zur Zerstörung des Embryos in vitro führt. Dies wird mit der Abtreibung gleichgesetzt und kann mit Freiheitsstrafen von bis zu drei Jahren geahndet werden. Zur Forschung mit embryonalen Stammzellen aus dem Ausland gibt es keine bindende gesetzliche Regelung. Zurzeit gilt die Richtlinie vom 13. Januar 2004; sie besagt, dass „Forschung an embryonalen Stammzellen nur dann zugelassen werden sollte, wenn sie die Rettung menschlichen Lebens zum Ziel hat."[21] Hier bietet die Definition des „menschlichen Lebens" jedoch viel Interpretationsspielraum.

Schweiz

In der Schweiz dürfen Wissenschaftler aus überzähligen menschlichen Embryonen (das heißt aus solchen, die in der Fortpflanzungsmedizin keine Verwendung finden) Stammzellen gewinnen und mit den Zellen forschen. Der Schweizer Bundesrat verabschiedete im Februar 2005 ein entsprechendes Gesetz, nachdem sich zuvor in einer Volksabstimmung mehr als 66 Prozent der Schweizer Wähler für dieses Gesetz ausgesprochen hatten.[22] Voraussetzung gemäß Art. 5 ff. Stammzellforschungsgesetz ist, dass die Einwilligung des Spenderpaares vorliegt, die Spende unentgeltlich erfolgt und keine der Personen, für deren Forschungsprojekt die Zellen gewonnen werden, am Fortpflanzungsverfahren beteiligt war. Das Klonen von menschlichen Zellen ist verboten.

Großbritannien

In Großbritannien ist sowohl die Erzeugung von menschlichen embryonalen Stammzellen als auch das Klonen menschlicher Embryonen zu Forschungszwecken erlaubt.

Vereinigte Staaten

In den USA wurde die Forschung an embryonalen Stammzellen mit öffentlichen Mitteln des Bundes bis Ende 2009 nur gefördert, wenn die verwendeten Stammzelllinien schon vor August 2001 existierten. Im Juli 2006 hatten der US-Senat und das Repräsentantenhaus zwar für eine Aufhebung dieser Einschränkung gestimmt; dagegen hat Präsident Bush jedoch sein Veto eingelegt.[23][24][25] Für die Forschungsförderung der Bundesstaaten und für privat finanzierte Forschung hatte diese Einschränkung allerdings keine Gültigkeit.[26] Daher konnte Kalifornien 2004 in einer Volksabstimmung beschließen, die embryonale Stammzellforschung mit drei Milliarden Dollar zu fördern.[27] Im März 2009 hatte Präsident Obama angekündigt, dass er die Stammzellenforschung wieder mit Staatsgeldern fördern wolle. Diese Ankündigung wurde im Dezember 2009 durch die zuständigen Behörden umgesetzt, indem sie die Nutzung von zunächst 13 Linien embryonaler Stammzellen freigaben.[28] Im August 2010 wurde diese Förderung von einem US Gericht wieder blockiert, da sie gegen ein Gesetz verstoße, das die Zerstörung menschlicher Embryonen verbietet.[29]

Die Gruppe der postembryonalen Stammzellen umfasst all jene Stammzellen, die nach Abschluss der Embryonalentwicklung im Organismus von Säugetieren vorkommen. Nach ihrem ontogenetischen Alterwerden sie weiterhin in fötale, neonatale und adulte Stammzellen unterteilt.

Das Differenzierungspotential von postembryonalen Stammzellen ist nach gegenwärtiger Erkenntnis auf die Ausreifung genetisch determinierter Gewebe – etwa der Haut, der Leber oder des hämatopoetischen Systems – beschränkt. Sie werden daher im Gegensatz zu den ES-Zellen nicht mehr als pluripotent, sondern nur noch als multipotent bezeichnet.

Adulte Stammzellen

Während embryonale Stammzellen nur im frühen Embryo vorkommen, sind adulte (vom lateinischen für erwachsen, auch somatisch genannte) Stammzellen im Organismus nach der Geburt (postnatales Stadium) vorhanden. Aus diesen Zellen werden während der gesamten Lebensdauer des Organismus neue spezialisierte Zellen gebildet. Adulte Stammzellen, die in Organen (besonders im Knochenmark, in der Haut, aber auch im Fettgewebe, in der Nabelschnur und im Nabelschnurblut, im Menstruationsblut,[30] im Gehirn, der Leber oder der Bauchspeicheldrüse) zu finden sind, haben aber im Allgemeinen in Zellkultur ein deutlich geringeres Selbsterneuerungsvermögen und ein eingeschränkteres Differenzierungspotential als embryonale Stammzellen. So können sich neurale Stammzellen zu allen Zelltypen des Nervengewebes (Neuronen, Glia etc.), wohl aber nicht zu Leber- oder Muskelzellen entwickeln. Ein Keimblatt-überschreitendes Differenzierungspotential bestimmter Stammzelltypen (Fähigkeit zur Transdifferenzierung) wurde in verschiedenen Studien beobachtet, ist jedoch höchst umstritten.

Adulte Stammzellen sind in jedem Individuum verfügbar, so dass die Perspektive des Ersatzes durch körpereigene, d. h. autologe Zellen gegeben ist und sie sich dadurch für die Technik des Tissue Engineering anbieten. Auch scheint die Neigung zur malignen Entartung bei Implantation adulter Stammzellen geringer zu sein als bei embryonalen Stammzellen. Eine Entartung konnte bei der klinischen Verwendung von adulten Stammzellen bisher nicht beobachtet werden.

Die Gewinnung von adulten Stammzellen und von Progenitorzellen aus dem Knochenmark erfolgt mittels Punktion des Beckenknochens unter Vollnarkose oder neuerdings verstärkt mittels der Stammzellapherese. Die Gewinnung von Nabelschnurblutstammzellen erfolgt nach der Abnabelung des Kindes, durch die Entnahme des restlichen, noch in Nabelschnur und Plazenta befindlichen Bluts. Die Gewinnung von multipotenten Stammzellen aus der Haut erfolgt mittels einer kleinen Hautbiopsie in örtlicher Betäubung im ambulanten Bereich. Danach werden die Stammzellen aus dem Gewebeverband gelöst und stehen zur weiteren Verwendung oder der Lagerung über viele Jahre als Vorsorge, wie schon heute von deutschen Unternehmen angeboten, zur Verfügung. Im Rahmen einer normalen Eigenblutspende können zirkulierende Endotheliale Vorläuferzellen gewonnen werden. Das Potential dieser autologen (körpereigenen) Vorläuferzellen für die Therapie von Herz- und Gefäßerkrankungen wird derzeit in klinischen Studien untersucht. Der Vorteil der Verwendung autologer Vorläuferzellen liegt in der fehlenden Immunogenität, d. h. die transplantierten Zellen werden vom Immunsystem nicht als fremd erkannt.

Der niederländische Immunologe und Molekularbiologe Hans Clevers hat 2009 ein Verfahren zur Vermehrung adulter Stammzellen entwickelt, mit dem er rudimentäre Organe im Miniaturformat (sogenannte Organoide) züchten kann, wofür er im September 2016 den mit 750.000 Euro dotieren Körber-Preis für die Europäische Wissenschaft erhielt.[3132] Der Preisträger interessiert sich besonders für die Signale, die Stammzellen zur Teilung anregen. Mittels eines von ihm entdeckten Rezeptors (Lgr5), der nur bei Stammzellen vorkommt, konnte er diese aus entnommenem Darmgewebe isolieren.[33] Aus Tumorgewebe können Mini-Organe erzeugt werden, an denen Medikamente getestet werden. 2013 war Clevers in der Lage, Darm-Stammzellen von Patienten, die an der Erbkrankheit Mukoviszidose leiden, mithilfe des Genome Editing von diesem Gendefekt zu befreien.[34]

Künstlich reprogrammierte Stammzellen

Kazutoshi Takahashi und Shinya Yamanaka von der Universität Kyōto und Forscher von der Universität Wisconsin berichteten 2006 bzw. 2007 in Cell und Science, es sei ihnen gelungen, Körperzellen erwachsener Menschen in induzierte pluripotente Stammzellen (iPS) umzuwandeln.[35] Dabei seien vier zentrale, ruhende Entwicklungsgene in den Zellen aktiviert worden, so dass sie in eine Art embryonalen Zustand zurückversetzt wurden. Aus den künstlich reprogrammierten Stammzellen konnten die Forscher in der Petrischale gereifte Zellen, z. B. Herzmuskel- und Nervenzellen, heranzüchten.[3637]

Zur erstmaligen Reprogrammierung wurden die Gene Oct-4, Sox-2, c-Myc und Klf-4 mit Retroviren in die Zellen geschleust (Transduktion). Im Tierversuch entwickelte ein Fünftel der verwendeten Mäuse Tumoren, vermutlich, weil zwei der verwendeten Gene krebsfördernd sein können (sog. Protoonkogene). Um bei medizinischer Anwendung ein Risiko durch eingebrachte krebsfördernde Gene auszuschließen, werden alternative Methoden zur Reprogrammierung gesucht. Geforscht wird u. a. an kleinen Molekülen (z. B. Peptiden), die die natürlich im Erbgut der Zelle vorkommenden Stammzellgene aktivieren.[38] Um eine Tumorbildung zu vermeiden versuchen Forscher außerdem die Methode der Geneinschleusung mit Retroviren und die Nutzung der Protoonkogene c-Myc und Klf-4 zu vermeiden, indem die Einschleusung mit nicht-integrierenden Adenoviren und alternativen Genen (Nanog, lin-28) durchgeführt wird.[3940]

Im Gegensatz zu Retroviren wird die gewünschte Gensequenz durch Adenoviren nicht in das Genom der Wirtszelle integriert, womit die Integrität des Wirtsgenoms erhalten bleibt.

Darüber hinaus ist es gelungen, iPS-Zellen durch Transfektion nur eines Pluripotenzgens aus Zellen zu erzeugen, die die übrigen drei Gene natürlich exprimieren.[41]

Im Dezember 2007 berichteten Forscher um Jacob Hanna vom Whitehead Institute for Biomedical Research im US-amerikanischen Cambridge, dass es gelungen sei, mit iPS-Zellen Mäuse zu heilen, die an Sichelzellenanämie gelitten hatten. In den aus dem Schwanz mittels Reprogrammierung gewonnenen iPS-Zellen ersetzten die Forscher das veränderte Gen, welches die Sichelzellenanämie auslöst durch die gesunde Erbanlage mittels homologer Rekombination. Aus den so behandelten Stammzellen wurden blutbildende Vorläuferzellen gezüchtet, die sich zu verschiedenen Blutzellen und Zellen des Immunsystems weiterentwickeln können. Die Vorläuferzellen wurden in die erkrankten Mäuse transplantiert, wo sie offenbar zu gesunden Blutzellen heranwuchsen. Wie das Team berichtet, verschwanden die Symptome der Versuchstiere durch die Behandlung nahezu vollständig.[42] Diese und verwandte Veröffentlichungen sind allerdings mit gewissem Vorbehalt zu betrachten. Es sind mehrere unklare Angaben zu Proteinen, zur zellulären Biochemie und zu Zellprozessen zu finden, wie z. B. zum Homöoboxprotein NANOG oder zu c-Myc bezüglich Krebsentstehung.

In Deutschland forschen u. a. Hans Schöler, Direktor am Max-Planck-Institut für molekulare Biomedizin in Münster und Oliver Brüstle, Direktor des Instituts für Rekonstruktive Neurobiologie der Universität Bonn über iPS-Zellen. Die beiden Wissenschaftler leiten gemeinsam das Netzwerk Stammzellforschung NRW.[43] Ihre Erwartungen richten sich aus der Stammzellforschung heraus auf die Entwicklung von Medikamenten, die sie mittelfristig als besonders vielversprechend ansehen.

Stammzellmedizin

Seit über 40 Jahren werden die blutbildenden Stammzellen des Knochenmarks in der Behandlung von Leukämie und von Lymphomen eingesetzt (siehe auch Stammzelltransplantation). Während einer Chemotherapie z. B. werden die meisten schnell wachsenden Zellen durch zytotoxische Bestandteile zerstört. Dadurch werden nicht nur die Krebszellen abgetötet; auch die Stammzellen, die andere Körperzellen reparieren sollten, werden durch die Therapie in Mitleidenschaft gezogen. Besonders betroffen sind hierbei die blutbildenden Stammzellen. Deshalb werden vor der Chemotherapie Stammzellen aus dem Knochenmark des Patienten (durch sogenannte autologe Transplantation) oder von einem passenden Spender gewonnen (sogenannte allogene Transplantation). Nach Abschluss der chemotherapeutischen Behandlung werden die blutbildenden Stammzellen injiziert. Diese Stammzellen produzieren dann große Mengen an roten und weißen Blutkörperchen, wodurch das Blut gesund erhalten werden kann und Infektionen besser abgewehrt werden können.

Nicht blutbildende adulte Stammzellen sind innerhalb einzelner Studien bereits mit Erfolg bei Lähmungen nach Wirbelsäulenverletzungen und bei Morbus Parkinson eingesetzt worden. Bei erfolgreichen klinischen Studien konnten Stammzellen aus dem Knochenmark Patienten nach Herzinfarkt oder bei Multipler Sklerose zu einer besseren Regeneration verhelfen. Inzwischen hat man auch in der Haut multipotente Stammzellen entdeckt, die sich potentiell in allen

Organgeweben des Menschen entwickeln und hier zur Regeneration beitragen können.

Im Oktober 2010 begann in den USA eine erste klinische Testphase, in der geklärt werden soll, ob erfolgreiche Experimente mit querschnittgelähmten Ratten auf frisch am Rückenmark verletzte Menschen übertragbar sind.[44]

Stammzellforschung

Derzeit gelingt es in Versuchen an Ratten, Gehirntumore durch die Injektion von adulten Stammzellen zu behandeln. Wissenschaftler der Harvard University haben die Zellen gentechnisch so verändert, dass sie eine andere, gleichzeitig injizierte Substanz in einen Krebszellen tötenden Stoff umwandeln. Die Größe der Tumore konnte um 80 Prozent reduziert werden.

Stammzellen scheinen außerdem in der Lage zu sein, Zellen, die durch einen Herzinfarkt geschädigt wurden, zu erneuern. An der Columbia-Presbyterian University ist es gelungen, die Herzfunktion nach einem Infarkt bei Mäusen durch die Injektion von Knochenmark-Stammzellen um 33 Prozent zu verbessern. Das zerstörte Gewebe regenerierte sich zu 68 Prozent wieder. Allerdings wird mittlerweile davon ausgegangen, dass dieses auf parakrine oder andere Effekte der transplantierten Zellen zurückzuführen ist, eine Transdifferenzierung hämatopoetischer Stammzellen zu Kardiomyozyten fand jedoch nicht statt.[45]

Die Anwendung autologer Stammzellen bei Herzschäden wird in verschiedenen Herzzentren europaweit in klinischen Studien untersucht. Inwieweit tatsächlich Herzmuskelzellen regeneriert werden ist bisher ungeklärt. In Deutschland wird u. a. am Klinikum der Universität Frankfurt in einer klinischen Studie der Nutzen von Stammzellen für die Regeneration des Herzens erforscht. Adulte Stammzellen werden hier durch Zentrifugation aus Blut gewonnen, durch anschließende Ausbringung auf Fibronectin-Platten kultiviert und auf diesen selektiv angereichert; sie haften auf den Platten an, so dass andere Zellen abgespült werden können. Nach drei Tagen Kultivierung können sie von den Platten abgelöst und – mit Hilfe geeigneter Nährmedien – ins Herz eingebracht werden. In vergleichbarer Weise können adulte Stammzellen auch aus Muskelgewebe aus der Haut gewonnen werden, allerdings dauert hier die Kultivierung nicht drei, sondern ungefähr 20 Tage.

Ein weiterer wichtiger Anwendungsbereich für adulte Stammzellen ist die Regeneration von Knorpel und Knochen. Verschiedene renommierte Forschungsinstitute in Israel, England und Slowenien haben relevante klinische Daten publiziert.

Die Forschung mit pluripotenten Stammzellen hat jedoch 2011 einen massiven Rückschlag erlitten, der schlimmstenfalls zum Ende des bisherigen Hoffnungsträgers der regenerativen Medizin führen könnte. Wissenschaftler der University of California, San Diego School of Medicine und des Scripps Research Institute wiesen schwere genetische Veränderungen in pluripotenten Stammzelllinien nach. Demnach weisen humane embryonale Stammzellen (hESC) und induzierte pluripotente Stammzellen (iPSC) häufiger Genom-Aberrationen auf als ihre normalen Zellpendants. In den untersuchten hESCs lagen erhebliche Duplikationen vor, während die iPSCs erhebliche Deletionen aufwiesen. Die Auswirkungen dieser genetischen Veränderungen auf potenzielle klinische Anwendungen sind jedoch noch unklar.[46][47]

Am 15. Mai 2013 wurde in Cell berichtet, dass es erstmals gelungen sei, im Wege des Zellkerntransfers pluripotente menschliche Stammzellen zu gewinnen und zu spezialisierten Zellen der Bauchspeicheldrüse sowie zu Blut-, Herz-, Leber- und Nervenzellen fortzuentwickeln.[48]

Mittlerweile gibt es auf Basis von embryonalen Stammzellen neue Therapiemöglichkeiten. Seit April 2011, laufen die einzigen zwei von der US-FDA (Food and Drug Administration) genehmigten Patientenversuche.[49] Hier werden ältere Patienten mit trockener Makuladegeneration (AMD) und jüngere Patienten mit Stargardt Dystrophy (SMD) mit (RPE)-Zellen behandelt, d. h. ihnen werden 50–200.0000 Retinal Pigment Epithel (RPE)-Zellen in die Retina eines Auges injiziert. Diese Zellen werden aus embryonalen Stammzellen gewonnen, ohne dass ein Embryo zerstört wird (patentierte Blastomertechnik, ähnlich der PID-Diagnostik). Mittlerweile sind über 40 Patienten in vier Augenkliniken der USA und zwei in Großbritannien behandelt worden. Im Oktober 2014 erschien in The Lancet ein Peer-Review Artikel.[50] Ihm zufolge habe die Mehrzahl der Patienten signifikante Sehverbesserungen aufgewiesen. Dies hat die US-FDA dazu bewogen, auch für jüngere Patienten eine Versuchsreihe zu genehmigen. Grundsätzlich beginnen solche Versuche mit älteren Patienten, die schon eine fortgeschrittene Erkrankung ihrer Sehleistung haben. Vorrangig geht es um die sichere Verwendung der Therapie.

Stammzellengewinnung aus dem Zahnmark der Milchzähne

Das Milchzahngebiss eignet sich als Quelle der Stammzellengewinnung.[51] Die im Zahnmark befindlichen Zellen können extrahiert, mit einem speziellen Wachstumsmittel kultiviert und schließlich für medizinisch Zwecke konserviert werden.[52] Die Stammzellen können in der Zahnmedizin für die Regeneration der dentalen Pulpa bei Erwachsenen eingesetzt werden. Mithilfe einer Verpflanzung von Stammzellen im Rahmen eines Tissue Engineerings können sich Teile der Wurzelkanäle wieder erneuern.[53]

Seite „Stammzelle". In: Wikipedia, Die freie Enzyklopädie. Bearbeitungsstand: 24. März 2019, 22:33 UTC.
URL: https://de.wikipedia.org/w/index.php?title=Stammzelle&oldid=186893826 (A bgerufen: 2. April 2019, 16:05 UTC)

12.9 Klonen

Klonen *(altgr. κλών klon ,Zweig', ,Schössling') bezeichnet die Erzeugung eines oder mehrerer genetisch identischer Individuen von Lebewesen. Die Gesamtheit der genetisch identischen Nachkommenschaft wird bei ganzen Organismen wie auch bei Zellen als Klon bezeichnet. Das Erzeugen von identischen Kopien einer DNA wird hingegen als Klonieren bezeichnet.*

Begriffsklärung

Alle Pflanzen besitzen die Möglichkeit des natürlichen Klonens.

In Zoologie und Botanik einerseits und der Reproduktionsmedizin und Zellbiologie andererseits werden verschiedene Begriffe als Klonen bezeichnet. So verstehen Zoologie und Botanik unter Klonen die teils natürliche, teils aber auch künstliche Entstehung neuer, erbgleicher Nachkommen aus größeren Gewebe- oder Organeinheiten eines Organismus. Einzellige Tiere, beispielsweise Amöben und Pantoffeltierchen, einige niedere Tiere, beispielsweise Polypen, alle Bakterien und alle Pflanzen besitzen die Möglichkeit des Klonens zur ungeschlechtlichen, d. h. vegetativen Vermehrung von Natur aus – Klonen stellt einen bedeutenden Beitrag in der Vermehrung dieser Lebewesen dar. Bei höheren Tieren ist die vegetative Vermehrung bedingt durch die wachsende Komplexität (d. h. die Zunahme der Zellzahl, die dauerhafte und weitgehend unumkehrbare Differenzierung der Zellen und der Bildung von Organen aus Geweben) sowie der ausschließlich heterotrophenErnährungsweise nicht mehr möglich. Bei Amphibien können verlorene Extremitäten zwar unter Umständen vollständig regenerieren, das Heranwachsen eines kompletten Individuums aus einer Extremität, beispielsweise einem Bein, ist jedoch unmöglich.

Eineiige Zwillinge bilden einen natürlichen Klon.

Im Gegensatz hierzu bezeichnet man in der Reproduktionsmedizin und Zellbiologie als Klonen im engeren Sinne die künstliche Erzeugung eines vollständigen Organismus oder wesentlicher Teile davon, ausgehend von genetischer Information (DNA), die einem bereits existierenden Organismus entnommen wurde. Hierbei wird in einem Zwischenschritt die Gewinnung bzw. Erzeugung von totipotenten Zellen und ein Limiting Dilution Cloning nötig, in der Regel embryonaler Stammzellen. In allen Fällen kann auf diese Weise eine Ontogenese (Entwicklung) eingeleitet werden, die zu einem neuen, genetisch identischen Individuum führt, wodurch zusammen mit dem Spenderindividuum ein Klon gebildet wird. Der normalerweise nötige Vorgang der Fertilisation (Befruchtung), bei der zwei haploide („halbe") Genome zweier Individuen zu einem neuen diploiden Chromosomensatz vereint werden (Geschlechtliche Fortpflanzung), wird umgangen.

Bei höheren Organismen sind streng genommen alle Zellen trotz unterschiedlicher Funktionen Klone der befruchteten Eizelle (Zygote). Klonen (vegetative Vermehrung) ist somit Voraussetzung zur Bildung, Integrität und Funktion eines mehrzelligen Organismus, in dem alle Zellen das gleiche Erbgut tragen.

Das natürliche Pendant zum künstlichen Klonen ist die Entstehung eineiiger Zwillinge durch Teilen der Zygote und getrennter Entwicklung der „Tochterzygoten" zu eigenständigen Embryonen.

Klontechniken

In der Landwirtschaft

In der Landwirtschaft hat die ungeschlechtliche, d. h. vegetative Vermehrung, das Klonen von Kulturpflanzen, eine sehr lange Tradition. Damit soll erreicht werden, dass das Genom von Kulturpflanzen, die in der Regel durch Züchtung gewonnen wurden und bestimmte genetisch determinierte Eigenschaften besitzen, durch die Vermehrung nicht verändert wird. Zum Beispiel sind aus Knollen entstehende neue Kartoffelpflanzen Klone, genauso alle Zwiebelpflanzen oder aus Ablegern gewonnene Erdbeerpflanzen. Auch der gesamte Weinanbau beruht auf Stecklingsvermehrung, und Rebsorten sind im biologischen Sinne Klone. Das Gleiche gilt für alle Apfelsorten und die meisten anderen Obstsorten, die vegetativ durch Pflanzenveredelung vermehrt werden.

Bei ausdauernden Kulturpflanzen, etwa bei Reben, wird meist klonenreines Pflanzgut in Verkehr gebracht, d. h. alle Reben eines bestimmten Klones stammen von einer einzigen Mutterpflanze ab. Somit ist gewährleistet, dass der gesamte Bestand innerhalb einer Kultur, etwa eines Weinberges, größtmöglich homogen ist. Der klonenreine Anbau wird teilweise mit uniformen Weinen in Verbindung gebracht, daher pflanzen einige Winzer mittlerweile Klonengemische, also verschiedene Klonherkünfte etwa der Sorte Riesling, an.

In der Zellbiologie und Reproduktionsmedizin

Bei Embryonen höherer Organismen ist die Entnahme von Zellen vor dem 8-Zell-Stadium eine der Möglichkeiten zur Herstellung von Klonen. Theoretisch ist die Herstellung von acht genetisch identischen Organismen, die zusammen einen Klon bilden, durch diese Methode möglich.

Klonen durch Nukleustransfer

Die heute verwendete Methode des Klonens beruht auf der natürlichen Entwicklung eines neuen Organismus nach Nukleustransfer des Erbmaterials in eine normale Eizelle. Es gibt bisher kein Verfahren, mit dem man aus einem ausgewachsenen Tier ein neues, identisches, ausgewachsenes Tier herstellen könnte.

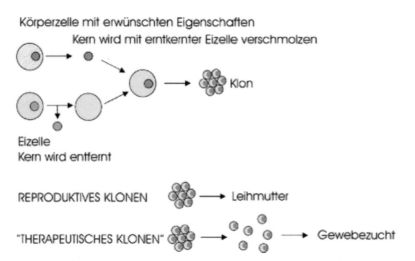

Körperzelle mit erwünschten Eigenschaften

Kern wird mit erntkernter Eizelle verschmolzen

Klon

Eizelle
Kern wird entfernt

REPRODUKTIVES KLONEN → Leihmutter

"THERAPEUTISCHES KLONEN" → Gewebezucht

Für einen Nukleustransfer wird dem zu klonenden Organismus eine Zelle entnommen und daraus der Zellkern isoliert. Dieser Zellkern wird in eine unbefruchtete Eizelle, deren Zellkern entnommen worden ist, eingesetzt. Zur Anregung des natürlichen Programmes der weiteren Entwicklung wird die Eizelle entweder einem Stromstoß oder einem chemischen Stimulus ausgesetzt.

Je nach Art der weiteren Verwendung wird mit der Zelle nun unterschiedlich verfahren, siehe dazu die entsprechenden Abschnitte.

Da die Mitochondrien der Eizelle, die über eigene Erbinformationen verfügen, bei diesem Vorgang nicht ausgetauscht werden, entsteht mit dieser Methode kein genetisch identischer Klon, es sei denn, die Eizelle stammt vom Quellorganismus selbst. Ansonsten trägt der Klon im Zellkern die Erbinformation aus dem Quellorganismus, in den Mitochondrien aber die (Mitochondrien-)Erbinformation des Organismus, von dem die verwendete Eizelle stammt.

Therapeutisches Klonen

Beim therapeutischen Klonen wird der Embryo nach wenigen Zellteilungen zerstört und die einzelnen Zellen in einer Kultur zum weiteren Wachstum gebracht. Mit Hilfe geeigneter chemischer und biologischer Stimuli (Wachstumsfaktoren) lässt sich aus diesen Stammzellen möglicherweise jede Gewebeart, vielleicht sogar ganze Organe züchten, oder die Stammzellen werden direkt in den Körper des Patienten eingebracht. Im Januar 2008 berichtete eine US-amerikanische Forschergruppe in einem Fachartikel, ihr sei erstmals das Klonen menschlicher Zellen gelungen. Die Blastozysten entwickelten sich dem Fachartikel zufolge bis zum 4. Tag nach dem Zellkerntransfer.[1]

Der Vorteil dieser geklonten embryonalen Stammzellen liegt zum einen gegenüber adulten pluripotenten Stammzellen in der (zurzeit noch) größeren Vielfalt an züchtbaren Gewebearten und zum anderen gegenüber fremder bereits existenter embryonaler Stammzellen (z. B. aus überzähligen Embryonen von IVF-Versuchen) in der weitgehend vollständigen genetischen Identität dieser Stammzellen mit dem Patienten (nur das Genom der Mitochondrien (ca. 0,002 % des Gesamtgenoms) entspricht bei einer fremden Eizellspende nicht dem Genom des Patienten). Damit ist eine immunologische Abwehrreaktion des Empfängerkörpers weitgehend ausgeschlossen. Gefahren, wie das Entstehen von Tumoren (Krebs) durch diese Stammzellen, sind noch nicht abschätzbar und müssten vor einer Anwendung dieser Methode am Menschen wohl erst noch abgeklärt werden.

Reproduktives Klonen

Beim reproduktiven Klonen wird der Embryo von einer Leihmutter ausgetragen. Die Methode des Nukleustransfers ist bei vielen Säugetieren gelungen.

Tiere

Bei Tieren verlief das Klonen bereits erfolgreich[2] beim Hausschaf (Dolly, Juli 1996), bei der Hausmaus (Cumulina, Dezember 1997), beim Hausrind (Juli 1998), bei der Hausziege (Oktober 1998), beim Hausschwein (März 2000), Mufflon (Juli 2000), Gaur (Januar 2001) und Hauskaninchen (Mai 2001), bei der Hauskatze (CC, Dezember 2001) und Wanderratte (November 2002), beim Maultier (Mai 2003) und Hauspferd (Prometea, Mai 2003), bei der Afrikanischen Wildkatze (August 2003), beim Rothirsch (März 2004), Frettchen (März 2004), Wasserbüffel (März 2005),[3] Haushund (Snuppy, April 2005) und Wolf (Oktober 2005). 2007 wurde von Stammzellforschern erstmals ein Rhesusaffe geklont,[4] (2017 folgten zwei geklonte Javaneraffen[5]) und 2009 gaben Forscher aus Dubai bekannt, ein Dromedar (Injaz) geklont zu haben.[6] Heute werden vor allem Zuchtpferde mit hohen sportlichen Erfolgen bereits im größeren Umfang geklont. Im Jahr 2008 kamen in Südkorea sieben geklonte Drogenspürhunde zur Welt, die, so die Hoffnung der südkoreanischen Zollbehörde, ähnlich erfolgreich sein würden wie das Original, ein Golden Retriever namens „Chase".

Die Ausbeute, also die Anzahl der tatsächlich entwickelten Organismen im Vergleich zu der Gesamtzahl an Zellen, die dem Nukleustransfer unterzogen worden sind, war zunächst sehr gering. Nur wenige Promille bis Prozent der so erzeugten Eizellen entwickelten sich zu Embryonen und Föten und wurden gesund geboren. Als Grund für die hohe Fehlerquote wurden epigenetische Phänomene angenommen (Imprinting).

Die seit den 1990er-Jahren angewandte Technik des Klonens ermöglicht insbesondere die gleichförmige Vervielfachung von als nützlich erachteten kultivierten Pflanzen und Tieren, ohne die bei allen bisherigen Verfahren der Züchtung folgende Variation hinnehmen zu müssen.

Seit 2014 werden transgene Schweine als Versuchstiere für die Pharmaindustrie geklont. Bei diesen Tieren wurde die DNA so verändert, dass die Tiere besonders anfällig für bestimmte Krankheiten wie Alzheimer sind und für den Test von Medikamenten geeignet sind. Die Erfolgsrate beim Klonen beträgt 70–80 %.[7]

Menschen

2006 berichteten Panayiotos Zavos und Karl Illmensee in den Archives of Andrology, sie hätten in den USA erstmals das Erbgut aus Körperzellen eines infertilen Mannes in 16 Eizellen (13 Kuh-Eizellen und 3 seiner Frau) übertragen. Dabei habe sich neben sieben der Kuhzellen auch aus einer der menschlichen Eizellen ein Embryo entwickelt. Jener sei in eine Gebärmutter eingesetzt worden, woraus sich aber keine Schwangerschaft entwickelt habe.[8]

Im Jahre 2008 implantierte der amerikanische Fruchtbarkeitsspezialist Samuel H. Wood eigene Hautzellen in Embryos, zerstörte diese jedoch anschließend. Obwohl die Pluripotenz dieser Zellen nicht untersucht wurde, gilt er damit als der erste Mensch, der sich geklont hat. Im Jahr 2013 wurden per Zellkerntransfer pluripotente menschliche Stammzellen aus Spenderzellen von Kindern gewonnen und zu spezialisierten Zellen der Bauchspeicheldrüse sowie zu Blut-, Herz-, Leber- und Nervenzellen entwickelt.[9] 2014 wurde erstmals ein Zellkerntransfer mit menschlichen Zellkernen von Erwachsenen durchgeführt.[10]

Gesetzeslage

Derzeit besteht weltweit weitgehend Einigkeit, dass das reproduktive Klonen von Menschen zu ächten ist und verboten sein sollte. Dagegen herrscht über die Zulässigkeit des therapeutischen Klonens erbitterter Streit, der sogar vor der UNO ausgetragen wurde. Dort hat man sich im Rechtsausschuss nicht auf eine Konvention zum Verbot des Klonens einigen können, weil etwa 60 Staaten unter der Führung Costa Ricas und der USA damit zugleich ein weltweites Verbot des therapeutischen Klonens verbinden wollten. Ebenso wenig fand der entgegengesetzte Vorschlag Belgiens die notwendige Zweidrittelmehrheit, der die Regelung des therapeutischen Klonens den einzelnen Staaten freistellen wollte. Am 8. März 2005 wurde eine unverbindliche Deklaration erarbeitet, die diesen Streit in der Schwebe lässt.

In Deutschland ist das reproduktive Klonen mittels embryonaler Stammzellen gemäß § 6 und das therapeutische Klonen nach § 1 Abs. 2 und § 2 Abs. 1 Embryonenschutzgesetz strafbar, weil durch die Entnahme der embryonalen Stammzellen aus dem jungen Embryo in vitro der Embryo nicht einem seiner Erhaltung dienenden Zweck verwendet wird. Ein reproduktives Klonen mit Hilfe induzierter pluripotenter Stammzellen statt embryonaler Stammzellen fiele hingegen nicht unter dieses Verbot.

Damit ist aber nicht gesagt, dass diese Form des Klonens für alle Zeiten unzulässig ist, weil der Gesetzgeber (Bundestag und Bundesrat) das Embryonenschutzgesetz entsprechend ändern könnte. Das wäre nur dann wiederum ausgeschlossen, wenn das therapeutische Klonen zugleich gegen die Menschenwürde des Embryos in vitro verstieße.

Diese Frage nach dem grundrechtlichen und bioethischen Status eines Embryos in vitro vor der Einnistung in den Mutterleib ist heftig umstritten und derzeit noch nicht geklärt. Die herrschende Meinung nimmt an, dass mit der Verschmelzung der Vorkerne von Ei- und Samenzelle zum Hauptkern der Zygote menschliches Leben entsteht, das sich von da an als Mensch weiterentwickelt und dem deshalb auch der Schutz der Menschenwürde nach Art. 1 GG zukommt. Dieser früheste Zeitpunkt, ab dem ein Lebensschutz jedenfalls begründbar erscheint, liegt auch dem Grundgedanken des Embryonenschutzgesetzes zu Grunde.

Allerdings ist auch in Deutschland die Ansicht im Vordringen begriffen, die den Lebensschutz des Grundgesetzes mit der Nidation, also der Einnistung des Embryos in den mütterlichen Organismus, einsetzen lässt. Das legen Erkenntnisse der medizinischen Anthropologie nahe, nach denen eine Wechselwirkung zwischen Embryo und Mutterkörper erforderlich ist, damit sich der Embryo überhaupt zu einem Menschen entwickeln kann. Ohne diesen Impuls, ohne Nidation, entsteht niemals ein Mensch, der Embryo entwickelt sich gleichsam ins Nichts. Dieser Ansicht entspricht die geltende Rechtslage in Großbritannien.

Die rechtliche Lage in einzelnen Ländern der Europäischen Union zum Klonen hat das Max-Planck-Institut für ausländisches und internationales Strafrecht in einem Überblick erarbeitet.[11]

Klonen in Kunst und Literatur

Vor allem in zahlreichen Science-Fiction-Werken tritt reproduktives Klonen häufig als Mittel zur Fortpflanzung einer Spezies auf. So besteht die zivilisierte Gesellschaft in Aldous Huxleys Roman Schöne Neue Welt ausschließlich aus unterschiedlich entwickelten Klonen, und im berühmten Star-Wars-Franchise werden mehrere Millionen „Klon-Krieger" zum Aufbau einer galaktischen Armee in Massenproduktion hergestellt. Hierzu werden riesige Klonkammern, beschleunigtes Lernen und genetische Modifikationen in Bezug auf Gehorsam und biologisches Wachstum verwendet. In der Fernsehserie Stargate – Kommando SG-1 verwendet die Rasse der Asgard das reproduktive Klonen wiederholt anstelle der natürlichen Fortpflanzung, was zu einer DNA-Degeneration führt. Weitere Beispiele für Klone als Arbeitskräfte oder Soldaten sind die Filme Moon, Cloud Atlas und Oblivion.

Zunehmend befassen sich viele Medien auch mit den unmittelbaren ethischen Folgen des Klonens. So ist in dem US-amerikanisch-kanadischen Film The 6th Day das Klonen verstorbener Haustiere ein gängiges Geschäft, das von Menschen jedoch verboten. Der deutsche Film Blueprint, eine Verfilmung des gleichnamigen Buches von Charlotte Kerner mit Franka Potente, beleuchtet das Leben einer Pianistin und ihrer geklonten Tochter. Der US-amerikanische Film Die Insel erzählt von Klonen, die als eine Art Ersatzteillager von einem Konzern gezüchtet und manipuliert werden. Auch in Ken Folletts Roman Der dritte Zwilling bekommt das Klonen von Menschen eine tragende Rolle. Die Protagonistin entdeckt durch ihre Forschungen zufällig ein Zwillingspaar, das sich nicht kennt. Im Laufe der Geschichte wird bekannt, dass es insgesamt acht Klone gibt, die vom Militär erzeugt wurden, um eine Art Supersoldat zu kreieren.

Der deutsche Autor Andreas Eschbach beleuchtet das Klonen in seinem Sachbuch Das Buch von der Zukunft und im Jugendroman Perfect Copy. Im Roman Alles, was wir geben mussten von Kazuo Ishiguro sind die Helden Klone, die ihre Organe normalen Menschen spenden sollen. Der erste Roman, der den Klon als Ersatzteillager zum Thema hat, erschien bereits 1992: Duplik Jonas 7 von Birgit Rabisch.

Seite „Klonen". In: Wikipedia, Die freie Enzyklopädie. Bearbeitungsstand: 29. März 2019, 12:17 UTC.
URL: https://de.wikipedia.org/w/index.php?title=Klonen&oldid=187050348 (Abger ufen: 2. April 2019, 16:06 UTC)

12.10 Stammzelltransplantation

Unter **Stammzelltransplantation** versteht man die Übertragung von Stammzellen von einem Spender an einen Empfänger. Dabei kann es sich bei Spender und Empfänger um dieselbe Person handeln (autologe Transplantation) oder um zwei verschiedene Personen (allogene Transplantation).

In der klinischen Praxis werden heute ausschließlich Blutstammzellen transplantiert. Blutstammzellen werden auch als hämatopoetische Stammzellen bezeichnet; daher die ans Englische angelehnte Kurzbezeichnung HSZT (für hämatopoetische Stammzelltransplantation). Im Rahmen von klinischen Studien wurden bereits andere, nicht blutbildende Stammzellen übertragen, etwa mesenchymale Stammzellen. Diese Transplantationen sind jedoch derzeit noch nicht von praktischer Bedeutung für die Medizin (siehe hierzu Regenerative Medizin, Stammzelltherapie etc.). Im Folgenden ist daher nur von der Transplantation von Blutstammzellen die Rede. Es gibt drei verschiedene Transplantationsarten: die allogene, die autologe und die syngene. Die allogene ist die häufigste Transplantationsart, bei der weltweit nach Menschen mit verträglichen Gewebemerkmalen gesucht wird. Bei der autologen Transplantation werden dem Patienten selbst Stammzellen entnommen, und diese dann nach entsprechender myeloablativer (also das Knochenmark zerstörender) Therapie dem Patienten wieder zugeführt. Die syngene ist die seltenste Transplantationsart, da man einen Zwilling des Empfängers finden muss.

Indikation für eine Stammzelltransplantation

Eine autologe Transplantation kann notwendig werden, wenn z. B. aufgrund einer Krebserkrankung eine Chemotherapie und/oder Bestrahlung notwendig wird. Da diese aber das eigene blutbildende System schwer schädigen können, werden dem Patienten vor Beginn der Behandlung gesunde Stammzellen entnommen, die ihm nach der myeloablativen (Knochenmark eliminierenden) Therapie wieder zurückgegeben werden. Die Knochenmarksfunktion kann somit wiederhergestellt werden. Die in den 1970er Jahren eingeführte autologe Stammzelltransplantation machte eine Hochdosis-Chemotherapie, z. B. beim Neuroblastom, erst möglich und erhöhte somit wesentlich die Heilungschancen insbesondere bei kindlichen malignen Tumoren. Eine weitere Anwendung ist die Entnahme von erkrankten Stammzellen zur Behandlung außerhalb des Körpers des Patienten.

Allogene Stammzelltransplantationen werden vor allem bei den verschiedenen Formen der Leukämie eingesetzt, wenn andere Behandlungsmethoden nicht zum Erfolg geführt haben, aber auch bei verschiedenen anderen Erkrankungen wie z. B. malignen Lymphomen. Oftmals ist eine Transplantation für den Patienten die einzige Möglichkeit für eine vollständige Heilung. Beim Hodgkin-Lymphom hingegen ist ein Nutzen der allogenen Stammzelltransplantation nicht belegt.[1]

Die ersten erfolgreichen allogenen Stammzelltransplantationen wurden 1968 an Patienten mit den erblichen Immunschwächekrankheiten X-SCID und Wiskott-Aldrich-Syndrom durchgeführt.

Voraussetzungen für eine erfolgreiche Transplantation

Wichtigste Voraussetzung für eine erfolgreiche (allogene) Transplantation ist die Verfügbarkeit eines kompatiblen Spenders. Hierzu werden bestimmte Gewebemerkmale, die so genannten HLA-Typen, untersucht. Da die Gewebemerkmale durch ihre Vielfalt millionenfache Kombinationen ermöglichen, gestaltet sich die Suche nach dem passenden Spender als überaus schwierig. Je genauer Spender und Empfänger in ihren HLA-Merkmalen übereinstimmen, desto größer ist die Wahrscheinlichkeit einer erfolgreichen Transplantation. Umgekehrt sinkt mit jeder Unstimmigkeit in den HLA-Merkmalen, den so genannten HLA-Mismatches, die Chance auf ein erfolgreiches Anwachsen der transplantierten Zellen und das Risiko für den Patienten steigt. Beispielsweise erhöht sich bei nicht komplett passenden Merkmalen die Wahrscheinlichkeit, an einer so genannten Graft-versus-Host (GvH)-Reaktion zu erkranken, einer Abstoßungsreaktion, bei der die transplantierten Immunzellen des Spenders die Organe des Patienten als fremd erkennen und bekämpfen. Die Auswirkungen einer GvH können zwar meist mit Medikamenten kontrolliert werden, sodass Empfänger leichtes (teils chronisches) Unbehagen spüren können, schwerere GvH-Verläufe können jedoch Organschäden hervorrufen oder zum Tod des Empfängers führen.

Entgegen der landläufigen Meinung spielt bei der Spendersuche die (AB0)-Blutgruppe keine wesentliche Rolle – Spender und Empfänger können unter bestimmten Voraussetzungen auch unterschiedliche Blutgruppen besitzen. Da beim Empfänger vor der Transplantation das gesamte erkrankte blutbildende System zerstört und durch die Stammzellen des Spenders neu aufgesetzt wird, hat der Empfänger nach einer erfolgreich verlaufenen Transplantation immer die Blutgruppe des Spenders – auch wenn er vorher eine andere hatte.

Meistens kommen enge Verwandte (Geschwister) am ehesten als Spender in Frage. Für eine Vielzahl von Patienten steht jedoch kein passender Familienspender zur Verfügung – für diesen Fall gibt es seit einigen Jahren entsprechende Datenbanken, in denen die HLA-Merkmale vieler Millionen freiwilliger Spender gespeichert sind. Trotzdem dauert die Suche nach einem passenden Fremdspender meist einige Monate.

Spendersuche und Spenderregister

Nur etwa 30 % aller Patienten, die eine Stammzellspende einer anderen Person benötigen, finden einen geeigneten Spender im eigenen Verwandtenkreis. Die übrigen sind auf einen Fremdspender angewiesen. Für die Vermittlung solcher Spender haben sich weltweit zahlreiche Organisationen gegründet, die eine Knochenmarkspenderdatei betreiben.

Interessierte Spender können sich bei einer dieser Organisationen oder teilweise in Apotheken[2] typisieren lassen, am einfachsten bei einer vor Ort durchgeführten Typisierungsaktion. Dabei wird eine kleine Blutprobe (etwa 2–20 ml, das entspricht maximal etwa zwei Esslöffeln), entnommen oder ein Abstrich von der Wangeninnenwand gewonnen, mit deren Hilfe im Labor die wichtigsten Gewebemerkmale bestimmt werden können. Der Abstrich des Gewebes kann von zu Hause aus durchgeführt werden und über den Versandweg verschickt werden. Diese werden zusammen mit dem Namen und der Anschrift des potentiellen Spenders bei der jeweiligen Organisation gespeichert. Die persönlichen Daten dienen nur dazu, später mit dem Spender Kontakt aufnehmen zu können. In die nationalen und internationalen Datenbanken gelangen alle Informationen nur in anonymisierter Form unter einer Spenderkennziffer. Mit der Aufnahme in ein Spenderregister verpflichtet sich aber noch niemand, später tatsächlich zu spenden.

Bisher sind in Deutschland rund 6,5 Millionen Spendewillige registriert und HLA-typisiert (Stand: 14. Februar 2016), weltweit sind es insgesamt 27,7 Millionen (Stand: 27. Januar 2016).[3]

Benötigt ein Patient eine Fremdspende, so richten sich die behandelnden Ärzte an sogenannte Suchzentren, die meist großen Transplantationskliniken oder Spenderdateien angegliedert sind, um eine Spendersuche einzuleiten, in Deutschland handelt es sich dabei im Normalfall um das Zentrale Knochenmarkspender-Register Deutschland.[4] Diese Register suchen in den internationalen Datenbanken nach *geeigneten Spendern. Ziel ist es, einen möglichst HLA-kompatiblen Spender zu finden. Allerdings spielen auch andere Faktoren, wie zum Beispiel Alter, Gewicht und Geschlecht der potentiellen Spender eine Rolle, da die verfügbare Anzahl für eine eventuelle Transplantation benötigter Stammzellen auch von diesen Faktoren beeinflusst wird. In Frage kommende Spender werden dann über ihre Spenderdateien gebeten, sich noch einmal Blut abnehmen zu lassen, damit die Verträglichkeit mit dem Patienten genauer bestimmt werden kann (Fein- oder High Resolution-Typisierung).*

Mit Hilfe internationaler Spenderegister ist es heute möglich, für etwa 70 % der Bedürftigen, die keinen geeigneten Spender bereits in der Familie haben, diesen genetischen Zwilling zu finden.

Allerdings wirkt es sich für die Spendersuche negativ aus, dass einige Spender bei einem Umzug ihr Spenderegister nicht informieren und sie (z. B. aufgrund des Fehlens von Meldegesetzen, wie etwa in den USA) nicht mehr aufgefunden werden können. Es ist bereits vorgekommen, dass trotz sehr seltener Gewebemerkmale bereits ein geeigneter Spender in den Datenbanken vorhanden war, aber aufgrund eines Umzugs nicht mehr ausfindig gemacht werden konnte.

Ist schließlich ein passender Spender gefunden, so werden dessen Gewebemerkmale noch einmal getestet (sog. Bestätigungstest oder Confirmatory Typing) als auch mittels eines medizinischen Fragebogens sowie virologischen Untersuchungen die Spendefähigkeit beurteilt. Dies geschieht, um alle Risikofaktoren ausschließen zu können, die später den Spender oder den Empfänger gefährden könnten. Die Spenderdateien sind verpflichtet, den Spender über auffällige Befunde (z. B. positive Befunde für Hepatitis- oder HIV-Marker oder seltene Blutmerkmale) zu informieren.[5]

Bis zum Beginn der Vorbehandlung des Patienten (siehe unten) kann der Spender jederzeit noch von der Spende zurücktreten. Nach Möglichkeit sollte dies zu einem so späten Zeitpunkt jedoch vermieden werden, da bis dahin bereits viel Zeit und Geld in die Spendersuche investiert worden ist. Ein Zurücktreten kurz vor der eigentlichen Spende (das heißt, wenn der Patient bereits vorbehandelt wird) führt in den meisten Fällen zum Tod des Patienten, da die Vorbehandlung oftmals mit erheblichen Komplikationen einhergeht, die der Körper nur selten ohne das Transplantat bewältigen kann.

Grundsätzlich bekommen Spender ab dem Zeitpunkt, an dem sie um einen erneuten Bluttest gebeten werden, alle notwendigen Auslagen erstattet. Dies schließt die Fahrtkosten zu Voruntersuchungen und zur Spende selbst sowie den Verdienstausfall für diese Tage mit ein. Bei Arbeitnehmern wird üblicherweise der Lohn weitergezahlt, und der Arbeitgeber kann der jeweiligen Spenderdatei diesen Betrag in Rechnung stellen. Zudem werden für die Spender von den meisten Dateien

Versicherungen abgeschlossen, die Zwischenfälle bei den Voruntersuchungen und der eigentlichen Entnahme sowie Unfälle bei Fahrten zu diesen Terminen abdecken.

Während des gesamten Spendevorgangs erfahren weder der Empfänger oder seine Ärzte die Identität des Spenders, noch weiß der Spender, wer der Patient ist (dies gilt natürlich nicht für Spenden unter Familienangehörigen). Etwa sechs bis acht Wochen nach der Transplantation kann der Spender sich über seine Spenderdatei über den Gesundheitszustand des Empfängers informieren. Da das Transplantat eine Zeit braucht, um anzuwachsen, kann man vorher keine sicheren Auskünfte geben. Aber auch nach dieser Zeitspanne sind endgültige Aussagen schwierig, da selbst nach gelungener Transplantation Rückfälle der Erkrankungen auftreten können. Ist aber alles gut gegangen, ist in vielen Fällen auch Kontakt mit dem Patienten bzw. dem Spender möglich. Abhängig von den Richtlinien des jeweiligen Spender- beziehungsweise Patientenregisters, können sich der Spender und sein Empfänger nach einer gewissen Zeit entweder anonyme Briefe über die Spenderdatei beziehungsweise das Transplantationszentrum schicken oder nach einer gewissen Zeit auch persönlich kennenlernen, wenn beide dies wünschen. Bei deutschen Patienten beträgt die Zeit zwischen letzter Transplantation und persönlichem Kennenlernen zwei Jahre. Es gibt aber auch Länder, in denen ein solches Kennenlernen grundsätzlich nicht möglich ist.

Methoden der Stammzellgewinnung

Grundsätzlich gibt es derzeit zwei Methoden der Stammzellgewinnung, die klassische Knochenmarksentnahme und die inzwischen üblichere Periphere Blutstammzellspende. Mit beiden Methoden erreicht man qualitativ gleichwertige Ergebnisse. Es steht dem Spender daher grundsätzlich frei, für welche der beiden Möglichkeiten er sich bereit erklärt.

Daneben besteht mit gewissen Einschränkungen die Möglichkeit, Stammzellen (Nabelschnurblutstammzellen) aus Nabelschnurblut zu gewinnen.

Die Entnahme des Transplantats muss nicht zwangsläufig in der Klinik stattfinden, in der der Patient behandelt wird; vielmehr wird von den Spenderdateien versucht, eine Entnahme in der Nähe des Wohnortes des Spenders zu organisieren, damit dieser keine weite Reise zu unternehmen braucht. Das Transplantat wird am selben Tag von einem Kurier (meist der behandelnde Arzt des Patienten oder ein Mitarbeiter der Klinik) zum Patienten gebracht.

Knochenmarkspende

Die klassische Methode der Stammzelltransplantation ist die Übertragung von rotem Knochenmark. Dem Spender wird dabei in der Regel aus dem Beckenkamm durch eine spezielle Nadel etwa 1 Liter Knochenmark-Blut-Gemisch entnommen. Die Stammzellen werden hieraus isoliert und ggf. weiter aufgereinigt und dem Empfänger später transfundiert.

Die Prozedur der Entnahme erfolgt unter Narkose und dauert inklusive Ein- und Ausleitung der Narkose etwa 1 bis 1½ Stunden. Obwohl auch ambulante Entnahmen möglich sind, wird der Spender meist am Vorabend der Entnahme stationär aufgenommen und am Tag nach der Entnahme wieder entlassen, um noch eine Kontrollnacht nach Narkose und Entnahme zu haben. Das entnommene Knochenmark regeneriert sich beim Spender innerhalb von etwa zwei Wochen; oft werden zur Unterstützung der Blutbildung Eisentabletten mit nach Hause gegeben.

Periphere Blutstammzellspende

Inzwischen wurde die klassische Knochenmarkspende von der Peripheren Blutstammzellspende weitgehend abgelöst. Dabei wird dem Spender etwa eine Woche lang das Hormon G-CSF gespritzt, welches bewirkt, dass Stammzellen aus dem Knochenmark ins Blut übergehen. Dort können sie dann mittels Stammzellapherese herausgefiltert werden (genauere Beschreibung siehe dort).

Nabelschnurblutspende

Eine besondere Form der Stammzelltransplantation ist die Verwendung von Nabelschnurblut. Direkt nach der Geburt wird aus der abgeklemmten Nabelschnur das dort befindliche Blut abgesaugt (es würde sonst weggeworfen) und im Labor die Stammzellen extrahiert. Die so gewonnenen Stammzellen sind besonders gut verträglich, stehen aber naturgemäß nur in geringerer Menge zur Verfügung. Eltern können Nabelschnurblut ihrer Kinder spenden oder kostenpflichtig zum eigenen Gebrauch einfrieren lassen.

Risiken für den Spender

Wie jeder medizinische Eingriff ist eine Stammzelltransplantation auch für den Spender mit möglichen Risiken und Nebenwirkungen verbunden, die durch den invasiven Eingriff und die verabreichten Medikamente hervorgerufen werden können. Vor jeder Stammzellspende findet eine umfassende Gesundheitsprüfung statt, wodurch die möglichen Risiken der Transplantation so gering wie möglich gehalten werden. Ausschlussgründe sind z. B. ein Alter über 61 Jahre, Herz-Kreislauf-Erkrankungen, Autoimmunerkrankungen, Erkrankungen der Niere sowie Infektionskrankheiten. Auch psychische Erkrankungen und das Vorliegen einer Suchtkrankheit führen in aller Regel zum Ausschluss. Dadurch wird sichergestellt, dass nur gesunde und widerstandsfähige Spender herangezogen werden und potenzielle Risikofaktoren bereits im Voraus ausgeschlossen werden können.[67]

Generell gilt die Stammzelltransplantation für den Spender als ein relativ risikoarmer Eingriff. Trotzdem kann es bei der Durchführung zu Komplikationen kommen, wobei in seltenen Fällen auch schwere und dauerhafte Schädigungen dokumentiert sind. In sehr seltenen Einzelfällen wurde auch über Todesfälle nach einer Stammzellenspende berichtet.[8]

Knochenmarkspende

Die möglichen Nebenwirkungen für den Knochenmarkspender beschränken sich in der Regel auf leichte Schmerzen und Bewegungseinschränkungen (ähnlich einem Muskelkater) sowie Hämatome im Bereich der Einstichstellen, die jedoch nach einigen Tagen wieder verschwinden. Durch die notwendige Narkose kann es unter Umständen auch zu vorübergehender Übelkeit o. ä. kommen. Das Risiko, dass es durch die Narkose oder durch das Punktieren des Knochenmarkraumes zu ernsten Komplikationen kommt, liegt laut dem US-Gesundheitsministerium etwa bei 2,4 %.[9] Bei 99 % aller Spender kommt es jedoch zu einer vollständigen Erholung.[10] Einer Studie zufolge ereignete sich bei den teilnehmenden europäischen Transplantationsteams im Zeitraum von 1993 bis 2005 ein einziger Todesfall bei einer Gesamtzahl von 27.770 durchgeführten Knochenmarkspenden. Gegenüber der Normalbevölkerung wurde in einem Zeitraum von mehreren Jahren nach dem Eingriff keine erhöhte Krebsgefahr festgestellt.[11]

Häufig wird im Zusammenhang mit einer Stammzelltransplantation der Begriff Knochenmark mit Rückenmark verwechselt. Dies ist jedoch falsch; bei einer Knochenmarkentnahme wird kein Eingriff an der Wirbelsäule vorgenommen. Einschränkungen der Empfindungsfähigkeit oder gar eine Querschnittlähmung sind daher grundsätzlich nicht zu befürchten.

Periphere Blutstammzellspende

Als Nebenwirkungen treten beim Spender oft mehr oder weniger stark ausgeprägte grippeähnliche Symptome auf, die durch das verabreichte Medikament (z. B. Filgrastim) verursacht werden und nach dessen Absetzung in aller Regel schnell wieder verschwinden. Einer Studie mit 2408 Spendern zufolge berichten 40 % der Patienten nach dem Eingriff über Müdigkeit, Kopfschmerzen und Schlaflosigkeit. Diese Symptome verschwinden in der Regel im Verlauf von einem Monat. Empfundene Knochenschmerzen gehen bei 94 % der Patienten innerhalb von einer Woche zurück. Allerdings waren bis zu 2 % der Patienten auch ein Jahr nach dem Eingriff noch nicht vollständig schmerzfrei. Durch die gleichzeitige Gabe gängiger, frei verkäuflicher Schmerzmittel wie z. B. von Paracetamol oder Ibuprofen können diese Symptome oft stark gelindert werden. Etwa zwei Drittel der Patienten mit mittelschweren bis starken Schmerzen sprechen auf diese Schmerzmedikamente an. 3 % der Spender berichteten über dauerhafte Müdigkeit, die auch längere Zeit nach dem Eingriff noch fortbestand. Bei 15 von 2408 Spendern (0,6 %) ergaben sich schwere Komplikationen mit der Notwendigkeit eines längeren stationären Krankenhausaufenthalts. Todesfälle traten in dieser Studie jedoch nicht auf. Auch die Krebsraten der Spender waren in einem Zeitraum von 8 Jahren nach dem Eingriff im Vergleich zur Normalbevölkerung nicht erhöht.[12]

Das Risiko ernster Herz-Kreislauf-Probleme nach dem Eingriff liegt gemäß einer Befragung von 262 Stammzellentransplantationsteams in europäischen

Fachkliniken bei etwa 1:1500. In dieser Studie wurde bei einer Gesamtanzahl von 23.254 vollzogenen peripheren Blutstammzellspenden von 4 Todesfällen berichtet. Die Anzahl der Krebsfälle nach dem Eingriff war auch hier gegenüber der Normalbevölkerung über einen mehrjährigen Betrachtungszeitraum nicht erhöht.[13]

Nabelschnurblutspende

Das Abklemmen und Abtrennen der Nabelschnur nach der Geburt ist ein notwendiger und natürlicher Vorgang bei der Geburt eines Kindes. Das in der Nabelschnur enthaltene Blut würde, wenn es nicht gespendet wird, abgesaugt und ungenutzt entsorgt. Da beim normalen Geburtsvorgang also kein zusätzlicher medizinischer Eingriff notwendig ist, ist die Nabelschnurblutspende daher nach derzeitigem Kenntnisstand für Mutter und Kind risikofrei.[14]

Ablauf der Transplantation beim EmpfängerBearbeiten

Grundsätzlich werden die gewonnenen Stammzellen dem Patienten intravenös übertragen. Dazu muss jedoch zunächst das eigene, kranke Knochenmark mit Bestrahlungen und/oder Chemotherapie zerstört werden. Diese Phase der Vorbereitung wird als Konditionierung bezeichnet. Je gründlicher dies geschieht, desto schwerer sind die Nebenwirkungen, aber desto geringer ist die Gefahr eines Rückfalls. Die Entscheidung über die Intensität der Vorbehandlung treffen die behandelnden Ärzte. Die verbleibenden Reste des alten Knochenmarks werden dann vom neuen Immunsystem, das vom Spender stammt, zerstört. Aus diesem Grund sind eineiige Zwillingsgeschwister nicht unbedingt die idealen Spender: zwar ist hier die Verträglichkeit der übertragenen Stammzellen besonders gut, aber möglicherweise werden die Reste des kranken Knochenmarks nicht vollständig beseitigt. Gleiches gilt für autologe Transplantationen.

Die eigentliche Transplantation ist unaufwändig: das Transplantat wird direkt aus dem Beutel (s. Bild) über einen Venenkatheter in den Blutkreislauf des Empfängers übertragen. Das neue Knochenmark findet selbst den Weg in den Knochen und fängt nach etwa zehn Tagen mit der Produktion der Blutzellen an.

Nach der Transplantation ist der Patient erhöhter Ansteckungsgefahr ausgesetzt. Dies liegt zum einen an der notwendigen Immunsuppression und zum anderen daran, dass zwar das Immunsystem des Spenders in den neuen Körper übertragen wird, aber nicht die Informationen über bereits durchgestandene Krankheiten. Das Immunsystem des Patienten entspricht quasi wieder demjenigen eines Säuglings, und tatsächlich erkranken viele Stammzellempfänger in der Folge an typischen Kinderkrankheiten, auch wenn sie diese schon einmal hatten. Erst nach einigen Jahren entsprechen die Abwehrkräfte wieder denjenigen eines gesunden Erwachsenen.

Eine Stammzelltransplantation kostet in Deutschland rund 98.000 Euro (Stand: 2012).[15]

Stammzelltransplantation mit reduzierter Konditionierung

Bei der klassischen allogenen SZT werden während der Konditionierung mehrere Medikamente in hoher Dosierung, in der Regel kombiniert mit einer Ganzkörperbestrahlung, eingesetzt, um sämtliche leukämischen beziehungsweise bösartigen Zellen auszurotten und das Immunsystem zu unterdrücken. Verbunden damit ist eine Zerstörung des Knochenmarks. Deshalb bezeichnet man diese Art der SZT auch als myeloablativ (knochenmarkzerstörend).

Die Stammzelltransplantation mit reduzierter Konditionierungsintensität (RIC) zielt dagegen im Wesentlichen nur auf eine Immunsuppression mit entsprechenden Immunsuppressiva, um das Immunsystem vor der Transplantation auszuschalten, damit das Risiko des Nichtanwachsens oder einer Abstoßung der transplantierten Spenderstammzellen möglichst klein gehalten wird. Diese Art der Transplantation ist weniger aggressiv. Nach dem Anwachsen der Spenderstammzellen sollen diese dann in der Lage sein, noch vorhandene leukämische Zellen mit Hilfe einer immunologischen Reaktion, der sogenannten Transplantat-Gegen-Leukämie-Reaktion, zu zerstören. Der Vorteil der RIC-SZT liegt darin, dass damit auch ältere Patienten und Patienten mit einer fortgeschrittenen oder schwer heilbaren leukämischen Erkrankung geheilt werden können. Da dieses Verfahren noch relativ jung ist, kann zur Zeit der Stellenwert dieser Art der Übertragung im Vergleich zur klassischen Stammzelltransplantation noch nicht genau erfasst werden. Lebensbedrohliche Komplikationen, wie bei der klassischen SZT, treten allerdings oftmals in gleicher Intensität auf. Dies sind insbesondere schwere Infektionen und die Transplantat-Gegen-Wirt-Reaktion (GvHD), die relativ spät nach der Transplantation auftreten und sich außerdem chronisch entwickeln kann.

In einer Studie des Fred Hutchinson Krebszentrums in Seattle (USA) wurde 2011 das Therapieergebnis bei älteren Patienten mit fortgeschrittenen hämatologischen Krebserkrankungen untersucht, die eine allogene Stammzelltransplantation mit reduzierter Konditionierung erhielten. Von 1998 bis 2008 wurden 372 Patienten im Alter von 60–75 Jahren (Durchschnittsalter 64 Jahre) aus 18 Kliniken erfasst. Die Fünfjahresüberlebensrate lag etwa bei einem Drittel der Patienten. Krankheitsfortschritt oder Rückfall war bei 135 Patienten (36 %) die häufigste Todesursache. 104 Patienten (28 %) starben an anderen Ursachen, wie Infektionen, Spender-gegen-Wirt-Reaktion (GvHD) und Multiorganversagen.[16]

Nach einer deutschen Studie aus dem Jahr 2012 wurden 195 Patienten, die an AML erkrankt waren, entweder intensiv oder mit einer niedrigen Dosierung vorbehandelt. Annähernd gleich blieb die Überlebensrate der Patienten nach drei Jahren, sie betrug in beiden Gruppen etwa 60 Prozent. Deutliche Unterschiede zeigten sich hingegen in der Frühphase: Bei der reduzierten Konditionierung waren ein Jahr nach Behandlungsbeginn nur 8 Prozent der Patienten, im Schema mit *hochdosierter Vorbehandlung aber 17 Prozent verstorben. Das Alter der erfassten Patienten lag zwischen 18 und 60 Jahren.*[17]

Forschung mit Breitenwirkung

Die Stammzellforschung in Deutschland zielt auch darauf ab, Transplantationen bei älteren Krebspatienten zu verbessern. So finanzierte 2011 die Deutsche Krebshilfe sieben Forschungsprojekte eines Schwerpunktprogramms mit 3,2 Millionen Euro, damit die Therapie von Krebs-Patienten im höheren Lebensalter effektiver wird.

Seite „Stammzelltransplantation". In: Wikipedia, Die freie Enzyklopädie.
Bearbeitungsstand: 25. März 2019, 16:11 UTC.
URL: https://de.wikipedia.org/w/index.php?title=Stammzelltransplantation&oldid= 186915686 (Abgerufen: 2. April 2019, 16:07 UTC)

13. Dreizehn verlorene Jahre: Band A

Seit 2005 und mit Merkel beginnendem Aufstieg hat sich in Deutschland nichts aber auch nichts getan, gerade die studierte Physikerin hat in den Bereichen Bildung und Forschung total versagt. Insbesondere eine nicht verstandene neoliberale Wirtschaftspolitik und ein sinnloses Sparen ohne Verstand haben dazu geführt, dass schon eine prekäre Situation an Schulen und Universitäten entstanden ist sowie in der Forschung ein erheblicher Schaden im Hinblick auf den internationalen Ranking. Ein Investitionsrückstand von über 35-40.000.000.000€ hat sich in den letzten Jahren angehäuft. Gebäude, die weder dicht sind noch genügend WCs und Waschbecken haben sind an der Tagesordnung.

Das föderale System hat hinsichtlich Bildung und Forschung versagt. Die traditionellen Parteien haben immer noch nicht verstanden, dass zwar bei Gründung der Bundesrepublik Deutschland das föderale System notwendig war, dass aber heute schnelle Entscheidungen und Umsetzungen nötiger denn je sind und dass in diesem Zusammenhang die Parteiendemokratie und das föderale System erhebliche Schwachpunkte darstellen. Hinzu kommt, dass sie eine sogenannte alternativlose Kanzlerin haben, die Meisterin in Ankündigungen und im Diebstahl von politischen Entwürfen der Mitbewerber ist, jedoch nur am Erhalt ihrer Macht interessiert ist.

Wer bezahlt diese Missstände? Das sind in unserer Demokratie die schwachen, die unteren sozialen Schichten und letztendlich das gesamte Land. Der einzige reale Rohstoff Deutschlands ist letztendlich sein Wissen.

Diese einfache Formel scheint die mittelmäßige politische Elite in Berlin nicht verstanden zu haben oder sie will es gar nicht verstehen. Sie weiß dass sie so oder so gewählt wird. Dies ist ein grundsätzlicher Irrtum, denn die zunehmende Anzahl von Nichtwählern stellen das System in Frage.

Es ist zu befürchten dass immer mehr Wähler der Demokratie den Rücken kehren und sich nach autokratischen Systemen sehnen. Nicht einmal das haben diese sogenannte Eliten gesehen. Angesichts der zunehmenden Anzahl von autokratischen Parteien weltweit und in Europa ist es höchste Zeit dass die anständigen Deutschen aufstehen und letztendlich diese Parteien abwählen. Selbst dann, wenn die Abwahl mit Risiko verbunden ist, muss nach dem Motto „lieber ein Ende mit Schrecken als ein Schrecken ohne Ende" agiert werden.

Es ist festzuhalten, dass Deutschland zurzeit und mindestens für die nächsten 20 Jahre an einem erheblichen Fachkräfte Mangel leiden wird. Dies ist bedingt durch einen hirnsinnigen Drang zum Abitur. Das Abitur in Deutschland ist inzwischen abgewertet, denn viele Bundesländer sind bemüht, durch Verbesserung der Noten die Anzahl der Abiturienten zu steigern. Dies geht zulasten der Qualität. Es ist betrüblich zu sehen, wie schlecht gebildet die Studenten im ersten Semester sind und zwar in allen Fächer, sei es in Sprachen, in Deutsch, Mathematik, naturwissenschaftlichen Fächern. Dies kann auf Dauer die Universität nicht auffangen.

Zudem bilden die Universitäten an dem Bedarf vorbei aus: in Deutschland werden lediglich 20-25 Prozent an Akademikern gebraucht und 70-75 eher handwerklich mit einem Beruf bzw. einem Lehrberuf ausgestatteten Jugend. Dies ist nicht der Fall. Im Gegenteil: zurzeit studieren ca. 70 % der Jugend und lediglich 20-25 wollen einen Lehrberuf aufnehmen. Die Konsequenzen daraus sind, dass ein Teil der Studierenden ihr Studium abbrechen und ohne richtigen Abschluss auf der Straße sitzen. Gleichzeitig suchen die Handwerksbetriebe und Unternehmen händeringend nach Fachkräfte. Dies kann in Zeiten von technischen Revolutionen nicht ohne Folgen bleiben. Es ist daher vonnöten, dass der Zugang zu Universitäten erschwert wird, bis auf wenige Fächer wie Medizin und Naturwissenschaften, und gleichzeitig für die Förderung der Lehrberufe des Handwerks oder der Industrie geworben und auch subventioniert wird, damit endlich eine Umkehr der heutigen Situation möglich ist.

Festzuhalten ist, dass die letzten 13 Jahre für die Bildung in Deutschland einer Katastrophe gleichkommen. Festzuhalten ist, dass Angela Merkel und ihre Regierung, aber auch die CDU/CSU, SPD, FDP und Grünen versagt haben. Insoweit ist nicht mehr einzusehen, warum diese Parteien noch eine Chance erhalten sollten, um die Fehler die sie produziert haben zu korrigieren. Dies ist nicht mehr darstellbar und sie sollten konsequent sanktioniert werden bei der nächsten Wahl.

14. Fazit: Band A

Als Fazit dieses Buchs ist festzuhalten, dass Bildung und Forschung eine wesentliche Grundlage für Deutschlands Aufstieg sowie eine Voraussetzung für das Erarbeiten des Wohlstandes und letztendlich für den Reichtum dieses Landes sind. Festzuhalten ist aber auch, dass Deutschland gerade in diesen strategischen Bereichen in der letzten 40 Jahre und insbesondere in den letzten 13 Jahren versagt hat. In keinem einzigen Land in Europa wurden so viele Fehler und Vernachlässigungen begangen und so wenig investiert wie in der Bildung.

Hier darf daran erinnert werden, dass im Ranking der OECD Deutschland lediglich 4 % seines BIP in Bildung investiert und damit in Europa im Schlusslicht steht. Hauptursachen dieser mangelhaften Bildungausgaben ist die Gewichtung der Bildung bei der Bundespolitik, da die Bildung zur Ländersache erklärt wurde. Ein anderer Gesichtspunkt ist, dass die Länder Bildung nach Kassenlage betreiben und nicht das Ganze im Auge haben.

Festzuhalten ist aber auch, dass ein Oligopol der politischen Parteien - gleich ob sie im Bund oder Ländern sind - nicht daran interessiert ist, erhebliche Ausgaben für Bildung zu veranlassen.

Ein weiterer Gesichtspunkt dieser Misere stellt die falsche Bildungspolitik an sich dar:

- Lehrer werden falsch ausgebildet,
- das Elternhaus sorgt nicht für die nötige Erziehung,
- die Gesellschaft geht sehr nachlässig mit der Erziehung der Kinder um,
- es vollzieht sich ein Werteverfall in der Gesellschaft ohne dass es zu einem Aufstand führt,
- die Kirchen haben versagt
- die Medien haben versagt.

Die Medien haben sich in den letzten 13 Jahren dadurch ausgezeichnet dass sie korrupt und sogar korrupter wurden. Es ist festzuhalten, dass es zu einer Konzentration auf den Medienmarkt gekommen ist, der Würgegriff der politischen Parteien auf die öffentlichen Medien findet statt, die Mentalität der jüngeren Journalisten nach dem Motto: „meine Karriere ist wichtiger als der Sinn meiner Arbeit" gefährdet die Qualität der Medien und die Unterstützung von Minderheiten in der Medienlandschaft geht zu Lasten der Massen.

Auf den Medien liegt aber auch ein ökonomischer Druck, denn im Zeiten des Internets sind immer weniger Teile der Bevölkerung bereit, für das Produkt Information zu bezahlen. Alles dies spielt für den Niedergang der deutschen Presse eine wichtige Rolle und vor allem für die schwindende Bedeutung, die vierte Macht im Staat zu sein.

Es ist bitter zu sehen, wie letztendlich die Kontrollfunktion der Presse insbesondere für den Bereich der Bildung vernachlässigt wird, die letztendlich unser höchstes Gut ist, denn unsere Kinder sind nun mal unser höchstes Gut. Es wird sie daher vonnöten dieses Oligopol von Parteien so zu sanktionieren, dass sie endlich ihre Arbeit machen. Es ist unverständlich wie nachsichtig ein großer Teil der Bevölkerung mit diesen Politikern ist, denn sie selber müssen tagtäglich den Anforderungen ihres Berufs gerecht werden, um nicht entlassen zu werden. Es ist nicht verständlich, warum sie nicht den gleichen Masstab gegenüber den Politikern anwenden.

15. Epilog

Bildung und Forschung sind ein Stiefkind der Politik der letzten 13 Jahre. Nicht zu entschuldigen ist, dass die Bildung zur Ländersache erklärt worden ist. Die Begründung, dass das im Grundgesetz begründet ist, ist keine Entschuldigung, denn das Grundgesetz ist zum ersten vorläufig (hier ist auf den Paragraf 146 hinzuweisen) und zweitens ist das Grundgesetz von Abgeordnete des Bundestages gemacht worden und kann daher auch von diesen geändert werden. Dies setzt jedoch voraus, dass die Wähler endlich dieses Oligopol der Parteien brechen müssten und gegebenenfalls extrem wählen (nicht AfD) sondern vielleicht mal die Linke, um aufzuzeigen dass die sogenannten Volksparteien lediglich Wunschträume deren Parteistrategen sind. Gleichzeitig müssen die Parteien gewählt werden, die sich ausdrücklich verpflichten, mindestens 10 % des BIP für Bildung auszugeben, damit auch die Zukunft Deutschlands gesichert wird.

Es ist nicht verständlich, dass die Parteien immer noch nicht realisiert haben, dass ihre gesamte Zukunft von Bildung und Forschung in Deutschland abhängt.

Es ist mühsam ständig zu wiederholen, dass Bildung und Forschung die Grundlage unseres wirtschaftlichen Überlebens darstellen.

Es ist mühsam zu hören das Möchtegern Pseudo Parteifunktionäre in jeder Sonntagsrede sich für Bildung aussprechen, jedoch Nichts aber auch gar Nichts umsetzen.

Es ist äußerst mühsam stets die Kritik an dem Bildungswesen zu äußern, stets Änderungsvorschläge einzureichen, ohne dass sich irgendetwas verändert. Nicht zu vergessen ist aber auch, dass der jetzige Zustand der Schulen das Spiegelbild der Gesellschaft darstellt und wir müssen uns daher fragen, ob wir nicht im Rausch des wirtschaftlichen Erfolges jahrelang die Zukunft verschlafen haben.

Es ist festzuhalten, dass neben dem Versagen in der Bildung als solches, Deutschland eines der Länder weltweit ist das am wenigsten in Risikokapital investiert. Risikokapital bedeutet, dass junge Forscher sich in unbekannten Wissenschaftsbereichen befinden und letztendlich auch scheitern können. Das Scheitern ist keine Schande, es gehört zur Forschung dazu. Diejenigen die scheitern müssen auch weiterhin die Chance erhalten, durch fremdes Kapital ihre Träume zu verfolgen. Denn mit den Träume fängt die Realität an. Ein Gottlieb Daimler oder ein Herr Bosch sind auch in ihren ersten Schritten gescheitert. Wenn schon Risikokapital seitens der ängstlichen Bevölkerung nicht zur Verfügung gestellt wird, ist es vonnöten, dass durch Bürgschaften und sonstige Hilfen die Zunahme des Risikokapitals gefördert wird, damit Erfindungen und Patente zunehmen.

Ein zunehmendes Probleme in Deutschland ist, dass wir zwar in der Grundlagenforschung erhebliche Patenten haben, jedoch bei der Anwendungen noch immer die traditionelle Schwäche zeigen. In Zeiten in denen USA, China und die aufsteigenden Länder erheblichen Druck erzeugen, (hier ist zu erwähnen dass Indien bereits in einen paar Jahren Deutschland im Rankng der Wirtschaftsmächte überholt haben wird), Deutschland endlich aufwacht und sich mit aller Kraft im Bereich der neuen Technologien einsetzt.

Es ist nicht zu verstehen, dass Mathematik, Zahlen, Formeln, Grundrechenarten so unbeliebt bei den Deutschen sind wie in keinem anderen europäischen Land. Hier muss die Schule gefragt werden, ob die Pädagogik der Schulen für diese Fächer nicht neu gedacht werden muss, damit die Zahlen und die Mathematik und das Verständnis der Mathematik durch eine einfache Sprache die Kinder beigebracht werden kann und dass die Logik endlich so vereinfacht wird, dass sie für Durchschnittsschüler ohne Nachhilfestunden verständlich wird. Hier ist aber auch das Elternhaus aufgerufen, die notwendige Hilfsmaßnahmen als Chancen für den Schüler zu verstehen und auch als Chancen an ihre Kinder weiterzugeben.

16. Literaturverzeichnis

16.1 Allgemeines

- Adamek, Sascha (2013): Die Machtmaschine. Sex, Lügen und Politik, Wilhelm Heyne Verlag, München (ISBN 978-3-453-20018-0).
- Arendt, Hannah (1987): Wahrheit und Lüge in der Politik. Zwei Essays, Piper Verlag, München (ISBN 978-3-492-30328-6).
- Bartels, Peter (2016): BILD. Ex-Chefredakteur enthüllt die Wahrheit über den Niedergang einer einst großen Zeitung, Kopp Verlag, Rottenburg (ISBN 978-3-86445-282-6).
- Bosbach, Gerd / Korff, Jens Jürgen (2012): Lügen mit Zahlen. Wie wir mit Statistiken manipuliert werden, Wilhelm Heyne Verlag, München (ISBN 978-3-453-60248-9).
- Brückner, Michael / Ulfkotte, Udo (2014): Politische Korrektheit. Von Gesinnungspolizisten und Meinungsdiktatoren., Kopp Verlag, Rottenburg (ISBN 978-3-86445-090-7).
- Erhardt, Wolf (2011): Ich mache doch, was ich nicht will. Wie wir täglich manipuliert werden und wie wir uns dagegen wehren können, BusinessVillage GmbH, Göttingen (ISBN 978-3-86980-139-1).
- Farkas, Viktor (2010): Lügen in Krieg und Frieden. Die geheime Macht der Meinungsmacher. Ein Insider packt aus, Kopp Verlag, Rottenburg (ISBN 978-3-942016-05-6).
- Fleck, Dirk C. (2012): Die vierte Macht. Spitzenjournalisten zu ihrer Verantwortung in Krisenzeiten, Hoffmann und Campe Verlag, Hamburg (ISBN 978-3-445-50259-6).
- Gärtner, Markus (2015): Lügen Presse. Wie uns die Massenmedien durch Fälschen, Verdrehen und Verschweigen manipulieren, Kopp Verlag, Rottenburg (ISBN 978-3-86445-240-6
- Grundl, Boris (2013): Diktatur der Gutmenschen. Was Sie sich nicht gefallen lassen dürfen, wenn Sie etwas bewegen wollen, Ullstein Verlag, Berlin (ISBN 978-3-430-20041-7).
- Haupt, Heiko (2016): Wenn Medien lüge. Ein Blick hinter die Kulissen von manipulierten Medien und gekauften Journalisten, Redline Verlag, München (ISBN 978-3-86881-603-7).
- Herles, Wolfgang (2015): Die Gefallsüchtigen. Gegen Konformismus in den Medien und Populismus in der Politik, Albrecht Knaus Verlag, München (ISBN 978-3-8135-0668-6).
- Humphrey, Michael/ Rey, Volker Hans (2014): Das deutsche Desaster. Wie die Deutschen um die Demokratie betrogen werden und warum Europa kaum bessere Aussichten hat, R.G. Fischer Verlag, Frankfurt am Main (ISBN 978-3-8301-1642-4).
- Inci, Y. (2005): Erstickt an euren lügen. Eine Türkin in Deutschland erzählt, Piper Verlag, München (ISBN 978-3-492-24821-1).
- Jackob, Nikolaus (2012): Gesehen, gelesen - geglaubt? Warum die Medien nicht die Wirklichkeit abbilden und die Menschen ihnen dennoch vertrauen, Olzog Verlag, München (ISBN 978-3-7892-8344-4).
- Krüger, Uwe (2013): Meinungsmacht. Der Einfluss von Eliten auf Leitmedien und Alpha-Journalisten - eine kritische Netzwerkanalyse, Die Reihe des Instituts für Praktische

Journalismus und Kommunikationsforschung, Herbert von Halem Verlag, Köln (ISBN 978-3-86962-070-1).

- Krüger, Uwe (2016): Mainstream. Warum wir den Medien nicht mehr trauen, C.H. Beck Verlag, München (ISBN 978-3-406-688515).
- Maier, Michael (2016): Das Ende der Behaglichkeit. Wie die modernen Kriege Deutschland und Europa verändern, FinanzBuch Verlag, München (ISBN 978-3-89879-941-6).
- Müller, Albrecht (2010): Meinungsmache. Wie Wirtschaft, Politik und Medien uns das Denken abgewöhnen wollen, Knaur Verlag, München (ISBN 978-3-426-78160-9).
- Multerer, Dominic (2015): Klartext. Sagen, was Sache ist. Machen, was weiterbringt, Gabal Verlag, Offenbach (ISBN 978-386936-658-6).
- o.V.: Unterhaltungs- und Medien-Branche in Deutschland: Die digitalen Medien bestimmen das Wachstum. in: PWC, o.Z., entnommen von: https://www.pwc.de/de/technologie-medien-und-telekommunikation/unterhaltungs-und-medien-branche-in-deutschland-die-digitalen-medien-bestimmen-das-wachstum.html
- o.V.: VPRT-Prognose zum Medienmarkt 2016. in: VPRT, erschienen am 24.10.2016, entnommen von: http://www.vprt.de/verband/presse/pressemitteilungen/content/vprt-prognose-zum-medienmarkt-2016
- Ruge, Gerd (2013): Unterwegs. Politische Erinnerungen, Hanser Berlin im Carl Hanser Verlag, München (ISBN 978-3-446-24369-9).
- Sarrazin, Thilo (2014): Der neue Tugendhorror. Über die Grenzen der Meinungsfreiheit in Deutschland, Deutsche Verlags-Anstalt, München (ISBN 978-3-421-04617-8).
- Siebenhaar, Hans Peter (2012): Die Nimmersatten. Die Wahrheit über das System ARD und ZDF, Bastei Lübbe Verlag, Köln (ISBN 978-3-8479-0518-9).
- Singer, Barbara (2012): Spiegel der Gesellschaft. Über die Manipulation in all unseren Lebensbereichen, Tradition Verlag, Hamburg (ISBN 978-3-8424-9603-3).
- Teusch, Ulrich (2016): Lückenpresse. Das Ende des Journalismus, wie wir ihn kannten, Westend Verlag, Frankfurt am Main (ISBN 978-3-86489-145-8).
- Thoden, Ronald (Hg.) (2015): ARD&Co. Wie Medien manipulieren, Selbrund Verlag, Frankfurt am Main (ISBN 978-3-9816963-7-0).
- Ulfkotte, Udo (2002): So lügen Journalisten. Der Kampf um Quoten und Auflagen, Wilhelm Goldmann Verlag, München (ISBN 3-442-15187-2).
- Ulfkotte, Udo (2014): Gekaufte Journalisten. Wie Politiker, Geheimdienste und Hochfinanz Deutschlands Massenmedien lenken, Kopp Verlag, Rottenburg (ISBN 978-3-86445-143-0).
- Ulfkotte, Udo (2016): Volkspädagogen. Wie uns die Massenmedien politisch korrekt erziehen wollen. Kopp Verlag, Rottenburg (ISBN 978-3-86445-388-5).
- Wehling, Elisabeth (2016): Politisches Framing. Wie eine Nation sich ihr Denken einredet - und daraus Politik macht, Herbert von Halem Verlag, Köln (ISBN 978-3-86962-208-8).
- Witzer, Brigitte (2014): Die Diktatur der Dummen. Wie unsere Gesellschaft verblödet, weil die Klügeren immer nachgeben, Wilhelm Heyne Verlag, München (ISBN 978-3-453-20054-8).
- Wutschke, Jürgen: „Frau Merkel, das reicht mir nicht". in: N-TV, Ausgabe vom 20.08.2017, entnommen von: http://www.n-tv.de/politik/Frau-Merkel-das-reicht-mir-nicht-article19992274.html.

16.2 Bildung

- Wilhelm Erman, Ewald Horn: Bibliographie der deutschen Universitäten, systematisch geordnetes Verzeichnis der bis Ende 1899 gedruckten Bücher und Aufsätze über das deutsche Universitätswesen, 3 Bde. B.G. Teubner, Leipzig Berlin 1904–1905. – Gießener Elektronische Bibliothek 2006.
- Hartmut Boockmann: Geschichte der deutschen Universität. Mit einem Nachwort von Wolf Jobst Siedler. Siedler Verlag, Berlin 1999, ISBN 3-88680-617-0.
- Clyde W. Barrow: Universities and the Capitalist State: Corporate Liberalism and the Reconstruction of American Higher Education, 1894–1928. University of Wisconsin Press, 1990.
- Martin Biastoch: Studenten und Universitäten im Kaiserreich – Ein Überblick. In: Marc Zirlewagen (Hrsg.): „Wir siegen oder fallen". Deutsche Studenten im Ersten Weltkrieg (= Abhandlungen zum Studenten- und Hochschulwesen. 17) Köln 2008, S. 11–24.
- Pierre Bourdieu: Homo Academicus. Frankfurt/Main: Suhrkamp, 1988 ISBN 3-518-57892-8.
- Franco Cardini, Mariaterese Fumagalli Beonio-Brocchieri (Hrsg.): Universitäten im Mittelalter. Die Europäischen Stätten des Wissens. München 1991, ISBN 3-517-01272-6.
- John Connelly, Michael Grüttner (Hrsg.): Zwischen Autonomie und Anpassung. Universitäten in den Diktaturen des 20. Jahrhunderts, Schöningh, Paderborn 2003 ISBN 3-506-71941-6.
- Jacques Derrida: Die unbedingte Universität. Suhrkamp, Frankfurt am Main 2001, ISBN 3-518-12238-X.
- Sigmund Diamond: Compromised Campus: The Collaboration of Universities with the Intelligence Community, 1945–1955. Oxford University Press 1992
- Joachim Ehlers: Die hohen Schulen. In: Peter Weimar (Hrsg.): Die Renaissance der Wissenschaften im 12. Jahrhundert, Zürich 1981, S. 57–86.
- Johann J. Engel, Johann B. Erhard, Friedrich A. Wolf u. a.: Gelegentliche Gedanken über Universitäten. Leipzig 1990 ISBN 3-379-00531-2.
- Friedrich-Schiller-Universität Jena (Hrsg.): Das Spezifikum universitärer Bildung. Denkschrift zur gegenwärtigen Lage der Universität. (edition paideia) Jena 2007, ISBN 978-3-938203-56-9.
- Stefan Fisch: Geschichte der europäischen Universität. Von Bologna nach Bologna. Beck, München 2015, ISBN 3-406-67667-7.
- Karl Griewank: Deutsche Studenten und Universitäten in der Revolution von 1848. Böhlau 1949, OCLC 251055912.
- Michael Grüttner u. a. (Hrsg.): Gebrochene Wissenschaftskulturen. Universität und Politik im 20. Jahrhundert, Göttingen: Vandenhoeck & Ruprecht, 2010, ISBN 978-3-525-35899-3.
- Helmut Heiber: Universität unterm Hakenkreuz. Teil 1: Der Professor im Dritten Reich: Bilder aus der akademischen Provinz. Saur, München 1991; Teil 2: Die Kapitulation der Hohen Schulen: das Jahr 1933 und seine Themen. 2 Bände, Saur, München 1992/94.
- Klaus Heinrich: Zur Geistlosigkeit der Universität heute, Universität Oldenburg 1987, ISBN 3-8142-1008-5.

- *M. J. F. M. Hoenen, Jakob Hans Josef Schneider, Georg Wieland (Hrsg.): Philosophy and Learning. Universities in the Middle Ages. Brill Leiden 1997, ISBN 90-04-10212-4*
- *Jochen Hörisch: Die ungeliebte Universität. Rettet die Alma mater! München 2006, Hanser, ISBN 3-446-20805-4 (einige Kapitel von Karl Jaspers inspiriert)*
- *Die Idee der deutschen Universität: die fünf Grundschriften aus der Zeit ihrer Neubegründung durch klassischen Idealismus und romantischen Idealismus. (Darin unter anderem Wilhelm von Humboldt: Über die innere und äußere Organisation der höheren wissenschaftlichen Anstalten in Berlin. 1810). Wissenschaftliche Buchgesellschaft, Darmstadt 1956, OCLC 11254751.*
- *Karl Jaspers: Die Idee der Universität. Springer, Berlin/ New York 1980, ISBN 3-540-10071-7.*
- *Michael Klant: Universität in der Karikatur – Böse Bilder aus der kuriosen Geschichte der Hochschulen. Hannover 1984, ISBN 3-7716-1451-1.*
- *Beate Krais: Wissenschaftskultur und Geschlechterordnung. Über die verborgenen Mechanismen männlicher Dominanz in der akademischen Welt. Campus, Frankfurt am Main/ New York 2000, ISBN 3-593-36230-9.*
- *Otto Krammer: Bildungswesen und Gegenreformation. Die Hohen Schulen der Jesuiten im katholischen Teil Deutschlands vom 16. bis zum 18. Jahrhundert. ISBN 3-923621-30-2.*
- *Dieter Langewiesche: Wozu braucht die Gesellschaft Geisteswissenschaften? Wieviel Geisteswissenschaften braucht die Universität? In: Florian Keisinger u. a. (Hrsg.): Wozu Geisteswissenschaften? Kontroverse Argumente für eine überfällige Debatte. Frankfurt a. M./ New York 2003, ISBN 3-593-37336-X.*
- *Konrad Lengenfelder (Hrsg.): Dendrono-Puschners Natürliche Abschilderung des Academischen Lebens in schönen Figuren ans Licht gestellet. 2. Auflage Altdorf 1993 (1. Auflage Nürnberg 1962).*
- *Walter Rüegg: Geschichte der Universität in Europa. 4 Bände, C.H. Beck, München. Bd. 1: Mittelalter. 1993; Bd. 2: Von der Reformation zur Französischen Revolution (1500–1800). 1996; Bd. 3: Vom 19. Jahrhundert zum Zweiten Weltkrieg 1800–1945. 2004; Bd. 4: Vom Zweiten Weltkrieg bis zum Ende des 20. Jahrhunderts. 2010, ISBN 978-3-406-36955-1.*
- *Rudolf Stichweh: Der frühmoderne Staat und die europäische Universität – Zur Interaktion von Politik und Erziehungssystem im Prozeß ihrer Ausdifferenzierung. Frankfurt a. Main 1991.*
- *George Turner: Hochschule zwischen Vorstellung und Wirklichkeit. Zur Geschichte der Hochschulreform im letzten Drittel des 20. Jahrhunderts. Berlin 2001.*
- *Wolfgang E.J. Weber: Geschichte der europäischen Universität. Kohlhammer, Stuttgart 2002, ISBN 3-17-016482-1*
- *George Turner: Hochschule zwischen Vorstellung und Wirklichkeit. Zur Geschichte der Hochschulreform im letzten Drittel des 20. Jahrhunderts, Berlin 2001.*
- *Manuel Eisner, Denis Ribeaud, Rahel Jünger, Ursula Meidert: Frühprävention von Gewalt und Aggression. Ergebnisse des Zürcher Präventions- und Interventionsprojektes an Schulen. Verlag Rüeger, 2007, ISBN 978-3-7253-0880-4.*
- *Klaus Fröhlich-Gildhoff: Freiburger Anti-Gewalt-Training (FAGT) Kohlhammer, Stuttgart 2006, ISBN 978-3-17-018847-1.*
- *Freerk Huisken: Jugendgewalt. VSA-Verlag, Hamburg 1996, ISBN 3-87975-631-7.*

- *Klaus Hurrelmann, Heidrun Bründel: Gewalt an Schulen. Pädagogische Antworten auf eine soziale Krise. Beltz, Weinheim / Basel 2007, ISBN 978-3-407-22184-1.*
- *Till Kössler: Jenseits von Brutalisierung oder Zivilisierung. Schule und Gewalt in der Bundesrepublik (1970–2000), in: Zeithistorische Forschungen 15 (2018), S. 222–249.*
- *Anne Kühling: School Shooting – Ursachen und Hintergründe zu extremen Gewalttaten an deutschen Schulen. (PDF; 671 kB) VVSWF, 2009, ISBN 978-3-937870-08-3.*
- *Barbara Mollet: Einfühlsam statt gewaltsam. Arbeitshilfen zur Förderung emotionaler und sozialer Kompetenzen in der fächerübergreifenden Projekt- und Schulsozialarbeit an Grund- und Förderschulen. 2. Auflage. Schneider Verlag Hohengehren 2012, ISBN 978-3-8340-1126-8.*
- *Dan Olweus: Gewalt in der Schule. Verlag Hans Huber, Bern 2006, ISBN 978-3-456-84390-2.*
- *Elsa Pollmann: Tatort Schule. Wenn Jugendliche Amok laufen. Tectum Verlag, Marburg 2008, ISBN 978-3-8288-9801-1.*
- *Frank Robertz, Ruben Wickenhäuser: Der Riss in der Tafel. Amoklauf und schwere Gewalt in der Schule. Springer Medizin Verlag, Heidelberg 2007, ISBN 978-3-540-71630-3.*
- *Ferdinand Sutterlüty: Gewaltkarrieren. Jugendliche im Kreislauf von Gewalt und Missachtung. Campus Verlag., Frankfurt 2002, ISBN 3-593-37081-6.*
- *Gewalt in der Schule - Bestandsaufnahme im Jahr 2006. Ein Überblick über sozialwissenschaftliche Forschung. (PDF) Informationszentrum Sozialwissenschaften der Arbeitsgemeinschaft Sozialwissenschaftlicher Institute e. V. (Gesis) Reihe sowiOnline ISSN 1616-3893*
- *Hans Jürgen Groß: Bullying (Gewalt in der Schule) Begriff, Ausmass, Folgen: unter besonderer Berücksichtigung des Opfermerkmals „überbehütetes Kind". Trainerverlag, Saarbrücken 2012, ISBN 978-3-8417-5044-0.*
- *Stefan Drewes, Klaus Seifried: Krisen im Schulalltag. Prävention, Management und Nachsorge. Kohlhammer, Stuttgart 2012, ISBN 978-3-17-021692-1.*
- *Oskar Anweiler u. a.: Bildungspolitik in Deutschland 1945–1990. Ein historisch-vergleichender Quellenband. Bundeszentrale für politische Bildung, Bonn 1992, ISBN 3-89331-137-8.*
- *Rolf Arnold, Henning Pätzold: Schulpädagogik kompakt. Cornelsen, Berlin 2002, ISBN 3-589-21377-9.*
- *Michael Behr: Nachhilfeunterricht: Erhebung in einer Grauzone pädagogischer Alltagsrealität. Wissenschaftliche Buchgesellschaft, Darmstadt 1990, ISBN 3-534-80121-0.*
- *Kai S. Cortina, Jürgen Baumert, Achim Leschinsky, Karl Ulrich Mayer: Das Bildungswesen in der Bundesrepublik Deutschland. Strukturen und Entwicklungen im Überblick. Rowohlt Taschenbücher, 2003, ISBN 3-499-61122-8.*
- *Rainer Geißler: Die Sozialstruktur Deutschlands. Die gesellschaftliche Entwicklung vor und nach der Vereinigung. 3. Auflage. Wiesbaden 2002, ISBN 3-531-32923-5, S. 333–364.*
- *C. Furck, C. Führ (Hrsg.): Handbuch der deutschen Bildungsgeschichte. Band VI: 1945 bis zur Gegenwart. München 1998, ISBN 3-406-32467-3.*
- *Hermann M. Schulz: Pädagogendämmerung oder die sieben Irrtümer in der Pädagogik. 2. Auflage. tredition, Hamburg 2014, ISBN 978-3-8495-7732-2.*
- *Christian Starck, Jean Imbert, Helmut Lecheler, René Epp (Hrsg.): Staat, Schule, Kirche in der Bundesrepublik Deutschland und in Frankreich – Etat, Ecole et Eglises en France et en République fédérale d' Allemagne (= Deutsch-Französische Kolloquien Kirche Staat*

Gesellschaft – Straßburger Kolloquien. Band 3). N.P. Engel Verlag, Kehl am Rhein/ Straßburg 1982, ISBN 3-88357-013-3.

- Bleisch, Barbara (2018): Warum wir unseren Eltern nichts Schulde, Carl Hanser Verlag, München (ISBN 978-3-446-25831-0)
- Sven Nickel: Funktionaler Analphabetismus – Ursachen und Lösungsansätze hier und anderswo. (PDF; 1,3 MB) Uni BremenMarion Döbert, Peter Hubertus: Ihr Kreuz ist die Schrift. Analphabetismus und Alphabetisierung in Deutschland. (PDF; 3,1 MB) Bundesverband Alphabetisierung, Münster / Klett-Cotta, Stuttgart 2000, ISBN 3-929800-15-2.
- Axel Bödefeld: „…. und du bist weg!" Bullying in Schulklassen als Sündenbock-Mechanismus. Lit, Wien 2006, ISBN 3-7000-0526-1.
- Christoph Burger, Dagmar Strohmeier, Nina Spröber, Sheri Bauman, Ken Rigby: How teachers respond to school bullying: An examination of self-reported intervention strategy use, moderator effects, and concurrent use of multiple strategies. Teaching and Teacher Education, 51, 191–202. (pdf)
- Françoise D. Alsaker: Mutig gegen Mobbing in Kindergarten und Schule. Verlag Hans Huber, 1. Auflage. Bern 2012, ISBN 978-3-456-84913-3.
- Karl E. Dambach: Wenn Schüler im Internet mobben: Präventions- und Interventionsstrategien gegen Cyber-Bullying. 2. Auflage. Reinhardt-Verlag, 2012, ISBN 978-3-497-02314-1.
- Jo-Jacqueline Eckardt: Mobbing bei Kindern. Erkennen, helfen, vorbeugen. Urania, Stuttgart 2006, ISBN 3-332-01787-X.
- Dan Olweus: Gewalt in der Schule. Was Lehrer und Eltern wissen sollten – und tun können. 4. Auflage. Huber, Bern 2006, ISBN 3-456-84390-9.
- Peter Struck: Wie schütze ich mein Kind vor Gewalt in der Schule? Eichborn, Frankfurt am Main 2001, ISBN 3-8218-1648-1.
- Walter Taglieber: Berliner Anti-Mobbing-Fibel. Was tun wenn. Eine Handreichung für eilige Lehrkräfte. Berliner Landesinstitut für Schule und Medien, Berlin 2005, ISBN 978-3-9810733-8-6. (Digitalisat)
- Mechthild Schäfer, Gabriela Herpell: Du Opfer! Wenn Kinder Kinder fertigmachen. Der Mobbing-Report. 1. Auflage, Rowohlt Verlag, Hamburg 2010, ISBN 978-3-498-03006-3.
- Wilfried Schubarth: Gewalt und Mobbing an Schulen. Möglichkeiten der Prävention und Intervention. 2. Auflage, Verlag W. Kohlhammer, Stuttgart 2013, ISBN 978-3-17-022976-1:
- Peter Teuschel, Klaus Werner Heuschen: Bullying – Mobbing bei Kindern und Jugendlichen. F. K. Schattauer, München 2012, ISBN 3-7945-2843-3.
- Brodnig, Ingrid (2016): Hass im Netz. Was wir gegenHetze, Mobbing und Lügen tun können, Christian Brandstätter Verlag, Wien (ISBN 978-3-7106-0035-7)
- Finkielkraut, Alain (2013): L'identité malheureuse, Éditions Stock (ISBN 978-2-234-07336-4)

- Pierre Bourdieu: Der Staatsadel. Uvk, Konstanz 2004, ISBN 3-89669-807-9
- Douglas S. Massey, Camille Z. Charles, Mary J. Fischer: The Source of the River: The Social Origins of Freshmen at America's Selective Colleges and Universities. Princeton University Press, 2006, ISBN 0-691-12597-X

- Daniel Golden: *The Price of Admission: How America's Ruling Class Buys Its Way Into Elite Colleges--And Who Gets Left Outside the Gates.* Crown Publishers, 2006, ISBN 1-4000-9796-7
- Ingo von Münch: *„Elite-Universitäten": Leuchttürme oder Windräder?* Reuter und Klöckner, Hamburg 2005, ISBN 3-921174-21-X
- R. D. Kahlenberg (Century Foundation): *America's Untapped Resource: Low-Income Students in Higher Education,* Century Foundation Press, 2004, ISBN 0-87078-485-4
- Michael Hartmann: *Der Mythos von den Leistungseliten. Spitzenkarrieren und soziale Herkunft in Wirtschaft, Politik, Justiz und Wissenschaft.* Campus Verlag, Frankfurt/New York 2002, ISBN 3-593-37151-0
- George Turner: *Elite-Universitäten und die akademische Nivellierung. Das Ergebnis des Exzellenzwettbewerbs zeitigt eine universitäre Zwei-Klassen-Gesellschaft durch hochschulpolitische Planwirtschaft mit Fallbeil und Dampfwalze.* Corps Magazin (Deutsche Corpszeitung 112. Jahrgang) 4/2010, S. 12–15
- Freimuth, Ingrid (2018): *Lehrer über dem Limit. Warum die Integration scheitert,* München (ISBN 978-3-95890-184-1)
- Frydrych, Gabriele (2019): *Man soll den Tag nicht vor dem Elternabend loben. Von Schülern, Lehrern und Hochbegabten,* Piper Verlag, München (ISBN 978-3-492-31369-8)
- Frydrych, Gabriele (2006): *Von Schülern, Eltern und anderen Besserwissern. Aberwitz im Schulalltag.* Piper Verlag, München (ISBN: 978-3-492-25458-8)
- Gerster, Petra; Nürnberger, Christian (2017): *Die Meinungsmaschine. Wie Informationen gemacht werden – und wem wir noch glauben können.* Ludwig Verlag, München (ISBN: 978-3-453-28047-2)
- Greiner, Lena; Padtberg, Carola (2018): *Ich muss mit auf Klassenfahrt – meine Tochter kann sonst nicht schlafen! Neue unglaubliche Geschichten über Helikopter-Eltern.* Ullstein Buchverlage, Berlin (ISBN: 978-3-548-37794-0)
- Greiner, Lena; Padtberg, Carola (2017): *Verschieben Sie die Deutscharbeit – mein Sohn hat Geburtstag! Berlin* (ISBN: 978-3-548-37749-0)
- Hofmann Friedrich: *Promotonsfabriken-Der Doktortitel zwischen Wissenschaft, Prestige, und Betrug-Ch.Links Verlag Berlin-*(ISBN 978-3-86153-869-1)
- Jannan, Mustafa : *Das Anti-Mobbing-Buch. Gewalt an der Schule – vorbeugen, erkennen, handeln.* Beltz Verlag, Weinheim und Basel (ISBN 978-3-407-62964-3)
- Jannan, Mustafa: *Das Anti-Mobbing-Elternheft. Schüler als Mobbing-Opfer – Was Ihrem Kind wirklich hilft.* Beltz Verlag, Weinheim und Basel (ISBN 978-3-407-62721-6)
- Knapp, Natalie (2015): *Kompass neues Denken. Wie wir uns in einer unübersichtlichen Welt orientieren können,* Rowohlt Taschenbuch Verlag, Hamburg (ISBN 978-3-499-62765-8)
- König, Ingrid (2019): *Schule vor dem Kollaps. Eine Schulleiterin über Integration, die Schattenseiten der Migration und was getan werden muss,* Penguin Verlag, München (ISBN 978-3-328-60081-7)
- Kraus, Josef (2018): *50 Jahre Umerziehung. Die 68er und ihre Hinterlassenschaften,* Manuscriptum Verlagsbuchhandlung, Lüdinghausen/Berlin (ISBN 978-3-944872-81-0)
- Kraus, Josef (2011): *Bildung geht nur mit Anstrengung. Wie wir wieder eine Bildungsnation werden können,* Classicus Verlag, Hamburg (ISBN 978-3-942848-27-5)
- Kraus, Josef (2013): *Helikopter Eltern. Schluss mit Förderwahn und Verwöhnung,* Rowohlt Verlag, Hamburg (ISBN 978-3-498-03409-2)

- *Kraus, Josef (2009): Ist die Bildung noch zu retten? Eine Streitschrift, Herbig Verlagsbuchhandlung, München (ISBN 978-3-7766-2610-0)*
- *Kraus, Josef (2017): Wie man eine Bildungsnation an die Wand fährt. Und was Eltern jetzt wissen müssen, Herbig Verlagsbuchhandlung, München (ISBN 978-3-7766-2802-9)*
- *Lembke, Gerald und Leipner, Ingo (2015): Die Lüge der digitalen Bildung. Warum unsere Kinder das Lernen verlernen, Redline Verlag, München (ISBN 978-3-86881-697-6)*
- *Nida-Rümelin, Julian und Zierer, Klaus (2015): Auf dem Weg in eine neue deutsche Bildungskatastrophe. Zwölf unangenehme Wahrheiten, Verlag Herder, Freiburg im Breisgau (ISBN 978-3-451-31288-5)*
- *Nida-Rümelin, Julian (2014): Der Akademisierungswahn. Zur Krise beruflicher und akademischer Bildung, Edition Körber-Stiftung, Hamburg (ISBN 978-3-89684-161-2)*
- *Nida-Rümelin, Julian (2015): Die Optimierungsfalle. Philosophie einer humanen Ökonomie, Btb Verlag, München (ISBN 978-3-442-74969-0)*
- *Roth, Gerhard (2015): Bildung braucht Persönlichkeit. Wie Lernen gelingt. Klett-Cotta, Stuttgart (978-3-608-98055-4)*
- *Olweus, Dan (2002): Gewalt in der Schule. Was Lehrer und Eltern wissen sollten – und tun können. Verlag Hans Huber, Bern (ISBN 3-456-83923-5)*
- *Schubarth, Wilfried (2019): Gewalt und Mobbing an Schulen. Möglichkeiten der Prävention und Intervention. Stuttgart (ISBN: 978-3-17-030878-7)*
- *Vinke, Hermann und Vinke, Kira (2015): Zivil Courage 2.0. Vorkämpfer für eine gerechte Zukunft, Ravensburger Buchverlag, Ravensburg (ISBN 978-3-473-55348-8)*
- *Wiesinger, Susanne mit Thies, Jan (2018): Kulturkampf im Klassenzimmer. Wie der Islam die Schulen verändert. Bericht einer Lehrerin, Edition QVV, Wien (ISBN 978-3-200-05875-0)*
- *Wachs, Sebastian; Hess, Markus; Scheithauer, Herbert; Schubarth, Wilfried (2016): Mobbing an Schulen. Erkennen – Handeln – Vorbeugen, Stuttgart (ISBN 978-3-17-023071-2)*

16.3 Eliten

- *Gründiger, Wolfgang (2016): Alte Säcke Politik. Wie wir unsere Zukunft verspielen, Gütersloher Verlagshaus, München (ISBN 978-3-579-08626-2)*
- *Friedrichs, Julia (2017): Gestatten: Elite. Auf den Spuren der Mächtigen von morgen, Piper Verlag, München (ISBN 978-3-492-31039-0)*
- *Hartmann, Michael (2002): Der Mythos von den Leistungseliten. Spitzenkarrieren und soziale Herkunft in Wirtschaft, Politik, Justiz und Wissenschaft, Campus Verlag, Frankfurt/Main (ISBN 3-593-37151-0)*
- *Hartmann, Michael (2018): Die Abgehobenen. Wie die Eliten die Demokratie gefährden, Campus Verlag, Frankfurt am Main (ISBN 978-3-593-50928-0)*
- *Hartmann, Michael (2004): Elite-Soziologie. Eine Einführung, Campus Verlag, Frankfurt am Main (ISBN 978-3-593-37439-0)*
- *Hartmann, Michael (2007): Eliten und Macht in Europa. Ein internationaler Vergleich, Campus Verlag, Frankfurt am Main (ISBN 978-3-593-38434-4)*
- *Michael, Hartmann (2013): Soziale Ungleichheit. Kein Thema für die Eliten?, Campus Verlag, Frankfurt am Main (ISBN 978-3-593-39948-5)*

- Lasch, Christopher (1994):Die blinde Elite. Macht ohne Verantwortung, Hoffmann und Campe Verlag, Hamburg (ISBN 3-455-11096-7)
- LiteraturBearbeiten
- Donald E. Abelson: Do Think Tanks Matter? Assessing the Impact of Public Policy Institutes. McGill-Queen's University Press, Montreal u. a. 2002, ISBN 0-7735-2317-0.
- Kubilay Yado Arin: Die Rolle der Think Tanks in der US-Außenpolitik. Von Clinton zu Bush Jr., VS Springer Verlag, Wiesbaden, 2013, ISBN 978-3-658-01043-0.
- Michael Borchard: Politische Stiftungen und Politische Beratung. Erfolgreiche Mitspieler oder Teilnehmer außer Konkurrenz? In: Steffen Dagger, Christoph Greiner, Kirsten Leinert (Hrsg.): Politikberatung in Deutschland. Praxis und Perspektiven. VS, Verlag für Sozialwissenschaften, Wiesbaden 2004, ISBN 3-531-14464-2, S. 91–97.
- Josef Braml: Think Tanks versus "Denkfabriken"? U.S. and German Policy Research Institutes' Coping with and Influencing their Environments. Strategien, Management und Organisation politikorientierter Forschungsinstitute (englisch; Aktuelle Materialien zur internationalen Politik. Bd. 68). Nomos Verlags-Gesellschaft, Baden-Baden 2004, ISBN 3-8329-0547-2 (Zugleich: Passau, Universität, Dissertation, 2001).
- Thomas Brandstetter, Claus Pias, Sebastian Vehlken (Hrsg.): Think Tanks. Die Beratung der Gesellschaft. Diaphanes, Zürich u. a. 2010, ISBN 978-3-03734-086-8, Verlagsinformation.
- Daniel Florian: Benchmarking Think Tanks. Wandlungsstrategien akademischer Think Tanks., Bochum 2004 (Bochum, Universität, Bachelorarbeit, Bochum, 2004), (PDF; 351,30 KB).
- Martin Gehlen: Politikberatung in den USA. Der Einfluss von Think-Tanks auf die amerikanische Sozialpolitik (= Nordamerikastudien. Bd. 24). Campus, Frankfurt am Main 2005, ISBN 3-593-37728-4(Zugleich: Erfurt, Universität, Dissertation, 2004).
- Winand Gellner: Ideenagenturen für Politik und Öffentlichkeit. Think Tanks in den USA und in Deutschland (= Studien zur Sozialwissenschaft. Bd. 157). Westdeutscher Verlag, Opladen 1995, ISBN 3-531-12721-7.
- Ulrich Heisterkamp: Think Tanks der Parteien? Eine vergleichende Analyse der deutschen politischen Stiftungen. Springer VS, Wiesbaden 2014, ISBN 978-3-658-06857-8.
- James G. McGann: The Think Tanks and Civil Societies Programm 2009. The Global „Go-To Think Tanks". The Leading Public Policy Research Organizations in the World. (englisch), University of Pennsylvania, Philadelphia PA 2010, online (PDF; 801 KB) (Memento vom 23. Juni 2011 im Internet Archive).

- *James G. McGann, R. Kent Weaver (Hrsg.): Think Tanks and Civil Societies. Catalysts for Ideas and Action. Transaction Publishers, New Brunswick NJ 2000, ISBN 0-7658-0032-2.*
- *Wolfgang H. Reinicke, Jennifer Mitchell: Lotsendienste für die Politik. Think Tanks – amerikanische Erfahrungen und Perspektiven für Deutschland. Verlag Bertelsmann-Stiftung, Gütersloh 1996, ISBN 3-89204-235-7.*
- *Diane Stone: Think Tanks and Policy Advice in Countries in Transition (= ADB Institute Discussion Paper. Nr. 36, ZDB-ID 2221806-3). Paper prepared for the Asian Development Bank Institute Symposium: „How to Strengthen Policy-Oriented Research and Training in Viet Nam.", 31. August 2005, Hanoi, online (PDF; 567,2 KB).*
- *Diane Stone, Andrew Denham (Hrsg.): Think Tank Traditions. Policy Research and the Politics of Ideas. Manchester University Press, Manchester u. a. 2004, ISBN 0-7190-6479-1.*
- *Martin Thunert: Think Tanks als Ressourcen der Politikberatung. Bundesdeutsche Rahmenbedingungen und Perspektiven. In: Forschungsjournal Neue Soziale Bewegungen. Jg. 12, H. 3, September 1999, S. 10–19, online (PDF; 5,3 MB).*
- *Martin Thunert: Think Tanks in Deutschland – Berater der Politik? In: Aus Politik und Zeitgeschichte. B 51, 2003, S. 30–38, online (PDF; 1,3 MB).*
- *Martin Thunert: Think Tanks in Germany: Their Resources, Strategies and Potential. In: Zeitschrift für Politikberatung. Bd. 1, Nr. 1, März 2008, ISSN 1865-4789, S. 32–52, doi:10.1007/s12392-008-0003-4.*
- *Wolfgang Wessels, Verena Schäfer: Think Tanks in Brüssel: „sanfte" Mitspieler im EU-System? – Möglichkeiten und Grenzen der akademisch geleiteten Politikberatung. In: Steffen Dagger, Michael Kambeck (Hrsg.): Politikberatung und Lobbying in Brüssel. VS, Verlag für Sozialwissenschaften, Wiesbaden 2007, ISBN 978-3-531-15388-9, S. 197–211, Preview*
- *Mauduit, Laurent (2018) : La Caste, Éditions La Découverte, Paris (ISBN 978-2-348-03770-2)*
- *Meck, Georg und Weiguny, Bettina (2018):Der Eliten-Report, Rowohlt Berlin Verlag, Berlin (ISBN 978-3-7371-0034-2)*
- *Ogger, Günter (1994): Das Kartell der Kassierer. Die Finanzbranche macht Jagd auf unser Geld, Droemersche Verlagsanstalt München (ISBN 3-426-26734-9)*
- *Pelz, Bernd F. und Mahlmann, Regina (2015): Manager im Würgegriff. Eine Aufforderung zum Nachdenken in turbulenten Zeiten, Springer Fachmedien, Wiesbaden (ISBN 978-3-658-07933-8)*
- *Rand, Ayn (2016): Für den neuen Intellektuellen. Eine Streitschrift gegen die pseudointellektuellen Verführer in den Medien und Universitäten, Scholarium (ISBN 978-3-902639-36-3)*
- *Schreyer, Paul (2018): Die Angst der Eliten. Wer fürchtet die Demokratie? Westend Verlag Frankfurt/Main (ISBN 978-3-86489-209-7)*

16.4 Rassismus/Rechtsradikalismus

- *Assmann, Aleida (2018): Menschenrechte und Menschenpflichten. Schlüsselbegriffe für eine humane Gesellschaft, Picus Verlag, Wien (ISBN 978-3-7117-2072-6)*
- *Engler, Wolfgang und Hensel, Jana (2018): Wer wir sind. Die Erfahrung ostdeutsch zu sein, Aufbau Verlag, Berlin (ISBN 978-3-351-03734-5)*
- *Grosser, Alfred (2017): Le Mensch. Die Ethik der Identitäten, Verlag Dietz, Bonn (ISBN 978-3-8012-0499-0)*
- *Hall, Stuart (2012): Rassismus und kulturelle Identität. Ausgewählte Schriften 2, Argument Verlag, Hamburg (ISBN 978-3-88619-226-7)*
- *Merey, Can (2018): Der ewige Gast. Wie mein türkischer Vater versuchte, Deutscher zu werden, Karl Blessing Verlag, München (ISBN 978-3-89667-605-4)*
- *Saunders, Doug (2012): Mythos Überfremdung. Eine Abrechnung, Karl Blessing Verlag, München (ISBN 978-3-89667-486-9)*
- *Schneider, Heike (2011): Schlüpf doch mal in meine Haut. Acht Gespräche über Alltagsrassismus in Deutschland, Militzke Verlag, Leipzig (ISBN 978-3-86189-843-6)*
- *Siebenmorgen, Peter (2017): Deutsch sein, Ecowin Verlag, Wals bei Salzburg (ISBN 978-3-7110-0132-0)*

16.5 Risikokapital

- *Anderson, Sweeney, Williams: An Introduction to Management Science. 7. Auflage. West Publishing, Minneapolis et al. 1994, ISBN 0-314-02479-4, Kapitel 14.*
- *Günter Bamberg, Adolf G. Coenenberg: Betriebswirtschaftliche Entscheidungslehre. 14. Auflage. Verlag Vahlen, München 2008, ISBN 978-3-8006-3506-1 (Standardlehrbuch)*
- *Michael Bitz: Entscheidungstheorie. Vahlen, München 1981, ISBN 3-8006-0789-1.*
- *Helmut Jungermann, Hans-Rüdiger Pfister, Katrin Fischer: Die Psychologie der Entscheidung. Eine Einführung. 3. Auflage. Spektrum, Berlin / Heidelberg 2010, ISBN 978-3-8274-2386-3*
- *Egbert Kahle: Betriebliche Entscheidungen. 6. Auflage. Oldenbourg, München/Wien 2001. ISBN 3-486-25633-5 (Standardlehrbuch)*
- *Helmut Laux: Entscheidungstheorie. 7. Auflage. Springer, Berlin, 2007, ISBN 978-3-540-71161-2.*
- *Michael Resnik: Choices: An Introduction to Decision Theory. Minneapolis / London 1987*
- *Christoph Schneeweiß: Planung 1. Springer, Berlin 1991, ISBN 3-540-54000-8.*
- *F. P. Springer: Zur Behandlung von Entscheidungen unter Ungewissheit. In: Der Betrieb, 1974, Heft 6, S. 249–251.*

- *F. P. Springer: The Evaluation of Uncertainty in Engineering Calculations by the Use of Non-Distributional Methods. Society of Petroleum Engineers of AIME Paper 4817, Dallas 1974*
- *↑ Vgl. Wolfgang Weitnauer: Handbuch Venture Capital - Von der Innovation zum Börsengang. 2., überarbeitete Auflage. München 2001, S. 271. sowie Knud Hinkel: Erfolgsfaktoren von Frühphasenfinanzierungen durch Wagniskapitalgesellschaften. Wiesbaden 2001, S. 191–192.*
- *↑ Für diese Aussage und eine abweichende Einteilung siehe: Bundesministerium für Wirtschaft und Energie (Hrsg.): Gründerzeiten 28. Start-ups: Finanzierung und Wagniskapital. Druck- und Verlagshaus Zarbock GmbH & Co. KG, Frankfurt August 2018 (existenzgruender.de PDF; 2,3 MB; abgerufen am 22. November 2018).*
- *↑ Private Equity: Venture Capital für Existenzgründer und Start-ups. In: fuer-gruender.de. Abgerufen am 22. November 2018.*
- *↑ G. Gebhardt, K. M. Schmidt: Der Markt für Venture Capital: Anreizprobleme, Governance Strukturen und staatliche Interventionen. In: Perspektiven der Wirtschaftspolitik. 3(3), 2002, S. 235–255.*
- *William D. Bygrave (Hrsg.): Das Financial-Times-Handbuch Risikokapital. Financial Times Prentice Hall, München/ Amsterdam u. a. 2000, ISBN 3-8272-7012-X.*
- *Michael Dowling (Hrsg.): Gründungsmanagement: Vom erfolgreichen Unternehmensstart zu dauerhaftem Wachstum. Springer, Berlin u. a. 2002, ISBN 3-540-42182-3.*
- *Paul Gompers, Josh Lerner: The venture capital cycle. Cambridge, Mass., MIT Press 2004, ISBN 0-262-07255-6.*
- *Christoph Kaserer, Christian Diller: European Private Equity Funds – A Cash Flow Based Performance Analysis. Research Paper of the European Private Equity and Venture Capital Association (EVCA) and CEFS Working Paper 2004 – No 1.*
- *Tobias Kollmann, Andreas Kuckertz: E-Venture-Capital: Unternehmensfinanzierung in der Net Economy: Grundlagen und Fallstudien. Gabler, Wiesbaden 2003, ISBN 3-409-12410-1.*
- *Klaus Nathusius: Grundlagen der Gründungsfinanzierung: Instrumente, Prozesse, Beispiele. Gabler, Wiesbaden 2001, ISBN 3-409-11869-1.*
- *Jens Ortgiese: Value Added by Venture Capital Firms. Eul Verlag, 2007, ISBN 978-3-89936-621-1.*
- *Michael Schefczyk: Erfolgsstrategien deutscher Venture Capital-Gesellschaften, Schäffer-Poeschel, Stuttgart 2004, ISBN 3-7910-1993-7.*
- *Wolfgang Weitnauer: Handbuch Venture Capital: Von der Innovation zum Börsengang. 4. Auflage. Beck, München 2011, ISBN 978-3-406-60864-3.*

- *Isabell M. Welpe: Venture-Capital-Geber und ihre Portfoliounternehmen: Erfolgsfaktoren der Kooperation. (= Gabler Edition Wissenschaft. Entrepreneurship). Wiesbaden 2004, ISBN 3-8244-8079-4.*

16.6 Forschung

- *K. Brockhoff: Forschung und Entwicklung: Planung und Kontrolle. 5., erg. und erw. Auflage. München 1999.*
- *Dietrich von Engelhardt: Forschung, medizinische. In: Werner E. Gerabek, Bernhard D. Haage, Gundolf Keil, Wolfgang Wegner (Hrsg.): Enzyklopädie Medizingeschichte. De Gruyter, Berlin/ New York 2005, ISBN 3-11-015714-4, S. 410–416.*
- *K. Popper: Logik der Forschung.11. Auflage. Tübingen 2005.*
- *H. Siegwart: Produktentwicklung in der industriellen Unternehmung. (= UTB. 315). Bern 1974.*
- *E. Staudt: Forschung und Entwicklung. In: Band 2 HWB, Teilbd. 1: A-H. 5., völlig neu gestaltete Auflage. Stuttgart 1993, Sp. 1186 f.*
- *H. Strebel: Die Bedeutung von Forschung und Entwicklung für das Wachstum industrieller Unternehmungen. Dissertation. Technische Hochschule Karlsruhe, Berlin 1968.*
    - *P. Wagner: Der Schlüssel zum erfolgreichen Produkt: Die modernen*
- *Karel Lambert, Gorden G. Brittan Jr.: An Introduction to the Philosophy of Science. Englewood Cliffs 1970. – Dt.: Eine Einführung in die Wissenschaftsphilosophie, Berlin / New York, 1991.*
- *Alan Chalmers: Wege der Wissenschaft: Einführung in die Wissenschaftstheorie. Springer, 2001*
- *Martin Carrier: Wissenschaftstheorie zur Einführung. Hamburg 2006.*
- *Ulrich Herb: Empfehlungen, Stellungnahmen, Deklarationen und Aktivitäten wissenschaftspolitischer Akteure zur Gestaltung des wissenschaftlichen Kommunikationssystems. Berlin-Brandenburgische Akademie der Wissenschaften, Berlin 2012.*
- *Volker Boehme-Neßler: Unscharfes Recht. Überlegungen zur Relativierung des Rechts in der digitalisierten Welt. Berlin 2008.*
- *Marianne Dörr: Planung und Durchführung von Digitalisierungsprojekten. In: Hartmut Weber, Gerald Maier (Hrsg.): Digitale Archive und Bibliotheken. Neue Nutzungsmöglichkeiten und Nutzungsqualitäten.Stuttgart 2000, S. 103–112*
- *Peter Exner: Verfilmung und Digitalisierung von Archiv- und Bibliotheksgut. In: Hartmut Weber, Gerald Maier (Hrsg.): Digitale Archive und Bibliotheken. Neue Nutzungsmöglichkeiten und Nutzungsqualitäten. Stuttgart 2000, S. 113–127*
- *Thomas Fricke, Gerald Maier: Automatische Texterkennung bei digitalisiertem Archiv- und Bibliotheksgut. In: Hartmut Weber, Gerald Maier (Hrsg.): Digitale*

Archive und Bibliotheken. Neue Nutzungsmöglichkeiten und Nutzungsqualitäten. Stuttgart 2000, S. 201–221

- Jürgen Gulbins, Markus Seyfried, Hans Strack-Zimmermann: Dokumenten-Management. Springer-Verlag, Berlin 2002.
- Till Kreutzer: Digitalisierung gemeinfreier Werke durch Bibliotheken. (PDF; 741 kB) Büro für informationsrechtliche Expertise, Berlin 2011
- Gerald Maier und Peter Exner: Wirtschaftlichkeitsüberlegungen für die Digitalisierung von Archiv- und Bibliotheksgut. In: Hartmut Weber, Gerald Maier Hrsg.: Digitale Archive und Bibliotheken. Neue Nutzungsmöglichkeiten und Nutzungsqualitäten. Stuttgart 2000, S. 223–229
- Markus Maurer; J. Christian Gerdes; Barbara Lenz; Hermann Winner (Hrsg.), Autonomes Fahren, Springer Open 2015. (Hinweis des Verlags „The book is published with open acces at SpringerLink.com"); ISBN 978-3-662-45853-2
- Gereon Meyer, Sven Beiker (Hrsg.), Road Vehicle Automation, Springer International Publishing 2014, ISBN 978-3-319-05990-7, and Folgebände: Road Vehicle Automation 2 (2015), Road Vehicle Automation 3 (2016), Road Vehicle Automation 4 (2017), Road Vehicle Automation 5 (2018).
- Marco Becker und Kamal Vaid: Selbst ist das Auto – automatisiertes und autonomes Fahren. Die Zukunft der Mobilität, Diplomica Verlag, Hamburg 2018, ISBN 978-3961465842
- Bruno Siciliano, Oussama Khatib: Springer Handbook of Robotics. Springer-Verlag, Berlin 2008, ISBN 978-3-540-23957-4.
- George Bekey, Robert Ambrose, Vijay Kumar: Robotics: State of the Art and Future Challenges. World Scientific Pub, London 2008, ISBN 978-1-84816-006-4.
- John J. Craig: Introduction to Robotics – Mechanics and Control. Prentice Hall International, Upper Saddle River 2005, ISBN 0-201-54361-3.
- Alois Knoll, Thomas Christaller: Robotik: Autonome Agenten. Künstliche Intelligenz. Sensorik. Embodiment. Maschinelles Lernen. Serviceroboter. Roboter in der Medizin. Navigationssysteme. Neuronale Netze. RoboCup. Architekturen. Fischer (Tb.), Frankfurt, Frankfurt am Main 2003, ISBN 978-3-596-15552-1.
- Heinz W. Katzenmeier: Grundlagen der Robotertechnik: Tipps und Tricks für den Selbstbau. Elektor-Verlag, Aachen 2004, ISBN 978-3-89576-147-8.
- Thomas Söbbing: Rechtsfragen in der Robotik – „Rechtlich gesehen: Der Roboter als Softwaregesteuerte Maschine". In: Innovations- und Technikrecht. (InTeR) 2013, ISSN 2195-5743, S. 43–51.
- Alex Ellery: An introduction to space robotics. Springer; Praxis Pub, London / New york / Chichester 2000, ISBN 1-85233-164-X.
- Roland Schulé: Experimente zur Robotik. Modelle bauen und programmieren. Franzis-Verlag, 1988. ISBN 3-7723-9461-2
- Wolfgang Ertel: Grundkurs Künstliche Intelligenz: Eine praxisorientierte Einführung. 3. Auflage. Springer Vieweg, 2013, ISBN 978-3-8348-1677-1

- Uwe Lämmel, Jürgen Cleve: Künstliche Intelligenz. 3. Auflage. Carl Hanser Verlag, München 2008, ISBN 978-3-446-41398-6
- Jan Lunze: Künstliche Intelligenz für Ingenieure. 2010, ISBN 978-3-486-70222-4
- Nils Nilsson: The quest for artificial intelligence. A history of ideas and achievements. Cambridge UP, 2010
- Roger Penrose: Schatten des Geistes. Wege zu einer neuen Physik des Bewußtseins. Übersetzung aus dem Englischen Shadows of the Mind. Heidelberg 1995
- Rolf Pfeifer, Christian Scheier, Alex Riegler: Understanding Intelligence. Bradford Books, 2001, ISBN 0-262-66125-X
- Görz, Rollinger, Schneeberger (Hrsg.): Handbuch der Künstlichen Intelligenz. 5. Auflage. Oldenbourg, 2013, ISBN 978-3-486-71979-6
- Stuart J. Russell, Peter Norvig: Künstliche Intelligenz: Ein moderner Ansatz., Originaltitel: „Artificial Intelligence: A Modern Approach", August 2004, Pearson Studium, ISBN 3-8273-7089-2 (deutsche Übersetzung der 2. Auflage)
- Bernd Vowinkel: Maschinen mit Bewusstsein – Wohin führt die künstliche Intelligenz? Wiley-VCH, (2006), ISBN 978-3-527-40630-2
- Joseph Weizenbaum: Die Macht der Computer und die Ohnmacht der Vernunft. 12. Auflage. Suhrkamp, 1978, ISBN 3-518-27874-6
- David L. Poole, Alan K. Mackworth: Artificial Intelligence: Foundations of Computational Agents. 2. Auflage. Cambridge University Press, 2017, ISBN 9781107195394
- Ingo Boersch, Jochen Heinsohn, Rolf Socher: Wissensverarbeitung – Eine Einführung in die Künstliche Intelligenz. Elsevier, (2006), ISBN 978-3-8274-1844-9
- Ulrich Eberl: Smarte Maschinen: Wie Künstliche Intelligenz unser Leben verändert. Carl Hanser Verlag, München 2016, ISBN 978-3-446-44870-4
- Manuela Lenzen: Künstliche Intelligenz. Was sie kann und was uns erwartet. Verlag C.H.Beck, München 2018, ISBN 978-3-406-71869-4
- Thomas Ramge: Mensch und Maschine. Wie Künstliche Intelligenz und Roboter unser Leben verändern. Reclam Verlag, Stuttgart 2018, ISBN 978-3-15-019499-7
- European Association for Artificial Intelligence (EurAI) früher: ECCAI
- Journal of Artificial Intelligence Research (JAIR)
- Larry Hauser: Artificial Intelligence. In: Internet Encyclopedia of Philosophy.
- Selmer Bringsjord, Naveen Sundar Govindarajulu: Artifical Intelligence. In: Edward N. Zalta (Hrsg.): Stanford Encyclopedia of Philosophy.
- Richmond Thomason: Logic and Artifical Intelligence. In: Edward N. Zalta (Hrsg.): Stanford Encyclopedia of Philosophy.
- Frederic Portoraro: Automated Reasoning. In: Edward N. Zalta (Hrsg.): Stanford Encyclopedia of Philosophy.
- Peter Norvig: AI on the Web – Zusammenstellung weiterführender Links

- *Confederation of Laboratories for Artificial Intelligence in Europe (CLAIRE). Föderation von KI-Forschungseinrichtungen in Europa*

- *Daniel Bell: The coming of post-industrial society. A venture in social forecasting. NY: Basic Books, New York 1973.*
- *Hensel, Matthias: Die Informationsgesellschaft: neuere Ansätze zur Analyse eines Schlagwortes. Diss Uni Mainz 1989, München: R. Fischer, 1990 (Reihe Medien-Skripten : Beiträge zur Medien- und Kommunikationswissenschaft, Bd. 8) ISBN 3-88927-064-6*
- *Bundesministerium für Wirtschaft (Hrsg.): Info 2000: Deutschlands Weg in die Informationsgesellschaft. Bonn 1996.*
- *Andreas Borrmann, Rainer Gerdzen: Kulturtechniken der Informationsgesellschaft. 1996.*
- *Bill Gates: Der Weg nach vorn. Die Zukunft der Informationsgesellschaft. München 1997.*
- *Sybille Krämer: Medien, Computer, Realität. Wirklichkeitsvorstellungen und Neue Medien. 1998.*
- *Leon R. Tsvasman (Hrsg.): Das große Lexikon Medien und Kommunikation. Kompendium interdisziplinärer Konzepte. Würzburg 2006.*
- *Peter A. Bruck, Guntram Geser: Schulen auf dem Weg in die Informationsgesellschaft. 2000.*
- *Ulrich Dolata, Jan-Felix Schrape: Internet, Mobile Devices und die Transformation der Medien. Radikaler Wandel als schrittweise Rekonfiguration. Berlin: Edition Sigma 2012, ISBN 978-3836035880.*
- *Stefan Iglhaut / Herbert Kapfer / Florian Rötzer (Hrsg.): what if? Zukunftsbilder der Informationsgesellschaft. Heise, Hannover 2007, ISBN 978-3-936931-46-4.*
- *Gerhard Knorz, Rainer Kuhlen: Informationskompetenz - Basiskompetenz in der Informationsgesellschaft. Konstanz 2000.*
- *Helmut Krcmar: Informationsmanagement. Springer, Berlin usw 2003.*
- *Karsten Kruschel: Die abgewickelte Informationsgesellschaft. Von digitalem Schwund, Anti-Wissen und den Mühlen der Entfindung. In: Sascha Mamczak, Wolfgang Jeschke (Hrsg.): Das Science Fiction Jahr 2005. München 2005, ISBN 3-453-52068-8, S. 588–606.*
- *Herbert Kubicek: Die sogenannte Informationsgesellschaft. Neue Informations- und Kommunikationstechniken als Instrument konservativer Gesellschaftsveränderung. In: Arbeit 2000. Hamburg 1985, S. 76–109.*
- *Herbert Kubicek, Arno Rolf: Mikropolis. Mit Computernetzen in die "Informationsgesellschaft". Hamburg 1995.*
- *Armand Mattelart: Kleine Geschichte der Informationsgesellschaft. Avinus-Verlag, 2003, ISBN 3-930064-10-3.*

- *Nicholas Negroponte: Total digital. Die Welt zwischen 0 und 1 oder die Zukunft der Kommunikation. München 1997.*
- *Theodore Roszak: Der Verlust des Denkens. Über die Mythen des Computer-Zeitalters. München 1986.*
- *Gernot Wersig: Die Komplexität der Informationsgesellschaft. Konstanz 1996, ISBN 3-87940-573-5.*
- *Manuel Castells: Das Informationszeitalter. (3 Bände; Kurzrezension).*
- *Manuel Castells: Der Aufstieg der Netzwerkgesellschaft. Band 1. Leske und Budrich Verlag, Leverkusen 2001, ISBN 3-8100-3223-9 (Rezension).*
- *Manuel Castells: Die Macht der Identität. Band 2. Leske und Budrich Verlag, Leverkusen 2002, ISBN 3-8100-3224-7.*
- *Manuel Castells: Jahrtausendwende. Band 3. Opladen: Campus Verlag, 2003, ISBN 3-8100-3225-5.*
- *Trkulja, Violeta; Die Digitale Kluft : Bosnien-Herzegowina auf dem Weg in die Informationsgesellschaft. Wiesbaden : VS Verlag für Sozialwissenschaften 2010 (Verlagshinweis)*
- *Steinbicker, Jochen: Zur Theorie der Informationsgesellschaft. Ein Vergleich der Ansätze von Peter Drucker, Daniel Bell und Manuel Castells. 2. Auflage. VS, Wiesbaden 2011.*
- ***Zeitschriftenartikel, akademische Schriften**Bearbeiten*
- *Matthias M. Schönberg: Von der Unmöglichkeit einer Orientierung in der ,Fernseh- und Internet-Gesellschaft'. Versuch einer Aktualitätsanalyse der medienphilosophischen Reflexionen des Günther Anders. (zhb-flensburg.de PDF Dissertation, Universität Flensburg, Ostenfeld/Nordfriesland, März 2003 - PDF, 266 S., 2,35 MB).*
- *Jürgen Danyel, Annette Schuhmann, Jan-Holger Kirsch (Hrsg.): Computerisierung und Informationsgesellschaft, Zeithistorische Forschungen/Studies in Contemporary History 9 (2012), Heft 2.*
- *Beats Biblionnetz: Beiträge zum Thema Informationsgesellschaft*
- *Ilse Harms: Kommunikation und Gesellschaft*
- *Dr. Stefan Krempl: Ansätze zur Informationsgesellschaft*
- *Stadt- und Planungsmanagement im Kontext aktueller Steuerungsanforderungen (PDF; 2,70 MB)*
- *Netzwerk Neue Medien*
- *Texte, Literatur und Links zur Soziologie der informationalen Transformation*
- *Übersicht zur Informationsgesellschaft 2.0*
- *Netzpolitik.org - Ein Weblog zu den Themen der Informationsgesellschaft*
- *Europarat, Erklärung des Ministerkomitees zu Menschenrechten und rechtlichen Spielregeln der Informationsgesellschaft (PDF)*
- *Stanisław Lem, Die Megabitbombe: Von der Verschmutzung der Informationsumwelt und den ausfransenden Rändern des Wissens (Telepolis, 12. September 2001)*

- *Die Informationsgesellschaft: Grenzen, Gefahren, Lösungsansätze (PDF; 169 kB)*
- *Zentralarchiv für Tätigkeitsberichte des Bundes- und der Landesdatenschutzbeauftragten und der Aufsichtsbehörden für den Datenschutz -*
- *Christiane Reinecke: Wissensgesellschaft und Informationsgesellschaft, Version: 1.0, in: Docupedia Zeitgeschichte, 11. Februar 2010*
- *Susanne Schäfer: Menschheits-Geschwister. Erfahrungsbericht einer Knochenmarkspenderin. Glaré-Verlag, Frankfurt 2009. ISBN 978-3-930761-69-2.*
- *Monika Jansohn (Hrsg.): Gentechnische Methoden – Eine Sammlung von Arbeitsanleitungen für das molekularbiologische Labor. 4. Auflage. Spektrum Akademischer Verlag, 2007, ISBN 978-3-8274-1537-0.*
- *Thilo Spahl, Thomas Deichmann: Das populäre Lexikon der Gentechnik. Eichborn, Frankfurt am Main 2001, ISBN 3-8218-1697-X.*
- *T. A. Brown: Gentechnologie für Einsteiger. 3. Auflage. Spektrum, Heidelberg 2002, ISBN 3-8274-1302-8.*
  - *Müller-Röber u. a.: Zweiter Gentechnologiebericht. Analyse einer Hochtechnologie in Deutschland. Nomos, Baden-Baden 2009, ISBN 978-3-940647-04-7. (Download als PDF)*
- *Ferdinand Hucho u. a.: Gentechnologiebericht. Analyse einer Hochtechnologie in Deutschland. München 2005, ISBN 3-8274-1675-2. (Download als PDF)*

- *Paul Paulson In Vivo – Diagnose Lymphknotenkrebs: erforscht und durchlebt, Prof. Dr. Michael Hummel Koautor zum onkologischen Hintergrund. Epubli Verlag, 2012. ISBN 978-3-8442-1843-5*
- *Thomas Heinemann, Jens Kersten: Stammzellforschung. Naturwissenschaftliche, rechtliche und ethische Aspekte. Sachstandsberichte des DRZE. Band 4. Verlag Karl Alber, Freiburg 2007, ISBN 978-3-495-48196-7.*
- *DRZE/ Wissenschaftliche Abteilung im Auftrag des Kompetenznetzwerks Stammzellforschung NRW (Hrsg.): Dossier Stammzellforschung. Zentrale nationale und internationale gesetzliche Richtlinien und Übereinkommen sowie Stellungnahmen nationaler und internationaler Institutionen.*
- *Elmar Brähler (Hrsg.): Vom Stammbaum zur Stammzelle. Reproduktionsmedizin, Pränataldiagnostik und menschlicher Rohstoff. 2002.*
- *Achim Limbeck: Embryonenschutzgesetz und Forschung an menschlichen Stammzellen. Eine strafrechtliche Untersuchung der Forschung an menschlichen Stammzellen, insbesondere vor dem Hintergrund des Embryonenschutzgesetzes, 2006, ISBN 3-9810745-9-9. (Umfangreiche Wiedergabe des Forschungsstandes sowie der mit der Forschung verbundenen strafrechtlichen Problematik).*

- *Eberhard J. Wormer: Mehr Wissen über Stammzellen. Mit Einführungsbeiträgen von Werner Kaufmann, Detlev Ganten, Gerd Kempermann. Lingen, Köln 2003, ISBN 3-937490-00-0.*
- *Mike S. Schäfer: Wissenschaft in den Medien. Die Medialisierung naturwissenschaftlicher Themen. Wiesbaden: Verlag für Sozialwissenschaften. 2007, ISBN 978-3-531-15592-0.*
- *Anna M. Wobus u. a.: Stammzellforschung und Zelltherapie. Stand des Wissens und der Rahmenbedingungen in Deutschland. Mit Beiträgen von Christine Hauskeller und Jochen Taupitz. München 2006, ISBN 3-8274-1790-2.*
- *Gerd Kempermann: Neue Zellen braucht der Mensch. Die Stammzellforschung und die Revolution der Medizin. Piper Verlag, München 2008, ISBN 978-3-492-05179-8.*
- ***Aufsätze***
- *Michael Feld, Jürgen Hescheler: Stammzellen: Potente Zellen. In: Spektrum der Wissenschaft. Mai 2003, S. 66–73.*
- *Michael Groß: Die Insel der Stammzellforscher. In: Nachrichten aus der Chemie. 52(12), 2004, S. 1261–1263, ISSN 1439-9598.*
- *Lars Grotewold: Wie bleiben Zellen pluripotent? Bilanz eines Vierteljahrhunderts Stammzellforschung. In: Naturwissenschaftliche Rundschau. 58(8), 2005, S. 413–419.*
- *Stem Cells. In: Nature Band 441, Heft 7097, vom 29. Juni 2006, S. 1059–1102 (eine sehr ausführliche Übersicht zum Stand der Forschung, auf englisch)*
- *Stephan Ernst: Mensch oder Material? Theologisch-ethische Anmerkungen zu den Ebenen des Diskurses um die Stammzellforschung. In: Würzburger medizinhistorische Mitteilungen 23, 2004, S. 457–470.*
- *Davor Solter: From teratocarcinomas to embryonic stem cells and beyond: a history of embryonic stem cell research. In: Nature Reviews Genetics. (7), 2006, S. 319–327.*
- *Peter Löser, Anna M. Wobus: Aktuelle Entwicklungen in der Forschung mit humanen embryonalen Stammzellen. In: Naturwissenschaftliche Rundschau. 60(5), 2007, S. 229–237.*
- *Alexander A. Maximow: Der Lymphozyt als gemeinsame Stammzelle der verschiedenen Blutelemente in der embryonalen Entwicklung und im postfetalen Leben der Säugetiere. Demonstrationsvortrag, gehalten in der außerordentlichen Sitzung der Berliner Hämatologischen Gesellschaft am 1. Juni 1909. In: Folia Haematologica. 8.1909, S. 125–134 (jetzt open access).*

16.7 Gesellschaft/Moral

- *Falk, Armin (2015): Markt und Moral, Frankfurter Societäts-Medien, Frankfurt am Main (ISBN 978-3-95601-129-0)*

- Goeudevert, Daniel (2000): Mit Träumen beginnt die Realität. Aus dem Leben eines Europäers, Rowohlt Taschenbuch Verlag, Reinbek bei Hamburg (ISBN 3-499-60938-x)
- Grundl, Boris (2013): Diktatur der Gutmenschen. Was Sie sich nicht gefallen lassen dürfen, wenn Sie etwas bewegen wollen, Econ Verlag von Ullstein Buchverlag, Berlin (ISBN 978-3-430-20041-7)
- Herles, Wolfgang (2015): Die Gefallsüchtigen. Gegen Konformismus in den Medien und Populismus in der Politik, Albrecht Knaus Verlag, München (ISBN 978-3-8135-0668-6)
- Jonas, Hans (2003): Das Prinzip Verantwortung, Suhrkamp Taschenbuch Verlag, (ISBN 3-518-39992-6)
- Krall, Markus (2019): Wenn schwarze Schwäne Junge kriegen. Warum wir unsere Gesellschaft neu organisieren müssen, Finanzbuch Verlag, München (ISBN 978-3-95972-151-6
- Lachmann, Günther (2014): Verfalls Symptome. Wenn eine Gesellschaft ihren inneren Kompass verliert, Europa Verlag, Berlin (ISBN 978-3-944305-39-4)
- Le Bon, Gustav (2014): Psychologie der Massen, Nikol Verlagsgesellschaft, Hamburg (ISBN 978-3-86820-026-3)
- Mausfeld, Rainer (2018): Warum schweigen die Lämmer? Wie Elitendemokratie und Neoliberalismus unsere Gesellschaft und unsere Lebensgrundlage zerstören, Westend Verlag, Frankfurt/Main (ISBN 978-3-86489-225-7)
- Mika, Bascha (2012): Die Feigheit der Frauen. Rollenfallen und Geiselmentalität. Eine Streitschrift wider den Selbstbetrug, Wilhelm Goldmann Verlag, München (ISBN 978-3-442-15720-4
- Mukerji, Nikil (2017): Die 10 Gebote des gesunden Menschenverstands, Springer-Verlag, Berlin Heidelberg (ISBN 978-3-662-50338-6)
- Nida-Rümelin, Julian und Weidenfeld, Nathalie (2014): Der Sokrates Club. Philosophische Gespräche mit Kindern, Btb Verlag, München (ISBN 978-3-442-74797-9)
- Popper, Karl R. (1997): Auf der Suche nach einer besseren Welt. Vorträge und Aufsätze aus dreißig Jahren, Piper Verlag, München (ISBN 3-492-20699-7)
- Reuter, Edzard (2011): Stunde der Heuchler. Wie Manager und Politiker uns zum Narren halten. Eine Polemik, Econ Verlag von Ullstein Buchverlage, Berlin (ISBN 978-3-430-20090-5)
- Singer, Barbara (2012): Spiegel der Gesellschaft. Über die Manipulation in all unseren Lebensbereichen, tredition, Hamburg (ISBN 978-3-8424-9603-3)
- Spitzer, Manfred (2018): Einsamkeit. Eine unerkannte Krankheit, Droemer Verlag, München (ISBN978-3-426-27676-1)
- Spitzer, Manfred (2015): Denken – zu Risiken und Nebenwirkungen, Schattauer, Stuttgart (ISBN 978-7945-3105-9)

- *Spitzer, Manfred (2018): Die Smartphone Epidemie. Gefahren für Gesundheit, Bildung und Gesellschaft, Gotta'sche Buchhandlung, Stuttgart (ISBN 978-3-608-96368-7)*
- *Wernicke, Jens (2017): Lügen die Medien? Propaganda, Rudeljournalismus und der Kampf um die öffentliche Meinung, Westend Verlag, Frankfurt/Main (ISBN 978-3-86489-188-5)*
- *Witzer, Brigitte (2014): Die Diktatur der Dummen. Wie unsere Gesellschaft verblödet, weil die Klügeren immer nachgeben, Wilhelm Heyne Verlag, München (ISBN 978-3-453-20054-8)*
- *Zitelmann, Rainer (2019): Die Gesellschaft und ihre Reichen. Vorurteile über eine beneidete Minderheit, Finanzbuch Verlag, München (ISBN 978-3-95972-163-9)*